Christopher Clark

Von Zeit und Macht

Schriftenreihe Band 10384

Christopher Clark

Von Zeit und Macht

Herrschaft und Geschichtsbild vom Großen Kurfürsten bis zu den Nationalsozialisten

Aus dem Englischen von Norbert Juraschitz

bpb:
Bundeszentrale für politische Bildung

Christopher Clark wurde 1960 in Sydney geboren. Er lehrt am St. Catharine's College in Cambridge Neuere Europäische Geschichte. Sein Forschungsschwerpunkt ist die Geschichte Preußens.

Dieses Buch basiert auf der von Christopher Clark im Jahr 2015 an der Princeton University gehaltenen Vorlesung zu Ehren von Lawrence Stone.

Bonn 2019
Sonderausgabe für die Bundeszentrale für politische Bildung
Adenauerallee 86, 53113 Bonn

Umschlaggestaltung: Michael Rechl, Kassel
Umschlagmotiv: © akg-images / Album / Prisma. Albrecht Altdorfer (1480–1538). Alexanderschlacht (Schlacht bei Issos).

Satz, Druck und Bindung: GGP Media GmbH, Pößneck

ISBN 978-3-7425-0384-8

www.bpb.de

Für Kate und Justin Clark,
Geschwister für alle Jahreszeiten

INHALT

EINLEITUNG

Wie die Schwerkraft das Licht, so beugt die Macht die Zeit. Dieses Buch zeigt, was geschieht, wenn zeitliches Bewusstsein durch die Linse der Macht betrachtet wird. Es befasst sich mit den Formen der Geschichtlichkeit, welche die Machthaber sich aneigneten und ihrerseits artikulierten. Mit Geschichtlichkeit oder »Historizität« meine ich keineswegs eine Lehre oder Theorie über den Sinn der Geschichtsschreibung, geschweige denn eine bestimmte Schule der historiographischen Praxis. Vielmehr benutze ich den Begriff in der von François Hartog beschriebenen Bedeutung, um eine Reihe von Annahmen zum Verhältnis von Vergangenheit, Gegenwart und Zukunft untereinander zu bezeichnen.[1] Diese Annahmen können explizit in sprachlicher Form zum Ausdruck kommen, sie können sich aber auch über kulturelle Entscheidungen, öffentliche Rituale oder über die Verwendung von bestimmten Argumenten oder Metaphern und anderen bildlichen Sprachmitteln äußern, die eine »zeitbezogene Wahrnehmungsstruktur« implizieren, ohne sich offen temporaler Kategorien zu bedienen.[2] Sie können implizit in den Argumenten enthalten sein, die vorgebracht werden, um politisches Handeln zu rechtfertigen oder zu kritisieren.[3] Welche Formen sie auch annehmen, die für Kulturen oder Herrschaftsformen charakteristischen Geschichtlichkeiten werden durch »die Konstitution temporaler Modalitäten und die Selektion dessen [bestimmt], was in ihnen relevant ist«.[4] Daraus folgt, dass die Konfiguration dieser Beziehung wiederum ein bestimmtes Zeitgefühl vermittelt, das eine intuitiv erfasste Form oder Beschaffenheit der Zeit, eine »Zeitlandschaft« besitzt. Wie diese aussieht, hängt davon ab, welche Teile der Vergangenheit als nahe und eng mit der Gegenwart verbunden empfunden und welche als fremd und fern wahrgenommen werden.[5]

Die vorliegende Studie nimmt vier Momente in den Blick. Sie beginnt mit dem Streit zwischen Friedrich Wilhelm von Brandenburg-Preußen (1620–1688), dem Großen Kurfürsten, und seinen Landständen nach dem Ende des Dreißigjährigen Krieges. Dabei wird gefragt, inwiefern diese Zwistigkeiten mit absolut entgegengesetzten Zeitlichkeiten zu tun hatten; ferner wird deren Einfluss auf die im Entstehen begriffene Geschichtsschreibung Brandenburg-Preußens zurückverfolgt. Die Herrschaft des Kurfürsten war, so meine These, davon gekennzeichnet, dass die Gegenwart als prekäre Schwelle zwischen einer durch katastrophale Gewalt verheerten Vergangenheit und einer ungewissen Zukunft empfunden wurde. Ein Hauptanliegen des Souveräns galt dabei der Befreiung des Staates aus der vielfachen Verstrickung mit der Tradition, um frei unter den verschiedenen Optionen für die Zukunft wählen zu können.

Das zweite Kapitel widmet sich den historischen Schriften Friedrichs II., des einzigen preußischen Monarchen, der eine Geschichte seiner eigenen Ländereien schrieb. Demnach nahm dieser König ganz bewusst Abstand von der konfliktbeladenen Sichtweise des Staates, die am Hof seines Urgroßvaters, des Großen Kurfürsten, gepflegt worden war. Und in eben dieser Distanzierung zeigten sich sowohl die veränderte Konstellation der gesellschaftlichen Macht, auf die sich der preußische Thron stützte, als auch das idiosynkratische Verständnis Friedrichs von seinem eigenen Platz in der Geschichte. Anstelle der nach vorne orientierten Geschichtlichkeit des Großen Kurfürsten erkannte Friedrich, so meine These, nach dem Westfälischen Frieden einen Stillstand oder eine Stasis. Damit machte er sich eine neoklassische Zeitlichkeit des Status quo zu eigen, in der Motive der Zeitlosigkeit und der zyklischen Wiederholung vorherrschten und der Staat nicht mehr Motor des historischen Wandels, sondern eine historisch unspezifische Tatsache und logische Notwendigkeit war.

Das dritte Kapitel untersucht die Geschichtlichkeit Bismarcks, wie sie sich in seinen politischen Argumenten, seiner Rhetorik und seinen Methoden äußerte. Für Bismarck war der Staatsmann ein vom Strom der Geschichte getriebener Entscheidungsträger, dessen Aufgabe darin bestand, das Wechselspiel der von der Revolution von 1848 entfesselten Kräfte zu steuern, während er gleichzeitig die privilegierten Strukturen und die Prärogative des monarchischen Staates bewahrte und schützte, weil ohne diese seiner Meinung nach der Gang der Ereignisse im nackten Chaos zu versinken drohte. Demnach war Bismarcks Geschichtlichkeit zerrissen von einem Spannungsverhältnis zwischen seinem Engagement für den zeitlosen Fortbestand des Staates und den Wechselfällen der Politik und des öffentlichen Lebens. Der Zusammenbruch des von Bismarck geschaffenen Systems im Jahr 1918 zog eine Krise im historischen Bewusstsein nach sich, weil damit eine Form der Staatsmacht zerstört wurde, die zum Brennpunkt und Garanten des historischen Denkens und Bewusstseins geworden war.

Zu den Erben dieser Krise zählten, wie im vierten Kapitel ausgeführt wird, die Nationalsozialisten, die einen radikalen Bruch mit der Vorstellung, Geschichte sei eine endlose »Wiederholung des Neuen«, in die Wege leiteten. Hatte Bismarcks Historizität auf der Annahme gegründet, dass Geschichte eine komplex strukturierte, vorwärtsdrängende Abfolge ständig neuer und nicht vorherbestimmter Situationen sei, stützten die Nazis die radikalsten Ansprüche ihres Regimes auf eine tiefe Identität zwischen der Gegenwart, einer fernen Vergangenheit und einer fernen Zukunft. Das Ergebnis war ein Geschichtlichkeitsregime, das es in Preußen bzw. Deutschland noch nie gegeben hatte, das sich aber zugleich deutlich von den damaligen totalitären Experimenten der italienisch-faschistischen und sowjetisch-kommunistischen Systeme unterschied.

Ziel dieser Studie ist es somit, das in François Hartogs *Régimes d'historicité* verfolgte Unterfangen umzukehren und stattdessen die Geschichtlichkeit von (einer kleinen Auswahl an) Regimen auszuloten. Zu diesem Zweck könnte man die Art und Weise untersuchen, wie offizielle staatliche Strukturen – Ministerien, militärische Oberkommandos, kurfürstliche und königliche Höfe und Bürokratien – die Zeit strukturierten, wie sie sich selbst in der Geschichte verorteten und wie sie sich die Zukunft vorstellten, doch damit würde man der Frage ausweichen, ob sich der Begriff »Staat« überhaupt eignet, um etwas zu bezeichnen, das über den gesamten Zeitraum, den dieses Buch abdeckt, in der gleichen Bedeutung vorhanden war. Ich habe einen anderen Ansatz gewählt. Mich interessiert in erster Linie, wie diejenigen, die Macht ausübten, ihr Auftreten mit Argumenten und Verhaltensmustern rechtfertigten, die eine ganz spezifische temporale Signatur trugen. In welchem Verhältnis diese Träger der Macht zu den formalen Regierungsstrukturen standen, war von Fall zu Fall unterschiedlich. Der Große Kurfürst übte seine Macht aus dem Innern einer Exekutivstruktur aus, die er nach und nach und weitgehend improvisiert während seiner langen Herrschaft um sich herum aufbaute. Die Herrschaft Friedrichs II. hingegen war von einer drastischen Personalisierung der Macht und von der Semi-Distanzierung des Monarchen von vielen Strukturen geprägt, in denen staatliche Autorität formal angesiedelt war. Bismarck verortete sich in dem unruhigen Raum zwischen der preußisch-deutschen, monarchischen Exekutive und den unberechenbaren Kräften, die in einer postrevolutionären öffentlichen Sphäre am Werk waren. Und die Führungsriege der Nationalsozialisten war geradezu die Nemesis des bürokratischen Staatsaufbaus – eine vehemente Verleugnung des Staates als Vehikel und Ziel des historischen Strebens stand im Zentrum der NS-Geschichtlichkeit.

Die zeitliche Wende in der Geschichtswissenschaft

Zeit – oder genauer die Vielfalt zeitlicher Ordnungen – ist keineswegs ein neues Thema in der historischen Forschung. Heutzutage ist allgemein bekannt, dass Zeit keine neutrale, universelle Substanz ist, in deren Leere sich etwas, das »Geschichte« genannt wird, abspielt, sondern ein bedingtes, kulturelles Konstrukt, dessen Form, Struktur und Konsistenz vielfach variierten. Diese Erkenntnis hat im Laufe der vergangenen 15 Jahre ein so lebendiges und vielfältiges Forschungsfeld entstehen lassen, dass man von einer »zeitlichen Wende« (*temporal turn*) in der Geschichtswissenschaft sprechen kann, einer Verschiebung der Sensibilitäten, die durchaus vergleichbar mit den Wenden der 1980er und 1990er

Jahre ist – eine jener Neustrukturierungen der Aufmerksamkeit, durch die sich die Disziplin der Geschichtswissenschaft immer wieder selbst erneuert.[6]

Die zeitliche Wende in heutigen historischen Studien kann auf renommierte philosophische und theoretische Vorläufer verweisen. Der französische Philosoph Henri Bergson vertrat schon in seiner Dissertation von 1889 die Auffassung, dass Zeit als Dimension des menschlichen Bewusstseins nicht homogen, sondern »qualitativ vielfältig« sei; Émile Durkheims *Elementare Formen des religiösen Lebens* (orig. 1912) legte das Fundament einer Soziologie der Zeit als etwas, das kollektiv erfahren und gesellschaftlich konstruiert wird; in *Das Gedächtnis und seine sozialen Bedingungen* (orig. 1925) wandte Maurice Halbwachs Durkheims Erkenntnisse auf die gesellschaftliche Erzeugung von Erinnerung an; zwei Jahre später stellte Martin Heidegger in *Sein und Zeit* die These auf, dass sich die »Seinsverfassung des Daseins auf dem Grunde der Zeitlichkeit« nachweisen lasse; und seit dem Zweiten Weltkrieg haben Literaturtheoretiker und insbesondere Narratologen die temporalen Strukturen von Texten eingehend analysiert.[7]

Zu den ersten Historikern, die über die Implikationen dieser theoretischen Strömungen für die Geschichtsschreibung nachdachten, zählt Marc Bloch, der ein kurzes Unterkapitel seines Standardwerks aus der Zeit des Zweiten Weltkriegs, *Apologie pour l'histoire ou Métier d'historien* (deutsch *Apologie der Geschichtswissenschaft oder Der Beruf des Historikers*) dem Problem der »historischen Zeit« widmete. Im Gegensatz zur »künstlich homogenen« und abstrakten Zeit der Naturwissenschaften sei, so Bloch, »die Zeit der Geschichtswissenschaft« als »konkrete und lebendige Realität, in der Unumkehrbarkeit ihrer Dynamik rekonstruierte Realität […] das Plasma, in dem die Phänomene verschwimmen, der Ort ihrer Verstehbarkeit«. In ihrem Kern herrsche eine unauflösliche Spannung zwischen Kontinuität und »ständiger Veränderung«.[8] Blochs Überlegungen zur Zeitlichkeit der Geschichte blieben fragmentarisch, aber die Arbeiten von Fernand Braudel, Jacques Le Goff und anderen Historikern in der Tradition der *Annales*-Schule vertieften und erweiterten diese Annahmen und entwickelten ein klares Bewusstsein für die Vielfalt der zeitlichen Dimensionen und Strukturen. Für Braudel wurde das Verhältnis zwischen den kurzfristigen Störungen, den sogenannten »Ereignissen«, und den langfristigen Kontinuitäten, die Epochen definieren, zu einem zentralen Problem für das Handwerk des Historikers. Le Goff erforschte die unterschiedlichen zeitlichen Strukturen beruflicher, liturgischer und devotionaler Praktiken.[9]

Wie aus diesen Überlegungen deutlich wird, sind Geschichtlichkeit (Historizität) und Zeitlichkeit (Temporalität) miteinander verknüpfte, aber nicht identische Kategorien. Im vorliegenden Buch bezeichnet letzterer Begriff das intuitive Gespür eines politischen Akteurs für die Struktur der erlebten Zeit. Wenn Geschichtlichkeit auf einer Reihe von Annahmen zum Verhältnis von Vergangenheit, Gegenwart und Zukunft fußt, so erfasst Zeitlichkeit etwas, das weniger reflektiert und spontaner ist: ein Empfinden des Fortgangs der Zeit. Bewegt sich die Zukunft auf die Gegenwart zu oder entfernt sie sich von ihr? Droht die Vergangenheit, auf die Gegenwart Einfluss zu nehmen, oder fällt sie zurück an den Rand des Bewusstseins? Wie ist der zeitliche Rahmen des politischen Handelns strukturiert, und wie verhält sich der gedachte Zeitfluss zur Neigung der Entscheidungsträger, sie als in »Momente« unterteilt wahrzunehmen? Wird die Gegenwart als Bewegung oder Stillstand empfunden? Was gilt als dauerhaft in den Köpfen derjenigen, die Macht ausüben, und was nicht?

Die Modernisierung der Zeit

Wenn die *Annales*-Schule die Geschichte verzeitlichte, so hat vor allem ein deutscher Historiker, Reinhart Koselleck, die Zeitlichkeit historisiert. In *Vergangene Zukunft,* einer Sammlung brillanter Aufsätze zur »Semantik geschichtlicher Zeiten«, untersuchte Koselleck die Geschichte des Zeitbewusstseins und schuf damit eine subtile Palette analytischer Werkzeuge. Im Zentrum seines Projekts stand der Übergang von vormodernen zu modernen Formen des Erlebens und der Wahrnehmung von Zeit. Er erörterte die Veränderungen im Zeitbewusstsein seit der Renaissance, insbesondere Prozesse der kulturellen Säkularisierung, die den Einfluss der biblischen Prophezeiung auf christliche Zukunftsvisionen untergruben. Seine zentrale These war jedoch, dass in der Zeitspanne, die er die »Sattelzeit« nannte – ungefähr die Jahre von 1750 bis 1850 –, eine tiefgreifende Veränderung im westeuropäischen Zeitbewusstsein stattgefunden hat. Dieser Wandel setzte sich aus mehreren Strängen zusammen: In dem Maß, wie sich der Fluss der Zeit, der sich in Ereignissen äußerte, zu beschleunigen schien, vergrößerte sich die gefühlte Distanz gegenüber der Vergangenheit; allgemein gültige Prinzipien machten der Kontingenz Platz; die Autorität der Vergangenheit als Hort der Weisheit und Lehre für die Gegenwart schwand; Schlüsselbegriffe wie »Revolution«, »Klasse«, »Fortschritt«, »Staat« wurden durchdrungen vom Momentum des historischen Wandels; Geschichten, Chroniken und Anekdoten über die Vergangenheit verschmolzen zu etwas Prozesshaftem, Singulärem und Allumfassendem, zu einer einzigen Totalität, zur »Geschichte«, die Hegel theoretisch zu erfassen suchte und die in den geisteswissenschaftlichen Fakultäten heutiger Universitäten gelehrt wird. Die Folge war eine tiefgreifende Veränderung in der empfundenen Struktur und Gestalt der Zeit: Die rekursiven Zeitstrukturen der vormodernen Gesellschaften wichen einem Konstrukt namens Geschichte, das bislang als eine Abfolge transformativer und unumkehrbarer Ereignisse aufgefasst worden war und künftig als »die unablässige Wiederholung des Neuen« verstanden werden sollte. Die Disruption, Gewalt und Diskontinuität des Revolutionszeitalters und der napoleonischen Zeit hatten Dissonanzen zwischen dem »Erfahrungsraum« und dem »Erwartungshorizont« geschaffen, die zum Sinnbild für die Neuzeit werden sollten.[10]

In dem einleitenden Aufsatz zu *Vergangene Zukunft* hinterfragt Koselleck Albrecht Altdorfers Gemälde *Alexanderschlacht (Schlacht bei Issus)*, ein Bild aus dem Jahr 1529, das den Sieg Alexanders des Großen über die Perser in der Schlacht von Issus 333 v. Chr. zeigt.[11] Wie kam es, fragt Koselleck, dass Altdorfer die Griechen als zeitgenössische Deutsche und die Perser als zeitgenössische Türken darstellte? Warum zeigte das Gemälde Scharen von Männern und Pferden über eine deutsche Gebirgslandschaft verstreut, die mit sichtlich europäischen Gebäuden geschmückt war, obwohl das ursprüngliche Aufeinandertreffen in Kleinasien stattgefunden hatte? Wieso ähnelten die Details in diesem Gemälde so stark zeitgenössischen Darstellungen der Belagerung Wiens durch die Osmanen, die im Jahr 1529, als Altdorfer sein Bild malte, noch im Gange war? Die Antwort war, so Koselleck, dass für Altdorfer die Beziehung zwischen der Schlacht von Issus und der osmanischen Belagerung prophetisch und allegorisch zugleich war. Die erste Schlacht hatte das Ende des Persischen Reiches eingeläutet, wie es in dem prophetischen Traum aus dem biblischen Buch Daniel vorhergesagt worden war. Die zweite schien das Ende des Römischen Reiches (d. h. des Heiligen Römischen Reiches deutscher Nation) anzukündigen, das als der nächste Schritt in dem von Daniels Prophezeiung angedeuteten Zeitplan angesehen wurde. Erst dadurch wurde es möglich, die Zeit so wie Altdorfer zu falten und damit Türken aus dem 16. Jahrhundert über antike Perser zu legen.

Um den Gegensatz zum modernen Zeitbewusstsein zu verdeutlichen, führt Koselleck als Zeugen den Dichter, Kritiker und Gelehrten Friedrich Schlegel an, der, wie der Zufall es will, in den 1820er Jahren das Gemälde *Alexanderschlacht* betrachtete und einen begeisterten Aufsatz darüber schrieb. Schlegel rühmte Altdorfers Gemälde als »das höchste Abenteuer alten Rittertums«. Koselleck konzentriert sich ganz auf diese Beobachtung: Für Schlegel bestand, allem Anschein nach, eine distanzierende Zeitspanne zwischen sich und dem Gemälde. Damit nicht genug, spürte Schlegel, dass das Gemälde einem anderen Zeitalter angehörte, dem Zeitalter des Rittertums, nicht seinem eigenen. Folglich handelte es sich nicht nur um eine Frage der Menge an verstrichener Zeit, sondern es ging um einen Bruch im Gefüge der Zeit, um eine tektonische Verwerfung zwischen dieser Zeit und einer früheren. Zwischen der Zeit Altdorfers und der Zeit Schlegels, so Koselleck, habe sich etwas ereignet, mit dem paradoxen Ergebnis, dass augenscheinlich eine größere Zeitspanne

Schlegel von Altdorfer trennte als Altdorfer von den Taten Alexanders. Die Schlacht von Issus stand mit anderen Worten exemplarisch für ein vormodernes, nicht verzeitlichtes Zeitempfinden und damit für den Mangel an historischem Bewusstsein, wie wir sagen würden. Schlegel hingegen stand stellvertretend für ein modernes Zeitbewusstsein, das die Vergangenheit als fern, überholt und ontologisch losgelöst wahrnahm.[12]

Der Einfluss von Kosellecks Werk auf die historische Erforschung der Zeitlichkeit kann nicht hoch genug veranschlagt werden. Er stellte kühne und originelle Fragen und legte ihre Implikationen mit beeindruckendem Scharfsinn, großer Klarheit und profunder Argumentation dar. Sein Rückgriff auf semantische Veränderungen, um damit epochale Mutationen des Bewusstseins aufzuspüren, war grundlegend. Koselleck entlieh analytische Kategorien aus der Philosophie und Literaturtheorie und entwickelte sie zu Instrumenten weiter, um Prozesse des Wandels zu justieren: Der »Erwartungshorizont« stammte aus der Rezeptionstheorie von Gadamer und Jauß; »Zeitlichkeit«, ein Begriff, der sowohl die Eigenschaft der Zeit (ihre unaufhörliche Bewegung, ihre Beschaffenheit) als auch den Daseinszustand in der Zeit bezeichnet, wurde bei Heidegger entliehen; »Verzeitlichung«, also die Historisierung der Vergangenheit und Gegenwart in der Neuzeit, stammte aus Arthur O. Lovejoys *Die große Kette der Wesen;* das Konzept der Beschleunigung als Kennzeichen der modernen Empfindsamkeit wurde schon mit Nietzsche in Verbindung gebracht. Doch auch wenn Koselleck diese Kategorien nicht erfand, so »besetzte, füllte und popularisierte« er sie und stellte sie als Instrumente für eine schematische Darstellung der Mutation der zeitlichen Ordnungen im Lauf der Zeit zusammen. Sie alle sind in das Repertoire der zeitlichen Wende eingeflossen.[13]

Noch größeren Einfluss hatte Kosellecks Beschäftigung mit dem Übergang von vormodernen zu modernen zeitlichen Ordnungen.[14] Die Literatur des *temporal turn* hat sich in erster Linie mit der Vermessung dieser Schwelle beschäftigt. Es gibt Studien zur Beschleunigung der Reisen im Zeitalter der Eisenbahn; zur wachsenden Bedeutung von Pünktlichkeit und Verspätung; zum Skandal der »verschwendeten« Zeit als

Symptom moderner Zeitregime; zur Kommerzialisierung von immer kleineren Zeitspannen in der Ära des Telegrafen; zum Schrumpfen des Raums durch das Einsetzen des Hochgeschwindigkeitsmassenverkehrs; zum Aufkommen der Nostalgie als charakteristischem Leiden der Moderne.[15] In diesen Studien standen die Heraufkunft der Moderne und die dazugehörige Modernisierung des Zeitbewusstseins im Zentrum der Aufmerksamkeit.

Dennoch bleibt eine Ungewissheit bezüglich des qualitativen Charakters des Übergangs von der »traditionellen« zur »modernen« Zeitlichkeit. Statt einen festen Satz allgemein gebräuchlicher hermeneutischer Kategorien hervorzubringen, hat die jüngste Literatur zu modernen Temporalitäten ein Dickicht heterogener Metaphern geschaffen. Der Übergang von traditioneller zu moderner Zeitlichkeit wird begrifflich unterschiedlich gefasst: als Prozess der Beschleunigung, der Ausdehnung, Verengung, Erneuerung, Kompression, Distanzierung, Spaltung, Zersplitterung, Entleerung, Vernichtung, Intensivierung und Verflüssigung.[16] Und die Kategorie der »Zeitlichkeit« selbst wurde in verschiedenen Bedeutungen verwendet. In manchen Studien bezeichnet der Begriff einen Erfahrungsbereich, eine Tendenz seitens einzelner Personen oder Gemeinschaften, sich an zyklischen Wegmarken wie Jahreszeiten oder liturgischen Feierlichkeiten zu orientieren, die wahrgenommene Beschaffenheit der Zeit in ihrem Verlauf, Schwankungen bei der erlebten Dauer spezifischer Ereignisse, das Verhältnis zwischen Erfahrung und Erwartung, eine Abweichung in den Rhythmen des privaten und öffentlichen Lebens oder Muster des Zeitmanagements, die mit bestimmten Beschäftigungskulturen assoziiert werden.[17] Andere Studien konzentrieren sich auf »chronosophische« Fragen oder philosophische Reflexionen über die Zeit und ihr Verhältnis zur Geschichte oder allgemein zur menschlichen Existenz.[18]

Macht und Zeit

Tendenziell dominierten Veränderungsprozesse ohne Akteur die Literatur zur Zeitlichkeit, deren Narrative häufig in den systemischen und prozesshaften Argumenten der Modernisierungstheorie verankert waren.[19] Aber es gibt auch ausgezeichnete Studien zu der Frage, wie Machtregime in die zeitliche Ordnung eingriffen. So wurde beispielsweise die Verwendung eines Kalenders als Instrument politischer Macht untersucht. Der Übergang vom julianischen zum gregorianischen Kalender in Westeuropa, ein Prozess, der drei Jahrhunderte in Anspruch nahm, war stets eng mit Machtkämpfen verknüpft.[20] Im Habsburger Reich setzte die Thronbesteigung des aufgeklärten, jansenistischen Reformers Joseph II. der traditionellen Dominanz des liturgischen Kreises bei Hofe ein Ende, während die drastische Reduzierung der Feiertage Teile der Bevölkerung entfremdete, die an ihrer traditionellen Frömmigkeit und den geselligen Rhythmen des alten katholischen Kirchenjahres hingen.[21] Am 24. Oktober 1793 nahm der von den Jakobinern kontrollierte Nationalkonvent einen neuen »republikanischen Kalender« an, um auf diese Weise einen radikalen Bruch mit der Vergangenheit und den Beginn einer neuen Ära zu markieren. Hätte der Kalender sich langfristig durchgesetzt, dann hätte die Zehn-Tage-Woche *(décade)* den Lebens- und Arbeitsrhythmus der Franzosen verändert. Gleichzeitig hätte sie dieser Schritt von den Zyklen des christlichen Kirchenjahrs entfremdet und vom Rest des europäischen Kontinents getrennt.[22]

Historiker der Kolonialreiche haben ebenfalls den »engen Zusammenhang« zwischen Zeit und imperialer Macht untersucht – vor allem wie er sich in der Einführung standardisierter Regime der Zeitdisziplin für Arbeits- und Produktionsprozesse manifestierte.[23] Dabei wurde vor allem der teilweise erzwungene Übergang von vor- oder nicht-modernen (ursprünglichen) zu modernen (imperialen oder westlichen) Temporalitäten betont, auch wenn etliche Studien darauf hingewiesen haben, dass trotz des Drucks seitens der Kolonialbehörden indigene Temporalitäten weiter Bestand hatten.[24] Vanessa Ogles meisterhafte Studie zur weltweiten Standardisierung der Uhrzeit offenbarte einen »additiven und unbeabsichtigten Prozess«, in dem die unkoordinierten Bemühungen etlicher Akteure mit einer globalen Verwerfung (dem Zweiten Weltkrieg) und den durch eine neue Infrastruktur (militärische und zivile Luftfahrt) bedingten Anforderungen zusammenfielen, was dann die Einführung einheitlicher Zeitzonen zur Folge hatte.[25] Sebastian Conrad hat deutlich gemacht, wie die Ausweitung und Verstärkung imperialer Macht und die semantischen und kulturellen Veränderungen des 19. Jahrhunderts in einem Wechselspiel »weltweite Veränderungen des Zeitregimes« hervorbrachten.[26]

Die Disruption von Machtsystemen von unten kann ebenfalls Veränderungen im Zeitempfinden bewirken, wie Studien zum China der späten Qing-Dynastie gezeigt haben.[27] Die Phase gewaltsamer Unruhen, welche die Taiping-, Nian-, Gelao- und Hui-Rebellionen der 1850er bis 1870er Jahre und die darauffolgenden Vorstöße westlicher Mächte umfasste, habe so tiefgreifende Brüche mit der erinnerten Vergangenheit entstehen lassen, so argumentiert Luke S. K. Kwong, dass sie das historische Bewusstsein veränderten, zumindest innerhalb der kulturellen Elite. Im traditionellen China wurde Geschichte als ein Schatz positiver Beispiele bewahrt, die einen Zustand kosmischer Verbundenheit und harmonischer Regelung der menschlichen Angelegenheiten widerspiegelten. Ereignisse in der Gegenwart wurden im Licht von Analogien aus der Vergangenheit interpretiert. Das hieß keineswegs, dass chinesische Gelehrte und Verwaltungsbeamte außerstande gewesen wären, »spezifische Arten eines linearen Fortschritts« zu konstruieren, aber diese waren, so Kwong, in eine zyklische, extrem rekursive und nicht-lineare Zeitstruktur eingebettet.

Der Einfluss dieser traditionellen Zeitlichkeit wurde erst gebrochen, als gewaltige Wellen sozialer Unruhen und politischer Gewalt die Autorität der kaiserlichen Regierung untergruben. Denn sie durchtrennten den Strang der Kontinuität mit der Vergangenheit und stellten damit das Überleben des Landes und damit auch die Autorität einer Geschichte infrage, die in Herrscherdynastien erzählt worden war. Die altbewährte

Praxis, in der historischen Überlieferung nach Lehren zu suchen, fiel in den Augen Kosellecks in dem Moment in sich zusammen, als der Topos der Geschichte als Lehrerin des Lebens in Westeuropa verschwunden war. Die Auffassung, die aktuelle Ära der Zerstörung werde wie in der Vergangenheit irgendwann einem Zeitalter der Restauration und Erlösung Platz machen, schien nicht länger glaubwürdig. Angesichts der in ihren Augen radikalen Neuartigkeit der zeitgenössischen Verhältnisse suchten Intellektuelle der späten Qing-Dynastie nach linearen und entwicklungsorientierten, vom Westen und von den Meiji inspirierten Narrativen, um ein Gefühl der Häufung und Beschleunigung der Ereignisse zu erfassen, die »in einem Vorwärtsdrang in Richtung Zukunft an Dynamik gewannen«.[28]

Zu den ambitioniertesten modernen Eingriffen in die zeitlichen Ordnungen zählten jene der totalitären Regime des 20. Jahrhunderts. Im Januar 1918 gab die Sowjetunion den julianischen Kalender auf, den Peter der Große im Jahr 1699 übernommen hatte, und ersetzte ihn durch den gregorianischen Kalender, der im Westen allgemein gebräuchlich war. Das Land wurde dadurch um 13 Tage nach vorn katapultiert. Der Aufstieg Stalins zu unumstrittener Herrschaft brachte weitere Initiativen mit sich. Im Jahr 1930 rief Stalin eine neue Fünf-Tage-Woche aus. Es sollte weder einen Samstag noch einen Sonntag geben, lediglich eine Abfolge von fünf Tagen, die mit Zahlen und Farben gekennzeichnet waren: gelb, orange, rot, violett und grün.[29] Dieses Projekt wurde zwar irgendwann als undurchführbar aufgegeben, doch die Sowjetunion startete ein revolutionäres Experiment, welches das Verhältnis der Menschen zur Zeit neu ordnen sollte; sie trachtete danach, eine Zeitlichkeit einzuführen, durch die die Avantgarde der Partei die Beschränkungen der konventionellen »bourgeoisen«, linearen Zeit durch die endlose Intensivierung der Arbeit überwand.[30] Aktuelle Studien zum italienischen Faschismus haben sich auf die Bemühungen faschistischer Intellektueller und deren Propaganda konzentriert, eine neue Zeitlichkeit zu etablieren, in deren Zentrum die Partei selbst als eigentliche historische Kraft stand.[31] Und der Historiker Roger Griffin, der sich mit dem

Faschismus in transnationaler Perspektive beschäftigt hat, bezeichnete die Machtübernahme der nationalsozialistischen Regierung in Deutschland als »Zeitrevolution«.[32] Eric Michaud richtete sein Augenmerk bei der Erforschung des »Nazi-Mythos« auf die paradoxe Beziehung zwischen »Bewegung« und »Bewegungslosigkeit« in der Bildsprache der Nationalsozialisten und stellte dies in Bezug zur Logik der christlichen Eschatologie, nach der sich das Subjekt zwischen der Erinnerung an eine frühere Erlösung (in Form der Auferstehung Christi) und der Erwartung einer künftigen, kollektiven Errettung in einem Schwebezustand befindet.[33] Emilio Gentile hat von einer faschistischen »Sakralisierung der Politik« gesprochen, durch welche die Riten und Bräuche der christlichen Tradition an die Ziele des Mussolini-Regimes angepasst wurden, sodass ein inneres »mythisches und symbolisches Universum« entstand, in dem die zeitlose Universalität einer liturgischen Darbietung auf die kollektive Erfahrung der Politik übertragen wurde.[34] Alle drei totalitären Diktaturen, so gaben Charles Maier und Martin Sabrow zu verstehen, standen für weitreichende Eingriffe, nicht nur in die soziale und politische, sondern auch in die temporale Ordnung.[35]

Indem man die Zeitlichkeit als Folge oder Begleiterscheinung von Machtveränderungen darstellt, verlagert sich der Fokus von Veränderungsprozessen ohne Akteur hin zur »Chronopolitik«, zur Untersuchung, wie »bestimmte Ansichten über die Zeit und über die Natur des Wandels« in Prozesse der Entscheidungsfindung eingebunden werden.[36] Und das bedeutet wiederum, nach »der Vorstellung von Zeit und Geschichte« zu fragen, die in verschiedenen Ländern und Epochen den Aktionen und Argumenten der souveränen Macht »Sinn und Legitimität« verliehen hat.[37] Es geht, um mit Charles Maier zu sprechen, um die Frage, »wie die Politik mit der Zeit umgeht« und welche Form der Zeit »von der Politik vorausgesetzt« wird.[38]

Kein einziges der im Folgenden erörterten Regime trachtete offiziell danach, die kollektive Erfahrung der Zeit nach Art des französischen Nationalkonvents durch die Einführung eines neuen Kalenders neu zu strukturieren. Aber sie alle fingen bestehende Temporalitäten ein und verstärkten sie selektiv, verwoben sie mit den Argumenten und Darstellungen, mit denen sie sich und ihre Handlungen rechtfertigten.

Zu den vielleicht ungewöhnlichen Merkmalen dieses Buches zählt, dass es eine langfristige Betrachtung bietet, indem es der gleichen angestammten territorialen Einheit (Brandenburg-Preußen) über mehrere aufeinanderfolgende politische Inkarnationen folgt. Dieser Ansatz hat nicht zuletzt den Vorteil, dass er es gestattet, die reflexive, selbst-historisierende Dimension des chronopolitischen Wandels zu erfassen. Staaten haben tiefe Gedächtnisse, und ihre Selbstwahrnehmung hat eine kumulative Logik, selbst wenn ein Regime den Ansprüchen oder Praktiken seines Vorläufers feierlich entsagt. Indem wir die Punkte diachron miteinander verbinden, sind wir somit eventuell imstande, die Umrisse einer »Zeit-Geschichte« zu skizzieren, zumindest innerhalb eines recht engen Bereichs menschlichen Handelns.[39] Der Umstand, dass diese Studie ausgerechnet Deutschland (Preußen) in den Blick nimmt, geht in erster Linie auf die pragmatische Entscheidung zurück, mich auf das Gebiet zu konzentrieren, das ich am besten kenne. Aber Deutschland ist zudem ein besonders interessanter Fall für eine Untersuchung zum Verhältnis zwischen Zeitlichkeit, Geschichtlichkeit und Macht. Die Häufigkeit und Tiefe der politischen Brüche im deutschen Europa in den vergangenen vier Jahrhunderten gestatten es uns, immer wieder den Einfluss politischer Veränderungen auf das zeitliche und historische Bewusstsein zu beobachten. Im Schlussteil kehre ich zu der Frage zurück, ob an dem Entwicklungsverlauf, der aus diesem Ansatz hervorgeht, etwas spezifisch Preußisches oder Deutsches ist.

Ein weiterer Vorteil des langfristigen Ansatzes besteht darin, dass er es uns ermöglicht, die Beziehung zwischen »Modernisierung« und Zeitlichkeit zu untersuchen. Mehrere aktuelle Studien haben behauptet, dass die von Koselleck mit der sogenannten »Sattelzeit« assoziierten Umbrüche in Wirklichkeit schon in früheren Regimen auszumachen sind: etwa an den Höfen der Stadtstaaten im Italien der Renaissance und im frühneuzeitlichen Deutschland oder sogar im Europa und im Nahen

Osten des Mittelalters.[40] Indem man die Schwelle zeitlich nach hinten verschiebt, wird die Teleologie des Paradigmas selbstverständlich nicht grundsätzlich infrage gestellt, falls man dabei einfach im Nachhinein die analytischen Kategorien der Modernisierung auf eine frühere Epoche anwendet. Aber es lohnt sich auch zu fragen, ob wir Kosellecks Typologie der Temporalitäten unbedingt in chronologischer Reihenfolge lesen müssen; eine alternative Sichtweise würde ihn als Theoretiker vielfältiger, paralleler Formen von Zeitlichkeit auffassen.[41]

Im vorliegenden Buch versuche ich mich intensiv mit den spezifischen zeitlichen Gefügen und Texturen eines jeden Regimes auseinanderzusetzen. Die daraus resultierende Abfolge pendelt stärker hin und her, ist rekursiver und nicht so linear, wie eine streng sequenzielle und auf Modernisierung basierende Theorie es gestatten würde. Das heißt nicht zwangsläufig, dass es überhaupt keine Modernisierung gab; es könnte schlicht die Schieflage und Kontingenz der Beziehungen zwischen den Machthabern und jenen Prozessen widerspiegeln, für die sich Modernisierungstheoretiker in erster Linie interessieren. Der Große Kurfürst richtete sich an einem aktivistischen Geschichtsverständnis aus, das ihn zum Gegenspieler der zeitgenössischen Verteidiger von Privilegien und Tradition machte. Friedrich II. versuchte, den Prozessen des gesellschaftlichen Wandels entgegenzuwirken, die sein Königreich von innen heraus veränderten, und formulierte eine hochgradig ästhetisierte politische Vision, die von Stillstand und Gleichgewicht geprägt war. Otto von Bismarck passte seine Politik an die politischen und gesellschaftlichen Kräfte an, welche die turbulente Bewegung der Geschichte vorantrieben, hielt aber weiterhin an der Vorstellung des monarchischen Staates als konstanter und alles überragender Staatsform fest, die er, wie er glaubte, aus der Ära Friedrichs geerbt hatte. Und das NS-Regime brach mit all diesen Vorläufern, es verwarf allein schon die Vorstellung einer Geschichte, die aus disruptiven Entwicklungen und Zufälligkeiten besteht, und bettete seine politische Vision in eine tausendjährige Zeitlandschaft ein, in der die ferne Zukunft lediglich das erfüllte Versprechen der fernen Vergangenheit war.

In keiner einzigen der vier Epochen verdrängten die hier untersuchten Temporalitäten der Macht andere Formen des Zeitbewusstseins, auch wenn sie sich in manchen Fällen gegen sie richteten. Während der gesamten Zeitspanne, die in diesem Buch behandelt wird, wurde das politische Leben von einer Pluralität nebeneinander existierender zeitlicher Ordnungen strukturiert.[42] Doch die Zeitlichkeit der politischen Macht, wie sie von den einflussreichsten Akteuren ausgeübt wurde, behielt und behält eine besondere Bedeutung. Sie war der Ort, wo die politischen Begründungen der Macht als Ansprüche an die Vergangenheit und Erwartungen an die Zukunft Ausdruck fanden.

Auch die politischen Bewegungen und Organisationen der Gegenwart beteiligen sich an der Chronopolitik; die Berufung auf imaginäre Zeitlandschaften bleibt eines der wichtigsten Instrumente politischer Kommunikation. Das vorliegende Buch wurde unter dem Getöse und Triumph der Brexit-Kampagne in Großbritannien geschrieben, einer Kampagne, die von dem Anspruch getrieben war, »wieder die Kontrolle zu übernehmen«. Der Brexit-Befürworter Boris Johnson war der Hauptpropagandist dieses Schlagworts, ist aber auch der Autor einer Biographie Winston Churchills (deren Untertitel im Original lautet: »Wie ein Mann Geschichte machte«), in der der ikonenhafte Staatsmann eine frappierende Ähnlichkeit mit Johnson selbst zeitigte. Und die Brexit-Kampagne war beseelt von der Beschwörung einer idealisierten Vergangenheit, in der die »Englisch sprechenden Völker« mühelos die Welt beherrscht hatten. Die Häufigkeit solcher Motive in den Argumenten der Brexit-Befürworter belege, so Duncan Bell, »die mesmerisierende Faszination, die das Empire immer noch auf große Teile der herrschenden Klasse in Großbritannien ausübt«.[43]

Der Schock des Brexit-Referendums wirkte im Vereinigten Königreich noch nach, als Donald Trump die amerikanische Präsidentschaftswahl gewann. Trump, dessen urheberrechtlich geschützter Wahlkampfslogan »Make America Great Again« lautete, brachte in das mächtigste gewählte Amt auf dieser Welt eine politische Vision mit, die auf einer scharfen Ablehnung sowohl der neoliberalen Zukunft der Globalisierung als auch der wissenschaftlich begründeten Erwartung des Klimawandels beruht, den Trump als Schwindel bezeichnet, den die Chinesen angeblich dem Rest der Menschheit vorgaukeln.[44] Der einflussreichste Ideologe in seinem Stab, Steve Bannon, hat sich, seit er von seinem Posten entlassen wurde, der esoterisch-historischen Theorie verschrieben, die William Strauss und Neil Howe in einem Buch mit dem Titel *The Fourth Turning: What Cycles of History Tell Us About America's Next Rendezvous with Destiny* (New York 1997) skizzierten. Die Autoren behaupten darin, die Geschichte der Nationen verlaufe in 80- bis 100-jährigen Zyklen, unterbrochen von gewaltsamen Phasen der »Umwälzung«, die eine Generation lang anhalten könnten. Ob Präsident Trump selbst sich jemals mit diesen Ideen beschäftigt hat, ist nicht bekannt, aber auch er hat zumindest das herkömmliche amerikanische Geschichtsbild infrage gestellt, indem er als erster Präsident der Neuzeit ganz offen die Vorstellung zurückwies, die Vereinigten Staaten würden einen besonderen und paradigmatischen Platz an der Spitze des geschichtlichen Fortschritts einnehmen. Im Gegenteil sei Amerika, so ließ Trump durchblicken, heute ein rückständiges Land mit einer gespaltenen Gesellschaft und einer kaputten Infrastruktur, dessen Aufgabe es sei, auf eine Vergangenheit zurückzugreifen, wo amerikanische Werte noch unverfälscht und die amerikanische Gesellschaft noch intakt gewesen seien.[45] »Wenn wir gewinnen«, sagte Trump 2016 vor Arbeitern in Moon Township, Pennsylvania, »bringen wir den Stahl zurück, wir werden den Stahl zurück nach Pennsylvania bringen, wie es früher war. Wir geben unseren Stahlarbeitern und unseren Bergleuten die Arbeit zurück. Das tun wir. Wir werden unsere einst großen Stahlunternehmen zurückbringen.«[46] Gleichzeitig hat sein fieberhafter Kommunikationsstil eine Kluft zwischen der hyperschnellen Gegenwart von Twitter und den langsamen, abwägenden Prozessen aufgerissen, die das tägliche Brot der traditionellen, auf verfassungsmäßige Normen geeichten Demokratien und Verwaltungen sind.

In Großbritannien, in den Vereinigten Staaten, in Frankreich, Ungarn und anderen Ländern, die eine Wiedergeburt populistischer Strömungen erleben, werden neue Vergangenheiten konstruiert, um alte Zukunftsvorstellungen zu verdrängen. In ihrem Jubel über den Sieg Donald Trumps glaubte Marine Le Pen, die Anführerin des damaligen Front National (der heute Rassemblement National heißt), zu erkennen, dass sich die Bevölkerung in den Vereinigten Staaten »ihre Zukunft zurückholt«; die Franzosen würden es ihnen nachmachen, prophezeite sie.[47] Überlegungen zu der Frage, wie die Träger und Gestalter politischer Macht in einer kleinen Provinz der Vergangenheit ihre Politik verzeitlicht haben, werden kaum dazu beitragen, den zeitgenössischen Reiz solcher Manipulationen zu mindern, aber sie können uns zumindest helfen, sie aufmerksamer zu lesen.

EINS

DIE GESCHICHTSMASCHINE

Der Große Kurfürst Friedrich Wilhelm. Kupferstich von Pieter de Jode nach einem Porträt von Anselmus van Hulle.

Friedrich Wilhelm, der als der Große Kurfürst bekannt ist, ist der erste Brandenburger Herrscher, von dem zahlreiche Porträts erhalten sind. Die meisten wurden vom Dargestellten selbst in Auftrag gegeben. Sie dokumentieren das sich verändernde Äußere eines Mannes, der 48 Jahre lang das Amt des Regenten innehatte – länger als jedes andere Mitglied seiner Dynastie. Abbildungen aus den frühen Jahren seiner Regierungszeit zeigen eine Ehrfurcht gebietende, aufrechte Gestalt mit einem langen, von dunklem, wallendem Haar umrahmten Gesicht; auf späteren Porträts ist der Körper aufgedunsen, das Gesicht geschwollen und die Haarpracht durch künstliche Locken ersetzt worden. Eines haben jedoch alle Porträts gemeinsam, die zu Lebzeiten entstanden sind: kluge, dunkle Augen, die den Betrachter mit scharfem Blick fixieren.[1] Das hier abgedruckte Bild entstammt einem zeitgenössischen Album mit Bildnissen all jener Fürsten und Gesandten, die an den Verhandlungen zum Westfälischen Frieden 1648 beteiligt waren.[2]

Friedrich Wilhelm setzte die Restauration – genaugenommen die Transformation – der zusammengesetzten Brandenburger Monarchie im Nachspiel des Dreißigjährigen Krieges ins Werk. Unter seiner Herrschaft, die von 1640 bis 1688 währte, erwarb Brandenburg eine kleine, aber ansehnliche Armee, eine Landbrücke durch Ostpommern bis an die Ostseeküste, eine bescheidene Ostseeflotte und sogar eine Kolonie an der Westküste Afrikas. Brandenburg stieg zu einer Regionalmacht auf, wurde zu einem begehrten Bündnispartner und hatte bei Friedensregelungen ein gewichtiges Wort mitzureden.[3]

Im Jahr 1667 verfasste Friedrich Wilhelm, der Große Kurfürst, eine »Väterliche Ermahnung« für seinen Erben. Das Dokument begann nach Art eines traditionellen fürstlichen Testaments mit Ermahnungen, ein frommes und gottesfürchtiges Leben zu führen, weitete sich aber schon bald zu einem politisch-historischen Traktat aus, wie es in der Geschichte der Hohenzollern noch keinen gegeben hatte. Zwischen der Vergangenheit und der Gegenwart wurden klare Gegensätze aufgezeigt. Das Herzogtum Preußen, erinnerte der Fürst seinen Erben, habe einst in dem »vnertraglichen zustande« der Vasallenpflicht der Krone Polens geschmachtet; erst der Erwerb der Souveränität über das Herzogtum habe diesem beklemmenden Zustand ein Ende bereitet. »... solches kan nicht alles beschriben werden. Das Archiwum vndt die Rechnungen werden etwas [davon] zeugen.«[4] Der künftige Kurfürst wurde eindringlich aufgefordert, eine, wie man heute sagen würde, historische Perspektive auf die Probleme zu entwickeln, die ihn damals plagten. Ein eifriges

Studium des Archivmaterials würde nicht nur zeigen, wie wichtig es war, gute Beziehungen zu Frankreich zu pflegen, sondern auch wie diese mit dem Respekt, »welchen Ihr, als ein Churfurst auf das Reich vndt den kayser haben musset«, in der Balance gehalten werden müssten. Ferner war ein starkes Eintreten für die neue Ordnung zu spüren, die durch den Westfälischen Frieden eingeführt worden war, und dafür, wie wichtig es war, sie notfalls gegen jede Macht oder alle Mächte zu verteidigen, die sich anschicken sollten, sie zu stürzen.[5] Kurzum, es handelte sich um ein Dokument, dessen Schreiber sich seines eigenen Platzes in der Geschichte nur allzu bewusst war. Darüber hinaus war es vom Wissen um die Spannung zwischen kultureller und institutioneller Kontinuität und den Kräften des Wandels aufgeladen.

Um eben diese Spannung geht es im Folgenden. Es ist fraglich, ob der Kurfürst jemals eine kohärente Sichtweise der »Geschichte« entwickelte, im Sinne eines philosophischen Standpunkts zu ihrer Bedeutung oder ihrem Wesen. Er war ein Mann, der sich an Fragen der Macht und Sicherheit orientierte, der nicht zu spekulativen Überlegungen oder zur Erörterung von Grundsatzfragen neigte.[6] Und »Geschichte« im heutigen Sinn, ein Abstraktum im Kollektivsingular, das einen allumfassenden, vielschichtigen Transformationsprozess bezeichnet, kannte man damals noch gar nicht. Das Wort hatte noch nicht den Prozess der Erweiterung und »Verzeitlichung« durchgemacht, der es zu einem der prägenden Begriffe der Moderne machen sollte.[7] Doch der Kurfürst und sein Regime besaßen, wie dieses Kapitel ausführt, etwas Intuitiveres, eine höchst eigenständige und dynamische Form der Geschichtlichkeit, die in dem Gespür dafür wurzelte, dass sich der monarchische Staat an einem exponierten Ort an der Schwelle zwischen einer katastrophalen Vergangenheit und einer Zukunft voller Gefahren befand. Um diese These zu untermauern und ihre Implikationen zu erläutern, werden zunächst die Argumente untersucht, die im Konflikt zwischen der kurfürstlichen Regierung und den vom Adel dominierten Ständen vorgetragen wurden. Besonderes Augenmerk wird dabei auf die Geschichtlichkeit[8] gelenkt, die in den von beiden Seiten vorgebrachten Argumenten latent vorhanden ist. Indem der Fürst die Vorstellung der »Notwendigkeit« oder »Dringlichkeit« gegen die etablierten Ansprüche der traditionellen Machthaber auf Provinzebene ins Feld führte, spielte er nämlich im Grunde die Zukunft gegen die Vergangenheit aus. Anschließend gehe ich der Frage nach, ob die Historizität des Kurfürsten und seiner Regierung womöglich calvinistische Elemente enthält – immerhin waren konfessionelle Spannungen von Anfang an mit den Auseinandersetzungen zwischen der weitgehend calvinistischen Verwaltung des Kurfürsten und seinen lutherischen Ständen verwoben. Die Reformierte Kirche war das komplexeste geistige System, zu dem sich der Kurfürst bewusst bekannte. Ein letzter Abschnitt erörtert die Bemühungen der kurfürstlichen Regierung, sich die Dienste eines offiziellen Geschichtsschreibers zu sichern, wobei insbesondere die Schriften Samuel Pufendorfs untersucht werden, der wenige Monate vor dem Tod des Kurfürsten nach Berlin kam, um im Januar 1688 seine Stelle als offizieller Geschichtsschreiber anzutreten. In diesem Fall stelle ich die These auf, dass Pufendorf zunächst als Theoretiker überzeugende, philosophische Rechtfertigungen für die Konsolidierung der kurfürstlichen Macht lieferte und dann als Historiker ein ambitioniertes, in den Archiven recherchiertes Narrativ schuf, das die dynamische Geschichtlichkeit des Kurfürsten und seiner Beamten einfing. Das Kapitel schließt mit einem kurzen Exkurs zu der Frage, inwiefern die Ablehnung traditioneller Privilegien, die zu einem hervorstechenden Motiv der Herrschaft des Kurfürsten wurde, in der prunkvollen Zeremonie, welche die Krönung des ersten preußischen Königs im Jahr 1701 begleitete, ihren Ausdruck fand.

Zusammengesetzte Monarchie in einer Zeit des Krieges

Das Gemeinwesen, dessen Thron Friedrich Wilhelm im Jahr 1640 bestieg, war kein einheitlicher Staat. Es handelte sich um eine »zusammengesetzte Monarchie«, die auf unterschiedliche Weise erworbene Gebiete umfasste, welche wiederum unterschiedlichen Gesetzen und Herrschaftsverhältnissen unterlagen. Das Kernland war das Kurfürstentum Brandenburg, das die Hohenzollern im Jahr 1415 für 400 000 ungarische Goldgulden in ihren Besitz gebracht hatten. Mithilfe strategischer Heiratsbündnisse hatten aufeinanderfolgende Generationen der Hohenzollern Gebietsansprüche auf eine Reihe nicht zusammenhängender Gebiete in Ost und West erworben: das Herzogtum Preußen an der Ostsee und das Herzogtum Jülich-Kleve, einen Komplex rheinländischer Gebiete, dem Jülich, Kleve (Cleve), Berg und die Grafschaften Mark und Ravensberg angehörten. Dank einer bis ins Jahr 1530 zurückreichenden familiären Verbindung erhoben die Hohenzollern auch Anspruch auf die Nachfolge in Pommern, ein strategisch wichtiges Gebiet zwischen Brandenburg und der Ostsee.

Innerhalb ihrer diversen Besitzungen teilten die Kurfürsten von Brandenburg die Macht mit den regionalen Eliten, die in repräsentativen Gremien, den sogenannten Ständen, organisiert waren. In Brandenburg billigten die Stände vom Kurfürsten erhobene Steuern (oder auch nicht) und übernahmen (seit 1549) deren Einziehung. Im Gegenzug besaßen sie weitreichende Vollmachten und Zugeständnisse. Dem Kurfürsten war es beispielsweise untersagt, Bündnisse zu schließen, ohne zuvor die Zustimmung der Stände einzuholen.[9] In einer 1540 veröffentlichten und bis 1653 bei verschiedenen Anlässen wiederholten Erklärung versprach der Kurfürst sogar, dass er »keine wichtige sache, doran der lande gedei und vorterb [Verderb] gelegen, ohn unserer gemeiner landstende vorwissen und raht schliessen oder furnehmen« werde.[10] Der Landadel besaß den Löwenanteil des Grundbesitzes im Kurfürstentum; die Adligen waren außerdem die wichtigsten Geldgeber des Kurfürsten. Doch ihr Horizont war extrem beschränkt; sie hatten kein Interesse daran, dem Kurfürsten bei der Aneignung ferner Gebiete zu helfen, von denen sie kaum etwas wussten.

Die Stände wohnten in einer Vorstellungswelt gemischter und sich überschneidender Souveränitäten. Die Stände von Kleve unterhielten eine diplomatische Vertretung in Den Haag und wandten sich an die Republik der Niederlande, an den Reichstag (die Versammlung des

Heiligen Römischen Reiches) und in manchen Fällen sogar an die Habsburger in Wien und baten sie um Unterstützung gegen rechtswidrige Eingriffe seitens Berlins.[11] Sie träumten davon, ihr eigenes Steuersystem einzuführen und zusammen mit den Nachbargebieten Mark, Jülich und Berg eine ständische »erbliche Union« zu bilden, und korrespondierten häufig mit den Ständen dieser Gebiete darüber, wie man am besten auf Forderungen aus Berlin antworten (und ihnen Widerstand leisten) sollte.[12] Die Stände im Herzogtum Preußen waren ihrerseits immer noch Untertanen der polnischen Krone; sie betrachteten das benachbarte Polen als Garantiemacht für ihre langjährigen Privilegien. Ein hoher kurfürstlicher Beamter etwa meinte einmal gereizt, die Führer der preußischen Stände seien treue Nachbarn der Polen und die Verteidigung des eigenen Landes sei ihnen gleichgültig.[13]

Im Zuge der Unruhen und Zerstörungen des Dreißigjährigen Krieges (1618–1648) gerieten diese fein ausbalancierten Vereinbarungen unter Druck. In Brandenburg blieben die Stände weiterhin überaus skeptisch gegenüber Militärausgaben und jeglichen ausländischen Bündnissen. Sogar nach wiederholten Einfällen durch protestantische und kaiserliche Truppen in brandenburgisches Territorium stießen die Bitten um finanzielle Unterstützung seitens ihres Lehnsherrn auf taube Ohren.[14] In ihren Augen war es ihre Aufgabe, unerwünschten Abenteuern vorzubeugen und das Geflecht provinzieller Privilegien gegen Vorstöße der Zentralregierung zu bewahren.[15] Als sich der Krieg in die Länge zog, schienen jedoch die steuerlichen Privilegien des Brandenburgers Adels bedroht.[16] Ausländische Fürsten und Generäle hatten nicht die geringsten Hemmungen, von den Provinzen Brandenburgs Kontributionen zu fordern; warum sollte Kurfürst Georg Wilhelm da nicht seinen Anteil verlangen? Das würde die Aufhebung der traditionellen »Freiheiten« der Stände bedeuten. Für diese Aufgabe wandte sich der Kurfürst an Graf Adam Schwarzenberg, einen Katholiken und Ausländer ohne Bindungen zum Landadel. Schwarzenberg verlor keine Zeit und führte kurzerhand ohne Rücksprache mit den üblichen Provinzorganen eine neue Steuer ein. Er schränkte die Befugnis der Stände, die Staatsausgaben zu überwachen, ein und entmachtete den Geheimen Rat, indem er dessen Zuständigkeitsbereiche dem Kriegsrat übertrug, dessen Mitglieder nach ihrer völligen Unabhängigkeit von den Ständen ausgewählt wurden. Kurzum, Schwarzenberg führte eine steuerliche Autokratie ein, die einen klaren Bruch zur ständischen Tradition vollzog.[17] Der Adel hasste ihn am Ende regelrecht wegen seines Angriffs auf ihre ständischen Rechte. In den Jahren 1638/39, als Schwarzenberg auf dem Zenit seiner Macht war, kursierten in Berlin Flugblätter, welche die »hispanische Dienstbarkeit« seiner Herrschaft verunglimpften.[18]

Die Auswirkungen des Krieges auf das Herzogtum Kleve waren nicht ganz so dramatisch. Hier wurden wie in ganz Deutschland hohe Abgaben und Schutzgelder erhoben, als verschiedene Heere um die Kontrolle der strategisch wichtigen Region am Niederrhein kämpften. Doch die Besetzung der Gebiete am rechten Rheinufer durch niederländische Truppen brachte Geld ins Land, belebte den Handel und stärkte die politische Verbindung zu Den Haag. Während die Eingriffe des Grafen Schwarzenberg, im Verein mit den verbreiteten Verwüstungen, die Stände in Brandenburg geschwächt hatten, blieben die Stände von Kleve so mächtig wie eh und je und vertrauten weiterhin auf die politische Unterstützung der nahe gelegenen Vereinigten Provinzen, deren Garnisonen selbst nach Kriegsende noch in vielen Städten blieben.[19]

Das Herzogtum Preußen lag während des Dreißigjährigen Krieges außerhalb der am heftigsten umkämpften Regionen und entging so den massiven Zerstörungen, die Brandenburg erlebte. Hier hatten die Stände traditionell das Sagen, traten regelmäßig vollzählig zusammen und hatten die zentrale und lokale Regierung, die Miliz und die territorialen Finanzen fest im Griff. Das traditionelle preußische Recht, sich an die polnische Krone zu wenden, die formal auf dem Territorium immer noch die souveräne Macht war, bedeutete, dass die Stände nicht so ohne Weiteres zur Kooperation gezwungen werden konnten.[20]

Fürst gegen Stände

Im Dezember 1640, als Friedrich Wilhelm den Thron bestieg, befand sich Brandenburg noch unter fremder Besatzung. Im Juli 1641 wurde mit den Schweden ein zweijähriger Waffenstillstand ausgehandelt, doch die Plünderungen, Brandstiftungen und allgemeinen Übergriffe gingen weiter.[21] Erst im März 1643 kehrte Friedrich Wilhelm aus dem relativ sicheren Königsberg im Herzogtum Preußen in das in Trümmern liegende Berlin zurück, in eine Stadt, die er kaum wiedererkannte. Er fand hier eine mittellose und unterernährte Bevölkerung und Gebäude vor, die von Bränden zerstört oder in einem desolaten Zustand waren.[22] Das Dilemma, das die Herrschaft seines Vaters geplagt hatte, war noch nicht behoben. Brandenburg verfügte über keine Streitmacht, um seine Unabhängigkeit zu behaupten. Die kleine Truppe, die Schwarzenberg aufgestellt hatte, fiel bereits wieder auseinander, und es war kein Geld da, um einen Ersatz zu bezahlen. Im Herzogtum Kleve und in der Grafschaft Mark war der neue Kurfürst nur dem Namen nach der Souverän; die Gebiete waren immer noch von kaiserlichen, spanischen, niederländischen, hessischen und französischen Truppen besetzt.[23] Was Pommern betraf, so blieb es aller Wahrscheinlichkeit nach auf absehbare Zeit unter schwedischer Besatzung. Johann Friedrich von Leuchtmar, ein Geheimer Rat und ehemaliger Hauslehrer des Kurfürsten, fasste die missliche Lage Brandenburgs in einem Bericht aus dem Jahr 1644 zusammen: Polen werde, sagte er voraus, Preußen einnehmen, sobald es stark genug sei; Kleve im Westen stehe unter der Kontrolle der niederländischen Republik. Kurzum, Brandenburg befand sich »in praecipitio«, sprich: am Rande des Abgrunds.[24]

Um die Unabhängigkeit seiner Monarchie wiederherzustellen und seine Gebietsansprüche durchzusetzen, brauchte der Kurfürst eine mobile und disziplinierte territoriale Streitmacht. Die Schaffung eines solchen Instruments wurde zu einem der alles beherrschenden Themen seiner Herrschaft.[25] Außerdem brachte dieses Projekt den Kurfürsten auf Kollisionskurs mit den Ständen. In einem Brief vom Oktober 1645 an die Stände von Kleve erklärte er, dass er das gesamte Gebiet des Herzogtums mit eigenen Truppen besetzen müsse, um zu verhindern, dass er von Rivalen in der Region aus seinem Besitz vertrieben werde. Und »weil ja der Soldat vom Winde nicht leben kann«, bedeute dies die Fortsetzung besonderer Kontributionen. Sie seien notwendig, erklärte der Kurfürst, weil sich die Städte ohne eine Besatzungsarmee nicht halten ließen.

> Und wollen Wir demnach nicht hoffen, dass ihr dasjenige, was bei diesen irregulären Kriegszeiten und ganz zerrüttetem Zustande, ja in casu extremae necessitas ubi privilegii ratio haberi semper non potest [in diesem Falle extremer Not, wo man nicht immer auf Privilegien bestehen kann], von Uns aus treuer guter landesväterlicher Intention zu Unserer Lande Rettung und Conservation, ja euerer und der eurigen selbst Wohlfahrt fürgenommen, auch nunmehr glücklich ins Werk gerichtet, für eine vorsätzliche wissentliche Infraction euerer dieserhalber angezogenen Privilegien (davon Wir gleichwohl der Zeit keinen gründlichen Bericht gehabt, auch noch jetzo nicht haben) [getroffen wurde], achten und halten, oder auch auf die Wiederabdankung dieser mit so trefflichen und schweren Kosten auf die Beine gebrachten Völker [=Truppen] und Demolirung der Fortificationen (als deren keines ohne Schwächung […] ja Unserer Lande äußerste Gefahr und Ruin nicht geschehen kann) beharren werdet.[26]

Das war ein recht loses Bündel von Argumenten. Unter anderem geschehe dies alles ja zur eigenen »Wohlfahrt« der Stände, doch das dürfte diese nicht überzeugt haben. In einer späteren Erklärung vor den Delegierten der »Clevischen Stände« in Königsberg untermauerte der Kurfürst diesen Anspruch noch und wies darauf hin, dass es zu Leid und Elend führen werde, sollten die Stände die Versorgung erfolgreich blockieren. Denn der Zusammenbruch der kleinen Heere des Kurfürsten würde das Herzogtum weiteren »feindlichen Attaquen und Belagerungen«

aussetzen und somit »in äußersten Ruin und Gefahr« bringen.[27] Noch eindringlicher war der Verweis auf die allgemeine Notlage, die seine Geldforderungen überhaupt erst hatte aufkommen lassen – allerdings ist die Sanftheit des Einschubs auf Latein bemerkenswert, die davon absieht, eine generelle Unterdrückung der Privilegien, selbst unter extremen Bedingungen, vorzuschlagen. Die Feststellung, dass der Kurfürst noch nicht in vollem Umfang davon in Kenntnis gesetzt worden sei, worin die fraglichen Privilegien tatsächlich bestünden, lässt auf eine gewisse Skepsis bezüglich des genauen Umfangs und der gesetzlichen Grundlage der ständischen Ansprüche schließen. Abschließend wurden sie ermahnt, dass eine Verweigerung der Kooperation verheerende Konsequenzen für den Fürst selbst und für seine Ländereien haben werde.

Mit diesen Argumenten rechtfertigte der Kurfürst die Kontributionen, die er von seinen Untertanen in Kleve einfordern wollte. Im Mittelpunkt stand die Behauptung, dass der Kurfürst keine andere Wahl habe, als so zu handeln. »Wir haben das gnädigste Vertrauen zu ihnen [den Ständen]«, erklärte er in einem Brief an seine Beamten in dem Herzogtum im November 1645, »sie werden es als eine unvermeidliche Nothwendigkeit gebührlich beherzigen«; in anderen Briefen war von einer »unumgänglichen Noth« oder von »äusserster Noth« die Rede.[28]

Das Patt zwischen dem Souverän und den Ständen von Kleve spitzte sich im Nordischen Krieg von 1655 bis 1660 zu.[29] Im Jahr 1657 forderte Friedrich Wilhelm die Aushebung von über 4000 bewaffneten Männern und die Zahlung von 80 000 Reichstalern, um die neuen Truppen zu entlohnen und die Kosten für den Unterhalt von Garnisonen und Festungen zu decken. Als der Statthalter des Kurfürsten im Herzogtum, Moritz von Nassau-Siegen, den Ständen diese Bitte vortrug, stellte er fest, dass der Kurfürst sich so weit wie möglich bemüht habe, die Stände nicht mit weiteren Forderungen zu belasten. Nunmehr befinde er sich jedoch in einer Lage, wo er »den vorhabenden Friedenszweck« nur mit der Unterstützung von »dero getrewen Staenden und Unterthanen« verfolgen könne. Sollten sie ihn »verlassen«, warnte der Statthalter, so werde die »Noth« des Kurfürsten immer dringender werden und der ersehnte

Frieden immer schwerer zu erreichen sein. »Und da nun ein getrewer freund in der noth erkant wuerde«, argumentierte er mit Bedingungen, die an die Logik einer Schutzgeldforderung erinnern, zweifle der Kurfürst nicht daran, dass die Stände sich als seine »Freunde« erwiesen und ihm zu Hilfe kämen.[30]

Als Antwort auf diese Belästigung schalteten die Stände von Kleve genau wie jene in anderen Ländereien des Kurfürsten auf stur und beharrten auf ihren ererbten Rechten und Privilegien. Im Jahr 1649 weigerten sich auch die Stände von Brandenburg, Mittel für einen Feldzug gegen die Schweden in Pommern zu genehmigen, ungeachtet der ernsten Ermahnung des Kurfürsten, dass alle seine Territorien nunmehr »Glieder eines Hauptes« *(membra unius capitis)* seien und dass Pommern deshalb unterstützt werden müsse, als sei es Teil der »Churf[ürstlichen] Lande«.[31] In Kleve, wo das reiche, städtische Patriziat den Kurfürsten immer noch als einen ausländischen Eindringling betrachtete, ließen die Stände die traditionelle »Erbvereinigung« mit Mark, Jülich und Berg wiederaufleben; Wortführer zogen sogar Parallelen zu den zeitgenössischen Aufständen in England und drohten implizit, mit dem Kurfürsten genauso zu verfahren wie die parlamentarische Partei mit dem englischen König Karl. Friedrich Wilhelms Drohungen, militärische Strafaktionen durchzuführen, waren im Grunde wirkungslos, da die Stände von den niederländischen Garnisonen, die das Herzogtum immer noch besetzt hielten, unterstützt wurden.[32] Als der Kurfürst im Nordischen Krieg den Druck erhöhte, wiesen die Stände darauf hin, dass es ihre grundlegende Pflicht sei, dafür zu sorgen, dass »folgende Generationen« *(posteritet)* nicht ihrer Privilegien beraubt würden. In einem klassischen Beispiel für ihre beschränkte Sichtweise erklärten die Stände, dass sich die Untertanen außerstande sähen, dem Kurfürsten bei diesem Krieg, der sie nicht betreffe, beizustehen. Sie versicherten dem Kurfürsten, dass es nicht ihre Absicht sei, mangelnden Respekt zu zeigen; es sei einfach Tatsache, dass die ihnen obliegende Pflicht *»pro conservatione Privilegiorum et boni publici«* sie daran hindere, der Bitte des Kurfürsten nachzukommen, selbst wenn sie es wollten. In den Augen der Stände schienen die »Bewahrung der Privilegien« und »das allgemeine Wohl« ein und dasselbe zu sein. Wie in anderen deutschen Ländereien antworteten hier lokale Eliten auf die Forderungen und einseitigen Maßnahmen des Fürsten, indem sie sich auf die Rechte eines »Vaterlands« beriefen, dessen »altbewährte Verfassung« zu verteidigen die Pflicht jedes edlen »Patrioten« sei.[33]

Im Herzogtum Preußen gestalteten sich die Verhandlungen mit den Ständen durch die weiterhin bestehende Autorität der polnischen Krone noch komplizierter. Hier besaßen die Stände das Recht, sich an eine Justiz zu wenden, auf die der Kurfürst keinerlei Einfluss hatte. Ihre Duldung des Anspruchs der Hohenzollern auf das Herzogtum war nur unter der Bedingung gewährt worden, dass die Übertragung der Lehnsherrschaft über das Herzogtum an das Kurfürstenhaus von Brandenburg keinerlei Einschränkung ihrer ständischen Privilegien nach sich zog. Die Jahrhunderthälfte vor der Thronbesteigung Friedrich Wilhelms war von ambivalenten Strömungen geprägt gewesen: einerseits einer Ausdehnung der ständischen Rechte, welche die Vorrangstellung des Adels stärkte, andererseits in den 1620er und 1630er Jahren Anzeichen für eine Annäherung zwischen den preußischen Ständen und der Brandenburger Verwaltung.[34] Aber auch in Preußen, wie in jedem anderen Land der Hohenzollern, sträubten sich die Stände gegen die Bitten des Kurfürsten um Geld und protestierten gegen jede Initiative seitens der kurfürstlichen Verwaltung, die das Geflecht ihrer traditionellen Befreiungen und Rechte antastete.

In den Ländereien der Hohenzollern betraf der Konflikt zwischen der zentralen Exekutive und den Inhabern der Provinzgewalt, wie überall in Deutschland und Europa, viele Themen: etwa das Recht, in wichtigen Fragen der Außenpolitik um Rat gefragt zu werden, das Recht, die Einführung neuer Steuern abzulehnen, die Vollmacht, das sogenannte »Indigenatsrecht«, lokale Beamte zu ernennen, und die überlieferten Mechanismen der ständischen Kontrolle über die Streitkräfte auf Provinzebene. Man kann nicht von einer generellen Auseinandersetzung sprechen: Es ging nicht um die völlige Abschaffung der Privilegien, und der Kurfürst lehnte nie grundsätzlich das Argument einer altehrwürdigen Abstammung ab, auch wenn seine Berater hier und da auf den ideologischen und manipulativen Charakter solcher Argumente hinwiesen.[35] Das »Normgefüge«, das den Fürsten mit dem Landadel verband, wurde strapaziert, aber nicht zerschlagen.[36] Friedrich Wilhelm hatte nicht die Absicht, seinen Staat in der Art und Weise, die ihm von manchen Historikern Anfang des 20. Jahrhunderts unterstellt wurde, in ein einheitliches, zentralisiertes Gemeinwesen umzuwandeln. Immer wieder musste er jedoch dafür plädieren, dass sich die Stände und die Regionen, die sie repräsentierten, als Teile eines einzigen Ganzen sehen sollten und damit auch als verpflichtet, sich am Erhalt und der Verteidigung aller Ländereien des Souveräns und an der Durchsetzung seiner legitimen Gebietsansprüche zu beteiligen.[37] Diese Sichtweise war den Ständen fremd, sie betrachteten die jeweiligen Gebiete als gesonderte, verfassungsmäßige Parzellen, die auf vertikaler Ebene mit der Person des Kurfürsten verbunden waren, aber nicht auf horizontaler Ebene untereinander. Den Ständen der Mark Brandenburg galten Kleve und das Herzogtum Preußen als »ausländische Provinzen« ohne jeglichen Anspruch auf die Ressourcen Brandenburgs. Die langen Kriege Friedrich Wilhelms um Pommern waren ebenso lediglich private, fürstliche »Fehden«, für die er – in ihren Augen – nicht das Recht hatte, das hartverdiente Vermögen seiner Untertanen in Beschlag zu nehmen.[38] Und diese Streitigkeiten spielten sich vor dem Hintergrund einer Polarisierung in der politischen und juristischen Theorie ab: Während manche Gelehrte in den deutschen Territorien die Ambitionen der Fürsten billigten, bestanden andere auf den alten Rechten der Stände und der Unrechtmäßigkeit jeder Steuer, die ohne ihre Konsultation und Zustimmung erhoben wurde.[39]

Formen der Geschichtlichkeit

Die Stände vertraten ihre Sache mit dem Verweis auf die Kontinuität mit der Vergangenheit. Vom Kurfürsten und seinen Beamten mit Forderungen nach Geld oder anderen Ressourcen konfrontiert, beharrten die Stände auf Beibehaltung und feierlicher Respektierung ihrer »speziellen und besonderen Privilegien, Freiheiten, Verträge, fürstlichen Befreiungen, Heiratsvereinbarungen, Gebietsverträge, alten Traditionen, Gesetz und Gerechtigkeit«. Die Interventionen des Fürsten waren eben deshalb unrechtmäßig, *weil* sie Neuerungen waren. Sie stellten einen Bruch mit der früheren Praxis dar. Die »traditionellen« Privilegien, Rechte, Freiheiten und so weiter waren genau deshalb legitim, weil sie alt waren. Der Diskurs der Stände trug den Stempel einer grundlegenden Wertschätzung für alles, was alt war: Es war eine Welt, in der Rechte und das Gesetz allgemein ihren Wert und ihre Achtbarkeit aus dem Umstand ableiteten, dass es sie schon seit langem gab.[40] Für die Stände gab der Rückgriff auf Dokumente, welche die Privilegien und Freiheiten ihrer Väter und ihrer Vorväter garantierten, den Ausschlag – auf Dokumente, die dem Vernehmen nach Generationen von Fürsten gewährt und immer wieder neu bestätigt hatten. Das mag wie ein Verweis auf einen ererbten Rechtsanspruch aussehen, doch es war zugleich größer und diffuser: Es war ein konstruiertes, ständisches Gedächtnis des alten Rechts und Brauchs. So gesehen waren die Stände Beispiele für eine »erinnernde Rechtskultur«, wie sie für die regionalen Eliten der deutschen Länder charakteristisch war.[41] In einem Entwurf für eine kurfürstliche Versicherung, den Repräsentanten der Stände des herzoglichen Preußen der Verwaltung in Königsberg vorlegten, fanden diese ausschweifende Worte für ihre eigenen, überlieferten Freiheiten:

> […] als geloben und versprechen Wir als dero natürlicher Erb- und Oberherr vor Uns, Unsere Erben und nachkommende Herrschaft bei kurfürstlicher Würde, Treu und Glauben in beständiger Form, als solches immer geschehen kann, dass Wir

> E. E. Landschaft von allen Ständen und einen Jeglichen insonderheit bei allen und jeden dieses Landes erlangeten und einverleibten Privilegien, Pacten, Recessen, Decreten und Responsen [...] sie auch bei allen löblichen Ordnungen, Gebräuchen, Herkommen und Gewohnheiten, Pfand- und anderen Verschreibungen, Contracten, Hab und Güttern, Handvesten, Brief und Siegeln, Immunitäten, Gerichtsbarkeiten, Possessionen, Leibgedingen und Begnadigungen, so E. E. Landschaft in genere und in specie von Ordenszeiten hero bis zu dieser Stunden vom Orden, von Königlicher Majestät und der Krone Polen oder auch von Unseren hochlöblichen Vorfahren, Marggrafen und Kurfürsten zu Brandenburg seligster Gedächtnüss und von Uns selbsten oder in Unserem Namen von Unseren preussischen Oberräthen erlanget, gebrauchet und besessen, in allen ihren Punkten und Clausuln unverbrüchlich und unverändert ohne einige Exception schützen und erhalten wollen, dergestalt, dass auf keinerlei Art oder Weise zu Krieges- oder Friedenszeiten darwider gehandelt, noch Jemandem darwider zu handeln gestattet, sondern sobald über Verhoffen etwas denselben zuwider eingebrochen, solches unverzüglich auf Unserer getreuen Stände oder auch eines jeden Privati unterthänigstes Erinnern abgestellet und nach den Landesverfassungen und Gewohnheiten eingerichtet und, der dawider gehandelt, abgestraft werden solle.[42]

Im Gegensatz dazu begründete Kurfürst Friedrich Wilhelm seinen Anspruch, zu intervenieren und diese Regelungen zu ändern, mit der Notlage des Staates und seiner Bewohner. Der *libertas* der Stände setzt er die *necessitas* der Zentralgewalt entgegen, eine Notwendigkeit, die unter bestimmten Umständen die Aufhebung oder Aussetzung langjähriger, traditioneller Vereinbarungen rechtfertigen konnte.

Dieses Argument ließ sich auf zwei Arten vorbringen: Es konnte schlicht heißen, dass die zentrale Exekutive in Zeiten großer Not das Recht hatte, bestimmte Gewohnheitsrechte *vorübergehend* außer Kraft zu setzen. So ist die eher zurückhaltende lateinische Formulierung zu deuten, die der Kurfürst in seinem Brief aus dem Jahr 1645 an die Stände von Kleve verwendete: Er gab zu verstehen, dass man in einem Notfall »nicht immer auf Achtung der Privilegien« pochen könne *(privilegii ratio haberi semper non potest).*[43] Mit einer merkwürdigen Umformulierung des gleichen Arguments berichtete Daniel Weimann, ein Beamter des Kurfürsten in Kleve, über eine Versammlung vom März 1657, auf der er die widerspenstigen Ständevertreter mit folgender lapidaren Feststellung konfrontierte: »Die Privilegien praesupponirten Unnoth«, soll heißen: die Privilegien konnten nur unter der Bedingung gewährt werden, dass keine Not herrschte.[44] Nach der radikaleren zweiten Auslegung konnte das Argument von der Dringlichkeit oder Notlage jedoch auch bekräftigen, dass die zentrale Gewalt und ihre »Nothwendigkeiten« grundsätzlich und zu allen Zeiten Vorrang vor den historischen »Freiheiten« der Landstände hatten. An einer bemerkenswerten Stelle in seinem Tagebuch vom 22. März 1657 schilderte Weimann eine Unterhaltung mit einer Gruppe kurfürstlicher Beamter, in der er bemerkte, dass es besser wäre, die Versammlungen und Proteste der Stände zu ignorieren und einfach weiterhin unbegrenzt ohne lokale Billigung Truppen zu rekrutieren und Steuern zu erheben, denn »die nodt lidte kein Gesetz und entbinde von allen Banden«.[45]

Die provinziellen Verteidiger der Freiheit blickten auf die Vergangenheit und auf die vielfältigen Kontinuitäten mit der Gegenwart. Für sie hieß »Posteritet«, also Nachkommenschaft, lediglich die Bewahrung der in der Vergangenheit verbrieften Rechte zum Wohl künftiger Generationen.[46] Die kurfürstlichen Behörden hingegen blickten in die Zukunft, denn was war »Notwendigkeit« anderes als die Vorahnung künftigen Unheils und die Planung von dessen Verhinderung? Das Erheben neuer und nicht genehmigter Steuern und Truppen war eine Maßnahme, die sich gegen künftige Bedrohungen, gegen die Gefahr künftiger Einfälle richtete. Es ging darum, die eigenen Interessen bei kommenden Friedensverhandlungen zu schützen. Und der Kurfürst, der mit den Höfen in ganz Europa korrespondierte, hielt sich für besser qualifiziert, solcherlei Unheil und Chancen im Voraus zu erkennen, als die Stände, deren Horizont provinziell oder allenfalls regional war. Wie er selbst klarstellte, musste man potenzielle Bedrohungen abwehren und zugleich die gegenwärtigen Strömungen in der europäischen Politik wahrnehmen und deuten. Vor Delegierten aus Kleve führte er im Jahr 1645 aus:

> Wobei dann die löblichen Stände noch ferner nicht unerwogen lassen werden, dass sich die jetzigen Läufe im römischen Reiche dermaassen gefährlich anlassen, dass noch zur Zeit der so lange gewünschten Ruhe und Tranquillität fast geringe Apparenz erscheinen will, und wann die Sache recht überleget wird, stehen gewisslich keines Fürsten Land und Leute in größerer Gefahr als eben [Seiner Churfürstlichen Durchlaucht] clevische, pommerische und andere Erblande, ja Dero ganzer Churfürstlicher Staat stehet itzo gleichsam in der Balance, und wird der Ausschlag sein, entweder S. Ch. D. hohes Aufnehmen oder aber Deroselben und Dero Landen [...] äusserster Ruin und Untergang.[47]

Diese Argumentation ging davon aus, dass der Kurfürst und seine Beamten besser als seine Untertanen zu beurteilen vermochten, welche Gefahren derzeit am drängendsten waren und wie man sie am besten abwendete. Selbstverständlich waren die Stände keineswegs verpflichtet, diese Annahme zu akzeptieren. Sie konnten die Argumentation des Fürsten infrage stellen und taten dies auch häufig; in manchen Fällen taten dies selbst niedrigere Untertanen. Im Sommer 1640, kaum dass der Kurfürst sich in Königsberg eingerichtet hatte (Berlin war damals noch Kriegsgebiet), fügte eine Gruppe freier Bauern, Schulzen und anderer »privilegirter Leute« in den Kreisen Samland, Nathangen und Oberland im Herzogtum Preußen zu der allgemeinen Beschwerde der Stände einen Anhang hinzu, in dem sie dagegen protestierten, dass der Militärdienst der jungen Männer »in frembden Landen« keineswegs die Sicherheit des Landes erhöhe, sondern den genau gegenteiligen Effekt habe: »in Anmerkung, dass wenn eine Gefahr (so Gott verhüten wolle) fürstossen sollte, die beste Mannschaft, damit wir unsere Dienste leisten könnten, aus dem Lande were und wir arme betagte und betrengte Leute in der Person aufsitzen müssen, da wir doch im Fechten schlecht bestehen würden«.[48]

Im Jahr 1651 diskutierten die Stände der Grafschaft Mark, ob die internationale Lage die Unterhaltung eines teuren kurfürstlichen Heereskontingents in ihrem kleinen Gebiet rechtfertige. Das Ganze spielte sich vor folgendem Kontext ab: Spanien, das sich noch im Krieg mit Frankreich befand, hielt weiterhin Frankenthal in der Pfalz besetzt. Karl IV. von Lothringen, dessen Gebiete das Elsass vom Hauptterritorium Frankreichs trennten, befand sich ebenfalls im Krieg mit Ludwig XIV., der sich immer noch bemühte, die Herrschaft über das Land zu erlangen. Doch die Stände der Mark hatten ihre Zweifel, dass dies eine Gefahr für ihr eigenes Land darstelle. Die Lothringer, so argumentierten sie, seien mittlerweile zahlenmäßig geschrumpft, und der König von Spanien habe offenkundig die Absicht, Frankenthal zu verlassen und es an die Kurpfalz in Heidelberg zurückzugeben:

> [...] dass also im heil. Reich *[sic]* keines Feinds oder Feindseligkeit zu gewärtigen, wir auch also gleich anderen Reichsunterthanen und Ständen des edlen und lieben Friedens Früchten mit sollen zu genießen haben; dahero [Seiner Churfürstlichen Durchlaucht] gar nicht nöthig sein wird, Sich so vieler hohen und kostbaren Officiere, Commissarien und Völker zu gebrauchen.[49]

Damit wurde der Vorrang der zentralen vor der provinziellen Sichtweise infrage gestellt: Von ihrem Ort im Rheinland aus, so gaben die Repräsentanten der Mark zu verstehen, befanden sie sich in einer besseren Position, um die Verschiebung des Kräftegleichgewichts in ihrer eigenen Region zu verstehen (auch wenn sie aus taktischen Gründen allem Anschein nach die Logik der Notwendigkeit akzeptierten und sich darauf beschränkten zu hinterfragen, ob sie in diesem Fall anzuwenden sei). Außerdem war es eine Sache, wenn der Fürst den Anspruch erhob, drohende Gefahren abzuwenden, und eine andere, wenn er durch seine eigenen übereilten oder präventiven Initiativen solche Gefahren *schuf*. In einer Antwort auf ähnliche Beschwerden seitens der Stände in Kleve im Jahr 1651 teilte der Kurfürst ihnen mit, dass er die Absicht habe, weiterhin Truppen in ihren Provinzen zu unterhalten, und verlangte, dass sie 12000 Taler für deren Versorgung zahlten. Allerdings versicherte er ihnen auch, dass er nicht vorhabe, diese Truppen »zur Continuation einiger Hostilitäten« zu verwenden; sie sollten »zur Versicherung vor feindlichen Einfall« dienen.[50] Als die Vertreter der Stände einwandten, dass es keine Anzeichen für eine drohende Gefahr gebe, antwortete der Kurfürst mit der Feststellung, dass man sich von dem reinen *Anschein* des Friedens nicht täuschen lassen dürfe: Ungeachtet der offenen Waffenstillstandserklärungen würden etwa die Heere seines alten Rivalen Neuburg immer noch zusammengezogen und stellten weiterhin eine Gefahr für die Brandenburger Territorien dar. Sobald die Neuburger ihre Truppen abrüsteten, werde der Kurfürst dem Beispiel folgen.[51]

In der Theorie konnten somit Gefahren ebenso schnell verschwinden, wie sie auftauchten, und darin lag für die Stände ein Körnchen Hoffnung. In seiner Erklärung an die Delegierten aus Kleve vom Dezember 1645 hatte der Kurfürst seinen Gesprächspartnern versichert, dass die aktuellen steuerlichen Neuerungen lediglich so lange Bestand hätten, wie eine Gefahr drohte:

> [Seine Durchlaucht] versichern die Stände und deren Deputirte hiermit nochmalen, dass dieses Alles, was vor diesmal aus unvermeidlicher Necessität also vorgenommen werden müsste, den Ständen an deren erweislichen Privilegien und Herkommen im geringsten nicht präjudicirlich sein soll, auch haben sie zu dem getreuen Gott das feste ungezweifelte Vertrauen, dass diese Beschwerung nicht lange mehr währen, sondern hoffentlich bald, so nicht ganz cessiren, so doch auf ein gutes gemildert werden soll …

Das Problem war, dass weiterhin eine Diskrepanz zwischen dem lokal ausgerichteten Sicherheitsdenken der individuellen Territorien und den Anstrengungen der kurfürstlichen Verwaltung bestand, sowohl die verstreuten Gebiete der Erblande zu beschützen als auch eigene Ansprüche in angrenzenden Territorien durchzusetzen. Als der Kurfürst seine politischen Horizonte erweiterte und die Vergrößerung und Verbesserung seiner Streitkräfte es Brandenburg ermöglichten, allmählich die Rolle einer ernst zu nehmenden Regionalmacht in Nordeuropa zu spielen, trat die Diskrepanz zwischen der fürstlichen und der provinziellen Perspektive noch deutlicher zutage.[52] Während des Nordischen Krieges von 1655 bis 1660 wuchs das Heer des Kurfürsten auf 25 000 Mann an. Indem Friedrich Wilhelm zuerst an der Seite der Schweden und dann an der Polens und des Kaisers kämpfte, konnte er verhindern, dass die am Konflikt beteiligten Mächte ihn aus dem Herzogtum Preußen hinausdrängten. Es war ein Zeichen der wachsenden Bedeutung Friedrich Wilhelms, dass er zum Befehlshaber des brandenburgisch-polnisch-kaiserlichen Heeres ernannt wurde, das eigens aufgestellt wurde, um 1658/59 gegen die Schweden zu kämpfen. Eine Kette erfolgreicher Militäroperationen folgte, zuerst in Schleswig-Holstein und Jütland und später in Pommern.

Es liege »in der Natur der Bündnisse«, beobachtete der österreichische Militärstratege Graf Montecuccoli einmal, »dass sie sich bei der geringsten Unbequemlichkeit auflösen«.[53] Um sein wachsendes Heer zu bezahlen, brauchte Friedrich Wilhelm fremde Unterstützung. Der häufige Bündniswechsel zwang Möchtegern-Partner zu einem Wettbieten und erhöhte damit den gängigen Preis für eine Allianz. So war es ihm möglich, die über Abgaben und neue Steuern von den Ständen eingezogenen Gelder durch politisch weniger belastete Fremdmittel aufzustocken. Der rasche Wechsel der Bündnispartner spiegelte zudem die Komplexität der brandenburgischen Sicherheitsbedürfnisse wider. Die Integrität der westlichen Territorien hing von guten Beziehungen zu Frankreich und den Vereinigten Provinzen der Niederlande ab. Die Integrität des Herzogtums Preußen hingegen basierte auf guten Beziehungen zu Polen. Die Sicherheit des gesamten Küstenstreifens von Brandenburg wiederum hing davon ab, dass die Schweden in Schach gehalten wurden. Schließlich waren für die Wahrung des Status des Kurfürsten und die Durchsetzung seiner Erbansprüche innerhalb des Reichs gute (oder zumindest zweckmäßige) Beziehungen zum Kaiser unabdingbar. Diese Imperative führten in einem komplexen Wechselspiel zu unvorhersehbaren und rasch wechselnden Ergebnissen. Die missliche Lage setzte die Entscheidungsträger im Umfeld des Throns massiv unter Druck. Im Winter 1655/56 etwa, als der Kurfürst überlegte, welche Seite er in der Anfangsphase des Nordischen Krieges unterstützen sollte, bildeten sich unter den Ministern, Beratern und sogar in der eigenen Familie des Kurfürsten »schwedische« und »polnische« Fraktionen. Die daraus resultierende Stimmung der Ungewissheit und Unentschlossenheit veranlasste einen der einflussreichsten Ratgeber des Kurfürsten zu der Klage, dass »man [der Kurfürst und seine Berater] wollte, was man nicht wollte und that, was man nicht zu thun gedachte«.[54] Mit diesem Wechsel von einem Partner zum nächsten folgte Friedrich Wilhelm den Ratschlägen des pommerschen Calvinisten und Geheimen Rats Paul von Fuchs, der den Kurfürsten drängte, sich nicht dauerhaft an einen Partner zu binden, sondern stets eine »Schaukelpolitik« zu verfolgen.[55]

Die Komplexität, ja, Undurchsichtigkeit einer Außenpolitik, die von plötzlichen Bündniswechseln gekennzeichnet war, belastete zusätzlich das Verhältnis zwischen dem Fürsten und den Ständen. Letztere zögerten manchmal, die Drehungen und Wendungen der Politik des Kurfürsten mitzumachen (auch wenn das Problem im Kernland Brandenburg nicht ganz so stark ausgeprägt war). In einem aufgebrachten Beschwerdebrief, der am 24. Mai 1657 an den Kurfürsten geschickt wurde, äußerten die Stände von Kleve ihre Bestürzung über die Aussicht, sie könnten in einen Krieg gegen Polen hineingezogen werden, ein Land, zu dem sämtliche Nachbarn des Herzogtums gute Beziehungen unterhielten:

> In solchem unsern unterthänigsten zu Gottes Ehre und [Eure Kurfürstliche Durchlaucht] und dieses Landes besten zielenden Eifer (welcher obgemelten eigennützigen Menschen nicht bei-

wohnt) befinden wir wegen unserer pro conservation privilegiorum et boni publici abgelegten Pflichten uns genöthigt, gegen diese gegenwärtigen und von uns nicht bewilligten Umlagen gnädigst anbefohlene Werbung, Einfuhr und Verpflegung der Kriegsvölker vorgemelte unsere unterthänigste remonstrationes abgenöthigte protestationes und Landtagshandlungen zu erwiedern und uns darauf beliebter Kürze zu beziehen, uns besorgend, wir möchten tacendo sündigen, in diesen gegenwärtigen weit aussehenden Krieg gegen unsern Willen uns einflechten, und gleich andern E. Ch. D. Land und Leute zu Grunde gehen, mit Feuer und Schwert heimgesucht und alle in's Elend und Gefängniss gestürzt werden.[56]

Tatsächlich kam es in der Folge zu einem Krieg gegen Schweden, nicht gegen Polen. Doch das unterstreicht lediglich, wie schwierig es für die Stände war, den Anspruch aufrechtzuhalten, dass sie bei Fragen der Sicherheit der kurfürstlichen Ländereien ein Wort mitzureden hatten. Wo der Fürst präventiv handelte, war es unter Umständen unmöglich zu ermitteln, ob die »Noth«, welche die Aussetzung überlieferter Privilegien rechtfertigte, ihrem Wesen nach genuin extern war. In mehreren Fällen warnten die Stände den Kurfürsten davor, aus eigener Initiative Konfliktsituationen herbeizuführen.[57]

Wer war befugt zu entscheiden, wann die Bedrohung des Staates nicht mehr existierte? Der Kurfürst monopolisierte diese Vollmacht zunehmend für sich. Und er erwartete von seinen Untertanen, dass sie seinen Erklärungen einfach Vertrauen schenkten. Im Jahr 1659, als sich die Stände von Kleve erneut über die Belastungen beschwerten, die ihnen wegen des Feldzugs gegen Schweden um Pommern auferlegt worden waren, erwiderte der Kurfürst, dass er nichts lieber täte, als diese Zumutungen zu beenden.

Wir tragen aber das gnädigste Vertrauen zu euch, ihr werdet die gegenwärtigen Conjuncturen derzeit verständig beherzigen

> und daraus leichtlich urtheilen, wie unmöglich es Uns bisher gewesen, auch noch jetzt ist, ohne euren und anderer Unserer getreuer Stände und Unterthanen Zuschub und Hülfe, sowohl die Conservation Unseres Militäretats als die Sicherheit Unserer Lande gebührender Maassen zu beobachten. [Folglich hoffen Wir, dass ihr Uns eure Unterstützung nicht entziehen werdet], sondern uns ferner dergestalt unter die Arme greifen und Uns an die Hand gehen, damit wir unsere gerechte Sache ausführen und durch nachdrücklich ernste Fortsetzung der angefangenen Kriegsoperationen Uns und Unseren Etat dermaleinst in Sicherheit und Frieden setzen können.[58]

Aber was, wenn der Kurfürst nicht gewillt war, die Neuerung wieder aufzuheben, deren Einführung mit der dringenden Not gerechtfertigt worden war, selbst wenn der Notfall, auf den er sich berufen hatte, nachweislich nicht mehr ganz so dringend oder gänzlich aus der Welt geschafft war? Warum sollten sie weiterhin für das Heer zahlen, wo doch inzwischen wieder Frieden herrschte, wollten etwa die Stände von Brandenburg im Jahr 1650 wissen: »Es werden aber hierbei [Eure Kurfürstliche Durchlaucht] selbst gerne zugestehen, dass der Unterhalt der Völker nunmehr conclusa pace ein subsidium voluntarium und nicht necessarium sei.«[59] Der Kurfürst habe selbst in seinem Vorschlag von 1655 an die Ständeversammlung im Herzogtum Preußen versprochen, seine Truppen aufzulösen und die neue Verbrauchssteuer »bei aufhörender Noth« aufzuheben, murrten die preußischen Stände im Jahr 1661. Aber selbst sechs Jahre später, da die Gefahr weder unmittelbar bevorstehend noch offensichtlich sei, habe man noch nichts unternommen, um diese Vereinbarungen rückgängig zu machen.[60]

Im Frühjahr 1683 – Friedrich Wilhelm von Brandenburg-Preußen regierte seit nunmehr 43 Jahren – erneuerten die Brandenburger Stände ihre alte Beschwerde. Der Kurfürst habe ihnen nicht nur wiederholt außerordentliche Belastungen aufgebürdet, sondern es auch versäumt, die traditionelle Verpflichtung zu beachten, sich mit den Ständen über die Einführung neuer Steuern und Abgaben zu beraten. In seiner Antwort spielte der Kurfürst die Rolle des müden Landesvaters, der sich über die Undankbarkeit seiner Kinder wundern muss. Nach all den Jahren, in denen er hart für seine Untertanen gearbeitet habe, schrieb er, sei er irritiert, so einen wortklauberischen Brief zu erhalten. Seine Antwort schloss mit einer aufschlussreichen Passage, die die auferlegten Lasten rechtfertigte. Diese seien, so Friedrich Wilhelm, keineswegs zum Zweck der Unterdrückung oder Schwächung der Stände eingeführt worden, sie würden »vielmehr aus einer unumgänglichen und gesetzlosen Noth, womit uns Gott, als einer wolverdienten Landplage belegt und welcher auch die von Ständen invidiose angeführten *leges fundamentales* weichen müssten, herrühren«. Und wann war die Plage vorüber? Nach diesem Text war zu befürchten, dass erst nach dem Ende des irdischen Daseins des Kurfürsten mit der Wiederherstellung eines echten und dauerhaften Friedens zu rechnen war.

> Wir wünschten von dem höchsten Gott bessere Zeiten und solche ruhige Nachbarn, wie Unsere in Gott ruhende Vorfahren gehabt und sollte Uns auf der Welt nichts angenehmer sein, als dass dessen Güte Unser anwachsendes Alter mit einem vollkommenen und sichern Ruhestand krönen und Wir hiernächst mit der Vergnügung sterben möchten, dass Wir Unsere Lande und Unterthanen in den wirklichen Genuss der so oft verlangten Erleichterung gesetzt hätten.[61]

Als der Begriff »necessitas« radikaler angewendet wurde und sich von einem spontanen Argument für temporäre Eingriffe zu einer allgemeinen Rechtfertigung für dauerhafte Instrumente der Zentralgewalt wandelte (ein neues und umfassenderes Steuerregime, ein stehendes Heer und so weiter), wurde er zugleich zeitlich erweitert. Er bezog sich immer weniger auf eine klare und akute Gefahr und immer stärker auf eine dauerhafte, vorausgreifende Haltung, einen Sicherheitsapparat, der auf künftige Eventualfälle ausgerichtet war.

Diese antizipatorische Haltung war keineswegs bloße Geste oder Rhetorik; ihr sich vertiefender Einfluss auf die Struktur der kurfürstlichen Verwaltung lässt sich bis in die Institutionen verfolgen, die er aufbaute. Das brandenburgische Feldheer wuchs dramatisch, wenn auch ungleichmäßig, von 3000 Mann im Jahr 1641/42 über 8000 von 1643 bis 1646 auf 25 000 während des Nordischen Krieges 1655–1660 und schließlich auf 38 000 Mann in den Niederländischen Kriegen der 1670er Jahre. Im letzten Jahrzehnt der Herrschaft des Kurfürsten schwankte die Größe zwischen 20 000 und 30 000 Mann.[62] Aus den improvisierten Truppen, die man in den ersten Jahren der Herrschaft für konkrete Feldzüge spontan ausgehoben hatte, entwickelte sich nach und nach so etwas wie ein stehendes Heer. Im April 1655 wurde ein Generalkriegskommissar ernannt, der den Umgang mit den finanziellen und anderen Ressourcen für die Armee überwachte, nach dem Vorbild der Militärverwaltung, die unlängst in Frankreich eingeführt worden war. Diese Innovation war ursprünglich als vorübergehende Maßnahme in Kriegszeiten gedacht und wurde erst später als dauerhaftes Merkmal der Landesverwaltung etabliert. Nach 1679 dehnte das Generalkriegskommissariat, unter der Leitung des Pommerschen Adligen Joachim von Grumbkow, seinen Zuständigkeitsbereich auf alle Territorien der Hohenzollern aus und usurpierte schrittweise die Funktion der Ständebeamten, die traditionell die militärische Besteuerung und Disziplin auf lokaler Ebene beaufsichtigt hatten. Diese Synergie zwischen Kriegsführung und der Entwicklung staatsähnlicher zentraler Organe war neu; sie wurde erst möglich, als der kriegführende Apparat von seinen traditionellen, aristokratischen Ursprüngen losgelöst wurde.

Die Argumentation der Stände beruhte auf dem Gegensatz zwischen einem Zustand der Normalität, der aus der Vergangenheit ererbt worden war, und den außergewöhnlichen Zugeständnissen, die sie notgedrungen von Zeit zu Zeit dem Kurfürsten gemacht hatten. Und in gewisser Weise hatte der Kurfürst diese Sichtweise auch gefördert oder gebilligt, indem er selbst von »Noth« sprach. Doch im Laufe der Zeit meinte er damit etwas ganz anderes: einen »neuen Normalzustand«, der überhaupt nicht an eine Basis traditioneller Rechte gebunden war, sondern auf ständig wechselnde Anforderungen, auf die »Conjuncturen« und »jetzigen Läufe« einer sich unablässig verändernden Gegenwart reagierte, kurzum: auf das, was wir »Geschichte« nennen würden.

Eine konfessionelle Dynamik?

Steckte hinter der Zukunftsorientierung, die in den Argumenten des Kurfürsten implizit enthalten war, mehr als die mechanische Umwandlung künftiger Bedrohungen in gegenwärtige Imperative? Die These, dass die Unbill, die in einer möglichen Zukunft droht, bestimmte Pflichten in der Gegenwart erfordert, bringt eine Geschichtlichkeit zum Ausdruck, in der die Autorität der Vergangenheit über die Gegenwart verringert ist. Sie zieht stattdessen eine Argumentationsweise vor, die der Tradition (oder zumindest der Tradition an sich) feindselig gegenübersteht und bereit ist, die Zukunft als Argument gegen überkommene Rechte und Machtstrukturen ins Feld zu führen.

Ob diese zukunftsorientierte Geschichtlichkeit in ein stärker reflexives Ganzes, in ein Bewusstsein des allgemeinen Gangs der Geschichte eingebettet ist, lässt sich kaum sagen, umso mehr, weil dieser Herrscher nicht zu spekulativen oder philosophischen Reflexionen neigte. Immerhin hielt er ganz bewusst an mindestens einem komplexen, zeitgenössischen philosophischen Gerüst fest, nämlich an der Theologie seines calvinistischen Glaubens. Friedrich Wilhelm war der erste brandenburgische Kurfürst, dessen Eltern beide Calvinisten waren, und der Doppelname Friedrich Wilhelm, eine Neuerung in der Geschichte des Hauses Hohenzollern, wurde gerade deshalb gewählt, um das Band zwischen Berlin (Wilhelm war der zweite Name seines Vaters) und der calvinistischen Pfalz seines Onkels, Friedrich V., symbolisch auszudrücken. Erst mit dieser Generation des Hauses Hohenzollern kam die Umorientierung, die durch den Übertritt seines Großvaters Johann Sigismund zum Calvinismus im Jahr 1613 begonnen worden war, voll zum Tragen.

Die konfessionelle Spaltung zwischen dem Herrscherhaus und der Bevölkerung zählt zu den faszinierenden Besonderheiten der Geschichte Brandenburg-Preußens. Die Konversion Johann Sigismunds hatte das Haus Hohenzollern auf einen neuen Kurs gebracht. Sie verstärkte die Bindung der Dynastie zum kleinen, aber kämpferischen Lager der calvinistischen Staaten in der Reichspolitik des frühen 17. Jahrhunderts. Sie wertete den Status calvinistischer Beamter auf, die in der Zentralregierung allmählich eine einflussreiche Rolle spielten. Aber sie stellte den Kurfürsten auch in ein konfessionelles Lager, für das man im Augsburger Religionsfrieden von 1555 keine Vorkehrungen getroffen hatte. Erst im Westfälischen Frieden von 1648 sollte das Recht der Calvinisten auf Duldung innerhalb des konfessionellen Flickenteppichs des Heiligen Römischen Reiches in einem bindenden Vertrag verankert werden. Mit der Konversion riss der Monarch außerdem einen tiefen konfessionellen Graben zwischen der Dynastie und dem Volk auf. Insofern im späten 16. und frühen 17. Jahrhundert überhaupt das Gefühl einer territorialen »Identität« existierte, war es eng mit der lutherischen Kirche verbunden, deren Geistlichkeit überall im Land vertreten war.

Johann Sigismund glaubte anfangs, seine eigene Konversion werde das Signal zu einer allgemeinen – und weitgehend freiwilligen – »zweiten Reformation« in Brandenburg geben. Der Kurfürst und seine Berater gingen davon aus, dass die inhärente Überlegenheit und Klarheit der calvinistischen Lehre, sofern sie überzeugend und verständlich dargelegt wurde, ausreiche, um sie für die große Mehrheit der Untertanen attraktiv zu machen. In diesem Punkt irrten sie sich jedoch. Die lutherischen Netzwerke wehrten sich erbittert gegen sämtliche Maßnahmen, die geeignet schienen, die Umwandlung Brandenburgs in ein calvinistisches Territorium zu befördern.[63] Die Wucht des lutherischen Widerstands zwang Johann Sigismund und seine calvinistischen Ratgeber schließlich, ihre Hoffnungen auf eine zweite Reformation in Brandenburg aufzugeben. Sie gaben sich stattdessen mit einer »Hofreformation« zufrieden, deren religiöse Energie kaum über die politische Elite hinausreichte.[64] Es dauerte jedoch lange, bis die Emotionalität der lutherisch-calvinistischen

Auseinandersetzung abklang. Die Spannung schwankte je nach Auf und Ab der konfessionellen Polemik.[65]

Diese Lage hatte auch im Jahr 1640 noch Bestand, als Kurfürst Friedrich Wilhelm an die Macht kam. Er bekräftigte 1646 die Vorliebe seines Hauses für den calvinistischen Glauben, indem er Luise Henriette, die 19-jährige Tochter von Friedrich Heinrich, dem souveränen Fürsten von Oranien und Stadhouder [Statthalter] von Holland, Zeeland, Utrecht, Guelders und Overijssel, heiratete. Bei den internationalen Verhandlungen im Vorfeld des Westfälischen Friedens von 1648 setzte sich Friedrich Wilhelm erfolgreich für die Aufnahme der Calvinisten in die Reihe der offiziell tolerierten Konfessionen des Heiligen Römischen Reiches ein.[66] Innerhalb der eigenen Territorien blieb dennoch das Problem konfessionell bedingter Spannungen bestehen. Insbesondere das Herzogtum Preußen, in dem er die ersten Jahre seiner Herrschaft verbrachte und über das er erst im Jahr 1657 die volle Souveränität erlangte, war ein streng lutherisches Land, dominiert von einer adligen Oberschicht, die der lutherischen Tradition eng verbunden war.

Im Jahr 1642, nur zwei Jahre nach dem Antritt der Herrschaft, reagierte der Kurfürst empört auf die Meldung, lutherische Wortführer in Königsberg würden ihm vorwerfen, er wolle das Projekt der Hohenzollern, eine »zweite Reformation« durchzusetzen, wieder aufgreifen. Diese Entwicklung war zu einem Zeitpunkt, da der Brandenburger Hof die Möglichkeit eines dynastischen Bündnisses mit der lutherischen Krone Schwedens auslotete, besonders unerwünscht.[67] In einem Brief an seine Berater beklagte er sich über das theologische Gezänk und die Beschimpfungen, die das öffentliche Leben im Herzogtum Preußen zu vergiften drohten. Die katastrophalen Folgen der religiösen Spaltung seien in den Kirchen in ganz Deutschland zu beobachten – die lutherischen Untertanen Preußens, denen es gelungen sei, den schlimmsten Kriegsunruhen zu entgehen, sollten sich dieses Beispiel vor Augen führen und daraus die Lehren ziehen. Die beste Art und Weise, sich mit dem Thema zu befassen, sei, so der Kurfürst, »eine freund- und friedliche Unterredung der Theologen in Unserer und anderer Unserer Räthe,

Stände und vornehmen Diener Gegenwart«. In diesem Rahmen könne jeder Punkt sorgfältig geprüft werden, und wo Bedarf an weiterer Aufklärung bestehe, könne diese von beiden Seiten auf sachkundige Weise vorgetragen werden.[68]

In der Ablehnung dieses Vorschlags führte der lutherische Klerus von Königsberg das Argument der Kontinuität mit der Tradition aus, das sehr stark den Argumenten für die Beibehaltung von Privilegien ähnelte, welche die Landstände vorbrachten. Es wäre »halb-heidnisch«, argumentierten sie, eine Diskussion zu beginnen, »ohne vorhergehende Verwerfung des Irrthums und der unrichtigen Lehre« der reformierten Gesprächspartner. Besonders erhellend war die Bibelstelle, welche die Geistlichen zur Untermauerung dieses Anspruchs zitierten: 2. Könige 17. Dieses Kapitel des zweiten Buchs der Könige erzählt, wie Tausende Israeliten aus Samaria von den Assyrern gefangen genommen und in Ländern unter assyrischer Herrschaft neu angesiedelt wurden. Diese Gefangenen passten sich an die neue politische Führung an und gaben ihre alte Religion auf. Dabei ignorierten sie die Ermahnung Gottes, die sie durch den Mund der Seher und Propheten hörten, »meine Gebote und Rechte nach dem ganzen Gesetz, das ich zu euren Vätern gesandt habe«, zu halten. Doch sie »verachteten seine Gebote und seinen Bund, den er mit ihren Vätern geschlossen hatte, und seine Warnungen, die er ihnen gab«.[69] Mit anderen Worten: Falls die preußischen Lutheraner den Vorschlag des Kurfürsten akzeptierten, würden sie den treulosen Israeliten aus Samaria gleichen, die ihren altbewährten Bund verraten hatten. Die Geistlichen fügten dem noch ein Argument von juristischer Autorität hinzu: Das politische Testament Herzog Albrechts des Älteren, Herzog von Preußen von 1525 bis 1568, hatte verlangt, dass die lutherische Vorherrschaft im Herzogtum nicht angetastet werden dürfe.[70] Das Projekt einer Konferenz wurde daraufhin vorerst ad acta gelegt. Als 1662/63 dann im kurfürstlichen Palast in Berlin ein Symposium lutherischer und calvinistischer Theologen zusammenkam, vertiefte es lediglich die Gräben zwischen den beiden Lagern und löste eine neue Welle gegenseitiger Verunglimpfungen aus.[71]

Hier lassen sich, genau wie beim Streit des Kurfürsten mit den Ständen, zwei entgegengesetzte Zeitlichkeitsformen unterscheiden. Die Einladungen zu Kolloquien implizierten, dass ein offener Diskussionsprozess in der Zukunft möglicherweise alle noch bestehenden Meinungsverschiedenheiten ausräumen könnte. Die lutherische Sichtweise argumentierte hingegen, dass die Vergangenheit, auf die man sich in Gestalt der Tradition berief, bestimmte Verpflichtungen für die Gegenwart mit sich brachte. Der politische Umgang des Kurfürsten mit der calvinistisch-lutherischen Spaltung in seinen eigenen Ländereien ist häufig mit dem Begriff »Toleranz« bezeichnet worden, und die Andeutung, dass der Minderheitsstatus der Konfession des Kurfürsten religiöse Toleranz als ein dauerhaftes und strukturelles Merkmal des öffentlichen Lebens in Preußen diktierte, ist in der älteren Literatur ein Gemeinplatz.[72] Es trifft gewiss zu, dass einige der einflussreichsten Calvinisten dieser Zeit die Beziehung zwischen den beiden Konfessionen mit friedfertigen Worten charakterisierten.[73] Was bei der Verwendung des Begriffs »Toleranz« jedoch aus dem Blick geriet, sind der parteiische Charakter der Maßnahmen des Kurfürsten und seine anhaltende Entschlossenheit, die Stellung seiner reformierten Glaubensbrüder in allen seinen Territorien zu stärken.[74] Nach dem »Toleranzedikt«, das im September 1664 erlassen wurde, wurden calvinistische und lutherische Geistliche angewiesen, von gegenseitigen Herabsetzungen Abstand zu nehmen; alle Prediger waren verpflichtet, ihr Einverständnis mit dieser Anweisung zu bekunden, indem sie ein im Voraus versandtes Antwortformular unterschrieben und zurückschickten.[75] Das Edikt hatte jedoch eine überaus asymmetrische Wirkung, da die theologischen Widerreden fast ausschließlich von lutherischen Würdenträgern stammten, die über calvinistische Übergriffe bestürzt waren. Lediglich lutherische Priester erhoben Einspruch gegen die Bedingungen des Edikts, und alle, die sich weigerten, die vorformulierte Antwort zu unterschreiben, wurden kurzerhand entlassen und ihres Lebensunterhalts beraubt.[76]

Diese Maßnahmen gingen einher mit zahlreichen weiteren Eingriffen. Der Kurfürst berief, wann immer es ihm möglich war, Calvinisten auf hohe Posten am Hof und in der Regierung. Proteste seitens der Lutheraner tat er als unerfreuliche Bemühungen ab, Zwietracht zwischen dem Kurfürsten und seinen Untertanen zu säen. Der Zuständigkeitsbereich des Geheimen Rats mit seiner calvinistischen Mehrheit wurde auf Kosten des lutherischen Kirchenrats ausgeweitet. Lutherische Priester wurden durch die willkürliche Anwendung der Zensur bedroht: In einem Fall wurde ein Prediger aus Brandenburg verbannt, weil er es wagte, in einer Predigt neben den großen Taten des Kurfürsten auch jene seines lutherischen Rivalen, des Schwedenkönigs Karl X. Gustav, zu erwähnen. Man war durchgängig bestrebt, die Lutheraner in Brandenburg vom lutherischen Zentrum in Wittenberg auszuschließen, indem ihnen das Recht verweigert wurde, sich an transterritorialen Netzwerken zu beteiligen. Bei jeder sich bietenden Gelegenheit wurden neue calvinistische Gemeinden und Kirchen gegründet, und die berühmte Politik des Kurfürsten, den Hugenotten – ebenfalls Calvinisten –, die im Frankreich Ludwigs XIV. verfolgt wurden, eine Zuflucht anzubieten, diente dem gleichen Zweck, weil sie Tausende neuer Glaubensbrüder ins Land holte.[77] Falls noch irgendwelche Zweifel an dem konzertierten und systematischen Charakter dieser Bemühungen bestehen sollten, riet der Kurfürst seinem Nachfolger in seinem Politischen Testament, darauf zu achten, dass »wan Solche Subiecta von der Revormirten Religion In Eweren Landen Sich befinden, So da qualificirt vndt geschickt, fur andere zu denen bedinungen vndt officien, zu hoffe vndt im Lande annehmet vndt bestellet, Ja da auch in der Chur Brandenburg keine verhanden, auß der frembde annehmet, vndt den Lutterischen furziehet«.[78]

In Anbetracht der Tatsache, dass die Reformierten nie mehr als vier Prozent der Gesamtbevölkerung von Brandenburg-Preußen ausmachten, veränderten diese Maßnahmen niemals den konfessionellen Charakter des Landes insgesamt, sie hatten jedoch zur Folge, dass der Anteil der Calvinisten in der Verwaltung in Brandenburg und Pommern immer größer wurde und der der Lutheraner abnahm. Im Herzogtum Preußen mit seinen langjährigen Institutionen und der selbstbewussten lutherischen Oberschicht zeigten die Bemühungen des Kurfürsten hingegen weniger

Wirkung. In diesem Zusammenhang sei jedoch betont, dass die Dynamik der »Konfessionalisierung« erhalten blieb. Der Kurfürst zog sich keineswegs aus dem Streit zurück und überwachte den Religionsfrieden zwischen Calvinisten und Lutheranern keineswegs von einem religiös neutralen Standpunkt aus. Er hielt weiter an der »Calvinisierung« des Hofs und der Regierung fest. Und das tat er eben deshalb, weil er immer noch glaubte, dass der reformierte Glaube mit seinen Wurzeln, die sich allein in der biblischen Wahrheit offenbart hatten, einen grundlegenden und heilsbringenden Fortschritt gegenüber dem Luthertum darstellte.

Wie sich dieses konfessionelle Engagement genau auf die Geschichtlichkeit des Kurfürsten auswirkte, lässt sich schwer sagen. Postulierte er einen Absolutheitsanspruch für seinen Glauben oder sicherte er lediglich die politische Dominanz seiner Glaubensbrüder ab, um die eigene Autorität zu festigen? In seinem Politischen Testament bekräftigte Friedrich Wilhelm, wir erinnern uns, wie wichtig es war, die neue Ordnung zu verteidigen, die im Westfälischen Frieden verkörpert wurde, dem ersten internationalen Vertrag, der die Calvinisten unter die Konfessionen mit einem Anspruch, im Heiligen Römischen Reich »toleriert« zu werden, aufnahm. Als er jedoch Symposien und Konferenzen mit beiden protestantischen Konfessionen vorschlug, da plädierte er nicht für einen Religionsfrieden an sich (so viel ihm auch aus Gründen der öffentlichen Ordnung und aus politischem Interesse daran gelegen haben mochte), sondern trachtete eher danach, *die Lutheraner* zu einer Einigung mit den Reformierten zu bewegen. Der Kurfürst untersagte den Gebrauch der Wendung »zweite Reformation« in der Öffentlichkeit, weil sie von lutherischen Polemikern für Panikmache genutzt wurde, doch die Logik einer Ersetzung war in seinem Umgang mit dem Konflikt zwischen den beiden Konfessionen implizit enthalten.

Es stimmt, dass das theologische Geschichtsbild der Calvinisten seinem Wesen nach ebenfalls rekursiv war, insofern es eine »Rückkehr« zum angeblich unbefleckten Zustand der frühen Kirche beinhaltete. Aber für Calvinisten war die frühe Kirche keine »Tradition«, geschweige denn etwas Ererbtes; sie war lediglich die erinnerte Vergegenwärtigung einer

Gemeinschaft mit Christus *(koinonia)*, die, für die Reformierten, ebenso sehr in der Zukunft wie in der Vergangenheit angesiedelt war. Die calvinistische Vorstellung einer supra-historischen *koinonia* mit Christus, die den Gläubigen gewiss war, markierte einen endgültigen Bruch sowohl mit der mittelalterlichen als auch mit der frühreformatorischen Theologie. Sie eröffnete einen neuen Zeithorizont, der durch die Kombination eines fernen Gottes mit dem Versprechen der stets durch den Glauben bekräftigten Gemeinschaft skizziert wurde, einen Horizont, innerhalb dessen in der diesseitigen Welt alles möglich und »konstruierbar« schien. Die reformierte Auffassung, das Königreich Christi auf Erden sei möglich, bedeutete einen Handlungsimpuls, welcher der lutherischen Lehre von den beiden Königreichen (dem himmlischen und dem irdischen) als ontologisch getrennten Domänen fehlte. Die calvinistische Theologie an sich lieferte keine Geschichtsphilosophie, aber sie bot ein Gerüst, in dem reichlich Raum war für die Wahrnehmung, Bewertung und Lenkung der chaotischen Besonderheiten gegenwärtiger und künftiger Kontingenzen.[79] Als theologisch strukturierte Geisteshaltung verstärkte der Calvinismus somit eine allgemeinere Veränderung der Art und Weise, wie Politik im frühneuzeitlichen Europa begründet wurde. Die Propagierung der von Machiavelli verbreiteten Methode des »discorso« in allen deutschen Ländereien des späten 16. und frühen 17. Jahrhunderts verdrängte tendenziell Argumente der Autorität und allgemeiner Prinzipien zugunsten eines Abwägens der politischen Optionen in einer Zukunft, die erst noch »konstruiert« werden musste.[80]

Die Empfänglichkeit des Fürsten für diese Merkmale der reformierten Theologie wurde gewiss durch Erlebnisse aus seiner Jugendzeit verstärkt. Mit vierzehn wurde er, als sich die militärische Krise in den Ländereien seines Vaters ausweitete und eine Welle von Epidemien ganz Brandenburg erfasste, in die Sicherheit der niederländischen Republik geschickt, wo er die nächsten vier Jahre seines Lebens verbrachte. Der Thronfolger bekam Unterweisungen von Professoren der Rechtswissenschaft, Geschichte und Politik an der Universität Leiden, einem angesehenen Zentrum der damals angesagten, neostoischen Staatstheorie.

Die Lektionen des Prinzen betonten die Erhabenheit des Gesetzes, die Ehrwürdigkeit des Staates als Garant der Ordnung und die zentrale Bedeutung von Dienst und Pflicht für das Amt des Souveräns. Besonders großen Wert legten die Neostoiker darauf, das Militär unbedingt der Autorität und Disziplin des Staates unterzuordnen.[81] Allerdings lernte Friedrich Wilhelm außerhalb des Klassenzimmers, auf der Straße, in den Hafenanlagen, auf Märkten und Paradeplätzen holländischer Städte seine wichtigsten Lektionen.

Im frühen 17. Jahrhundert befand sich die niederländische Republik auf dem Höhepunkt ihrer Macht und ihres Wohlstands. Mehr als 60 Jahre lang hatte dieses kleine calvinistische Land erfolgreich darum gekämpft, seine Unabhängigkeit gegen die Militärmacht des katholischen Spaniens zu behaupten und sich als führendes europäisches Hauptquartier des Welthandels zu etablieren. Man müsse sich die tapferen Holländer zum Beispiel nehmen, die, nachdem sie die Habsburger – er spricht von »Römern« – zurückgedrängt hatten, Fürsprecher der Freiheit genannt wurden, schrieb Johannes Bergius, der calvinistische Geistliche, vertraute Berater und religiöse Ratgeber dem Großen Kurfürsten.[82] Nach ihrem Wohlstand, »materieller und geistiger Kultur« und Reife ihres politischen Lebens seien die Vereinigten Provinzen »das erste Land Europas«.[83] Ihre ordentlichen, geschäftigen Städte waren handfeste Beweise für die Überlegenheit einer bestimmten Lebensweise. Sie besaßen ein robustes Haushaltsregime und eine eigene militärische Kultur mit deutlich modernen Merkmalen: der regelmäßige und systematische Drill der Soldaten in Schlachtmanövern, ein hoher Grad funktionaler Differenzierung und ein diszipliniertes, professionelles Offizierskorps. Friedrich Wilhelm hatte reichlich Gelegenheit, die militärische Tüchtigkeit der Republik aus nächster Nähe zu beobachten: Er besuchte seinen Gastgeber und Verwandten, Vizekönig Fürst Friedrich Heinrich von Oranien, 1637 im holländischen Lager bei Breda, wo die Holländer eine Festung zurückeroberten, die sie zwölf Jahre zuvor an die Spanier verloren hatten.

Während seiner gesamten Herrschaft trachtete Friedrich Wilhelm danach, seine eigenen Erblande nach dem Vorbild umzugestalten, das er in den Niederlanden mit eigenen Augen gesehen hatte. Die Grundausbildung, die sein Heer im Jahr 1654 übernahm, basierte auf dem Exerzierbuch von Fürst Moritz von Oranien.[84] Holländische Einwanderer wurden ermuntert, sich in Brandenburg zu Vorzugskonditionen niederzulassen. Friedrich Wilhelm hielt während seiner gesamten Regierungszeit an der Überzeugung fest, dass »Handel und Seefahrt die fürnehmsten Säulen eines Staates [sind], wodurch die Untertanen beides, zu Wasser als auch durch die Manufakturen zu Lande, ihre Nahrung und Unterhalt erlangen.«[85] Deshalb versuchte er auch immer wieder, unter hohen Kosten und gegen den erbitterten Widerstand der Schweden, die Kontrolle über Pommern zu erlangen.[86] Er war ganz besessen von dem Gedanken, dass eine Landverbindung zur Ostsee Brandenburg beleben und den Handel ankurbeln, ja, der Region den Reichtum und die Macht verschaffen würde, die in Amsterdam so demonstrativ zur Schau gestellt wurden. In den 1650er und 1660er Jahren führte er sogar Gespräche über internationale Handelsverträge, um sich günstige Konditionen für eine Handelsflotte zu sichern, die er noch gar nicht besaß.[87] Kurzum, Friedrich Wilhelm kannte den Calvinismus nicht nur als Glaubensgemeinschaft, sondern auch als das belebende Ethos eines Landes, das er als kulturell sowie materiell überlegen und als nachahmenswert anerkannte. Mit den Worten Peter Burkes: »Die Nachahmung ausländischer Modelle durch Herrscher und Regierungen implizierte, dass Handlungen in der Gegenwart ihr Land in der Zukunft wohlhabend machen könnten.«[88]

Der Kurfürst wird Geschichte

In der Schlacht von Warschau im Sommer 1656 vereinigten sich 8500 brandenburgische Söldner mit dem Heer des Königs von Schweden, um eine starke polnisch-tatarische Streitmacht zu schlagen. Kurfürst Friedrich Wilhelm verfasste eine kurze Schilderung des Ereignisses und befahl, sie in Den Haag zu veröffentlichen. Er hoffte damit zeitgenössischen schwedischen Berichten entgegenzutreten, die den Beitrag der Brandenburger –

und insbesondere des Kurfürsten – zum Sieg kleinredeten.[89] Seine eigene Schilderung stellte klar, dass der Erfolg der Verbündeten auf einen Zangenangriff zurückzuführen war, bei dem der Kurfürst persönlich den linken Flügel befehligt und angeführt hatte. Er war unter direkten Beschuss der feindlichen Batterien geraten und hatte eine Schlüsselrolle bei der Eroberung eines Streifens erhöhten Terrains von den Polen gespielt, welches es den Verbündeten gestattete, den Gegner mit einem schweren Bombardement zu überziehen.[90]

Dieser bescheidene Versuch, sich einen Platz in der Chronik seiner Zeit zu verschaffen, war sinnvoll in einer Welt, die sich zunehmend des Zusammenhangs zwischen den Nachrichten von zeitgenössischen Ereignissen und dem Vermächtnis bewusst wurde, das die »Geschichte« künftigen Generationen hinterlassen würde. Die aufsehenerregendste Verkörperung dieses Bindeglieds zwischen Nachrichten und Geschichte war das sogenannte *Theatrum Europaeum,* ein von dem Frankfurter Drucker, Kupferstecher und Unternehmer Matthäus Merian lanciertes Veröffentlichungsprojekt. In einer Reihe reich illustrierter Bände von 400 bis 1500 Seiten Umfang stellten Merian und seine Mitarbeiter und Nachfolger eine umfassende Geschichte der jüngsten Zeit zusammen. Der erste, 1633 erschienene Band deckte die Jahre zwischen 1629 und dem Jahr der Veröffentlichung ab. Der zweite, zwei Jahre danach veröffentlichte Band führte die Geschichte bis zum Jahr 1618 und dem Ausbruch des Dreißigjährigen Krieges zurück, der immer noch Mitteleuropa verwüstete, als der Band erschien. Danach kam das Projekt in Schritten von zwei bis acht Jahren über 19 weitere Bände, die von mindestens zehn verschiedenen Schreibern verfasst wurden, bis zum Jahr 1738 voran. Von Anfang an trachteten die Herausgeber und die Autoren, die mit ihnen zusammenarbeiteten, danach, das große Geschichtspanorama in einem Narrativ zu erfassen, das parteiische Standpunkte mied, die den Interessen einer bestimmten Gruppe oder Einzelperson schadeten. Sie bemühten sich, »allein die historische Geschichte einfältig« ans Licht zu bringen.[91]

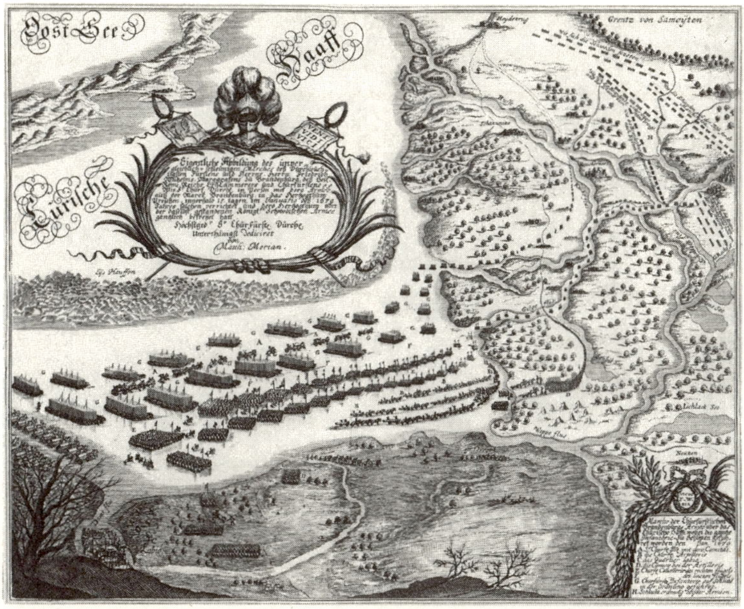

Kupferstich aus dem *Theatrum Europaeum*: Er zeigt, wie der Große Kurfürst 1679 seine Truppen ins Herzogtum Preußen führte, wo er das dort lagernde schwedische Heer überraschte.

Das *Theatrum* war und ist wegen seines hohen technischen Anspruchs, insbesondere der Qualität und Fülle an Illustrationen bemerkenswert. In dem auf seinen Seiten dargestellten »Theater« nahmen Monarchen und Staatsmänner einen prominenten Platz ein. Sie waren die beweglichen Teile in einer Geschichte, die eine durch und durch europäische war. Besonders auffallend am *Theatrum* war jedoch sein synoptischer Blick auf die europäische Geschichte als zusammenhängendes System, dessen »Commotionen« und Neuordnungen die Staaten des Kontinents zu einer Schicksalsgemeinschaft verbanden.[92] Eine solche Geschichte sei dringend nötig, erklärte der Herausgeber, nicht nur weil weise Gesellschaften stets vom Verständnis ihrer eigenen Zeit profitiert hätten, sondern auch weil die Gewalt und Zerstörung der jüngsten europäischen Geschichte den Zeitgenossen die Pflicht auferlegt hätten, »den Lauf unserer Welt-Actionen« zu beschreiben, um »daraus zu ersehen, warumben wir sie [die Unruhen des Krieges] angefangen, wie wir sie geführt, auch ongefehr zu wissen, aus was für Ursachen unnd vermittelst welcher Occasionen wir Land und Leuth so jämmerlich verderbet, verwüstet, ruinieret und devastiret haben«.[93] Zusammengestellt aus dem Material der rund 40 gedruckten Wochenblätter, die in den Städten des Heiligen Römischen Reiches erschienen, ermöglichten es derartige Geschichten, sich die nahe Zukunft nicht als die Erfüllung eines vorherbestimmten Plans oder Schicksals vorzustellen, sondern als leer, wie die noch unbedruckten Seiten einer Zeitung, die nur darauf warteten, mit den Taten und Ereignissen der Mächtigen gefüllt zu werden.[94] Das war genau jene Welt der »Conjuncturen« und »Läufe«, auf die sich der Kurfürst in der Korrespondenz mit den Ständen so häufig berief.

In seinen »königlichen Memoiren«, einem vertraulichen Text, der nur für die Augen seines Nachfolgers gedacht war, stellte Ludwig XIV. fest, dass Könige »allen Generationen« eine Schilderung ihrer Taten schuldeten.[95] Der Kurfürst entwickelte nie einen Kult historisierender Selbstdarstellung, der es mit dem seines französischen Zeitgenossen hätte aufnehmen können, doch er fing an, sich und seine Leistungen bewusst mit den Augen einer imaginären Nachwelt wahrzunehmen. Von 1650 an gab es Bemühungen, sich die Dienste eines Hofgeschichtsschreibers zu sichern. Der erste Kandidat war der Bibliothekar Joachim Hübner, aber dessen Werk wurde nie verwirklicht, weil er im Jahr 1661 entlassen wurde, nachdem sich einige über seine Weigerung, in die Kirche zu gehen, beschwert hatten.[96] Im Jahr 1664 ernannte der Kurfürst Martin Schoock von der Universität Groningen in den Vereinigten Provinzen und zahlte ihm ein stattliches Gehalt dafür, dass er eine Geschichte Brandenburgs schrieb. Ein erster Abschnitt der geplanten *Historia marchica* wurde 1667 als Manuskript fertiggestellt, aber dessen Qualität war so schlecht, merkte ein Kommentator aus dem 19. Jahrhundert an, dass es nicht zu bedauern sei, dass Schoocks Arbeit schon ein Jahr später »durch seinen vorzeitigen Tod unterbrochen wurde«.[97] Zwei weitere Kandidaten, der französische Abenteurer und calvinistische Konvertit Jean Baptiste de Rocolles und Martin Kempen, ein Königsberger niederländischer Abstammung, nahmen den Auftrag an und gaben wieder auf, ohne etwas Nennenswertes zu Papier gebracht zu haben.

Gregorio Letis ausschweifende zweibändige Chronik des Hauses Brandenburg, die 1687 auf Italienisch und Französisch veröffentlicht wurde, war zwar nicht offiziell in Auftrag gegeben worden, doch der Kurfürst belohnte den Autor mit einer Medaille im Wert von 100 Dukaten und einem Geldgeschenk in Höhe von 500 Talern.[98] Letis Buch war eine sagenhaft chaotische Aneinanderreihung von Episoden und Schilderungen, gespickt mit formelhaften Lobreden auf den Kurfürsten und seine prominentesten Beamten. Der erste Band wurde allerdings in Berlin kritisiert, weil er der Leistung des Kurfürsten bei der Schlacht von Warschau im Jahr 1656 angeblich nicht gerecht wurde – ein Indiz dafür, dass Warschau mittlerweile als historischer Wendepunkt der Herrschaft im öffentlichen Bewusstsein verankert war.[99] Weder Schoocks antiquarischer Überblick noch Letis ausschweifendes Sammelsurium hatten erkennbaren Einfluss auf die spätere Historiographie Preußens.

Weit erfolgreicher war Samuel Pufendorf, der im Jahr 1686 zum Hofgeschichtsschreiber ernannt wurde. Dessen umfassende und kunstfertige Schilderung der Herrschaft Friedrich Wilhelms markierte einen Neuanfang in der brandenburgischen Geschichtsschreibung. Die Entscheidung für Pufendorf war aufschlussreich. In einer langen Laufbahn als Jurist, Naturrechtsphilosoph, Völkerrechtslehrer und Historiker hatte sich Pufendorf bereits einen Namen im akademischen Europa gemacht. Ende des 17. Jahrhunderts war er der meistgelesene Naturrechtsphilosoph auf dem Kontinent. Im Gegensatz zu vielen Universitätskollegen wurde er auch außerhalb der akademischen Welt von hohen Beamten, Militärbefehlshabern und sogar Monarchen gelesen.[100] Es ist unschwer zu erkennen, was dem Kurfürsten an Pufendorf und seinen Schriften gefiel. Pufendorf, der aufmerksame (allerdings auch kritische) deutsche Leser des britischen Staatsdenkers Thomas Hobbes, stützte sein Plädoyer für die Notwendigkeit des Staates auf eine dystopische Vision allgegenwärtiger Gewalt und Unordnung.[101] Das Naturrecht allein reiche nicht aus, um das gesellige Leben des Menschen zu bewahren, argumentierte er in *Elementa iurisprudentiae universalis* (1660). Solange keine »Souveränitäten« etabliert würden, werde der Mensch allein durch Gewalt nach Wohlstand streben; »alle Orte würden von Kriegen zwischen jenen, die Unrecht begehen, und jenen, die es abwehren, widerhallen«.[102]

Deshalb kam eine so große Bedeutung den Staaten zu, deren »Hauptzweck« es war, »die Menschen durch gegenseitige Vereinigung und Hülffe dermassen in Sicherheit zu stellen, dass sie vor anderer Gewalt und Unrecht sicher seyn, im guten Frieden leben, auch wieder allerhand Feinde genugsamen Schutz haben können«.[103] In diesen Sätzen klingt das Trauma des Dreißigjährigen Krieges nach. Hier fand sich eine trefflich formulierte, philosophische Antwort auf den Widerstand, auf den der Kurfürst seitens der Landstände gestoßen war. Da es im Frieden wie im Krieg nicht möglich sei, einen Staat zu lenken, ohne über die entsprechenden finanziellen Mittel zu verfügen, schrieb Pufendorf 1672, habe der Souverän das Recht, »alle Unterthanen [anzuhalten], von ihren Gütern so viel zusammen zu tragen, als zu Bestreitung erforderter Unkosten nöthig zu seyn erachtet wird«.[104] Er schrieb ausführlich über den Stellenwert der Zustimmung in politischen Abhängigkeitsverhältnissen und argumentierte, dass die Verpflichtungen gegenüber dem Herrscher nie allein die Folge von Zwang sein dürften; sie könnten nur dann echte Kraft haben, wenn man dem Untertanen gute Gründe für die Akzeptanz der auferlegten Pflichten liefere: etwa die wohlwollenden Absichten des Herrschers oder Dankbarkeit für frühere Wohltaten oder die Einsicht, dass der Herrscher möglicherweise besser imstande sei, die Interessen der Untertanen zu erkennen als die Untertanen selbst.[105] Die Übereinstimmungen zwischen dieser Denkrichtung und den Argumenten, die der Kurfürst in der Korrespondenz mit seinen Ständen vorbrachte, sind kaum zu übersehen.

Aber Pufendorf war darüber hinaus ein gefeierter Historiker. Sein berühmtestes politisches Traktat, gemeinhin nur »Monzambano« genannt, war eine bissige und umstrittene Kritik der politischen Organisation des damaligen Heiligen Römischen Reiches, aber es beginnt mit einer allgemein gelobten Folge von Kapiteln, welche die Geschichte der politischen Institutionen des Reiches schildern.[106] Und seine *Einleitung zu der Historie der vornehmsten Reiche und Staaten*, die 1682 während Pufendorfs Amtszeit als offizieller Historiker am Königshof in Stockholm erstmals erschien, begann mit einem Plädoyer dafür, wie wichtig es sei, die Geschichte der jüngsten Vergangenheit zu studieren. Es sei ja gut und schön, schrieb Pufendorf, wenn junge Leute Jahre mit der Lektüre von Cornelius Nepos und Livius verbrächten: »Allein dass man die neue Historie so gar hindan setzet, ist ein groß Versehen und Unverstand bey denjenigen, die von Unterweisung der Jugend Profession machen.« Insbesondere jene, die mit der Verwaltung der öffentlichen Angelegenheiten betraut seien, würden vom Studium der zeitgenössischen Geschichte ihres eigenen Landes und benachbarter Länder stärker profitieren, als wenn sie über Schilderungen antiker Eroberungen in den römischen Klassikern brüteten. Und das Kapitel, das dem deutschen Reich gewidmet war, enthielt unter anderem eine Analyse der Gefahren, die Deutschland von jeder benachbarten Macht drohten (oder eben nicht): von der Schweiz und den Italienern bis zu den Polen, Dänen, Schweden und Franzosen.[107]

Es dauerte einige Zeit, Pufendorf dazu zu überreden, Schweden zu verlassen und eine Stelle als Hofgeschichtsschreiber in Berlin anzunehmen. Im Sommer 1686, vier Jahre nach der ersten Kontaktaufnahme, teilte Pufendorf dem brandenburgischen Gesandten in Stockholm seine förmliche Zustimmung mit, doch erst Mitte Januar 1688, nach einigen Auseinandersetzungen mit seinen derzeitigen Auftraggebern, traf er in Berlin ein. Zu der Zeit hatte der Kurfürst nur noch wenige Monate zu leben. Pufendorf wurde freier Zugang zu den kurfürstlichen Archiven gewährt und ein Vollzeitassistent für die Recherchearbeit zur Verfügung gestellt.

Prall gefüllt mit Material, das eng nach den Archivquellen paraphrasiert war, und mit einem Umfang von über 1400 dicht bedruckten Seiten in der lateinischen Ausgabe von 1695 ist Pufendorfs *De rebus gestis Friderici Wilhelmi Magni* (in Erdmann Uhses leicht gekürzter deutscher Übersetzung von 1710 über 1200 Seiten) nicht gerade eine einfache oder vergnügliche Lektüre.[108] Die Darstellung hat keinen übergreifenden Handlungsbogen und unternimmt keinerlei Versuch, die Protagonisten innerhalb eines Stroms des Wandels zu verorten. Die Ratgeber, Höflinge und Familienmitglieder um den Fürsten werden kaum als individuelle Personen beschrieben. Der Kurfürst selbst taucht lediglich als die Personifizierung seiner Monarchie auf – wir erfahren so gut wie nichts über seine Freizeitbeschäftigungen, geistigen Interessen, Geschmack oder Beziehungen. Dennoch gelang es Pufendorf, seiner Schilderung in zweierlei Hinsicht eine beachtliche historische Dynamik zu verleihen.

Erstens erkannte er die Bedeutung der innenpolitischen Konsolidierung der kurfürstlichen Herrschaft an. Im Mittelpunkt von Pufendorfs Geschichte stand die monarchische Exekutive: »Das Maaß und der Schwerpunkt aller dieser Erwägungen ist der Staat, ›zu welchem alle Rathschläge wie Linien nach dem Centro sich strecken‹.«[109] Der vom Großen Kurfürsten personifizierte Staat Brandenburg projiziert und konsolidiert in Pufendorfs Darstellung seine Macht sowohl nach außen wie nach innen. Pufendorf liefert detaillierte Schilderungen – in der lateinischen Ausgabe von 1695 noch mehr als in der deutschen Übersetzung von 1710 – der Auseinandersetzungen zwischen der kurfürstlichen Verwaltung und den Ständen von Preußen, Kleve und Magdeburg. Im Herzogtum Preußen stellt er beispielsweise nach dem Frieden von Oliva (1660) die Bemühungen des Kurfürsten, seine Herrschaft im Herzogtum zu konsolidieren, der hartnäckigen Forderung der Stände gegenüber, ihre jahrhundertealten Privilegien (die mit der Durchsetzung der kurfürstlichen Souveränität nicht vereinbar waren) zu bestätigen. Pufendorf beschreibt, wie die kurfürstliche Verwaltung diesen ständischen Widerstand umging, indem sie den calvinistischen Fürsten Radziwiłł, den Statthalter des Herzogtums Preußen, anwies, »er sollte diejenigen / welche die vornehmsten Aemter im Lande verwalteten / nach der neuen Formul /so nach der höchsten Gewalt eingerichtet war / schweren lassen / wiewohl nicht alle auf einmahl / sondern einzeln / und wie es die Gelegenheit zuliesse«. Anfangen sollte er mit jenen, von denen er wusste, dass sie bereit waren, so einen Eid zu schwören, »damit die andern solchem Exempel folgeten / und den Widerspenstigen sollte er die Absetzung vom Amte ankündigen; er solte auch niemanden von neuem einiges Amt ertheilen / ausser denjenigen / welche versprächen / daß sie bey der Zusammenkunfft in des Churfürstens Begehren willigen wollten«.[110]

In Magdeburg beschreibt Pufendorf, wie die zentrale Verwaltung, genau wie in Preußen, die traditionelle Macht der Stände zurückdrängte, indem sie die Stadt Magdeburg gegen die ländlichen Regionen ausspielte.[111] Als die Stadt Königsberg weiterhin im Namen ihrer überlieferten Rechte und ihres Status gegen das neue Regime agitierte, habe der Kurfürst, so Pufendorf, »bey solchem obstinaten Wesen seinen Zorn und Ungnade blicken« lassen. »Endlich resolvierte sich Ihre Churfl. Durchl. selbst nach Preußen zu gehen / und gedachte daselbst mit seiner auctorität durchzudringen / nahm aber auch eine gute Mannschaft mit sich / um die Unbändigen also zu zähmen.« Gegenüber der Stelle im Text, wo Pufendorf die Auflösung des Streits zugunsten des Kurfürsten schildert, prangt in der deutschen Ausgabe ein Kupferstich, der die Stände des Herzogtums Preußen zeigt, wie sie ihrem neuen Herrscher am 18. Oktober 1663 auf dem Hof des Königsberger Palastes den Lehnseid schwören.[112]

Als er ein so dynamisches Bild von dem Staat zeichnete, der bestrebt war, die Strukturen der ständischen Privilegien zu überwinden, konnte sich Pufendorf nicht nur auf Archivquellen stützen, sondern auch auf die frühere Geschichte, die Elias Loccelius (auch bekannt als Lockelius oder Löckel), der lutherische Pfarrer in Bärwalde in der Neumark und später (von 1674 an) in Crossen, verfasste. Die nach jahrzehntelanger Forschung und Schreibarbeit vollendete und dem Hof im Jahr 1680 als Manuskript vorgelegte, umfangreiche *Marchia Illustrata* des Loccelius stand für eine Übergangsphase zwischen den naiven Chroniken Brandenburgs aus dem 16. Jahrhundert und dem analytisch ausgerichteten historischen Traktat Pufendorfs. Der streng chronologische Ansatz von Loccelius, seine Entscheidung, mit der Erschaffung der Welt durch Gott zu beginnen, und die Einbeziehung disparater Informationsfragmente – der Preis des Roggens, das Auftauchen von Kometen, mehreren Sonnen oder Blutflecken in Schalen mit Erbsen – erinnern an die eklektischen Chroniken des Mittelalters. Es gibt jedoch auch Passagen von beeindruckender Komplexität und Tiefe, insbesondere zum Thema der Verwüstungen des Dreißigjährigen Krieges, zu den Protesten der preußischen Stände Anfang der 1660er Jahre und zur Befriedung des widerspenstigen Magdeburg durch den Kurfürsten.[113] Tatsächlich gibt es keinen Grund, daran zu zweifeln, dass Pufendorf seine Darstellung dieser späteren Episoden in großen Teilen von Loccelius übernommen hat.

Pufendorf ging nicht so weit, diese innenpolitischen Maßnahmen und die Außenwirkung von Macht und Ansehen explizit miteinander in Verbindung zu bringen, doch sein Übersetzer Erdmann Uhse stellte im Vorwort zur Ausgabe von 1710 diese Verknüpfung ausdrücklich her, als er feststellte, dass der Erwerb uneingeschränkter territorialer Souveränität »den Weg zur Königlichen Krone« im Jahr 1701 »gebähnet« habe.[114] Natürlich hatte auch Pufendorf selbst häufig das Argument vorgebracht, dass die Fähigkeit des Herrschers, Schutz gegen äußere Bedrohung und inneres Chaos zu bieten, den Anspruch auf einen Teil der Ressourcen seiner Untertanen rechtfertige.

Das zweite dynamische Moment in Pufendorfs Narrativ hat mit seiner Schilderung der souveränen Entscheidungsfindung zu tun. Was wir als die »historischen Ereignisse« jener Zeit bezeichnen würden, spielt in seiner Darstellung der Herrschaft eine untergeordnete Rolle; sie werden in erster Linie durch das Prisma der Entscheidungsmöglichkeiten betrachtet, die sich dem Kurfürsten und seinen Beratern boten. Und genau an diesem Punkt entwickelt Pufendorfs sonst eher eindimensionale Erzählung eine gewisse analytische Kraft. Im Jahr 1645 etwa wurde der Kurfürst von König Władisław IV. von Polen (1632–1648) eingeladen, eine Delegation reformierter Geistlicher zu einer Veranstaltung zu senden, die als das Thorner Religionsgespräch bekannt werden sollte, eine Zusammenkunft reformierter, lutherischer und katholischer Geistlicher, deren angeblicher Zweck es war, eine friedliche und sachliche Debatte über Fragen zu führen, welche die Konfessionen spalteten. Als er die Reaktion des Kurfürsten und seiner Berater nachzeichnete, veranschaulichte Pufendorf das anhand eines Entscheidungsbaums der Optionen, der die Konsequenzen jeder möglichen Handlungsweise sorgfältig abwog.

»Als man nun berathschlagete / ob der Churfürst in dieses begehren willigen sollte«, so Pufendorf, »fielen die Stimmen unterschiedlich aus.« Den Beratern gefiel die Idee eines solchen friedenstiftenden Gipfels, und die polnische Stadt Thorn wurde als sicherer Ort angesehen. Aber einige Gründe sprachen auch gegen die Annahme der Einladung. Schon allein die Tatsache, dass die polnischen Bischöfe allem Anschein nach die Veranstaltung kontrollierten und sich das Recht anmaßten, über das Format der Diskussion und sogar über die Größe der Delegationen zu entscheiden, gab Anlass zur Sorge. Darüber hinaus bestand die Gefahr, dass eine derartige Zusammenkunft die Spannungen zwischen Reformierten und Lutheranern in Preußen verschärfen würde. Das Kolloquium könnte sich ferner nachteilig auf den Status polnischer Protestanten auswirken. Und was war, wenn die Katholiken behaupteten, sie hätten den Streit gewonnen, und dies für missionarische Propaganda nutzten? Andererseits könnten die Katholiken, wenn die Brandenburger Calvinisten beschlössen, der Veranstaltung fernzubleiben, deren Abwesenheit als Beweis dafür werten, dass die Reformierten sich ihrer Sache nicht ganz sicher wären. Und es war gewiss eines jeden Pflicht, bei jeder sich bietenden Gelegenheit über die Wahrheit Zeugnis abzulegen. Das wäre eine Chance, die reformierte Glaubenslehre in einem klareren Licht zu präsentieren und sie so gegen die verzerrten Darstellungen der Feinde zu verteidigen.[115] Diese widerstreitenden Sichtweisen wurden nicht namentlich genannten Personen aus dem Gefolge des Kurfürsten zugeschrieben, sondern mithilfe einer Art freier, indirekter Rede miteinander verwoben. Ihr Zweck war es nicht, an die Rolle zu erinnern, die bestimmte Berater damals spielten, sondern das Wesen der Entscheidungsfindung selbst aufzuzeigen.

Immer wieder präsentierte Pufendorf auf diese Weise die Optionen, gewährte so dem Leser einen Blick auf das jeweilige Dilemma vor dessen Auflösung und machte die Gedankengänge der Entscheidungsträger und ihrer Berater deutlich. Im Jahr 1678 beispielsweise sah sich der Kurfürst mit einer Vielzahl potenzieller Bedrohungen konfrontiert. Im Laufe eines kräftezehrenden vierjährigen Feldzugs war es ihm gelungen, den letzten Schweden aus Pommern zu vertreiben. Doch das reichte nicht aus, um ihm einen Besitzanspruch zu verschaffen, weil Ludwig XIV. nicht die Absicht hatte, seinen schwedischen Verbündeten der Gnade Brandenburgs zu überlassen. Frankreich, dessen Macht wuchs, als die Niederländischen Kriege zu Ende gingen, bestand darauf, dass die eroberten Gebiete in ihrer Gesamtheit Schweden zurückgegeben wurden.

Pufendorf lieferte eine detaillierte Schilderung der damit zusammenhängenden Fragen, samt den potenziellen Konsequenzen der Entscheidung für die jeweiligen theoretischen Optionen: »Was aber unser Churfürst dieses Jahr in Kriegs-Sachen vornehmen solte«, schrieb er, »darüber war man [der Kurfürst und seine Berater] anfangs nicht gleich schlüßig.« Die Holländer hatten Friedrich Wilhelm gedrängt, seine Truppen gegen Frankreich im Westen zusammenzuziehen und die Schweden in Pommern lediglich in Schach zu halten. Manches sprach für dieses Vorgehen, weil eine Konzentration der Kräfte dort die Holländer motivieren würde, den Kampf fortzusetzen, und die Franzosen davon abschrecken würde, in Kleve einzufallen und dies bei späteren Friedensverhandlungen als Druckmittel einzusetzen. Andererseits würde der Kurfürst, wenn er an den Rhein zog, Preußen, Pommern und die Mark einer Gefahr aussetzen und seinen Bündnispartner, den König von Dänemark, verärgern, der ebenfalls mit Schweden im Krieg war und Friedrich Wilhelm drängte, seine Truppen in Pommern einzusetzen. Und dennoch: Wenn er sich darauf konzentrierte, Pommern einzunehmen und die Schweden zu vertreiben, könnte Frankreich durchaus nach dem Ende der Feindseligkeiten in einer so starken Position bleiben, dass es die Rückgabe der eroberten pommerschen Gebiete an seinen schwedischen Verbündeten fordern konnte.[116] Das Bemerkenswerte an diesen Entscheidungsmomenten in Pufendorfs Narrativ (und das sind ziemlich viele) ist, wie sie den Entscheidungsträger in einer Bedrohungskarte verorten, in der er die Aufgabe hat, Optionen gegeneinander abzuwägen, die jeweils wiederum eine mögliche künftige Entwicklung implizieren. Die »drohende Gefahr« ist in Pufendorfs Narrativ ein ebenso zentrales Motiv wie in den Argumenten, die der Große Kurfürst gegenüber seinen Ständen vorgebracht hatte.

Die Entscheidungsfindung war nicht zuletzt deshalb schwierig, weil dabei die Existenz anderer Entscheidungsträger berücksichtigt werden musste. In einer Erörterung der Außenpolitik des Kurfürsten zu Beginn des Nordischen Krieges rekonstruierte Pufendorf beispielsweise die Bemühungen der Ratgeber, die Überlegungen des schwedischen Königs vorherzusehen. Würden die Schweden den Staatenbund Polen-Litauen angreifen? »Denn man kunte nicht wohl glauben / daß die Schweden den Stillstand brechen würden / als von welchem noch sechs Jahr übrig wären; [...] Hingegen war Schweden bey langem Friede gar selten ohne innerliche Unruhe geblieben / wider welche die auswärtigen Kriege ein gutes Mittel wären. Ihr König wäre noch jung / unerschrocken / kühne und begierig durch die Waffen berühmt zu werden [...].« Andererseits fehlte ihm auch ein Erbe, er hatte innenpolitische Rivalen und riskierte einen Aufstand im eigenen Land, wenn er die Steuern erhöhte, um einen Feldzug zu finanzieren.[117] In dieser Passage wurde der Kurfürst so dargestellt, als versuche er, die Handlungen eines anderen Entscheidungsträgers zu erahnen, dessen Nöte und Überlegungen mindestens genauso komplex wie die des Kurfürsten selbst waren. Wie ein roter Faden zieht sich durch all diese Episoden ein Interesse für Entscheidungssituationen, das nicht nur historischer, sondern auch philosophischer Natur war.[118]

Auf diese Weise gelang Pufendorf eine bis dato einzigartige Darstellung der Position eines souveränen Entscheidungsträgers innerhalb des europäischen Staatensystems. Was den Leser an seiner Behandlung der internationalen Beziehungen erstaunt, ist die Offenheit der Zwickmühlen, in denen die Staaten steckten. Wie die misslichen Lagen am Ende ausgehen, ist deshalb offen, weil sich das künftige Verhalten anderer Staaten in dem System niemals mit Bestimmtheit vorhersagen lässt. Zu den einflussreichsten Thesen Pufendorfs in dem früheren Traktat namens »Monzambano« zählte seine Zerschlagung der *translatio imperii* – einer einflussreichen These, wonach das Heilige Römische Reich deutscher Nation als Erbe und Fortsetzung des alten Roms die »vierte Monarchie« war, die im Buch Daniel prophezeit worden war. Indem Pufendorf diesen Anspruch auf Kontinuität zur antiken Vergangenheit ablehnte, raubte er »dem Reich eine genetische, historische Selbstrechtfertigung«.[119] Gleichzeitig befreite er die zeitgenössische Geschichte des Reiches und damit auch Europas aus der diachronen Klammer der Prophezeiung und ermöglichte so, dass sie sich unter säkularen Vorzeichen als nicht vorherbestimmtes Ergebnis der Interaktionen zwischen Staatswesen, die um Macht und Einfluss rangen, neu entfaltete.

Die Interaktion zwischen Mächten im gleichen synchronen Zeitrahmen war exakt die Antithese zu Tradition und Kontinuität, weil die Interessen von Staaten und die dadurch implizierten möglichen Aktionen sich unablässig veränderten. Es treffe zwar zu, räumte Pufendorf ein, dass die Interessen eines Staates teilweise von unabänderlichen Faktoren wie »Situation und Beschaffenheit des Landes« bestimmt seien, teilweise hingen sie jedoch auch von »Beschaffenheit, Stärcke und Schwäche der Nachbarn [ab], mit dero Veränderung auch das Interesse alteriret wird«.[120] Das war die Strömung, von der Pufendorfs Geschichte durchdrungen war. Es war keine Welt des reinen Zufalls, weil die Interaktion zwischen Mächten weiterhin von den Kräfteverhältnissen und vom Imperativ der Selbsterhaltung bestimmt wurde. Doch die Gesetze, die dieses »System« lenkten, beschrieben lediglich Prozesse, sie sagten nicht den Ausgang voraus. Angesichts dessen hieß historisches Handeln in der Gegenwart: Traditionen erst einmal außer Acht lassen, die Vielfalt der künftigen Entwicklungen erkennen, sich über die jeweils drohenden Gefahren klar werden und aus diesen künftigen Möglichkeiten auswählen. Und genau darin lag die Hauptstärke von Pufendorfs Großem Kurfürsten als souveränem Entscheidungsträger. »Wenn etwan die Meynungen in einer intricaten Sache sehr unterschieden waren«, schrieb Pufendorf in einem abschließenden Lob für seinen Helden, »erwehlete er eine davon nach seinen Gedancken, und hat hernach der Ausgang erwiesen, daß solche die beste gewesen sey.«[121]

Schluss

Es lohnt sich, die Dynamik der Idee souveräner Macht näher zu betrachten, wie sie sich aus den öffentlichen Äußerungen, Taten und historiographischen Artikulationen des kurfürstlichen Regimes ergibt. Indem sich der Staat Autorität und Ressourcen aneignete, hat er die Fesseln der Tradition zerrissen, sich vom Vermächtnis einer provinziellen Vergangenheit emanzipiert, mögliche künftige Entwicklungen vorausgesehen und neue Instrumente erfunden, um ihnen entgegenzutreten. Er ist eine Art Zeitmaschine, ein Apparat, der Geschichte geschehen lässt. Zwei Jahrhunderte später sollte Max Weber diese Auseinandersetzung in der Spannung zwischen »traditionalen« und »rationalen« Herrschaftsformen einfangen: Während die Stände ihre Ansprüche auf die »Heiligkeit altüberkommener (›von jeher bestehender‹) Ordnungen und Herrengewalten« gründeten, beseitigte Friedrich Wilhelm die in traditionalen Strukturen noch vorhandene Erfordernis, wonach sich »tatsächliche Neuschöpfungen [...] nur als von jeher geltend und nur durch ›Weistum‹ erkannt legitimieren« können.[122] Selbstverständlich müssen wir darauf achten, dass wir dem Kurfürsten nicht Gedanken unterschieben, die eigentlich unsere und nicht seine sind. Die Gefahr, in seine Äußerungen die »Hypothesen und Deutungsmuster« eines späteren Zeitalters hineinzulesen, ist in seinem Fall besonders groß, weil ihm später von Historikern eine Schlüsselrolle als Gründer und Vorreiter des modernen preußischen Staates zugesprochen wurde.[123] Der Große Kurfürst war keineswegs von einer Vision der »Modernisierung« getrieben; geschweige denn trachtete er konsequent danach, seinen Staat zu vereinheitlichen oder zentralisieren – im Gegenteil erteilte er in seinem letzten Willen die Anweisung, dass sein Erbteil nach seinem Tod unter mehreren männlichen Nachkommen aufgeteilt werden sollte, eine Entscheidung, die, wenn sein Nachfolger sich daran gehalten hätte, dem langen Weg Brandenburg-Preußens bis zum Rang einer Großmacht ein schnelles Ende gemacht hätte. Er besaß weder eine ausgereifte Vision noch eine privilegierte Kenntnis der Zukunft.

Andererseits verrieten, wie gezeigt, seine Äußerungen und Handlungen eine bemerkenswert vorausschauende und dynamische Auffassung seines Platzes in der Geschichte. Die Vergangenheit erschien unter einem Sargtuch der Zerstörung, abgeschirmt von der Gegenwart durch den großen Frieden von 1648. Die Lehre aus dieser Vergangenheit lautete, dass Stillstand ein Abgleiten zurück ins Chaos bedeutete. Die Zukunft erschien unter dem Zeichen der Gefahr, nicht zuletzt deshalb, weil, wie Jeremy Bentham einmal anmerkte, »vor der unsichtbaren Zukunft die Angst stärker als die Hoffnung ist«.[124] Die Ahnung drohender Gefahr bildete den Kern von Pufendorfs Darstellung der Souveränität und ihrer Anforderungen an den Bürger. Und der gleiche Tropus zog sich wie ein roter Faden durch die Argumente des Kurfürsten gegen die Verteidigung der Tradition, die die Stände im Sinn hatten. Diese existenzielle Bedrohung wurde durch die Erinnerung des jugendlichen Kurfürsten an den Dreißigjährigen Krieg untermauert, dessen traumatische Erfahrung noch in den klagenden Wendungen des Politischen Testaments an seinen Erben nachhallt: »Den das ist einmahll gar gewiß, wan Ihr darzu stille sitzen wurdet, vndt gedencken, Das feuer seie noch ferne von Eweren grensen: Ewere Lande Das theatrum sein wurden, darauff man die tragedi Spillen.«[125] Nur indem man vorwärtsdrängt, Gefahren im Vorfeld ausschaltet und aus Zukunftsoptionen auswählt, konnte man sich gegen die »Unruhen« und »Schwierigkeiten« absichern, die das internationale System kennzeichneten. Und das erforderte wiederum, dass die Ansprüche der »Tradition« – sowohl als Mittel, einheimische Machtstrukturen zu rechtfertigen, wie auch als Gerüst für die konzeptionelle Erfassung der Beziehungen unter Staaten – drastisch eingeschränkt werden mussten.

Der Kurfürst und sein Geschichtsschreiber dachten sich diesen Pfad nicht im stillen Kämmerlein aus. Sein Appell an die Zukunftsorientierung des Staates muss in den Kontext eines allgemeinen Wandels im politischen und historischen Bewusstsein in Europa gestellt werden, der sich keineswegs auf die protestantischen Gebiete beschränkte. Im späten 15. und frühen 16. Jahrhundert machten Formen der politischen Rationalisierung, die sich auf die Anwendung allgemeiner Prinzipien stützten, den Weg frei für ein neues Gerüst, in dem die Zukunft als »verfügbar« erschien. Die »Wunschlisten« aus dem frühen 17. Jahrhundert von Gelehrten wie Francis Bacon und Jakob Bornitz standen, wie Vera Keller nachgewiesen hat, exemplarisch für eine Neuorientierung des Wissens weg von der Vergangenheit und hin zu einer offenen Zukunft, die mittlerweile als eine »ständig vorrückende Grenze« des Verstehens aufgefasst wurde. Die »wissenschaftliche Revolution« des 17. Jahrhunderts brachte nicht den Triumph der Gewissheit, wie manche behaupteten, sondern eine »Bereitschaft, sich mit Zweifeln, Wahrscheinlichkeit und der Düsterkeit des sich verändernden Wissens auseinanderzusetzen«.[126] Schicksalhafte und prophetische Muster konnten zwar immer noch als Garantien für die ferne Zukunft mit Blick auf das Ende der Welt beschworen werden, wie Peter Burke behauptet hat, doch die unmittelbare und mittelfristige Zukunft öffnete sich im 17. Jahrhundert als ein Raum für menschliches Handeln nach eigenem Ermessen.[127] Und im Zuge dessen gab Europa, wie J. G. A. Pocock argumentierte, die Vorstellung auf, die Geschichte sei von der Vorsehung vorherbestimmt.[128] In der prekären Lage an der vorrückenden Grenze der Ereignisse war der Staat verpflichtet, wie Andrea Brady und Emily Butterworth es formulierten, »sich der vielfältigen künftigen Entwicklungen bewusst zu werden, um die gewünschte zu bekommen«.[129]

Wenn der Kurfürst die Zukunft gegen die ererbten Privilegstrukturen ins Feld führte, so war dies ebenso symptomatisch für einen allgemeinen kulturellen Wandel wie Pufendorfs Ausrichtung seiner Geschichte der Herrschaft auf Momente der Entscheidung. Allerdings war die »historische Kultur«[130] Brandenburgs im späten 17. Jahrhundert in einem wichtigen Aspekt auch insofern ungewöhnlich, als sie den Inhaber der Herrschaftsgewalt und den Lauf des Schicksals des Staates mit der Überwindung von Tradition und dem Bruch mit der Kontinuität in Verbindung brachte. Im Kontext der königlichen Geschichten des frühneuzeitlichen Europas entsprach das nicht der Norm. Der größte Historiker des frühneuzeitlichen Spaniens, Juan de Mariana, dessen *Geschichte Spaniens* das Vorbild für spanische Geschichtsschreiber des 17. Jahrhunderts blieb, lieferte ein Narrativ von beeindruckender Feinheit und Tiefe, in dem das Wechselspiel diverser Ereignisstränge auf dynamische und lebhafte Weise geschildert wird. Aber in Marianas Darstellung sind die Anmaßungen der Könige das Elend ihrer Staaten; sie bringen Kriege, Seuchen und finanziellen Ruin. Die Beschlagnahmungen des Reichtums ihrer Untertanen sind keine durch die Not gerechtfertigten Eintreibungen, sondern Akte willkürlichen Raubs.[131] Das Argument von der Notwendigkeit konnte hier nicht geltend gemacht werden, weil Mariana die äußeren Gefahren für die spanische Sicherheit als Folge der Provokationen sah, die vom spanischen Monarchen selbst ausgegangen waren.[132] Das deckte sich auch mit Marianas politischer Auffassung von der Monarchie: Ein König konnte nur dann gut regieren, wenn er die Kontrolle über seine Regierung an hohe Geistliche abtrat und davon Abstand nahm, in irgendeiner Weise die grundlegenden Gesetze und Traditionen seiner Herrschaftsgebiete anzutasten, insbesondere jene, die Steuern und Religion betrafen.[133] Das war ein himmelweiter Unterschied zu Pufendorfs verständnisvoller Darstellung, die tendenziell die Handlungsweise der monarchischen Macht mit billigenden Worten absegnete und den Monarchen als von äußeren Gefahren belagert ansah, die seine Eingriffe in die heimischen Machtstrukturen rechtfertigten.

In Frankreich schufen Historiker des Königshauses den Mythos einer unerschütterten Kontinuität. Er blendete die Wechsel der Dynastien aus und bettete die Geschichte der Könige in eine »unveränderliche dynastische Zeit« ein, »die von dem Auftreten und Verschwinden der Prinzen durchbrochen war, die wiederum mit ihren Vorzügen und Fehlern an der Heiligkeit der Macht und der Dauerhaftigkeit eines moralischen und politischen Ideals teilnahmen«. Das Ergebnis war eine höchst konventionelle Erzähltradition, in der sich neue Autoren mit Vorliebe als die »Fortsetzer« etablierter Chroniken anpriesen.[134] Der Kult um die Person Ludwigs XIV. störte freilich dieses Muster in gewisser Weise. Er brachte einen Erguss an Lobliedern seitens der Geschichtsschreiber hervor, von denen einige den König so sehr priesen, dass sie bereits zweifelten, ob die gesamte Geschichte etwas Nennenswertes enthalten könne, das sich mit einem Monarchen messen konnte, der sämtliche Zeitalter überwunden hatte. Doch die Apotheose des »Sonnenkönigs« implizierte auch, wie Chantal Grell gezeigt hat, eine Abwertung der Zukunft, von der niemals erwartet werden konnte, dass sie die Gegenwart als unübertrefflichen Höhepunkt infrage stellte. Der Begriff »Fortschritt« war somit als Rahmen für das Nachdenken über die Zukunft diskreditiert.[135]

In Großbritannien betonte die Historiographie der Whigs, die sich nach der sogenannten Glorreichen Revolution von 1688 zur Unterstützung des niederländischen »Usurpators« zu Wort meldete, dass das neue Regime keine Innovation, sondern eine »Restauration« und eine Verteidigung »uralter Rechte« sei. Die Historiker beschworen ein rekursives Zeitkontinuum, in dem aktuelle Ereignisse durch alte Vorläufer mit Sinn erfüllt wurden: Wilhelm III. war der neue König David; die »Revolution« von 1688 war die Rückkehr aus der babylonischen Gefangenschaft. Die Gegenwart und die nahe Zukunft wurden als vorherbestimmt wahrgenommen, als eine neuerliche Ausrichtung an langjährigen Rechten und Wahrheiten. Damit wurde die Realität bemäntelt, in der ein Rechtssystem gestürzt und ein anderes eingeführt worden war.[136]

So eine Geschichte hätten die Stände von Kleve womöglich geschrieben, wenn sie über den Kurfürsten und seine Berater gesiegt, einen Monarchen ihrer Wahl eingesetzt und einen eigenen Geschichtsschreiber eingestellt hätten. Vor diesem Hintergrund ragt die historische Kultur, die sich allmählich um die kurfürstliche Autorität herausbildete, wegen der Dynamik ihrer Sichtweise der fürstlichen Macht als Institution heraus, die Kontinuitätsstränge zerreißt – ja, zerreißen muss –, um den aktuellen Erfordernissen gerecht zu werden und Geschichte geschehen zu lassen. Den Großen Kurfürsten und seinen Hofgeschichtsschreiber in einen Ozean der Zeit zu werfen, der sich von Homer bis Chateaubriand erstreckt, in dem Geschichte nur ein Magazin von Beispielen war und die Gegenwart unter der Autorität der Vergangenheit lebte, wird der Offenheit und der Dynamik ihrer Geschichtlichkeit nicht gerecht, geschweige denn ihrer Bereitschaft, Traditionen infrage zu stellen und der Zukunft den Vorrang gegenüber der Gegenwart zu geben.[137]

Im Jahr 1701, also 13 Jahre nach dem Tod des Großen Kurfürsten, wurde sein Sohn in die Reihen der deutschen Könige aufgenommen. Bei der Krönungszeremonie, die am 18. Januar 1701 in Königsberg stattfand, wurde Friedrich III. von Brandenburg zu Friedrich I., »König in Preußen«. Die Zeremonie zeigt, wie tief das öffentliche Leben des Staates von der Geschichtlichkeit der Zeit des Großen Kurfürsten geprägt war. Auch wenn viele Details der Zeremonie und der damit verbundenen Feierlichkeiten der herkömmlichen Repräsentationskultur europäischer Königshäuser entlehnt waren, so waren doch der Ablauf der Zeremonie und die zugehörigen Requisiten in Wirklichkeit eine extravagante und einmalige Konfektion. Das Wissen, das die Zeremonie inspirierte, stammte aus dem gedruckten Kanon der »Ceremonialwissenschaft«, dem hochgradig vermittelten und rationalisierten Bestand an Wissen, der in den letzten Jahrzehnten des 17. Jahrhunderts einen Boom erlebte.[138] Aus dieser Quelle wurden Fragmente diverser »Traditionen« ausgewählt, modifiziert und auf eine Weise neu miteinander kombiniert, dass eine überaus dichte Reihe von Effekten erzielt wurde.

Diese Künstlichkeit ist an sich keine Überraschung – allen Krönungen wohnt ein innovatives Element inne, und es gab keinen direkten Vorläufer für ein Krönungsritual in Brandenburg-Preußen. Das Bemerkenswerte und Besondere am Fall Preußen ist die Tatsache, dass die Planer der Krönung voller Stolz den künstlichen Charakter des Schauspiels einräumten. Es ist bereits mehrfach beobachtet worden, dass Krönungszeremonien zu Unrecht eine Kontinuität mit einer alten Tradition für sich beanspruchen, um sich mit einer Autorität zu schmücken, die unabhängig von der Zeit Bestand hat. Doch die Planer der preußischen Krönung wählten eine ganz offen zweckmäßige Herangehensweise an ihre Aufgabe. Es sei unerlässlich, schrieb der preußische Gesandte in Warschau im Juni 1700, dass ein Bischof hinzugezogen werde, um den kirchlichen Part des Verfahrens zu beaufsichtigen, und dass dazu eine rituelle Salbung in irgendeiner Form gehöre, denn ein Weglassen dieser Elemente könne den künftigen Anspruch des Kurfürsten auf den potenziell nützlichen Titel *Sacra Regia Majestas* gefährden.[139] Der Einsatz eines Bischofs, wie man ihn jüngst bei der schwedischen Krönung erlebt habe, werde, ließ ein anderer Berater durchblicken, große Wirkung erzielen: *»donnera un grand luster«.*[140] Publizisten wie auch Ratgeber beeilten sich wiederum, darauf hinzuweisen, dass die Salbung rein symbolische Funktion habe. Es handle sich nicht um ein traditionelles Sakrament, sondern lediglich um ein erbauliches Spektakel, das die Sinne der Anwesenden erheben solle.[141]

Die offizielle Propaganda im Umfeld der preußischen Krönung von 1701 hob eben diesen Umstand hervor, dass die Königswürde ganz neu begründet wurde. Zwar war im Sommer 1700 die Rede von einer »Entdeckung« in den Werken des Geographen Abraham Ortelius aus dem 17. Jahrhundert, dass Preußen (in der Bedeutung des Fürstentums Preußen) in früheren Zeiten ein »Königreich« gewesen sei, aber das hat allem Anschein nach niemand ernst genommen.[142] Selbst Johann von Bessers überschwängliche Chronik der Krönung stellte lediglich fest, dass »manche« dieser Überzeugung seien. Statt den neuen König in eine eingebildete Kontinuität einzutauchen, feierten die Publizisten ihn als Monarchen aus eigener Kraft. Man machte kein Aufhebens um das Blut oder einen alten Titel. Das Bemerkenswerte am neuen König sei, stellte Besser in einem an Friedrich I. gerichteten Vorwort fest, dass »Eure Majestät nicht anders denn durch Sich Selbst und in dem Ihrigen König geworden« sei. Es erfüllte die Leute mit Stolz, dass der preußische Monarch seinen Thron »weder durch Gewalt noch Unruhe, weder durch Erbschafft noch Nachfolge, weder durch anderer Wahl noch Erhebung; sondern durch einen ganz neuen Weg: durch seine eigene Tugend und Stiftung« erworben habe.[143]

In diesen Vorkehrungen lässt sich eine weitere Manifestation jener Ablehnung der Tradition erkennen, die bereits die Argumente der kurfürstlichen Verwaltung in den Auseinandersetzungen mit den Landständen während der Herrschaft des Großen Kurfürsten durchdrungen hatte. Letztlich barg die Krönungszeremonie eine starke, gegen die Stände gerichtete Botschaft. Die Stände des Herzogtums Preußen etwa wurden wegen der Krönung nie zu Rate gezogen und erst wenige

Wochen, bevor das Ereignis stattfinden sollte, davon in Kenntnis gesetzt. Außerdem ließ der König, im Gegensatz zur gängigen europäischen Praxis, sich und seine Frau in einer separaten Zeremonie zuerst krönen, ehe er von seinen Ständen bestätigt wurde. Eine Beschreibung der Krönung von Johann Christian Lünig, einem bekannten zeitgenössischen Experten für die höfische Zeremonienwissenschaft, führte aus, wie bedeutsam dieser Schritt war: »Könige, die von den Ständen das Reich und die Obergewalt empfangen pflegen nicht eher als nach der Salbung [...] den königlichen Thron zu besteigen [...] Aber Seine Majestät [Friedrich I.], die Dero Königreich nicht durch der Stände noch anderer Vorschub [Fürsprache], sondern nach dem Exempel der ältesten Könige aus eigener Stifftung erhalten, hatten dieser und dergleichen Übergebungen keinesweges vonnöthen...«.[144] Die Botschaft war unmissverständlich: Die Macht des Staates Brandenburg-Preußen war es, die seine Legitimität definierte, nicht die Tradition oder das Vermächtnis oder eine Kontinuität mit der Vergangenheit. Diese Idee bildete den Kern der Krönungszeremonie, und sie war auch der treibende Gedanke hinter Pufendorfs *De rebus gestis* gewesen. Pufendorf war zu der Zeit, als die Krönung stattfand, bereits seit sieben Jahren tot, aber er hätte ihre nackte Künstlichkeit sicher begrüßt.

ZWEI

DER HISTORIKER-KÖNIG

Als der englische Musikhistoriker und Komponist Charles Burney im Jahr 1771 nach Preußen reiste, kam er in den Genuss einer Audienz bei Johann Joachim Quantz, dem Lehrer Friedrichs II. in Flöte und Komposition, der seit Dezember 1741 am Hof tätig war. Er hatte dort eine einzigartige Stellung. Friedrich zahlte seinem Lehrer die fürstliche Summe von 2000 Talern jährlich – der Cembalist (später Klavichord- und Hammerklavierspieler) Carl Philipp Emmanuel Bach hingegen bekam nur 300 Taler. Aus heutiger Sicht erscheint dies merkwürdig: Von den beiden war Bach der eindeutig innovativere und mutigere Komponist und Musiker. Er war nicht so blumig wie Quantz; er benutzte nüchterneres und leichteres thematisches Material und erweiterte die Klangwelt des Barock. Sein Einfluss auf die weitere Entwicklung der europäischen Musik war unendlich viel größer als der Quantzens. Aber Friedrich hielt 40 Jahre lang an seinem Flötenlehrer fest, dem er außergewöhnlich große Macht über das musikalische Leben seines Hofes gewährte.[1] Burney wunderte sich über die Unerschütterlichkeit des königlichen Musikgeschmacks:

> [Herr Quantz] sagte mir, sein königlicher Herr [...] spielte keine andre Concerte, als die er [Quantz] ausdrücklich für ihn gesetzt hätte, deren Anzahl sich auf dreihundert erstreckte, und diese spielte er nach der Reihe. Diese ausschließende Neigung für die Werke seines alten Meisters möchte manchem etwas eingeschränkt vorkommen; indessen zeigt solche eine Beständigkeit des Gemüths an, welche man nicht oft bey Prinzen antrifft. [...] so zeigt es bey [Seiner] Majestät von einem sehr richtigen und

> weisen Urtheile, solchergestalt unverrückt bey den Produkten einer Periode zu beharren, welche man die Zeiten des Augustus in der Musik nennen kann; mit einer solchen unwandelbaren Beständigkeit den Strom der Mode und des Leichtsinns aufzuhalten, heißt eine Art von *Stet sol* besitzen, wodurch Apoll und seine Söhne verhindert werden, ins Wilde zu gehen, oder Veränderungen vom Guten zum Schlechten und vom Schlechten zum Schlimmeren einzuführen.[2]

Kaum eine Quelle könnte die Stetigkeit der Kultur am Hof Friedrichs II. besser veranschaulichen. Der König hätte, wie so viele Zeitgenossen, jeder neuen Mode nachlaufen können, entschied sich aber stattdessen dafür, den gleichen Korpus an Werken des gleichen Meisters immer wieder zu spielen, indem er 40 Jahre lang das Rotationssystem beibehielt. Er bevorzugte das Festhalten an der hergebrachten Form bei Quantz gegenüber dem nach Entwicklung strebenden, innovativen Werk von Bach.[3] Das Bild des *stet sol,* eines Apparats, mit dem die Sonnenstrahlen eingefangen und durch eine Öffnung oder Prisma an die Wand geworfen werden können, erfasst trefflich den Zustand des friderizianischen Mikrokosmos, einer Welt, in der die Zeit still zu stehen schien und die Wirkung von Geschmack und Mode – von Geschichte – aufgehoben war. Dies war wiederum direkter Ausdruck und Manifestation der Macht des Königs: Auch wenn es, wie Burney einräumte, im musikalischen Leben Berlins kleinere avantgardistische »Spaltungen« gab, dürfte in Preußen kaum etwas besonderen Anklang gefunden haben, das nicht dem vorherrschenden Geschmack (Quantz in der Instrumentalmusik, die Brüder Carl Heinrich und Johann Gottlieb Graun und Adolph Hasse in der Oper) entsprach.[4]

Die daraus resultierende Stagnation darf keineswegs nur als Beweis für den kulturellen Konservatismus des Königs gewertet werden. Dahinter verbarg sich weit mehr. Diese Haltung spiegelt eine Vorliebe für rekursive, nicht entwicklungsorientierte Paradigmen wider, die sich an einer Vielfalt von Aktivitäten ablesen lässt. Dieses Kapitel befasst sich mit dem Verhältnis zwischen der Geschichtlichkeit des Königs und seinem eigenen Zeitbewusstsein. Sein philosophisches Geschichtsverständnis verdankte Friedrich II. der damals populären linearen Stadienlehre der späten Aufklärung. Doch seine Zeiterfahrung – sein intuitives Erfassen der empfundenen Struktur der Zeit – war erstaunlich rekursiv und nicht linear. Er erlebte während seiner Herrschaft gewaltige geopolitische Veränderungen – und trug selbst maßgeblich dazu bei –, doch sein Zeitempfinden tendierte zu einer ästhetisierten Stasis. Das folgende Kapitel geht dieser Spannung auf den Grund und fragt nach den möglichen Ursachen dafür, wobei wir uns zuerst auf seine historischen Schriften konzentrieren und anschließend eine Reihe anderer politischer und kultureller Praktiken betrachten: seine Reaktion auf sozioökonomische Veränderungsprozesse, seine Vorlieben als Gemäldesammler und seine Vorkehrungen für die eigene Beerdigung und das Gedenken an ihn.

Doch bevor wir uns den Schriften des Königs widmen, sollten wir uns vier wesentliche Unterschiede zwischen seiner Herrschaft und der seines Urgroßvaters, des Großen Kurfürsten, vor Augen führen: War erstens der Große Kurfürst der Begründer von Institutionen, der aus der Mitte seiner Berater regierte und einen Platz im Mittelpunkt einer Regierungsstruktur inne hatte, die er selbst gerade schrittweise aufbaute, so positionierte Friedrich sich in einer gewissen Distanz zu den offiziellen Staatsstrukturen. Es gab in Berlin einen königlichen Hof, aber während eines Großteils seiner späteren Herrschaft nahm Friedrich kaum am Hofleben teil.[5] Anders als sein Vorfahr kam Friedrich II. selten mit dem Alltagsgeschäft der Regierungsarbeit in Berührung und hatte wenig Kontakt zu seinen Ministern, deren Rolle durch die eigenen Sekretäre des Königs usurpiert wurde. Friedrich hörte auf Beamte und Freunde, denen er vertraute, und holte in unzähligen Fragen Rat ein, doch jene Art kollektiven Brainstormings der politischen Optionen, das sich im Geheimen Rat um den Großen Kurfürsten abspielte, war in Friedrichs Zeiten unbekannt. Das Gebäude, mit dem er am dauerhaftesten assoziiert wurde, war keineswegs der städtische Palast in Berlin oder das riesige Neue Palais, das nach der Rückkehr aus dem Siebenjährigen Krieg am Rand von Potsdam gebaut wurde, sondern der kleine Sommersitz Sanssouci, in dem kaum Gäste Platz fanden, vom Alltagsgeschäft eines Königs, der aus der Mitte der Regierung herrschte, ganz zu schweigen. Im Gegensatz zum Großen Kurfürsten, der vor allem von seiner »Souveränität« gesprochen hatte, verwies Friedrich häufig auf »den Staat«, den er als transzendente Abstraktion heraufbeschwor; dabei erlebte seine Herrschaft in Wirklichkeit eine dezidierte Personalisierung der Macht. Und diese rhetorische Selbstdistanzierung von den Strukturen des Staates hinterließ, wie wir sehen werden, auch im zeitlichen Gefüge seiner Herrschaft ihren Abdruck.

Zweitens war Friedrich im Gegensatz zum Großen Kurfürsten, der ein leidenschaftlicher Verfechter des reformierten Glaubens war, vermutlich ein Deist Voltaire'scher Prägung und nahm einen skeptischen, nichtkonfessionellen Standpunkt ein. Auch wenn er seinen Skeptizismus für einen zivilisatorischen Fortschritt gegenüber dem blinden Vertrauen und Aberglauben hielt, dem so viele seiner frömmeren Zeitgenossen angeblich anhingen, so fehlte ihm doch jenes Gefühl, einer gefährdeten fortschrittlichen Religion anzugehören, das für seinen Großvater so wichtig gewesen war.

Drittens war das Ringen mit den Ständen, das den Großen Kurfürsten so sehr beschäftigt hatte, zu Friedrichs Zeit überholt. Nicht die Macht und Unabhängigkeit des Landadels bereiteten dem König, dessen privater Lebensstil erstaunlich aristokratisch war, Kopfzerbrechen, sondern dessen Anfälligkeit für den sozioökonomischen Wandel. Die Verbindung zwischen der Konsolidierung staatlicher Autorität und der politischen Neutralisierung heimischer Eliten verlor damit ihren Nutzen und ihre legitimierende Kraft.

Und schließlich hatte sich der geopolitische Rahmen grundlegend verändert. Als der Große Kurfürst im Jahr 1640 den Thron bestieg, erbte er eine vom Dreißigjährigen Krieg gebrochene und gelähmte Monarchie. Berlin war so stark zerstört und so sehr den Raubüberfällen ausländischer Truppen ausgesetzt, dass es anfangs unmöglich war, die Residenz dort zu beziehen. Ein eigenes Heer existierte nicht. Das Brandenburg-

Preußen, das Friedrich II. hundert Jahre später erbte, war kein Vergleich. Es sah sich keinen unmittelbaren geopolitischen Bedrohungen ausgesetzt, und es besaß ein großes Heer, das als eines der besten Europas galt, obwohl es kaum zum Einsatz gekommen war. Die beiden Regierungszeiten wurden somit von völlig verschiedenen Umständen und Notwendigkeiten geprägt. Das kurfürstliche Brandenburg war, bei allen Bemühungen und Erfolgen, noch ein kleiner Akteur in einer Welt, in der die großen Akteure über die wichtigen Ergebnisse entschieden. Friedrichs Herrschaft hingegen begann mit einer der wohl überraschendsten und schockierendsten Initiativen der frühneuzeitlichen Geschichte Europas: mit dem nicht provozierten preußischen Einmarsch in der habsburgischen Provinz Schlesien im Dezember 1740. Der König führte in den Jahren 1740–1742, 1744/45 und wiederum von 1756–1763 drei »Schlesische Kriege«, um diese wertvolle Beute zu behalten. Obwohl er sich taktisch häufig in der Defensive befand, wurde seine Herrschaft durch Preußens präventiven Einsatz einer überwältigenden Streitmacht im Jahr 1740 eingeläutet und geprägt, und dann wiederum im Jahr 1756, als er in einer Präventivoperation in Sachsen einmarschierte, um seine Gegner daran zu hindern, das Land als Basis für ihre Operationen gegen ihn zu nutzen. Preußen war zu einer gestaltenden Macht der europäischen Ordnung geworden.

Warum soll ein König Geschichte schreiben?

Als junger Mann bezeichnete sich der spätere Friedrich II. als *roi philosophe*, und der Begriff ist seither zu einer Art Markenzeichen für seine Herrschaft geworden, indem er einen Moment in der preußischen und europäischen Geschichte definiert, an dem Macht und Philosophie eine einzigartig enge Partnerschaft eingingen. In Wirklichkeit war Friedrich als Historiker weitaus einflussreicher denn als Philosoph. Seine theoretischen Traktate sind, so elegant sie auch komponiert sind, von geringem gedanklichen Gehalt, und es mangelt ihnen an Originalität. Es schien darin eher um die Einnahme einer Pose zu gehen als um die Lösung echter Probleme. Die historischen Schriften hingegen markieren einen Neuanfang. Seine *Mémoires pour servir à l'histoire de la maison de Brandebourg* (deutsch: *Denkwürdigkeiten zur Geschichte des Hauses Brandenburg*), sein elegantester und originellster historischer Text, sind ein wahrer Parforceritt durch die Geschichte. Diese knappe, kunstvoll aufgebaute Schilderung bot eine so attraktive und plausible Synthese, dass sie das historische Gedächtnis Brandenburg-Preußens prägte – und noch heute prägt. Der *roi historien,* nicht der *roi philosophe* hat überdauert.

An der Ernsthaftigkeit des historiographischen Projekts Friedrichs II. kann kein Zweifel bestehen. Während seiner gesamten Herrschaft kam er in Abständen immer wieder darauf zurück, verfasste neue Texte, überarbeitete aber auch alte. Die erste Studie war die »Geschichte des Ersten Schlesischen Krieges«, die im Jahr 1742 begonnen wurde. Vier Jahre später, nach dem Frieden von Dresden, folgte eine »Geschichte des Zweiten Schlesischen Krieges«; Friedrich überarbeitete jetzt das ältere Werk und fasste die beiden Aufsätze zu einer Einheit zusammen. Im Jahr 1775 wurden sie erneut unter dem Titel *Histoire de mon temps* (deutsch: *Geschichte meiner Zeit*) redigiert. Die *Mémoires pour servir à l'histoire de la maison de Brandebourg* wiederum, die einen Überblick über die Geschichte der Ländereien des Hauses Hohenzollern und die Dynastie vor seiner eigenen Thronbesteigung geben, waren das Produkt von fast zwei Jahren ununterbrochenen Schreibens und Forschens in den Jahren 1746 bis 1748; Teile davon wurden als Aufsätze der Akademie der Wissenschaften in Berlin vorgelegt. Erst 1751 wurde dieser Text – in einer stark überarbeiteten und gekürzten Fassung – unter dem Titel veröffentlicht, unter dem er heute bekannt ist. Nach dem Ende des Siebenjährigen Krieges folgten weitere Texte, die den Zeitraum vom Ausbruch des Kriegs im Jahr 1756 bis zum Nachspiel des Bayerischen Erbfolgekriegs im Jahr 1778 umfassten.[6]

Der größte Teil der Schriften basierte auf echter Quellenforschung, auch wenn der König nicht unbedingt immer selbst recherchierte. In den ersten Jahren ließ sich Friedrich wichtige Dokumente nach Potsdam bringen; später setzte er Minister und Beamte als »Rechercheassistenten« ein: Pierre Louis Moreau de Maupertuis lieferte Daten zur Kulturgeschichte, Heinrich Graf von Podewils, Karl Wilhelm Graf von Finckenstein, Ewald Friedrich von Hertzberg und andere schrieben kompakte Aufsätze zu politischen Ereignissen, Fürst Leopold von Dessau berichtete über das alte Brandenburger Militärregime, das Generaldirektorium über das Münzwesen und die Kammer der Kurmark über Demographie und Siedlungsgeschichte. Der Rektor des Friedrich-Wilhelm-Gymnasiums in Berlin, Georg Friedrich Küster, steuerte eine lange Zeittafel bei, zusammengestellt aus den wichtigsten Chroniken. Kurzum, es handelte sich um ein Projekt von bleibender Bedeutung, das den König sein langes Leben auf dem Thron begleitete.[7] Die häufigen Redaktionen und Überarbeitungen zeigen, dass diese Texte keineswegs als einmalige Schnappschüsse besonderer Augenblicke gedacht waren, geschweige denn lediglich als Schriften zu dem Zweck, einen bestimmten Leserkreis zu manipulieren, sondern als Bestandteile einer ambitionierten, umfassenden Geschichte der Ländereien Brandenburg-Preußens, deren Wert Bestand haben sollte.

Dieses ausgeprägte Interesse an historischer Reflexion war ungewöhnlich – es fällt schwer, einen anderen europäischen Monarchen zu finden, sei es zu Friedrichs Zeit oder zu einer anderen, der so viel Fantasie, Talent und Energie in die Tätigkeit der Geschichtsschreibung investierte. Warum tat er das? Bei der Antwort auf diese Frage müssen wir zuerst unterscheiden zwischen Motiven und Rechtfertigungen. Der König war sich über Letztere völlig im Klaren. Erstens war es notwendig, sein Land überhaupt auf der historiographischen Karte zu verorten, oder wie er schreibt: »die staatliche Existenz Preußens und den eigenen Standort näher zu bestimmen«.[8] Unter den europäischen Staaten, erklärte er im Vorwort von 1748 zum ersten Entwurf der *Mémoires pour servir à l'histoire de la maison de Brandebourg*, habe allein Brandenburg-Preußen keine eigene Geschichte. »Selbst die Insekten« seien mit einer mehrbändigen Studie gewürdigt worden – eine Anspielung auf

René-Antoine Ferchault de Réaumurs enzyklopädische *Mémoires pour servir à l'histoire des insectes.* Friedrich passte Réaumurs Buchtitel an seine eigenen Zwecke an, ein charakteristisch verschrobener und distanzierender Schritt, aber auch eine Erinnerung daran, dass das Verhältnis zwischen den Naturwissenschaften und der Geschichtsschreibung in dieser Zeit enger war, als sie heute erscheinen mag.[9] Hinzu kamen etliche herkömmliche Rechtfertigungen allgemeiner Natur für das Studium der Geschichte. Im *Discours préliminaire* von 1751, einer überarbeiteten Einleitung zu den *Mémoires,* wich die ironische Verspieltheit des früheren Vorworts einem ernsteren Appell an vertraute Topoi. »Die Geschichte gilt als die Schule der Fürsten«, erklärte der König; indem »sie über die Toten ihr Urteil spricht«, richte sie implizit auch die Lebenden. Die Schande, die sie den Schlüsselfiguren in der Vergangenheit anhängte, vermittle »den Lebenden eine Lehre der Tugend«. Für jeden Einzelnen, also auch den Bürger, habe Geschichte ein kosmopolitisches Potenzial, um den Erfahrungskompass zu erweitern. Sie zu kennen heiße, »in allen Zeitaltern gelebt haben, ein Bürger aller Orte und Länder werden«.[10] Historisches Wissen sei zudem, so ließ er durchblicken, konstitutiv für die Identität, für eine sinnvolle Teilnahme an der Kultur und den Institutionen des eigenen Landes. Wir könnten einem Engländer ohne Weiteres seine Unwissenheit über die Regierungsdaten der Könige im alten Persien verzeihen oder über die »endlose Schar von Päpsten, die der Kirche Gebieter waren«, aber wir wären schockiert, wenn wir feststellen müssten, dass er über den Ursprung seines Parlaments, über die Bräuche der Insel oder »von den verschiedenen Königsgeschlechtern, die in England geherrscht haben«, nichts weiß.[11]

Diese Beobachtungen sind ganz allgemeine Rechtfertigungen für das Studium der Geschichte. Sie mögen erklären, warum es gut ist, Geschichte zu schreiben und zu lesen, aber sie sagen nichts über Friedrichs eigenes Bestreben aus, sie zu schreiben. In dieser Frage sind die Aussagen des Königs nebulös, was bei einem Menschen, dessen Texte und Äußerungen in der Regel eher stilistisch ambitioniert und performativ als expressiv waren, kaum überraschen kann.[12] Ein zentrales und dauerhaftes Motiv war offenbar der Wunsch, die Darstellung seiner eigenen Zeit zu begründen und zu kontrollieren, nicht nur für die Gegenwart (die *Mémoires* waren der einzige Text, der zu Lebzeiten des Königs veröffentlicht wurde), sondern auch für die Nachwelt: »C'est à vous, race future, que je dédie cet ouvrage«, schrieb er im Vorwort von 1746 zu *Histoire de mon temps*, »Euch, dem künftigen Geschlecht, widme ich dieses Werk«.[13] »Der Nachwelt kommt es zu, uns zu richten«, heißt es dann in der deutschen Übersetzung der überarbeiteten Vorbemerkung von 1775, »doch wenn wir weise sind, müssen wir ihr zuvorkommen, indem wir uns selbst streng beurteilen.«[14] Mehrere Anliegen werden hier miteinander verflochten: Zunächst musste sichergestellt werden, dass die narrative Autorität nicht in falsche Hände geriet, etwa in die eines »im 19. Jahrhundert geborenen Benediktinermönchs«, der sonst befugt wäre, die Geschichte des Königs zu erzählen.[15] Mit dieser Sorge hing auch Friedrichs Bedürfnis zusammen, umstrittene Aspekte seiner eigenen Politik zu verteidigen und zu legitimieren, wie seine wiederholten Angriffe auf die traditionellen Machtstrukturen des Heiligen Römischen Reiches oder seine häufigen Brüche vertraglicher Verpflichtungen.[16] Allgemein legte Friedrich, wie Jürgen Luh nachwies, eine Sorge um seinen Ruhm und sein posthumes Ansehen an den Tag, die in ihrer Intensität, selbst unter seinen monarchischen Zeitgenossen, ungewöhnlich war. In seiner Entschlossenheit, seinen Platz in der Geschichte selbst zu gestalten und zu kontrollieren, gleicht er jedoch dem britischen Staatsmann Sir Winston Churchill im 20. Jahrhundert.[17] Schließlich gab es noch den (möglicherweise taktisch motivierten) Wunsch, die Heldentaten seiner mutigsten und tüchtigsten Offiziere in Erinnerung zu rufen: »Ich werde es nicht versäumen, von dem unsterblichen Ruhme zu sprechen, den so viele Offiziere [im Kampf] erwarben«, schrieb er im Vorwort von 1746 zur *Histoire de mon temps*. »Diesen dürftigen Aufsatz widme ich [ihnen] zum Zeichen meiner Dankbarkeit.«[18]

Mit der Orientierung an einer fernen Nachwelt unterstrich der König zudem den Anspruch, dass die historischen Darstellungen seiner eigenen Zeit eine uneigennützige und wahre Schilderung der Ereignisse repräsentierten. Immerhin konnte man einem an künftige Generationen gerichteten Narrativ nicht den Vorwurf machen, es verfolge propagandistische oder selbstsüchtige Motive, geschweige denn, dass es auf zeitgenössische Empfindlichkeiten Rücksicht nehme; der Schreiber sei frei von dem Zwang, entweder dem Lesepublikum oder seinen fürstlichen Kollegen Rechenschaft abzulegen; er könne »laut sagen, was viele Personen im Stillen dachten, und Fürsten so zeichnen, wie sie sind«.[19] Der souveräne Status des Autors war ein weiterer Garant für die Authentizität. Der König hatte zum einen privilegierten Zugang zu den geheimen Archiven des Staates – Friedrich habe die Erlaubnis beantragt und erhalten, seine eigenen königlichen Archive zu Rate zu ziehen, merkte er im Scherz in der Präambel seiner Memoiren von 1748 an.[20] Zum anderen stellte sich die Frage der persönlichen Erfahrung des Autors. Die meisten historischen Darstellungen – auf diesen Punkt kam Friedrich mehrfach zu sprechen – bestünden hauptsächlich aus »Lügen und Absurditäten«, die man aus Gerüchten und zweifelhaften Aussagen aus zweiter Hand zusammengebraut habe.[21] Friedrichs Geschichte hingegen spreche von hohen Angelegenheiten des Staates mit der Autorität einer Person, die reale Macht ausgeübt habe. Er wollte in seinen eigenen Schriften die Unmittelbarkeit jener Passagen in der *Anabasis* erreichen, wo Xenophon den Rückzug der 10000 Mann unter seinem eigenen Kommando beschreibt, oder der Briefe, in denen Cicero seinem Freund Atticus von den politischen Ereignissen des Tages berichtet; diese Texte bleiben frisch, denn: »er [der Verfasser] spielte selbst eine Rolle in den großen Scenen, von denen er erzählt«.[22] Und dieser Umstand wiederum gewährleistete, dass Werke wie die *Histoire de la guerre de sept ans* lehrreich für jene künftigen Herrscher und Militärbefehlshaber seines Staates waren, die sich einst womöglich wieder in einem Konflikt mit Österreich befänden.[23] Die Autorität, die einem durch die Erfahrung der Macht verliehen wurde, war in Friedrichs Augen so entscheidend, dass er sogar Voltaires Eignung, politische Geschichte zu schreiben, infrage stellte – ungeachtet seiner sonst so großen Bewunderung für das Werk des französischen Philosophen.[24]

Waren Friedrichs historische Schriften Akte der Selbstreflexion, oder waren sie rhetorische Manöver, mit dem Zweck, ein bestimmtes Bild des Monarchen zu projizieren oder bestimmte Handlungsverläufe zu rechtfertigen? Friedrich gab sich alle Mühe, in diesen Texten jeden Eindruck privater Subjektivität zu vermeiden. So kündigte er etwa im Vorwort von 1775 zu *Histoire de mon temps* an, er werde nur dann über sich selbst schreiben, wenn es unabdingbar sei, und sobald dies eintrete, werde er nach der Art Cäsars von sich in der dritten Person sprechen, »um den hässlichen Schein der Selbstsucht zu vermeiden«.[25] In der Vorbemerkung zur *Histoire de la guerre de sept ans* formulierte er es noch deutlicher: »In einem so umfangreichen Werke wäre es mir unerträglich erschienen, immerzu von mir in der ersten Person zu reden.«[26] Doch diese Ausmerzung der eigenen Person verträgt sich nicht so recht mit dem Anspruch des Autors, seine Identität und Erfahrung als Herrscher hätten ihm einen privilegierten Standpunkt verschafft. Die in diese Schriften investierte Mühe könnte, wie Johannes Kunisch andeutet, eine psychologische Funktion gehabt haben. Immer wieder wurde Friedrich von Anfällen des Selbstzweifels geplagt, vor allem im Zusammenhang mit Schlachten, wo er meinte, seine Einschätzungen seien falsch gewesen, und die lebhaften Träume, von denen er seinem Vertrauten Catt erzählte, lassen vermuten, dass er sich immer noch nach der Anerkennung seines verstorbenen Vaters sehnte.[27] Womöglich trugen die Erzählung und neuerliche Erzählung der Ereignisse seiner Herrschaft dazu bei, inneren Frieden zu finden – diese Hypothese ist zwar plausibel, lässt sich aber nicht verifizieren.

Eine alternative Sichtweise der historischen Schriften betont deren kommunikative und propagandistische Funktion – ein Ansatz, für den exemplarisch das Plädoyer Andreas Pečars für eine kontextorientierte und rhetorische Lesart der literarischen Werke des Königs steht. Die historischen und politischen Schriften seien, so Pečar, keine Bekundungen persönlicher Überzeugung oder Akte einer psychologischen Klarstellung, sondern politische Instrumente, die einem bestimmten Zweck gedient hätten. In diesem Zusammenhang darf nicht vergessen werden, dass die *Mémoires pour servir à l'histoire de la maison de Brandebourg* zwar der einzige historische Text waren, der zu Lebzeiten des Königs veröffentlicht wurde, dass jedoch eine Reihe anderer Aufsätze und Fragmente in einem mehr oder weniger engen Leserkreis kursierten. So interpretiert Pečar beispielsweise die *Réflexions sur les talents militaires et sur le caractère de Charles XII, roi de Suède* als verschlüsselte Kommunikation zwischen dem König und seinen höchsten Offizieren. Ihr Zweck war es, sich mit den kritischen Äußerungen auseinanderzusetzen, die unter den politischen und militärischen Eliten Brandenburg-Preußens in den dunklen Phasen des Siebenjährigen Krieges die Runde machten. Kritiker des königlichen Drangs, die militärische Initiative – strategisch ebenso wie taktisch – zu ergreifen, stellten häufig eine Verbindung zwischen Friedrich II. und Karl XII. her. Sie gaben damit zu verstehen, dass die Irrtümer des preußischen Königs – etwa das Beharren auf einer Schlacht bei Kunersdorf – auf das Bestreben zurückzuführen seien, den schwedischen Abenteurer nachzuahmen. Das Ziel der *Réflexions*, mit ihrer umfassenden Kritik an Karl XII., war es demnach, diese Sorgen zu entkräften, ohne eine direktere Diskussion des Königs und seiner Kriegsführung anzustoßen.[28]

Welchem dieser beiden Ansätze man auch den Vorzug geben mag – und mir scheinen sie eher komplementär als sich gegenseitig ausschließend –, so bleibt immer noch die Frage: Warum entwickelte Friedrich ein so starkes Interesse an der Geschichtsschreibung? Andere literarische Formate hätten den psychologischen Bedürfnissen des Königs und seinen politischen Zielen genauso dienen können. Warum nahm ausgerechnet die Geschichte – im Sinne einer unpersönlichen, synthetischen Erzählung der Entwicklung des brandenburgischen Staates im Lauf der Zeit – einen so großen Teil seines Talents und seiner Aufmerksamkeit in Anspruch? Friedrichs Bewunderung für die historischen Werke der französischen Aufklärung war eindeutig ein wichtiger Faktor. Er war von Montesquieus *Considérations sur les causes de la grandeur des romains et de leur décadence* (1734, deutsch: *Betrachtungen über die Ursache der Größe der Römer und ihren Verfall*) tief beeindruckt. Gerade die »philosophische« Qualität dieses Werks hatte es Friedrich angetan: die Überzeugungskraft und Konsistenz des zentralen Gedankens (dass die Ausdehnung Roms im Temperament des römischen »nationalen Geistes« wurzele), das Ringen um »nützliche Wahrheiten« und der Ehrgeiz, über die konkrete Beschaffenheit des Gegenstands hinauszugelangen auf die Ebene eines Bewusstseins dessen, was arttypisch oder universell war.[29]

Ein noch wichtigeres Vorbild war Voltaire. Keine andere Person hegte eine vergleichbare Faszination für den preußischen König, und mehr als jedes andere Werk bewunderte Friedrich umgekehrt Voltaires *Siècle de Louis XIV* (deutsch: *Das Zeitalter Ludwigs XIV.*), eine mitreißende, panoramaartige kulturelle und politische Geschichte Frankreichs im 17. und frühen 18. Jahrhundert. An diesem Werk sei alles herausragend, schrieb Friedrich im Jahr 1738 an Voltaire, nachdem er Teile davon als Manuskript gelesen hatte. Es stecke voller brillanter Einsichten, sei in den Urteilen unparteiisch und frei von jeglichen Fehlern oder Taktlosigkeiten; Europa habe noch nie ein so vollkommenes Werk gesehen – es sei sogar allem überlegen, das in der Antike produziert worden war. Die *Mémoires pour servir à l'histoire de la maison de Brandebourg* wurden Ende der 1740er Jahre geschrieben, zu einer Zeit, als die beiden Männer eine besonders intensive literarische Korrespondenz pflegten; das Werk wurde mithilfe Voltaires bei dessen Besuch in Berlin im Jahr 1750/51 überarbeitet. Wer die Memoiren parallel zu Voltaires *Siècle* liest, kommt nicht umhin, die unzähligen Ähnlichkeiten im Aufbau, Ton und Stil zu bemerken.[30] Sie sind in der Tat so auffällig, dass viele Zeitgenossen glaubten, die veröffentlichte Version der *Mémoires* sei insgeheim von dem französischen Philosophen geschrieben worden.

Friedrichs Geschichtlichkeit

Liest man Friedrich parallel zu Voltaire, so stellt man ihn zugleich auf einer horizontalen Ebene in den Kontext der historisierenden Sensibilität, wie sie für die Aufklärung typisch war.[31] Und Friedrichs historische

Werke tragen eindeutig den Stempel der Aufklärung. Seine Überlegungen zum eigenen Standpunkt als Geschichtsschreiber waren charakteristisch für das methodologische Selbstbewusstsein der aufgeklärten Historiographie und erinnern an den »Perspektivismus« des Göttinger Historikers Johann Martin Chladenius, dessen Leitfaden zur historischen Interpretation im Jahr 1742 erschien.[32] Außerdem waren die Texte dezidiert säkular. Die Geschichte der Religion sei, deutet der König in einer Passage aus den *Mémoires* an, eine Subkategorie der Kulturgeschichte, denn Religion habe sich genau wie Sitten und Bräuche im Lauf der Zeit verändert. Alles, was dem hinzugefügt wurde, sei das Werk von Menschen; genau wie sie sei es zum Untergang verdammt. Friedrich gab sich keine Mühe, seine zweckmäßige und nüchtern unparteiische Sichtweise der christlichen Konfessionen zu verbergen: »Alle diese [christlichen] Sekten leben hier in Frieden«, stellte er fest, »und tragen gleichmäßig zum Wohl des Staates bei.« Die christlichen Konfessionen waren in den Augen der zivilen Autorität alle gleich. Jedem Individuum wurde die Entscheidung selbst überlassen, welchen Weg in den Himmel er oder sie wählte. Der Staat brauchte sich nicht für die religiösen Überzeugungen der Untertanen zu interessieren: »Nichts weiter verlangt sie [die Regierung] von dem Einzelnen, als dass er ein guter Staatsbürger ist.«[33] In dem anonym verfassten Vorwort zu einer gekürzten Ausgabe von Fleurys *Histoire ecclésiastique* (1766) ließ er sich zu einer antiklerikalen, pseudo-historischen Tirade von Voltaire'scher Intensität hinreißen: Hier wurde die Entwicklung des Christentums als das Werk von Fanatikern, Manipulatoren und leichtgläubigen Dummköpfen dargestellt. Hier und da blitzte sogar die dekonstruktive, in den Kontext einordnende Logik auf, welche die »Bibelkritik« des frühen 19. Jahrhunderts antreiben sollte: Beispielsweise deutete Friedrich an, dass das Dogma der Göttlichkeit Christi auf einer allzu wörtlichen Auslegung der Wendung »Gottes Sohn« basiere, die von den Juden des zweiten Tempels verwendet wurde, um einen tugendhaften Mann zu bezeichnen.[34]

Friedrichs Schriften offenbaren auch eine typisch aufklärerische (und Voltaire'sche) Auffassung des prozesshaften Charakters der Geschichte, ihres Fortschritts durch Phasen der Reife und Verbesserung. Bei der Betrachtung der athletischen Tüchtigkeit seines Vorfahren Kurfürst Albrecht Achilles (1414–1486), eines berühmten Teilnehmers an Turnieren, grübelte Friedrich darüber nach, wie sich die Werte in Brandenburg und Europa seit dem 15. Jahrhundert verändert hatten: »Denn in jenen rohen Zeiten machte man ebensoviel Aufhebens von der körperlichen Gewandtheit wie zur Zeit Homers. Unser aufgeklärtes Jahrhundert schätzt weniger den kriegerischen Sinn als die Gaben des Geistes und jene Tugenden, die den Menschen schier über sich selbst erheben, da sie ihm die Kraft verleihen, die Leidenschaften niederzuringen, und ihn wohltätig, hochherzig und hilfreich machen.«[35] Diese Auffassung von Geschichte als unausweichlichem Fortschritt konnte sich in einem schwindelerregenden Gefühl der Distanz zwischen Vergangenheit und Gegenwart äußern. »Aber welch ein Unterschied zwischen den Jahrhunderten!«, ruft Friedrich in dem Kapitel der *Denkwürdigkeiten* aus, das mit »Sitten, Gebräuche und Industrie. Der Fortschritt des Menschengeistes in den Künsten und Wissenschaften« überschrieben ist. Durch riesige Ozeane getrennte Nationen könnten sich in ihren Sitten kaum stärker voneinander unterscheiden als die Brandenburger »zur Zeit des Tacitus von denen zur Zeit Heinrichs des Voglers, und diese wieder von denen unter [Kurfürst] Johann Cicero, oder diese endlich von den Bewohnern der Kurmark unter König Friedrich I. von Preußen«.[36]

Es ist absolut legitim, Friedrichs historische Schriften – und insbesondere die *Mémoires* – sowohl als Antwort auf Voltaire als auch als Akt der Selbstanpassung an den Stil und die Werte der Aufklärung zu betrachten. Aber man sollte sie auch als die Fortsetzung – und Abwandlung – einer spezifisch brandenburgisch-preußischen Denkrichtung zum Staatswesen und dessen Geschichte auffassen, die sich nicht nur in Geschichtsbüchern äußerte, sondern auch, wie gezeigt, in den politischen Stellungnahmen, Testamenten und öffentlichen Auftritten der unmittelbaren Vorfahren Friedrichs. Friedrich war nicht der Erste, der sich mit der Geschichte seines Königreichs auseinandersetzte, und er war nicht das erste Mitglied seines Hauses, das über die Bedeutung von »Geschichte«

für einen europäischen Staat, der erst kürzlich aus der Ohnmacht und Bedeutungslosigkeit aufgetaucht war, nachdachte.

Das vorangegangene Kapitel hat die These aufgestellt, dass die aufkeimende Geschichtsschreibung der Herrschaft des Großen Kurfürsten in den 1690er Jahren allmählich die Auffassung übernommen hatte, dass der Staat die voranschreitende, erneuernde, mit Traditionen brechende Kraft in der Geschichte Brandenburg-Preußens bilde. Als Samuel Pufendorf seine Darstellung der Herrschaft Friedrich Wilhelms ausarbeitete, bettete er die Schilderung der auswärtigen Beziehungen Brandenburgs in eine beispiellos dynamische und feinsinnige Schilderung von dessen Platz im europäischen Staatensystem ein. Der Kurfürst wurde dabei als jener Entscheidungsträger herausgestellt, der die endlosen Dilemmata eines Systems auflöste, in dem das künftige Verhalten anderer Staaten niemals mit Sicherheit vorhergesagt werden konnte.

Für diese Vorläufer hatte Friedrich II. jedoch wenig übrig:

> Alle gesitteten Völker Europas fanden ihre Geschichtsschreiber, nur die Preußen nicht. Zu solchen zähle ich nicht einen Hartknoch, einen Pufendorf. Sie waren fleißige Arbeiter, die Tatsachen zusammentrugen. Doch ihre Werke sind eher geschichtliche Nachschlagebücher als eigentliche historische Darstellungen. Ebensowenig rechne ich hierher Lockelius, der nur eine weitläufige Chronik zustande gebracht hat, in der man jegliche fesselnde Einzelheit mit hundert Seiten Langerweile teuer erkaufen muss. Schreiber dieser Gattung sind eben nur Handlanger: emsig, aber wahllos schleppen sie einen Haufen von Bausteinen zusammen, die so lange unverwertet liegen bleiben, bis ein Baumeister ihnen die rechte Gestalt verleiht.[37]

Das 17. Jahrhundert habe, stellte Friedrich in einem Ergänzungskapitel zu den *Mémoires* fest, »keinen einzigen guten Historiker« hervorgebracht. »Pufendorf beschrieb das Leben Friedrich Wilhelms, und um ja nichts zu übergehen, vergaß er selbst die Kanzleischreiber und Kammerdiener nicht, so weit er ihrer Namen habhaft werden konnte.« Pufendorf hafte, so Friedrich, ebenfalls der allgemeine Fehler deutscher Schreiber an, die eher wie »Pedanten, denn als Männer von Geist« schreiben, und das in einer schwerfälligen und langatmigen Prosa, überladen mit verschränkten Wortstellungen und Beiwörtern.[38] Das ist natürlich eine lächerlich unfaire Einschätzung von Pufendorfs *De rebus gestis*. Aber sie war typisch für eine Ära, in der Pufendorf als ein alter Hut galt und »philosophische« Historiker nach dem Vorbild Montesquieus und Voltaires ihre Vorläufer aus dem 17. Jahrhundert als bloße Antiquare und staubtrockene Gelehrte verunglimpften.[39]

Nichtsdestotrotz räumte Friedrich in einer Erklärung, in der er seine Vorgehensweise darlegte, ein, dass er die Chroniken von Loccelius, Pufendorf und Hartknoch als »Quellen« verwendet habe, als er die Niederschrift der *Mémoires* vorbereitete. Es ist bekannt, dass er Erdmann Uhses deutsche Übersetzung von Pufendorfs Biographie des Großen Kurfürsten benutzte (man könnte in diesem Zusammenhang anmerken, dass es Friedrich, da er das Buch nie im lateinischen Original gelesen hatte, nicht anstand, den Prosastil des Autors zu kritisieren).[40] Natürlich kannte der König auch das Politische Testament seines Urgroßvaters Friedrich Wilhelm, des Großen Kurfürsten. Womöglich war er sogar für die historische Dimension des Testaments empfänglich – mit Sicherheit sah er seine eigenen Politischen Testamente, die zum Teil nach dem des Großen Kurfürsten konzipiert sind, als »Geschwister« der eigenen historischen Schriften an.

Stellt Friedrichs Geschichte der Mark Brandenburg vor seiner eigenen Thronbesteigung eine Weiterführung des Gedankenstrangs dar, den ich in der früheren Epoche nachverfolgt habe, oder einen Bruch hin zu etwas Neuem? Die Antwort auf diese Frage fällt zwangsläufig zweideutig aus. Zu den verblüffendsten Merkmalen der *Mémoires*, wenn wir sie vor dem Hintergrund von Loccelius, Pufendorf, Hartknoch und den Archivquellen aus der Zeit des Großen Kurfürsten betrachten, zählt, dass so gut wie jeder Hinweises auf einen Konflikt zwischen der Krone und den Landständen getilgt ist. Selbst Loccelius' sonst eher naive Chronik der Geschichte der Hohenzollern verwies ausdrücklich auf die Proteste der preußischen Stände gegen die Politik des Großen Kurfürsten im Zuge des Nordischen Krieges von 1655–1660 und auf die Befriedung der rebellischen Stadt Magdeburg durch den Kurfürsten.[41] Pufendorf stützte sich, wie gezeigt, auf diese Passagen, als er in *De rebus gestis* das gleiche Thema behandelte.

Das Thema der ständischen Selbstbehauptung ist in Christoph Hartknochs großartigen Geschichten des Landes Preußen noch stärker präsent. Für ihn lag die zentrale Bedeutung der Geschichte der Provinz in der Verteidigung ihrer alten Freiheiten durch freiheitsliebende Patrioten, die sich unermüdlich gegen jede Form von Despotismus zur Wehr setzten.[42] Hartknoch beharrte auf der Kontinuität zwischen alten Rechten und modernen Privilegien. Die gewohnte Freiheit der Preußen datierte er bis zu den ältesten Bewohnern der Region zurück, den sarmatischen Wenden, die sich durch eine »Respublica popularis«, also eine Volksrepublik, regiert hätten, gegründet auf das Einverständnis der gesamten preußischen Nation, von der es hieß: »Sie haben keinen absonderlichen Herren, sondern in gesamten Rath handeln sie nach ihrem Belieben die vorfallende Sachen ab, und wenn sie etwas vorhaben, so müssen sie alle ihren Willen drein geben.«[43] Und dieser Zustand der Freiheit müsse von Dauer gewesen sein, behauptete Hartknoch, weil noch im 11. Jahrhundert der Chronist Adam von Bremen berichtet habe, »dass die Preussen etliche hundert Jahr vor des Teutschen Ritter-Ordens Ankunfft keine Könige gehabt, die das ganze Land unter ihrer Bottmaessigkeit solten gehabt haben«.[44] Aus ihrem ethnisch gemischten Urgemeinwesen, das aus Preußen, Polen, Litauern, Sarmaten, Kuren, Livländern, Tschechen und anderen bestand, hätten die Preussen bis zu Hartknochs Zeit ihre neuzeitlichen Freiheiten geerbt. In seiner Geschichte des »neuen« oder neuzeitlichen Preußens verfolgte Hartknoch diese Tradition bis ins 15. und 17. Jahrhundert, als die Stände, welche die Städte und das dörfliche Hinterland Preußens repräsentierten, ihre Privilegien verteidigten, indem sie sich gegen die rücksichtslosen Auflagen der Deutschen Ritter zusammengeschlossen hätten.[45] Kurzum, Hartknoch war ein Verfechter der Freiheiten und Privilegien Preußens, dessen Geschichte er exemplarisch im Kampf der politischen Eliten von Stadt und Land gegen die monarchische Macht verwirklicht sah, ob sie nun vom Königreich Polen, von den Hochmeistern des Deutschen Ordens oder von deren Nachfolgern, den Hohenzollern von Brandenburg, ausgehen mochte.[46]

Dieser Konflikt zwischen Krone und Ständen fehlte in Friedrichs Version der Geschichte seiner Ländereien völlig. Diese Verdrängung gelang Friedrich unter anderem durch einen Taschenspielertrick: Er datierte die Unterwerfung der Stände in die Herrschaft Georg Wilhelms zurück, insbesondere in die Amtszeit des mächtigen Ministers Graf Adam Schwarzenberg während des Dreißigjährigen Krieges. Dieser Spross einer alten katholischen Familie in der Grafschaft Mark (seit 1614 von Brandenburg abhängig) diente in den 1620er und 1630er Jahren mit Unterbrechungen als Mitglied des Geheimen Rates. Als der Kurfürst im Jahr 1638 aus dem vom Krieg verwüsteten Brandenburg nach Königsberg floh, bekam Schwarzenberg beinahe diktatorische Vollmachten. In dem Bestreben, eine gewisse Kontrolle über das Gebiet zurückzugewinnen, versuchte er ohne großen Erfolg, ein kleines brandenburgisches Heer aufzustellen, und verwendete dafür Kontributionen, die er den widerspenstigen Adligen der brandenburgisch-preußischen Provinzen abpresste.

Gemäß Friedrichs Version wurde Schwarzenberg damit zum Totengräber der ständischen Freiheiten. Vor dem Dreißigjährigen Krieg seien die Stände, so Friedrich, noch »die Herren der Verwaltung« gewesen; sie gewährten Subsidien, kontrollierten die Pflichten, legten die Zahl der Truppen fest und bezahlten sie. Sie wurden bei allen Maßnahmen zu Rate gezogen, die für die Verteidigung des Landes nötig waren, und die Gesetze und die Strafverfolgung wurden unter ihrer Aufsicht umgesetzt. Schwarzenberg habe jedoch im Alleingang ihre Macht gebrochen: »Schwarzenberg, der allmächtige Minister eines schwachen Fürsten, vereinigte die gesamte Autorität des Herrschers und der Stände in seiner Person: Er führte nach eigenem Gutdünken Kontributionen ein, und den Ständen blieb nichts von jener Macht, die sie niemals missbraucht hatten, als das Verdienst blinder Unterwerfung unter die Anweisungen des Hofes.«[47]

Das Bemerkenswerte an diesem Porträt Schwarzenbergs ist nicht nur der parteiische Charakter (es gibt exakt die pathetische Sichtweise der Stände bei ihrem Widerstand gegen Schwarzenbergs Maßnahmen wieder), sondern auch die drastische Übertreibung des Einflusses des Ministers.[48] Schwarzenbergs »Diktatur«, eine Notmaßnahme wegen extrem harter Bedingungen während einer der schlimmsten Phasen des Dreißigjährigen Krieges, dauerte in Wirklichkeit nur knapp zwei Jahre (1638–1640). Dieses kurze und erfolglose Experiment einer absolutistischen Herrschaft durch einen Stellvertreter setzte keineswegs den Vollmachten der Stände ein Ende, ja, schränkte sie nicht einmal ernsthaft ein. Vielmehr waren der Große Kurfürst (r. 1640–1688) sowie dessen Nachfolger Friedrich III./I. (1686–1713) und Friedrich Wilhelm I. (1713–1740) diejenigen, die schrittweise die Bedingungen des Verhältnisses zwischen der Zentralmacht und den dörflichen Eliten änderten, indem sie neben etlichen anderen Maßnahmen neue und dauerhafte Steuern einführten, das stehende Heer gründeten und unterhielten (anstelle der ehemaligen Bürgerwehren auf Provinzebene) und den gesetzlichen Status des Landadels neu regelten.

Friedrich II. wusste das nur zu gut: Der Konflikt mit den Ständen war eines der zentralen Themen der Herrschaft des Großen Kurfürsten gewesen, ganz zu schweigen von seinem Politischen Testament. Pufendorf und selbst Loccelius hatten diese Auseinandersetzung ins Zentrum ihrer jeweiligen Darstellungen gerückt, genau wie Hartknoch, dessen Geschichten der Union Polen-Litauen und des königlichen und herzoglichen Preußens peinlich genau auf die innenpolitischen Einschränkungen der Macht des Herrschers achteten.[49] Doch in Friedrichs Darstellung der Herrschaft seines Urgroßvaters fand sich nicht die geringste Spur davon. Selbst in jenen Momenten seiner Erzählung, wo das Thema besonders angezeigt gewesen wäre, vermied Friedrich es peinlichst, darüber zu sprechen. Beispielsweise findet sich in den *Mémoires* eine Stelle, wo Friedrich die Herrschaft des Großen Kurfürsten mit der Ludwigs XIV. von Frankreich vergleicht; doch sogar als er Ludwigs frühe Auseinandersetzung mit dem französischen Adel zur Zeit der sogenannten Fronde kommentiert, zieht er keine Parallele zum Großen Kurfürsten, dessen erste Jahre an der Macht ebenfalls von häufigen Streitigkeiten mit den Landständen wegen Steuern, wegen der Aushebung von Truppen und der Vollmacht, Beamte zu ernennen, geprägt waren.

Friedrichs Auslassungen sind umso erstaunlicher, weil Voltaires historische Schriften eine Schablone für eine Darstellung geboten hatten, die souveräne Herrschaft und Eroberung mit der Unterwerfung der einheimischen Eliten verknüpfte. Seine *Henriade* (1723), die Friedrich für eines der großartigsten Epen hielt, die jemals komponiert wurden, sogar Homers *Odyssee* und *Ilias* überlegen, beschreibt den harterkämpften Sieg der französischen Monarchie über eine verweichlichte und selbstsüchtige Oberschicht, die sich Bigotterie und religiöse Leidenschaften zunutze machte, um die Befugnisse der Krone einzudämmen. Die in Paris gegen Heinrich IV. versammelten »Stände« sind ein Tummelplatz für Fraktionen und Intrigen; die ganze Stadt ist erfüllt von ihrem »Wuthgeschrei«.[50] In dem Buch *Siècle de Louis XIV* (1751), das Friedrich als Manuskript las, wird das Pariser Parlament als Sprachrohr eines anmaßenden, undisziplinierten und faulen Adels geschildert, der sich den legitimen haushaltstechnischen und politischen Maßnahmen des Staates im Namen eines scheinheiligen Appells an »alte Gesetze« und »heilige Rechte« widersetzte. Ein glücklicher Staat, stellt Voltaire mehrfach fest, sei ein Staat, in dem der Adel gänzlich in den Dienst des Staates eingebunden sei; nur durch diese Schritte könnten die »Tyrannei« und die »gotische Barbarei« des alten Herrschaftssystems überwunden werden.[51] Kurzum, Friedrichs Entscheidung, die innenpolitische Konsolidierung der kurfürstlichen und königlichen Macht in Brandenburg aus seiner Darstellung auszuklammern, markierte einen Abschied von der Praxis seines Mentors, der die absolute Monarchie in Frankreich gerade dafür pries, dass sie für den Sieg einer rationaleren und stärkeren Regierungsform über die partikularistische Autorität der alten Herren stand.

Hegemonie ohne Konflikt

Weshalb änderte Friedrich die Geschichte auf diese Weise? Das hat zum Teil damit zu tun, dass eine Darstellung, die den Konflikt zwischen zentraler Exekutive und Ständen hervorhob, nicht mehr opportun schien. Der epochale Prozess der Unterwerfung des Landadels unter die Zentralgewalt war inzwischen weitgehend abgeschlossen. Von der Macht und Autonomie der alten Stände blieb nur noch eine »ständische Latenz«, die sich in den lokalen Netzwerken der Provinzeliten äußerte.[52] Und die Auswirkung der schwindenden politischen Macht wurde noch verstärkt durch den wirtschaftlichen Niedergang. In der zweiten Hälfte des 18. Jahrhunderts geriet der Landadel in eine Krisenphase. Die Kriege und die wirtschaftlichen Verwerfungen der 1740er und 1750er/60er Jahre, die durch die staatliche Beeinflussung des Getreidemarkts mittels des Lagerhaussystems und durch die demographische Überbelastung wegen der natürlichen Expansion der Grundbesitzerfamilien noch verschärft wurden, setzten den Landadel zunehmend unter Druck. Die Verschuldung der Junker stieg dramatisch an, was in vielen Fällen zur Insolvenz oder zu Zwangsverkäufen führte, häufig an einfache Bürger mit dickem Geldbeutel. Der Umstand, dass Güter immer häufiger den Besitzer wechselten, warf Fragen zum Zusammenhalt des traditionellen, ländlichen Gesellschaftsgefüges auf.[53]

Friedrich war in gesellschaftlicher Hinsicht konservativer als sein Vater.[54] Im Gegensatz zu diesem führte Friedrich – ungeachtet seines sorgsam gepflegten Images als sparsamer Mensch und Asket – einen ausgesprochen aristokratischen Lebensstil.[55] Die Adligen waren in seinen Augen die einzige Gruppe, die imstande war, im Militär als Offiziere zu dienen, nicht zuletzt weil sie die einzige Bevölkerungsschicht mit einem angeborenen Ehrgefühl waren. Daraus folgte wiederum, dass die Stabilität und Kontinuität des adligen Besitzes für die Lebensfähigkeit des Militärstaats unerlässlich waren. Während Friedrich Wilhelm I. ganz bewusst damit begonnen hatte, die soziale Vorherrschaft des Adels zu schwächen, entschied sich Friedrich für eine Politik der »Konservierung«, deren

Ziel es war, die Übertragung von adligem Land in nichtadligen Besitz zu verhindern. Es gab großzügige steuerliche Zugeständnisse, spontane Geschenke an Familien in finanzieller Not und – weitgehend vergebliche – Anstrengungen zu verhindern, dass Grundbesitzer ihre Güter zu hoch mit einer Hypothek belasteten.[56] Als diese Maßnahmen scheiterten, verschärfte Friedrich als Reaktion prompt die staatliche Kontrolle über Grundstücksverkäufe, doch das erwies sich als kontraproduktiv. Die Transferkontrollen beinhalteten eine aggressive Einschränkung der Freiheit, über den Besitz zu verfügen. Folglich musste die Verwaltung widersprüchliche Prioritäten miteinander in Einklang bringen. Sie wollte die Würde und die wirtschaftliche Stabilität des Adels wiederherstellen und bewahren, doch zu diesem Zweck wollte sie die grundlegenden Freiheiten der grundbesitzenden Klasse einschränken.

Die Suche nach einer weniger interventionistischen und weniger umstrittenen Methode, die Interessen des Adels zu schützen, führte letztlich zur Gründung von landwirtschaftlichen, mit staatlichem Kapital ausgestatteten Kreditbanken exklusiv für alteingesessene Junkerfamilien. Diese Einrichtungen vergaben zu subventionierten Zinssätzen Hypothekendarlehen an notleidende oder verschuldete Grundbesitzerfamilien. Für jede Provinz (Kurmark und Neumark im Jahr 1777, Magdeburg und Halberstadt 1780, Pommern 1781) wurden eigene Genossenschaftsbanken gegründet.[57] Der König wollte diese Maßnahmen bekannt machen und widmete eine lange und recht überschwängliche Passage der *Mémoires depuis la paix de Hubertusbourg* seinen Anstrengungen, die Lebensbedingungen der Adligen zu verbessern.[58] Gewiss datieren viele adelsfreundliche Maßnahmen aus der Zeit der »zweiten Herrschaft« nach dem Frieden von Hubertusburg (1763), aber Friedrichs Wertschätzung für den Adel und sein Respekt für dessen besonderen Status als die Gesellschaftsgruppe, die aufgerufen war, dem Königreich als Offiziere und Befehlshaber zu dienen, waren während seiner gesamten Herrschaft zu beobachten.[59]

Anstelle des konfliktreichen Modells, das sein Vater und sein Urgroßvater befürwortet hatten, sah sich Friedrich gewissermaßen als Lenker aus der Mitte seines Adels. Darin liegt die eigentliche Bedeutung seiner Beobachtung in *Lettres sur l'amour de la patrie, ou correspondance d'Anapistémon et de Philopatros*, dass »gute Monarchien, die mit Weisheit und Milde regiert werden«, heutzutage »der Oligarchie näher als der Tyrannis« kämen, weil all jene, die in Räten, in der Verwaltung von Justiz und Finanzen, in auswärtigen Gesandtschaften, in den Armeen und in innenpolitischen Behörden beschäftigt seien (zu Friedrichs Zeiten fast ausnahmslos Adlige), »an der Regierung« teilnähmen.[60] Allgemein kann man sagen, dass Friedrich einvernehmliche rationale Begründungen der Herrschaft den konfliktorientierten vorzog. Folglich behauptete er, Hobbes' Vorstellung vom Ursprung der Herrschaft abzulehnen, weil sie – in seinen Augen – postuliere, dass sich Untertanen notwendigerweise aller Rechte entledigt hätten, um den Schutz ihrer Person durch Unterwerfung unter einen Herrscher zu erlangen. Das Gegenteil sei der Fall, argumentierte Friedrich: Die ursprünglichen Unterzeichner des »Gesellschaftsvertrags« hätten den Souverän nicht unter Zwang erhöht, sondern lediglich aufgrund seiner Weisheit, des Schutzes, den er bieten konnte, und der Leistungen, die sie von einem Herrscher erwarteten; und dabei hätten sie ihm gesagt: *»du reste, nous exigions que vous respectiez nos libertés«*. Im Übrigen gingen sie somit davon aus, dass der Souverän ihre Freiheiten respektiere.[61]

Somit passte Friedrich seine Schilderung der Vergangenheit an die Prioritäten der eigenen Gegenwart an. Die Vergangenheit wurde in Einklang mit den politischen und sozialen Zielen des friderizianischen Staates gebracht. Aller Wahrscheinlichkeit handelte es sich dabei um eine bewusste Manipulation. Er dürfte den Konfliktstoff bei Pufendorf kaum übersehen haben, geschweige denn in den politischen Testamenten der beiden Friedrich Wilhelms. Und da die *Mémoires* zur Veröffentlichung verfasst wurden, können wir sie durchaus als an den Adel gerichteten rhetorischen Auftritt werten, dessen junge Männer ihm im ersten und zweiten Schlesischen Krieg so gute Dienste geleistet hatten. Friedrich sprach ganz offen über seine eigene Rolle als derjenige, der Material aus den angeblich formlosen und unbedachten Versionen von Pufendorf und seinen Kollegen ausgewählt habe. Denn diese hätten einfach das Rohmaterial ihrer Forschung auf die Seite gekippt und es dem Leser überlassen, aus all dem etwas Sinnvolles zu machen. Häufig räumte er ein, wie wichtig die Auswahl für die Konstruktion historischer Narrative sei, ein Gedanke, den er möglicherweise von Voltaire übernahm. In seinem *Essai sur les mœurs* beobachtete der Philosoph, dass man angesichts der Fülle an Geschichten, die man über die Vergangenheit erzählen könne, »sich beschränken und auswählen« müsse. Die Vergangenheit sei, schrieb Voltaire, ein »riesiges Lagerhaus, aus dem man nehmen muss, was einem von Nutzen sein kann«.[62]

Dennoch schuf die Ausklammerung eines innenpolitischen Konflikts aus der Version des Königs ein Problem, eine potenzielle Aporie. Die Auseinandersetzung mit den Ständen war nicht nur eine Episode oder eine Abfolge von Ereignissen; sie hatte darüber hinaus als Instrument gedient, um die Entstehung und die historische Entwicklung des Staates zu beschreiben und zu erklären.

Die in Voltaires *Siècle de Louis XIV* angewandte Methode stellte einen möglichen Ausweg aus dieser Sackgasse dar. In Voltaires Schilderung werden die militärischen und politischen Ereignisse der Herrschaft Ludwigs recht detailliert nacherzählt, allerdings nur als Voraussetzungen für die Geschichte, die den eigentlichen Mittelpunkt seiner Darstellung bildet, nämlich der Fortschritt der Zivilisation in Frankreich bis zu einer noch nie dagewesenen Reife. Das Wesentliche an der Herrschaft Ludwigs XIV. waren nicht die Verträge und Kriege des Königs (Voltaire betrachtete alle Kriege als beklagenswerte Rückfälle in die Barbarei), sondern das Aufblühen von Kunst und Wissenschaft in »dem aufgeklärtesten Zeitalter von allen«. Nach dem Vorbild des Meisters fügte Friedrich seiner kurzen politischen Geschichte Brandenburgs drei kulturpolitische Aufsätze an, die sich der Geschichte des Aberglaubens und der Religion, der Geschichte der Sitten, Bräuche und Industrie, des Fortschrittes des Menschengeistes in den Künsten und Wissenschaften und der modernen und alten Regierung Brandenburgs widmeten. Sie alle sind, wie gezeigt, von der starken Wahrnehmung eines stufenhaften Fortschritts durchdrungen.[63]

Voltaires Paradigma des »Zeitalters« – eine säkularisierte Version der heilsgeschichtlichen Abfolge der »Weltmonarchien«, wie sie in der Bibel prophezeit worden war – half Friedrich, seine Version der Entwicklung des Staates Brandenburg-Preußen ohne dessen innenpolitische Ursprünge im Konflikt mit den Ständen zu lancieren. Dadurch erhielt seine Darstellung eine reizvolle, nach vorne gerichtete Stoßkraft, die nicht auf einer Schilderung der Konsolidierung souveräner Autorität und Macht auf Kosten traditioneller, gesellschaftlicher und politischer Gruppierungen beruhte, sondern auf der Beschwörung einer allgemeineren zivilisatorischen Idee, die Voltaire als Gemeinplatz der aufklärerischen Zeitlichkeit etablieren half, einer Idee, welche die Gegenwart als *telos* allen menschlichen Strebens feierte. Friedrich übernahm jedoch nicht einfach Voltaires Modell insgesamt. Während Voltaire nämlich die Angelegenheiten des Staates einer höheren Reihe von Werten unterordnete, die sämtliche Bereiche des kulturellen Lebens umfassten, kehrte Friedrich, wie Ulrich Muhlack gezeigt hat, die Prioritäten um und stellte den Staat und dessen Aktivitäten in den Mittelpunkt seiner Geschichte. »Der Staat« ist nicht nur eine notwendige Voraussetzung für den Fortschritt des menschlichen Geistes; er ist der Hauptakteur in diesem Drama. Insofern Kultur und Sitten ernsthaft in Betracht gezogen werden, werden sie nach ihrem Nutzen für den Staat beurteilt. Folglich werden etwa die Glaubensgemeinschaften nach ihrer Befähigung, gute »Staatsbürger« zu schaffen, bewertet. Moralische Werte, Bräuche, Kunst und Wissenschaft wurden allesamt für den Nutzen, den sie dem Staat brachten, gepriesen.[64]

Doch dieser friderizianische »Staat« wurde seinerseits nicht als historische Entwicklung geschildert; seine Laufbahn wurde nicht als Fortschritt definiert. Für den Großen Kurfürsten und Pufendorf stand der Prozess, durch den sich das aufkeimende kurfürstliche Staatswesen selbst erschuf, indem es die Ansprüche der Inhaber traditioneller Machtbefugnisse bestritt, im Zentrum der historischen Darstellung von Brandenburg-Preußen. In Friedrichs Schriften hingegen trat der Staat als außerhistorische Tatsache und logische Notwendigkeit auf.[65] Das Ergebnis von Friedrichs eigenwilliger Anpassung an Voltaire ist ein seltsam ungeklärtes Narrativ. Die Vektoren des Wandels, die in den Schriften von Pufendorf, Hartknoch und dem Großen Kurfürsten so überzeugend gezeichnet wurden, weichen diffusen Strömungen des Wandels, deren eigentliche Quellen im Dunkeln bleiben. Veränderung ist in den Reflexionen des Königs über die Vergangenheit allgegenwärtig, doch sie ist zu einem Attribut des reflektierenden Bewusstseins geworden. Sie ist nicht in einem bestimmten historischen Prozess verankert. Die innenpolitische Kulisse für die Machtausübung wird schemenhaft und gegenstandslos. Die Ratssitzungen und Debatten, die in Pufendorfs Darstellung so zentral waren, verschwinden aus dem Blick, und mit ihnen das Gefühl, dass jede souveräne Entscheidung die unumkehrbare Entscheidung für eine mögliche künftige Entwicklung von vielen darstellt.

Während Pufendorf seine Biographie des Großen Kurfürsten als eine Geschichte über den von unvorhersehbaren Eventualitäten getriebenen Wandel verfasst hatte, beharrte Friedrich darauf, dass Geschichte das Wirken bestimmter unabänderlicher und universeller Gesetze verkörpere. »Aber alles Menschenwerken ist unbeständig und vergänglich«, stellte er fest, doch »die Umwälzungen, die die Monarchien und Republiken heimsuchen, haben ihre Ursache in unumstößlichen Naturgesetzen«. Damit meinte der König vor allem jene menschlichen Leidenschaften, die Generationen von Akteuren dazu trieben, die Kulisse des großen Theaters der Geschichte zu verändern. »Ohne jene großen Umwälzungen bliebe die Welt stets die gleiche. Es gäbe keine neuen Ereignisse.«[66] Inmitten all der Zerstörung und Veränderung, die mit den menschlichen Angelegenheiten einhergehen, konnte man folglich die ewige Wiederkehr bestimmter Motive erkennen: Die vom Ehrgeiz entfesselte, rebellische Kraft war diejenige, auf die der König am häufigsten zu sprechen kam, nicht nur in den historischen Aufsätzen, sondern auch im *Antimachiavell*, der geschrieben wurde, als Friedrich noch Kronprinz in Rheinsberg war. Von Zeit zu Zeit kam es dem König sogar so vor, als könnte es genau wie in den Abläufen der Natur eine zyklische, sich wiederholende Dimension in der Entwicklung der Geschichte geben.

»Wer aufmerksam in der Geschichte liest«, deutete er in *Histoire de mon temps* an, »der wird finden, dass dieselben Szenen oft wiederkehren; man braucht nur die Namen der handelnden Personen zu ändern.«[67] Womöglich, spekulierte er in den *Mémoires*, glich die Geschichte der Staaten der Bahn der Gestirne, die stets an den Punkt zurückkehren, von dem sie ausgegangen sind.[68] Solche Passagen deuten auf den engen Zusammenhang zwischen der Geschichtsschreibung Mitte des 18. Jahrhunderts und den Naturwissenschaften hin. Sie erinnern uns daran, inwiefern das Ansehen der »Philosophie« die Geschichtsschreibung jener Zeit in Richtung verallgemeinerbarer Prinzipien drängte. Doch die Reflexionen des Königs waren zugleich auch Inszenierungen. Indem er die Pose des Philosophen einnimmt, der schon alles gesehen hat, führen sie uns weit weg von dem Gefühl hart erkämpfter historischer Errungenschaften, das die »Väterliche Ermahnung« und Pufendorfs epischen Überblick über die Herrschaft des Großen Kurfürsten durchdrang.

Zeit der Entscheidung

Friedrich zeigte bisweilen durchaus ein scharfes Bewusstsein für den Wandel, der sich im Lauf der historischen Zeit ergeben hatte. Sollte ein Feldherr aus der Ära Ludwigs XII. in seiner Zeit wiederauferstehen, so stellte Friedrich im *Antimachiavell* fest, dann wäre er über die gewaltige Größe der heutigen Feldheere ebenso schockiert wie über die Fähigkeit der Fürsten, sie in Friedenszeiten genauso wie im Krieg zu unterhalten.[69]

> Was würde Machiavelli selbst sagen, wenn er sich die Veränderung der Kräfteverhältnisse in Europa ansähe. So viele große Fürsten, die zu seiner Zeit keinerlei Bedeutung in der Welt hatten, spielten heute jedoch eine wichtige Rolle – die Macht der Könige fest verankert, die Art und Weise, wie Herrscher Verhandlungen führen, die bevollmächtigten Spione, die sie am Hof

> des jeweils anderen unterhalten, und das Gleichgewicht Europas, das auf der Koalition mehrerer bedeutsamer Fürsten gegen ehrgeizige Störenfriede beruhte.[70]

Die Unterschiede zwischen seiner eigenen Epoche und der Machiavellis seien so grundlegend, beobachtete Friedrich, dass ein Großteil der Beobachtungen des italienischen Autors inzwischen schlicht überholt sei. Der »durchgreifende Wandel im ganzen wie im einzelnen«, der seit der Zeit Machiavellis erfolgt sei, bedeute, dass »die meisten [seiner] Gedanken auf unser heutiges Staatsleben gar keine Anwendung mehr finden und entwertet sind«.[71]

Allerdings gibt es auch zahlreiche Passagen, in denen jedes Gefühl für historische Entwicklung frappierend zu fehlen scheint. Friedrich setzt Beispiele aus der griechischen und römischen Antike auf ganz ähnliche Weise ein, wie Machiavelli es selbst getan hatte. Geschichte müsse, argumentierte er, ein zeitloses Magazin nützlicher Beispiele sein – lediglich Leben und Taten »guter Fürsten« sollten bewahrt werden. Dadurch würden die Geschichtsbücher zwar dünner, aber auch erbaulicher.[72] Diese Erkenntnis wandte er auch in der Unterweisung seines jungen Neffen und Thronerben an: »Sein Gedächtnis braucht nicht mit den Namen der Fürstenreihen ermüdet zu werden«, erklärte Friedrich dem Hauslehrer des jungen Mannes, »wenn er nur die Namen der hervorragenden Männer lernt, die in ihrem Vaterland eine große Rolle gespielt haben.«[73] Mit Blick auf die große Vielfalt an Staatswesen, die derzeit zu beobachten sei, appellierte Friedrich nicht an die historische Kausalität, sondern an die »Fruchtbarkeit der Natur«, die eine solche Vielfalt hervorbringen konnte, selbst innerhalb nur einer Spezies.[74] Die Geschichte der Staaten, gab er zu verstehen, könne mit einem biologischen Lebenszyklus verglichen werden, in dem Veränderungen auf eine sich ewig wiederholende Abfolge beschränkt seien:

> Wie der einzelne Mensch geboren wird, eine Zeitlang lebt und an einer Krankheit oder vor Alter stirbt, ebenso bilden sich

> Freistaaten, blühen etliche Jahrhunderte und gehen endlich zugrunde durch den Wagemut eines Bürgers oder durch die Waffen ihrer Feinde. Jedem Ding ist seine Frist bemessen, auch alle Reiche, auch die größten Monarchien haben nur ihre bestimmte Dauer, und nichts gibt's auf Erden, das nicht dem Gesetze des Wandels und Verfalls unterworfen wäre.[75]

Für Pufendorf hatte der Druck der Zukunft den Akteuren Wahlmöglichkeiten und Entscheidungsfindungen auferlegt, die das Herrscheramt definierten. Für Friedrich hatten souveräne Entscheidungen dieser Art, bei denen der Fürst unter verschiedenen Möglichkeiten wählt, weniger Gewicht. Der Unterschied lässt sich auch an Friedrichs Überlegungen dazu, wie der Fürst auf die Zukunft vorbereitet werden sollte, ablesen. In diesem Zusammenhang unterschied Friedrich zwischen stufenweisen und zufälligen Vorbereitungsweisen, wie man es nennen könnte. Erstere setzten eine Kontinuität zur Gegenwart voraus, Letztere hingegen nicht. Einerseits müsse, argumentierte Friedrich im Politischen Testament von 1752, der Herrscher fortfahren, sein bestehendes Vermögen zu mehren. Es gab immer noch viele Gegenden mit reichlich nutzbarem Land, auf dem neue Bauerngemeinschaften angesiedelt werden konnten. Entwässerungsprojekte konnten noch mehr Land für den Ackerbau erschließen. Die Seidenmanufaktur steckte noch in den Kinderschuhen: In sechs Jahren wären die Maulbeerplantagen des Königs bereit für die Ernte der Blätter, um Massen von Seidenraupen zu füttern. Die Messer- und Scherenfabrik in Neustadt sollte irgendwann erweitert werden. Das Handelsvolumen musste weiter steigen und dergleichen mehr.[76] All diese Unternehmungen sollten die Stränge eines einzigen »Projekts« bilden, das im Kopf des Fürsten lebe, erklärte Friedrich, denn:

> Eine gut geleitete Staatsregierung muss ein ebenso fest gefügtes System haben wie ein philosophisches Lehrgebäude. Alle Maßnahmen müssen gut durchdacht sein, Finanzen, Politik und Heerwesen auf ein gemeinsames Ziel steuern: nämlich die Stär-

kung des Staates und das Wachstum seiner Macht. Ein System aber kann nur aus einem Kopfe entspringen.[77]

Andererseits zählten zu den Aufgaben des Fürsten auch »politische Träumereien«, die auf künftige Szenarien ausgerichtet seien, völlig losgelöst von den aktuellen Verhältnissen. Derart »Chimärische[s]« erfordere, dass der Herrscher sich von der Realität seiner eigenen Zeit löse und »in dem unendlichen Feld chimärischer Entwürfe« lustwandle. Diese seien bedeutsam wegen der Möglichkeit, so fern sie auch scheinen mag, sie eines Tages doch in die Realität umzusetzen.[78] Zum Beispiel könnte es Preußen eines Tages, im Falle eines Krieges gegen Österreich, gelingen, Böhmen zu erobern und dann gegen Sachsen einzutauschen.[79] »Chimärische« Politik widmete sich langfristigen Zielen, deren Verwirklichung kein kontinuierlicher Prozess war, sondern von unvorhersehbaren und möglicherweise sehr fernen Zufällen abhing.

Diese Reflexionen rücken Friedrich scheinbar in die Nähe der akribischen Auswahl an Optionen, die in Pufendorfs Geschichte der Herrschaft des Großen Kurfürsten so penibel dokumentiert wird. Dabei liegt die Betonung auf etwas ganz anderem. In Pufendorfs Version umfasste die Analyse der Entscheidungsfindung das unvorhersehbare Verhalten zahlreicher anderer Akteure. Hier ging es im Gegensatz dazu um das Ergreifen der Initiative durch eine Machtdemonstration, sobald sich eine günstige Gelegenheit bot. Und die treibende Kraft dieser spekulativen Szenarien war nicht das Wechselspiel der Eventualitäten, sondern der Wille des Fürsten. Denn: Die Politik oder das »politische System« des Staates war das Geistesprodukt des Fürsten, der »sein System entwerfen und es selbst zur Ausführung bringen« muss. Da die Ideen, aus denen das System bestand, allein seinem Kopf entsprangen, war auch er allein in der Lage, ihren Erfolg zu garantieren. Doch das implizierte wiederum eine Abwertung des Entscheidungsmoments; während für Pufendorf die Entscheidung ein Moment der Wahl zwischen den Unwägbarkeiten einer rasch sich verändernden Umgebung war, betrachtete Friedrich die Entscheidung als Ausdruck des Willens zugunsten eines bereits klar definierten Ziels. »Ein Fürst, der selbständig regiert, der sich sein politisches System gebildet hat, wird nicht in Verlegenheit geraten, wenn es einen schnellen Entschluss zu fassen gilt; denn er verknüpft alles mit dem gesteckten Endziel.«[80]

Friedrichs Herrschaft war reich an großen und gefährlichen Ereignissen. Der Siebenjährige Krieg führte Preußen an den Rand des Zusammenbruchs und hätte durchaus mit der Aufteilung und Zerstörung des vom Großen Kurfürsten ererbten Staates enden können. Die erste Teilung Polens war zwar aus Sicht Berlins kurzfristig weniger riskant, aber dennoch ein gewaltiges Ereignis, dessen Konsequenzen bis ins 20. Jahrhundert hinein nachhallten. Doch das schaudernde, furchterregende Vibrieren großer Ereignisse fehlte seltsamerweise in Friedrichs Überlegungen zur Vergangenheit, Gegenwart und Zukunft. Eventualitäten wurden durch den Willen ausgeschlossen; Entscheidungen wurden von »Systemen« bestimmt, die kurzfristigen Erschütterungen und Verwerfungen standhielten. Über die Gründe für diese merkwürdige Gelassenheit können wir nur spekulieren. Wunschdenken und Pose spielten gewiss eine Rolle. Der Mann, der sich selbst »Philosophenkönig« nannte, neigte dazu, sich als losgelöst von den Turbulenzen der »Ereignisse«, stoisch in seinem Gefühlsleben und konsequent (zumindest in seiner Vorstellung) bei der Verfolgung seiner Ziele zu präsentieren. Der Dramatik dieser Szenen bei Pufendorf, wo sich der Große Kurfürst, der in einer geopolitischen Zwickmühle steckte, die divergierenden Ratschläge seiner Berater anhörte und sorgfältig die Gefahren der verschiedenen Handlungsmöglichkeiten abwog, konnte Friedrich nichts abgewinnen. Vielmehr trachtete er danach, absolute Autonomie zu verkörpern, als Mensch ebenso wie als Fürst. Schließlich minderte Friedrichs Intuition, dass Geschichte sich wiederholenden, zyklischen Mustern unterworfen war, das Gewicht des Ereignisses, der Entscheidung und des Moments, in dem die Entscheidung anstand. In einer Welt, wo alles, das jemals auftrat, wieder vorkam, und in der Staaten Lebensformen, die einen Kreislauf der Reife und des Niedergangs durchliefen, oder in Umlaufbahnen eingesperrte Planeten waren, wie Friedrich mehrfach betont hatte, mochten Entscheidungen, die Siege und Niederlagen, Verträge und Bündnisse bewirkten, von einer gewissen Bedeutung sein. Aber letztlich waren sie Produkte der im Grunde repetitiven Struktur von Geschichte. Sie konnten auf keinen Fall das philosophische Gewicht erlangen, das sie für Pufendorf hatten oder in einem späteren Zeitalter für Otto von Bismarck besitzen sollten.

Die Aufhebung der Zeit

Betrachten wir das Gemälde *Die italienische Komödie* von Antoine Watteau: In einem Halbkreis, das Gesicht dem Betrachter zugewandt, scharen sich elf Personen um einen Gitarrenspieler. Sie tragen die Kostüme der Standardfiguren aus der italienischen Commedia dell'arte: der ausgelassene Harlekin, der aufgeblasene Universitätsdoktor, der schwadronierende Hauptmann, die *prima donna* und die *seconda donna*. Sie stehen jedoch nicht auf der Bühne. Das Licht einer Fackel erfasst krumme Zweige und Büschel von Blattwerk. Und in der oberen rechten Ecke schmiegt sich ein heller Mond an dunkle Wolken an. Sie wirken völlig fehl am Platz, diese fein herausgeputzten Gestalten in einem nächtlichen Wald. Die Dunkelheit umgibt sie lauernd, dämpft die Fröhlichkeit ihrer Kleidung. Von der Bühne losgelöst nehmen ihre markanten Kostüme »die ganze Tragik entleerter Zeichen« an.[81] Außerdem sind sie auch chronologisch fehl am Platz. Im Jahr 1716, als Watteau dieses Bild malte, befand sich die Commedia dell'arte bereits im Niedergang. Und im Jahr 1766, in dem erstmals dessen Vorhandensein in der Bildergalerie auf Sanssouci dokumentiert wird, beschwor das Bild eine verschwommene und ferne Vergangenheit herauf.[82]

Friedrich II. war ein begeisterter Sammler der Gemälde Antoine Watteaus. Er kaufte so viele Gemälde des französischen Malers, dass Berlin-Potsdam bis heute, nach Paris, der zweitwichtigste Standort seiner Werke ist. Watteau (1684–1721), der meistgefeierte Maler im Stil der *fête galante*, war bekannt für seine traumähnlichen Landschaftsbilder, auf

Antoine Watteau: *Die italienische Komödie* (1718). Kupferstich von Charles-Nicolas Cochin dem Älteren, 1734.

denen archetypisch kostümierte Figuren zu sehen waren. Was den heutigen Betrachter an diesen Bildern am stärksten verblüfft, ist ihre Zeitlosigkeit; die auf ihnen gezeigten Personen scheinen in einer schimmernden Welt zu schweben, die halb Theater und halb Mythos ist. Sie spielen oder lauschen der Musik, unterhalten sich oder machen es sich einfach bequem, ohne jede erkennbare Absicht außer der, das Glück des Augenblicks zu genießen. In einer Würdigung für das »Universum Watteaus« versuchte der französische Autor René Huyghe, die einzigartige Atmosphäre von Watteaus Werk einzufangen:

> Sichtbar, fiktiv stehen sie vor uns. Im Spiegel ihrer falschen Gegenwart erkennen diese symmetrischen Gesichter von »niemals« und »immer« einander wieder und versöhnen sich miteinander. Zweifellos sind sie schon immer so gewesen; zweifellos haben sie nie existiert. Sind sie lebendig? In den, scheinbar unbeweglichen, Flüssen erkennt man die unmerkliche derzeitige

> Strömung, die alles mit sich reißt […]. Sie [Watteaus Figuren] verlassen uns bereits; sie lassen uns im Stich; zärtlich und fern, von unserer Gegenwart nichts ahnend, drehen sie sich anmutig und treten, Schritt für Schritt, ab.[83]

In einer posthumen Kritik merkte der Antiquar Anne Claude de Caylus, ein Freund des Malers, an, dass Watteaus Kompositionen »weder irgendein Motiv besitzen […] noch eine Leidenschaft ausdrücken«. Deshalb mangele es ihnen auch an »einer der pikantesten Dimensionen der Malerei, nämlich der Handlung«, dem einzigen Element, das imstande sei, einer Komposition »jenes grandiose Feuer, das den Geist anspricht, ergreift und leitet«, zu verleihen.[84] Was Caylus an Watteau störte, war, wie Thomas Kavanagh anmerkte, das Versäumnis seiner Gemälde, »ein Sprungbrett zur Erzählung« zu liefern. Die bei Watteau heraufbeschworenen Augenblicke lassen sich nicht in etwas einordnen, das wir Geschichte nennen würden; sie »versäumen es, sich zur Beschwörung einer größeren, umfassenderen Zeitlichkeit zu vereinen, indem sie das Jetzt jener individuellen Momente in eine nachhaltige Geschichte einbetten, zu deren Illustrierung sie dienen«.[85]

Friedrich machte sich niemals die Mühe, die Gründe für die ungewöhnliche Leidenschaft, mit der er Werke von Watteau suchte, aufzuschreiben, doch aus seinen Texten geht ohne Zweifel hervor, dass er in den Gemälden etwas sah, was die Beschaffenheit seines eigenen Daseins einfing. »Peins toi tout en beau«, drängte er seinen Freund und ehemaligen Hauslehrer Jordan im Jahr 1742, »male dich hübsch, aber bediene dich vorzugsweise Watteaus Pinselstrich, nicht Rembrandts!«[86] In einer erotischen Hommage an seinen Geliebten Graf Algarotti erklärte Friedrich, der Geist des stattlichen jungen Grafen (in diesem Kontext als »Schwan von Padua« angesprochen) scheine ihn in eine Bildergalerie zu entführen, wo »das bezaubernde Schauspiel der schönsten Gemälde nie aufhört, sich zu verändern«, und wo »die letzten die allerschönsten sind«. Der letzte Maler auf der Liste, die darauf folgte, war Watteau, als sei er der Künstler, dessen Szenen am besten die kurzlebige Intensität der sexuellen Lust einfingen, ein Thema, dem Friedrich auch ein ganzes Gedicht widmete.[87] In einem Schreiben an seine Schwester Amélie im April 1761, dem schlimmsten Jahr des Siebenjährigen Krieges, stellte er fest, dass »das wahre Gemälde unserer Lage nicht von Watteau, sondern im spanischen Stil ist, der dunkle Farben verwendet und lediglich die düstersten Gegenstände malt«.[88]

Es stimmt, dass sich Friedrichs Interesse als Sammler im Lauf seiner Herrschaft erweiterte. In den Jahren 1755–1779 fing er an, international für monumentale Gemälde mit höfisch repräsentativen Motiven zu bieten – in dieser Zeit erwarb er unter anderen Gemälde von Rubens, van Dyck, Raffael, Correggio und Tizian. Doch diese Anschaffungen ließen nicht auf eine grundlegende Veränderung seines persönlichen Geschmacks schließen; vielmehr markierten sie, laut Astrid Dostert, seinen Wandel vom »königlichen Privatsammler zum sammelnden König«.[89] Weiterhin hingen überwiegend Werke im Stil der *fêtes galantes* in den Räumen, die der König in Sanssouci häufig aufsuchte.[90]

Es mag nicht sonderlich erstaunen, dass der König ein so großes Interesse an Watteau hatte – der Maler war in den 1730er und 1740er Jahren eben deshalb sehr teuer, weil seine Bilder in ganz Europa gefragt waren. Doch selbst vor diesem Hintergrund war die Zielstrebigkeit, mit der Friedrich Watteau und andere Maler solcher *fêtes galantes* sammelte, ungewöhnlich, vor allem für einen Monarchen – dieser Stil wurde von Zeitgenossen mit den künstlerischen Vorlieben der Pariser Finanzkreise assoziiert.[91] Besonders bemerkenswert ist die Intensität, mit der sich Friedrich mit diesen Gemälden identifizierte, seine Neigung, sowohl sich selbst in ihre zeitlosen Landschaften zu projizieren als auch sich sein eigenes Dasein gemalt mit Watteaus Pinselstrich vorzustellen, als habe der Maler nicht einfach nur eine spezielle Ikonographie erfasst, sondern eine verwandte Form des Bewusstseins heraufbeschworen. Watteaus Gemälde zerteilten die Zeit in schwebende Momente, losgelöst von der jüngsten Vergangenheit und der unmittelbaren Zukunft. Auf diese Weise fingen sie Friedrichs eigenen Sinn für die Beschaffenheit der Zeit ein. In einer *Ode sur le temps,* die erstmals 1761 veröffentlicht wurde, stellt Friedrich fest:

»Le globe que le ciel enferme / N'a point de puissance si ferme / Que tu n'entraînes avec toi«, dass also keine Macht auf Erden samt dem Himmel so fest sei, dass sie nicht [von der Zeit] hinweggefegt werde.

Nichts hält dein Ungestüm in Schranken;
Kaum dass gezeugt er den Gedanken,
Entflieht der Augenblick von mir!
[…]
Ach, wie ein Punkt, nicht mehr zu theilen,
Wie ein Atom wird es [das Heute] enteilen
Unmerklich ganz und mit ihm ich![92]

Heinrich de Catt, der Schweizer Gelehrte, der eine Zeitlang der Hauslehrer des Königs im mündlichen und schriftlichen französischen Ausdruck war, erinnerte sich an eine Unterhaltung mit Friedrich im Sommer 1758. Er traf den König in Berechnungen vertieft an. Es entspann sich folgender Dialog:

Friedrich: Ah, guten Tag, teurer Freund, was meinen Sie, was ich gerade rechne.
De Catt: Euren Schatz –
F: Leider habe ich keinen mehr, und das wenige, das ich hatte, wird schon bald ausgegeben sein, also raten Sie. [Diese Unterhaltung fand im dritten Jahr des Siebenjährigen Krieges statt.]
De C: Vielleicht rechnet Ihr gerade, wie viel Ihr in diesem Krieg schon ausgegeben habt?
F: Das weiß ich nur zu gut, dafür brauche ich nicht lange zu rechnen; auf geht's nur keine Scheu, raten Sie!
De C: Eure Majestät könnten so viele Dinge ausrechnen, dass es schwer fallen dürfte, zufällig auf das zu stoßen, was Ihr gerade jetzt berechnet.
F: Sie erraten es ja doch nicht. Ich rechnete aus, Monsieur, wie viele Minuten ich gelebt habe. Und ich plage mich schon eine

> ganze Stunde damit ab. Was für eine Zahl – und wie viele vergeudete Momente! Diese Zeit, die dahinjagt, um nie anzuhalten, die Zeit, welche die Tage, Stunden, Minuten mit sich reißt, wird gleichgültig empfangen, und häufig, ohne sie auch im geringsten zu beachten, und dabei ruft uns die Natur jeden Augenblick zu: »Oh, ihr Sterbliche, nutzt die Zeit, vergesst niemals den Wert des Augenblicks, auf dem die enorme Größe der Zeit beruht, und lasst nicht zu, dass durch kleine Nichtigkeiten das Vergehen eurer Tage beschleunigt werde.«[93]

Dieser Verweis auf den Augenblick, »auf dem die enorme Größe der Zeit beruht«, diese paradoxe Verschmelzung des Moments mit dem ganzen Ausmaß der Ewigkeit, ist mit Sicherheit der Schlüssel zu der Bedeutung, die Watteau für den König hatte. Und wenn Watteau die Flüchtigkeit des menschlichen Daseins einfing, so verankerte das idealisierte Vermächtnis der griechisch-römischen Antike wiederum diese Momentaufnahmen des Daseins in einer größeren Zeitlandschaft. Eine gute literarische Bildung, betonte Friedrich in einer Unterhaltung von 1760, müsse das Studium des Altertums mit der Lektüre moderner Autoren verbinden, sodass sich ein Verständnis der poetischen Schönheit entwickle, indem Passagen der Autoren der Antike mit modernen Autoren verglichen würden, die die gleichen Themen behandelt hätten.[94] Für Friedrich war »Klassik« nicht historisch oder chronologisch gebunden; er verstand darunter einen Schatz von Bildern und Haltungen, der in der Gegenwart ebenso lebendig wie in der Vergangenheit wirken konnte.[95] In einem Brief an Voltaire vom April 1737 führte er eine Fantasterei über Rheinsberg aus, jenen Palast, wo er die Jahre vor seiner Thronbesteigung 1740 verbrachte. Im Gegensatz zu der verbreiteten Annahme, deutete er an, sei Remus von seinem Zwillingsbruder Romulus, dem legendären Gründer Roms, gar nicht getötet worden, sondern ins nördliche Exil am Ufer des Grieneckersees geflohen, an den künftigen Ort von Friedrichs Palast. Vom Vatikan ausgeschickte Mönche hätten vergeblich nach den sterblichen Überresten des Remus gesucht, doch im Laufe des Palastbaus seien Bauarbeiter zufällig auf Steine mit alten Inschriften und eine Urne voller römischer Münzen gestoßen. Daher komme der Name »Rheinsberg«, der in Wirklichkeit eine Verballhornung von »Remusberg« sei. Als Voltaire in seiner Antwort den Kronprinzen dafür tadelte, dass er sich solch unwahrscheinlichen Träumereien hingab, war Friedrich beleidigt – er hatte doch nur einen Scherz gemacht! Doch von diesem Moment an unterschrieb er alle Briefe aus Rheinsberg (mit Ausnahme der Briefe an seinen Vater) mit »Remusberg«.[96]

Seit früher Jugend pflegte Friedrich eine intensive Beziehung zu den großen historischen Figuren des alten Roms. »Bisweilen kommen Marius, Sulla, Cinna, Cäsar, Pompejus, Crassus, Augustus, Antonius und Lepidus, um sich mit mir zu unterhalten«, schrieb er im Januar 1732 an Grumbkow, einen Minister seines Vaters.[97] Das Gesellschaftsleben, das der König in Sanssouci kultivierte, war den römischen Orgien, die Horaz in seiner Villa feierte, nachempfunden. Das Essen dort bestand aus »einem einfachen Mahl, belebt von kluger Konversation und Spott über die Dummen«.[98]

Diese intensiv empfundene Wahlverwandtschaft mit dem alten Rom implizierte eine Geschichtlichkeit, die analog und rekursiv statt linear und entwicklungsorientiert war. Türen öffneten sich zwischen der Gegenwart und einer alten Vergangenheit; die Zeit war um die Analogie zwischen zwei verschiedenen Epochen herum gefältelt; die Tyrannei der jüngsten Vergangenheit über die zeitgenössische Erfahrung, die für Pufendorf und den Großen Kurfürsten so axiomatisch gewesen war, wurde relativiert, wenn nicht ganz aufgehoben. Der Einfluss dieses Entwurfs einer Zeitlandschaft lässt sich an den außerordentlich speziellen Anweisungen Friedrichs für seine eigene Bestattung ablesen. Die Beisetzung sollte nicht im üblichen dynastischen Rahmen erfolgen. Anstelle einer Ruhestätte im Mausoleum des Hauses Hohenzollern wählte er für sich einen Platz in den terrassierten Gärten von Sanssouci. Er solle, schrieb er, nach der Art des alten Roms verbrannt werden, und seine Asche solle allein, fern von seinem Vater und seinen Vorfahren, begraben werden.[99] Stattdessen sollten römische Kaiser, deren Büsten rings um das

Grab auf Säulen prangen sollten, ihm Gesellschaft leisten – allen voran Marc Aurel.[100] Friedrich hatte Suetons Kaiserbiographien gelesen, wo es heißt, die römischen Kaiser seien in wunderschönen Gärten bestattet worden; ein anderes Vorbild war jedoch der Dichter Horaz, dessen Name in Friedrichs veröffentlichten Schriften mehr als 180 Mal vorkommt. Sein Gedicht – *Carmina* 2,6 – schließt mit folgenden Strophen:

Hier, wo langen Lenz und gelinden Winter
Zeus in Huld verleiht, wo im Bacchussegen
Aulons Hang die Glut der Falernerrebe
Kaum noch beneidet:

Dieses holde Tal und die selgen Höhen
Laden dich und mich: Dort wirst du einst löschen,
Wie es Brauch, mit Tränen des Sängerfreundes
Glimmende Asche[101]

Was dieses problemlose Hin und Her zwischen fernen historischen Epochen ermöglichte, war der transtemporale Kreislauf des Ruhms. Der Ruhm der Römer war vergleichbar mit einer erhöhten Schnellstraße, die das Altertum mit der Gegenwart verband und an den verwahrlosten, gewalterfüllten Vororten des Mittelalters und des Dreißigjährigen Krieges vorbeiführte. Ruhm war zugleich die Brücke zu einer fernen Zukunft und die einzige Form der Unsterblichkeit, an die Friedrich glauben konnte. In der Erinnerung und Bewunderung der Nachwelt weiterzuleben war womöglich einer der sehnlichsten Wünsche dieses Königs.[102] Das Trachten nach Ruhm, so erklärte er in einer 1734 komponierten »Ode auf den Ruhm«, sei das Hauptmotiv der großen Helden des Altertums gewesen. Der Ruhm, nach dem sie strebten, sei der »Ehrgeiz« gewesen, der die Verse von Homer, Virgil und Voltaire »blank feilt«, genau wie er für den König selbst eine verzehrende Leidenschaft war.[103] Indem der damalige Prinz diese säkulare Gottheit anflehte, gelang es ihm, auch wenn er »ins Grab gesunken, zu

Bewahren einen schwachen Funken
Vom Geiste, der in mir geloht:
Die Schranken tu mir auf zum Siege,
Damit ich deine Bahn durchfliege,
Dir treu im Leben und im Tod.[104]

Ein auffälliges Merkmal dieser Fantasien über den Ruhm, die den König sein Leben lang begleiteten, ist der Umstand, dass sie sich allein auf die Person des Königs selbst konzentrierten. Mit der Anweisung, seinen Leichnam nach antiker Art zu verbrennen und danach im Garten seiner »Villa« zu begraben, distanzierte sich Friedrich von der herkömmlichen Praxis der europäischen dynastischen Repräsentation seiner Epoche, die tendenziell nicht die Individualität des Monarchen in den Vordergrund rückte, sondern ihn oder sie in die Abfolge der Generationen einbettete. Das Augenmerk lag dabei nicht auf der Person des Monarchen, sondern auf der Würde seines Amtes und seiner Familie. Friedrich hingegen beschloss, sich nicht als König, sondern als »Philosoph« bestatten zu lassen, eine Pose, die ihn von allen seinen Vorläufern trennte, aber auch von seinen königlichen Zeitgenossen. Das Gleiche lässt sich auch an seinem Palast in Sanssouci beobachten, auf dessen Terrassen er beerdigt werden wollte. Wie Andreas Pečar dargelegt hat, war Sanssouci keine »Residenz« – das Schloss strahlte nicht »königliche Magnifizenz und dynastische Größe« aus, sondern es ging um ein »Zeichen persönlicher Kultiviertheit und persönlichen Geschmacks«.[105] Auch in dieser Hinsicht wehrte sich Friedrich gegen die Eingliederung in ein Narrativ, das größer als er selbst war, und suchte stattdessen Zuflucht im zeitlosen Ansehen, das die Nachwelt einer einzigartigen Persönlichkeit schuldete.

Diese Loslösung von einem großen Narrativ blieb in bemerkenswertem Ausmaß Bestandteil des Kultes, der nach seinem Tod im Jahr 1786 um das Andenken an den König aufkam. Die 1780er und 1790er Jahre erlebten eine Welle von Publikationen, die des toten Monarchen gedachten. Der bei weitem berühmteste und erfolgreichste Titel war jedoch eine zweibändige Sammlung von Anekdoten um den toten König, die

Friedrich Nicolai herausgab, der wohl einflussreichste Verleger der Berliner Aufklärung.[106] In diesen scheinbar willkürlichen Erinnerungsfetzen (und Nicolais Sammlung war keineswegs der einzige Band mit solchen Anekdoten) trat der König in den verschiedensten Rollen auf: Er fällt vom Pferd, antwortet auf Unverschämtheiten mit einem nachsichtigen Bonmot, vergisst den Namen einer Person, setzt sich mit Nerven wie Drahtseilen allein gegen alle Widrigkeiten durch.[107] Dank ihrer Prägnanz und Einprägsamkeit kursierten schon bald in der mündlichen wie in der schriftlichen Kultur Anekdoten, ganz ähnlich wie Witze heutzutage. Aufgeladen mit der Menschlichkeit des Königs, schienen sie von Politik und Geschichte unberührt. Wie die Gemälde Watteaus boten die Anekdoten des friderizianischen Andenkens einzigartige, in der Zeit schwebende Augenblicke, die sich der Einbindung in das große Narrativ der Geschichte widersetzten.

Schluss

Der Gegensatz zur dynamischen Geschichtlichkeit des Großen Kurfürsten und seines Hofhistorikers Samuel Pufendorf könnte kaum größer sein. Pufendorf hatte seine Zeitgenossen eindringlich aufgefordert, die Geschichte der alten Griechen und Römer zu vergessen und sich auf die Geschichte ihrer eigenen Zeit zu konzentrieren. Er hatte sich den Staat als ein Gemeinwesen vorgestellt, das sich seinen Weg zur Gründung erstreiten und erkämpfen musste. Für Friedrich blieben die alten Römer die herausragende Autorität und Inspirationsquelle in der Vergangenheit und in der Gegenwart – all den Jahrhunderten des Fanatismus und der Irrtümer, die auf ihren Niedergang gefolgt waren, unendlich überlegen. Wenn er seine Gegenwart der »Barbarei« des Mittelalters gegenüberstellt, könnte man meinen, er plädiere für eine lineare, stufenweise Entwicklung in der Geschichte, doch das ist eine optische Täuschung, genau wie die scheinbare Flachheit der Erdoberfläche, die lediglich durch die unermesslich große Krümmung der Zeit ermöglicht wird.

Friedrich hielt den Staat für eine zeitlose, logische Notwendigkeit – die historischen Rahmenbedingungen, unter denen er seine heutige Form erlangt hatte, interessierten ihn nicht. Pufendorf war der Theoretiker der Diskontinuität, Friedrich trachtete danach, noch die traumatischste Veränderung in das zeitlose Kontinuum unabänderlicher Gesetze und Prinzipien einzubetten. Der Konflikt mit den einflussreichen Landständen dominierte den innenpolitischen Horizont des Großen Kurfürsten und bildete ein Leitmotiv der Geschichten, die Pufendorf, Loccelius und Hartknoch schrieben. Friedrich strich diesen Strang der Landesgeschichte jedoch aus seiner eigenen Nacherzählung, vernichtete den diskursiven Rahmen, den Pufendorf umrissen hatte, und ersetzte ihn durch ein Narrativ, dessen Kern unempfänglich für die Wirren der Geschichte war.

Mit den Gründen für diese Entscheidungen haben wir uns bereits beschäftigt. Die solipsistische, fast schon krankhafte Eitelkeit, die Jürgen Luh und Andreas Pečar als eine zentrale und hervorstechende Eigenschaft des Königs erkannten, war mit Sicherheit ein wichtiger Faktor. Kein Mensch, der so vehement auf der eigenen Einzigartigkeit beharrte, konnte den Wunsch haben, in die Wechselwirkungen der »Geschichte« eingezwängt zu werden. Friedrich pries die Vergangenheit vor allem als Magazin herausragender Beispiele, die einen Bezug zu seinen eigenen Errungenschaften hatten und dort ihren Nachhall fanden – der Rest war Schall und Rauch, ein Katalog menschlicher Dummheiten, die es nicht wert waren, dass man ihrer gedachte oder sie gar nachahmte. Und diese Vorlieben äußerten sich in einer Gesellschaftspolitik des Stillstands und der Bewahrung, vor allem mit Blick auf den Landadel, der nicht mehr als provinzieller Gegenspieler der königlichen Macht auftrat, sondern als unverzichtbares gesellschaftliches Rückgrat des friderizianischen Militärstaats.

Die tieferen Gründe für derartige Entscheidungen sind zweifellos im Reich der »Psyche der Macht« angesiedelt, wie Judith Butler es nennt. Wir sind gewohnt, uns Macht als etwas vorzustellen, das uns von außen bedrängt. Aber was, wenn wir eigentlich selbst, indem wir die Bedingungen der Macht akzeptieren, »in ›unserer‹ Existenz durch und durch von ihnen abhängig sind« – beispielsweise von der Macht unserer Eltern? Wenn wir, so deutet Butler an, Macht als eine Kraft in unserer eigenen Herausbildung als *Subjekte* verstehen, »dann ist Macht nicht einfach etwas, gegen das wir uns wehren, sondern zugleich im strengen Sinne das, wovon unsere Existenz abhängt und was wir in uns selbst hegen und pflegen«.[108] Welche Relevanz diese Argumentation potenziell für Friedrich hatte, braucht wohl nicht näher erläutert zu werden. Für einen Mann, der eine traumatische Kindheit und Jugend unter einem brutalen und sadistischen Vater durchgemacht hatte, begann die Begegnung mit der Macht mit der Angst eines Jungen, der sich vor einem König duckte, der selbst der Sohn eines Königs gewesen war. Vor dem Hintergrund eines dynastischen Clans, in dem Macht von Geburt und Vermächtnis abhängig war, manifestierte sich »Geschichte« in der »Fluchtlinie«, die sich vom Vater zum Vater zum Vater in die Vergangenheit erstreckte.[109] Indem er es ablehnte, zusammen mit seinen männlichen Vorfahren bestattet zu werden, indem er es ablehnte, einen Sohn mit der Frau zu zeugen, die ihm von seinem Vater an die Seite gestellt worden war, und sie aus seinem Leben ausschloss, indem er sich von der staatlichen Struktur distanzierte, die sein Vater errichtet hatte, indem er sich eher mit der fernen als mit der jüngsten Vergangenheit assoziierte und indem er sich als einzigartige, von der Zeit losgelöste Person betrachtete, heckte Friedrich Pläne für sein Entrinnen aus diesen persönlichen Verstrickungen aus, aus deren psychologischem Klammergriff er sich nie lösen konnte.

Friedrichs Homosexualität fügt sich nahtlos in all diese Überlegungen ein. Friedrich zeigte ganz offen Gefallen an der physischen Schönheit der Männer, die er liebte, komponierte Gedichte zu Ehren von Helden, die »sowohl aktiv als auch passiv auf ihre geschmeidigen und willigen Freunde reagierten«, bezeichnete Jesus als den »Ganymed« des Apostels Johannes und schmückte seine Parks mit Statuen von Antinoos und Paaren männlicher Liebhaber aus dem klassischen Altertum.[110] Und diese Signale gingen einher mit einer eindeutigen Ablehnung der heteronormativen Erwartungen, die sich exemplarisch etwa in seinen theatralischen Demütigungen der ungewollten Frau äußerten, die er sinngemäß als eine unverbesserlich mürrische Unterart des weiblichen Geschlechts bezeichnete. Die pastorale, literarische Tradition, die Friedrich sehr schätzte, war lange Zeit von einer homosexuellen Sehnsucht nach der Erfüllung eines Wunsches geprägt, frei von patriarchalen und heteronormativen Beschränkungen, an einem der Zeit und der Geschichte entrückten Ort.[111] Friedrich lehnte ganz bewusst die reproduktive Zukunftsorientierung der dynastischen Nachfolge ab und zog es stattdessen vor, an der Vervollkommnung eines Idylls zu arbeiten, in dem die persönliche Freiheit und der freizügige gesellschaftliche Umgang des frühen Erwachsenenlebens bis in alle Zeiten erhalten bleiben konnten.[112]

Diese keineswegs privaten Neigungen verschmolzen nahtlos mit einer allgemeineren Vision des Staates und seiner eigenen Macht, einer ahistorischen Macht, verortet in der Schwerelosigkeit ewiger Gesetze und zyklischer Bewegungen. Diese Sichtweise stand wiederum im Einklang mit der politischen Ökonomie einer Herrschaft, in der die Notwendigkeit, die Autorität der traditionellen ländlichen Oberschicht einzuschränken, einem Regime der Bewahrung gewichen war, das dieselbe Elite vor den Auswirkungen des grassierenden sozialen Wandels schützen sollte. Die Distanzierung des Königs von den konfliktreichen innenpolitischen Narrativen einer früheren Epoche gestattete es ihm, seinen Staat wie einen Himmelskörper im Gravitationsfeld eines internationalen Systems aufzuhängen, dessen Bewegungen sich, ungeachtet der wiederholten Neujustierungen eines stets gefährdeten Kräftegleichgewichts, im Grunde nicht veränderten.[113] Das Ergebnis war eine unaufgelöste Spannung zwischen der atmosphärischen, stufenförmigen Geschichtlichkeit der späten Aufklärung und Friedrichs eigener, erstaunlich undynamischer Sichtweise seines Platzes in der Zeit.

Es stimmt zweifellos, dass Friedrich als Historiker in mancher Beziehung die politische Historiographie der »borussischen Schule« vorwegnahm, deren Werke die Geschichte Preußens für die Deutschen des 19. und frühen 20. Jahrhunderts neu formte.[114] Viel stärker als sein Mentor und Lehrer Voltaire gab Friedrich ganz eindeutig der politischen und militärischen Geschichte den Vorrang. Und sein berühmter Essay, die *Histoire de mon temps*, hinterließ einen tiefen Eindruck in der Erinnerung der folgenden Generationen. Die bissige Eleganz der Aphorismen Friedrichs (»Les hommes de génie sont plus rares en Danemark que partout ailleurs.«)[115] und die Einprägsamkeit seiner Porträts sicherten den Schriften des Königs ein reges Nachleben. Über August III., den König Polens und Kurfürst von Sachsen, schrieb er etwa: »August III. war sanftmütig aus Trägheit, verschwenderisch aus Eitelkeit, [er war] unfähig zu jedem Gedanken, der Kombinationen erfordert, ohne Religion, aber seinem Beichtvater gehorsam, ohne Liebe, doch ein gefügiger Ehemann.«[116] Seine Porträts des Großen Kurfürsten, des ersten preußischen Königs und seines eigenen Vaters klingen, neben anderen, in der preußischen Geschichtsschreibung des 19. und 20. Jahrhunderts nach.

Es würde jedoch zu weit gehen zu behaupten, dass die historischen Schriften des Königs jene historistische Revolution vorwegnahmen oder exemplarisch dafür standen, die das deutsche und europäische Geschichtsbewusstsein im späten 18. und frühen 19. Jahrhundert veränderte. Vielmehr stehen sie für einen Seitenzweig. Die logische, philosophische Denkrichtung, die vom Großen Kurfürsten und seinem Hofhistoriker ins Leben gerufen und in unterschiedlicher Form von Friedrich III./I. und Friedrich Wilhelm I. beibehalten wurde, wurde beiseitegeschoben, weil sie aus politischer und kultureller Sicht obsolet erschien. An ihrer Stelle übernahm Friedrich ein diffuses historisches Paradigma und passte es in einer Weise an seine eigenen Vorlieben an, die seine Kohärenz untergrub. Es waren die *Details* des friderizianischen Gebäudes – die Porträts und Aphorismen –, die dauerhaften Einfluss ausübten, nicht die zugrunde liegende Logik seines Narrativs. Friedrich lässt sich nicht ohne Weiteres in eine Sequenz einfügen, in der moderne, lineare Formen der Geschichtlichkeit zwangsläufig ältere, rekursive verdrängen.

Im Kern der neuen Historiographie, die Mitte des 19. Jahrhunderts in Preußen aufkam, stand eine Konstellation von Argumenten, die weniger auf Friedrich als auf seine Vorläufer zurückging, insbesondere auf Pufendorfs an Hobbes angelehntes Konstrukt der Entwicklungsbahn des Staates Brandenburg-Preußen durch die Geschichte. Leopold von Ranke und Johann Gustav Droysen, zwei der bedeutendsten Gründerväter der preußischen Historiographie im 19. Jahrhundert, stellten beide das langwierige Ringen zwischen der kurfürstlichen Verwaltung und den Ständen in den Mittelpunkt ihrer jeweiligen Geschichten Preußens, wobei sie auf die Wechselwirkungen zwischen innerer und äußerer Ausübung staatlicher Macht verwiesen. Und für Georg Wilhelm Friedrich Hegel, der einen nicht unerheblichen Einfluss auf das historische Denken im 19. und 20. Jahrhundert hatte, schien der Antagonismus zwischen der fürstlichen Exekutive und ständischen Inhabern der traditionellen Macht, zwischen der universellen und zunehmend abstrakten Autorität des Staates und den traditionellen, partikularistischen Rechtsansprüchen auf provinzielle Privilegien auf paradigmatische Weise den Gang der Geschichte als solchen einzufangen.

DREI

STEUERMANN IM STROM DER ZEIT

»Der Strom der Zeit läuft seinen Weg doch, wie er soll«, schrieb Bismarck im Jahr 1852 an seine Schwiegermutter Luitgard von Puttkamer, »und wenn ich meine Hand hineinstecke, so thue ich das, weil ich es für meine Pflicht halte, aber nicht weil ich seine Richtung damit zu ändern meine.«[1] Diese Metapher benutzte Bismarck im Laufe seines Lebens immer wieder. »Denn der Mensch kann den Strom der Zeit nicht schaffen und nicht lenken«, pflegte der pensionierte Staatsmann Besuchern auf seinem Gut bei Friedrichsruh zu sagen. »Er kann nur darauf hinfahren und steuern, mit mehr oder weniger Erfahrung und Geschick, kann Schiffbruch leiden und stranden und auch zu guten Händen kommen.«[2] Die Figur des Steuermanns, der sein Boot durch die Strudel und Strömungen der Zeit lenkt, drückt ein Gefühl für die fließende Bewegung der Geschichte aus, das in Bismarcks Umfeld in der Mitte des 19. Jahrhunderts so verbreitet ist, dass es ihn kaum als eigenständigen Denker auszeichnet.

Zwischen dem Tod Friedrichs II. im Jahr 1786 und Bismarcks Berufung ins höchste öffentliche Amt im Jahr 1862 durchlief die Vorstellung von »Geschichte« einen Prozess der semantischen Erweiterung, insbesondere in den protestantischen Ländern des deutschsprachigen Europas. Die Geschichte sei, schrieb der preußische Rechtsgelehrte Friedrich Carl von Savigny im Jahr 1815, »nicht mehr bloß eine Beispielsammlung, sondern der einzige Weg zur wahren Erkenntnis unseres eigenen Zustandes«.[3] Diese Aussage hätte Friedrich II. irritiert, denn in seinen Augen war Geschichte genau das: ein Magazin aus guten und schlechten Beispielen. Wenn sie das nicht war, wie konnte sie dann Erkenntnisse über die eigene Situation liefern? Die Antwort lautet, oder genauer: lautete, dass das Wort »Geschichte« mittlerweile über die Summe der

Gegenstände, Ereignisse und Menschen, aus denen sie bestand, hinaus einen allumfassenden und unumkehrbaren Prozess des Wandels bezeichnete. Das soll nicht heißen, dass dem historischen Denken des 18. Jahrhunderts ein Bewusstsein für den epochalen Wandel gefehlt hätte – im Gegenteil: Die Geschichtsschreibung des 18. Jahrhunderts war geprägt von einem starken Gefühl der Entwicklung, häufig als Weg durch eine Abfolge von »Stufen« oder »Stadien« konzipiert, die mit Heranwachsen, Reife und Vergreisung den Phasen des menschlichen Lebens ähnelten. Es wäre Voltaire jedoch nie in den Sinn gekommen, dass es interessant oder nützlich sein könnte, ähnlich wie Hegel in der Einleitung zu seiner *Philosophie der Weltgeschichte* zu unterscheiden zwischen den unzähligen konkreten Abfolgen von Handlungen und Ereignissen, die den Inhalt der Geschichte bildeten, und der Geschichte selbst als allumfassendem Transformationsprozess.

Für Hegel, den Bismarck nach eigener Aussage als junger Mann gelesen, aber nicht verstanden hat, besaß Geschichte in diesem unergründlich tiefen Sinn eine fast schon theologische Würde, da sie die Zeichen der fortschreitenden Entfaltung der Vernunft oder des »Geistes« durch die Zeit offenlegte. Nicht alle billigten diese Gleichsetzung der Geschichte mit dem Fortschritt der Vernunft. Doch selbst Leopold von Ranke, ein vehementer Gegner von Hegels rationalem Progressivismus, betonte nichtsdestotrotz, dass Geschichte von innen durch eine Bewegung angetrieben werde, die sämtliche Aspekte des Lebens durchdringe und erfasse: »Der in der Welt erscheinende Geist ist nicht so begriffsgemäßer Natur; alle Grenzen seines Daseins füllt er aus mit seiner Gegenwart; nichts ist zufällig in ihm, seine Erscheinung ist in allem begründet.«[4] Bei allen Unterschieden zwischen ihnen teilten beide Männer erstens die Auffassung, dass es sinnvoll war, über Geschichte in der Abstraktion ihrer absoluten Gesamtheit nachzudenken, und zweitens, dass diese Gesamtheit eine Form der Bewegung war, angetrieben von einer immanenten Kraft oder einem Prinzip.[5]

Das bildete den Kern des historischen Bewusstseins, wie es für das 19. Jahrhundert charakteristisch werden sollte. Die Unruhen der

Revolutionszeit und des napoleonischen Zeitalters sensibilisierten die damaligen Intellektuellen für das Problem der Diskontinuität und des grundlegenden Wandels. Die »Beispiele«, die in der Vergangenheit aufbewahrt waren, gerieten nach und nach aus dem Blick und verloren ihren Anspruch, die Gegenwart zu belehren; nunmehr zählten die allgemeineren Muster des Geschichtsverlaufs, deren »Produkte« sämtliche Phänomene der menschlichen Welt waren.[6] Laut Ernst Troeltsch entwickelte sich das Verb »werden« zum aktiven Bestandteil des deutschen historischen Bewusstseins im 19. Jahrhundert, mit der Folge

> dass das kontinuierliche Werden historischer Dinge [...] nicht in einer Zusammenreihung abgrenzbarer Einzelvorgänge rein kausal dargestellt werden kann, sondern dass die Einzelvorgänge verschmolzen sind in einer sie durchziehenden, ineinander auflösenden und dadurch kontinuierlich machenden Werde-Einheit, die sich logisch sehr schwer beschreiben lässt, die aber zu sehen und zu fühlen das Wesen des historischen Sinnes ist.

Die Fähigkeit, bestimmte Handlungen und Ereignisse nicht als Einzelfälle wahrzunehmen, sondern als aufgelöst im gewaltsamen Fluss des Werdens, sei, so Troeltsch, das herausragende Vermögen, das »Erkenntnisorgan« der Geschichte.[7]

Otto von Bismarck war weder Historiker noch Geschichtsphilosoph, doch sein Denken war im Sinne von Troeltsch historisch. Das folgende Kapitel lotet diese Eigenschaft der Geschichtlichkeit aus. Ihren Kern bildet Bismarcks grundlegende Erkenntnis, dass die Revolutionen von 1848 eine neue und unruhige Form der Politik eingeleitet hatten. Er selbst reagierte ambivalent auf diesen Umstand. Auf der einen Seite definierte er politische Methoden neu, um den Verlauf und die Unvorhersehbarkeit des postrevolutionären politischen Lebens zu steuern. Das eigene Augenmerk und das seiner Zeitgenossen richtete er auf jene flüchtigen Gelegenheiten, in denen, mitten in den Wirren der Ereignisse, Entscheidungen möglich wurden. Diese »Apotheose des Augenblicks« machte aus dem Staatsmann einen *Entscheidungsträger*, dessen Aufgabe es war, unablässig eine Eingeweideschau der Gegenwart zu betreiben.

Doch dieser imaginäre Entscheidungsträger agierte nicht mitten aus den Wirren der Geschichte heraus; er stand über dem Geschehen und strahlte eine Autorität aus, die von etwas Unveränderlichem und Dauerhaftem ausging: der Macht der Krone. Für Bismarck verhinderte eben der monarchische Staat mit seinen beständigen Strukturen, dass die Veränderlichkeit der Geschichte zu einem reinen Chaos ausartete, und gewährleistete damit die Identität und Kontinuität des Gemeinwesens. Sobald die vielfältigen Kräfte, die im politischen Leben wirksam waren, die Handlungsfreiheit des Staates zu untergraben drohten, griff Bismarck zu autoritären Maßnahmen – Notverordnungen oder der Androhung eines Staatsstreichs –, um das System zu stabilisieren. Der gleichzeitige Einsatz für das mehr oder weniger freie Wechselspiel der politischen Kräfte zum einen und die Fortdauer des monarchischen Staatsgefüges zum anderen sorgte im Kern seines staatsmännischen Dienstes für eine Spannung, die Bismarck nie auflöste.

Dieses Kapitel widmet sich nacheinander folgenden Punkten: dem Vermächtnis von 1848; dem Strom und der Herausforderung der Geschichte; der herausragenden Bedeutung des Augenblicks in den kulturpolitischen und kulturellen Diskursen Mitte des 19. Jahrhunderts; und der Sonderstellung des monarchischen Staates als Instrument für die Stabilisierung des Systems und für die Vorstellung von der eigenen Geschichte. Der letzte Teil des Kapitels zeigt, was passierte, als der von Bismarck von 1866 bis 1871 gegründete preußisch-deutsche Staat am Ende des Ersten Weltkriegs zusammenbrach und dadurch die auf den Staat fokussierte Form der Historizität erschütterte, die im kulturellen Leben Deutschlands so tief verwurzelt war.

Als Bismarck über die enormen Dimensionen der Geschichte und seine Winzigkeit darin nachdachte, stellte er sich Flüsse und brausende Strömungen vor. Als er jedoch über seine eigene Fähigkeit grübelte, den Gang der Ereignisse im Voraus zu ahnen und zu kontrollieren, da fand er andere, weniger aquatische Redefiguren. Folglich beginnt das Kapitel mit Reflexionen über eine Parademetapher für die Bismarck'sche Politik: das Schachspiel. Mehr als jede andere Metapher entsprach Schach Bismarcks Auffassung davon, was es hieß, aktiv in den Gang der Geschichte einzugreifen.

Der Schachspieler

Für jeden, der sich mit der deutschen Geschichte des 19. Jahrhunderts befasst hat, gehört diese im Jahr 1875 in der satirischen Zeitschrift *Kladderadatsch* veröffentlichte Karikatur zum festen Bestand an Illustrationen aus der Zeit des Kulturkampfs, der in den 1870er Jahren zwischen der preußisch-deutschen Verwaltung unter Kanzler Otto von Bismarck und der katholischen Kirche in den deutschen Ländern und insbesondere in Preußen ausgetragen wurde. Wir sehen den Kanzler und seinen großen Widersacher Papst Pius IX. über ein Schachbrett gebeugt. Der Papst spielt Schwarz, in Anspielung auf die schwarze Tracht des Klerus, aber auch auf die sprichwörtliche Beschimpfung der Geistlichen als »Finsterlinge«. Die Figuren sind nach der für die damalige Zeit typischen Art sinnbildlich aufgeladen. Die Bauern tragen das Paragraphenzeichen als Symbol für Gesetze, eine andere Figur schwingt eine Fahne mit dem Wort »Klostergesetz« in Anspielung auf das »Gesetz zur Auflösung der geistlichen Orden« von 1875, das Orden der katholischen Kirche auf preußischem Boden ausdrücklich verbot. Die weiße Dame, die »Germania«, überragt die anderen Figuren. Ein Spielstein ähnelt einem Tintenfass und steht allem Anschein nach für die Presse. Neben Bismarcks rechter Hand ist eine Schachtel mit geschlagenen Steinen zu sehen, mit der Aufschrift »interniert« als Verweis auf die Verhaftung widerspenstiger Geistlicher – in den Jahren des Kulturkampfs eine Alltäglichkeit. Auf der Seite des Papstes tragen Figuren die Aufschriften »Encyclica«, »Syllabus« (in Anspielung auf den »Syllabus errorum«, der die Lehren des modernen Liberalismus verdammte) und »Interdict«. Die Bildunterschrift lässt vermuten, dass Weiß bereits siegessicher ist. Der Papst

Wilhelm Scholz, »Zwischen Berlin und Rom«:
Bismarck und Papst Pius IX. tragen am Schachbrett einen Kulturkampf aus;
Karikatur aus der Satirezeitschrift *Kladderadatsch* (1875).

sagt: »Der letzte Zug war mir allerdings unangenehm; aber die Partie ist deshalb noch nicht verloren. Ich habe noch einen sehr schönen Zug in petto!« Worauf Bismarck erwidert: »Das wird auch der letzte sein, und dann sind Sie in wenigen Zügen Matt – wenigstens für Deutschland.«[8]

Hier handelt es sich um eine Karikatur, die sich uns praktisch selbst erklärt; ihre Anspielungen sind so offensichtlich, dass auf den ersten Blick kein Anlass besteht, dem näher auf den Grund zu gehen. Was mich daran interessiert, ist jedoch nicht die bemühte allegorische Botschaft, sondern die Wahl des Schachspiels, um bildlich die politische Auseinandersetzung zwischen Bismarck und seinen katholischen Widersachern wiederzugeben. Schach hat in seiner langen Geschichte viele Bedeutungen gehabt. In der mittelalterlichen Tradition des Minnesangs boten Schachpartien die Gelegenheit zu amourösen Begegnungen, obwohl das Spiel selbst häufig als Allegorie für die Spannung zwischen menschlichem Bemühen und den Wechselfällen des Schicksals angesehen wurde.[9] Laut dem Shakespeare-Experten William Poole war Schach im Mittelalter und in der Renaissance das »Symbol für höfische, aristokratische Vergnügungen und sogar für sexuelle Gleichheit«, allerdings wurde es auch mit Spiel, Krieg und erotischer Freizügigkeit assoziiert.[10] Im späten 16. und im 17. Jahrhundert diente es häufig als Allegorie für einen politischen oder moralischen Konflikt, im 19. Jahrhundert als ein »Spiel des Lebens« oder eine Meditation über das menschliche Dasein.[11] Im letzten Drittel des 19. Jahrhunderts hatte das Spiel jedoch bereits andere Konnotationen bekommen. In einer Zeit, als das Schachspiel eine Phase der Professionalisierung mit immer klarer geregelten internationalen Wettkämpfen und einer zunehmend ausgeweiteten und standardisierten Assoziationsstruktur durchlief, wurde es vor allem wegen seiner logischen Komplexität, strategischen Tiefe und der Fähigkeit geschätzt, stets neue Situationen hervorzubringen.

In einem 1878 im *Chess Players' Chronicle* veröffentlichten Artikel pries der Spieler Edwyn Anthony aus Hereford die »Unerschöpflichkeit des Schachspiels« und präsentierte gar eine mathematische Begründung für diese Behauptung:

> Will man die tatsächliche Zahl der möglichen Spielweisen berechnen, so stößt man schon nach wenigen Zügen an die Grenzen des Berechenbaren, eine Annäherung an diese Zahl lässt sich jedoch ganz einfach errechnen. Indem wir eine Variante jeder Eröffnung wie in Cooks *Synopsis* heranzogen, stellten wir fest, dass der erste Spieler im Durchschnitt 28, 31 und 33 Möglichkeiten für den jeweils zweiten, dritten und vierten Zug hat; 29, 31 und 33 sind die entsprechenden Zahlen für den zweiten Spieler. Selbstverständlich haben beide Spieler bei ihrem ersten Zug 20 Möglichkeiten zur Auswahl. Wenn wir davon ausgehen, dass die Zahl der Antworten, die bei jedem Zug offen sind, immer gleich bleibt, unabhängig vom vorherigen Zug, und dass die vorangehenden Zahlen diese Möglichkeiten angeben, würde die Zahl der

möglichen Spielweisen allein für die ersten vier Züge auf beiden Seiten 318 979 564 000 betragen.

Selbst wenn man die Tatsache berücksichtige, dass das Verhältnis der Zahl der plausiblen zu den möglichen Zügen in der Regel klein sei, merkte Anthony an, bleibe die Vielzahl an Spielzügen doch enorm. Hochgerechnet auf die ersten zehn Züge in jeder Partie stieg die Zahl der möglichen Spielweisen auf die unglaubliche Summe von 169 518 829 100 544 000 000 000 000 000 – eine Zahl, die, wie der Autor einräumte, vermutlich noch zu niedrig angesetzt war. Wenn man sich diese Zahl als eine Abfolge von Handlungen über einen Zeitraum vorstellte, so hatte das schwindelerregende Implikationen:

> Einmal angenommen, die Bevölkerungszahl der ganzen Welt wäre 1483 Millionen (Levaseurs Schätzung), dann würde man über 217 Milliarden Jahre benötigen, um sie alle durchzuspielen, selbst wenn jeder Mann, jede Frau und jedes Kind auf der Erdoberfläche während dieses gewaltigen Zeitraums ohne Unterbrechung mit der Geschwindigkeit von einem Zug pro Minute spielen und kein Zug wiederholt würde.[12]

Solche Berechnungen sind typisch für einen zeitgenössischen Diskurs, der die kaum zu fassende Unendlichkeit des Spiels betonte. In Lewis Carrolls Roman *Through the Looking Glass And What Alice Found There*, (deutsch: *Alice hinter den Spiegeln)*, der 1872 erschien, entdeckt Alice, als sie einen Hügel hochsteigt, eine ganze Landschaft, die durch Hecken in quadratische Felder unterteilt ist, wie ein Schachbrett, das sich bis hinter den Horizont erstreckt. Da ruft sie aus: »Da ist ja ein riesengroßes Schachspiel im Gang – über die ganze Welt hin.«[13] Im Jahr 1889 beobachtete der österreichische (später amerikanische) Schachspieler Wilhelm Steinitz, der Inhaber der »Schachmeisterschaft«, wie es damals hieß, also der erste unumstrittene Schachweltmeister, dass »die unendliche Vielzahl möglicher Kombinationen beim Spiel Gelegenheiten zur Übung und deshalb zum Training der logischen ebenso wie der imaginären Fähigkeiten des Verstandes bietet«.[14] Wegen der Komplexität des Spiels war es ebenso unerlässlich wie unmöglich, die Vorausplanung zu üben, ein Widerspruch, der trefflich in der paradoxen Prahlerei der weißen Königin gegenüber Alice aufgezeigt wird, dass ihr Gedächtnis »nach vorne und rückwärts« reiche, sodass sie sich, im Gegensatz zu Alice, auch an Dinge erinnern könne, die noch gar nicht passiert waren.[15] Das Schachspiel war sowohl ständig im Fluss als auch zusammengesetzt aus einer langen Kette separater Entscheidungsmomente, bei denen sich jedes Mal der Lauf einer ganzen Partie wenden konnte – ein Merkmal des Spiels, das in der Studie von »Problemen« eingefangen wird, dem Gegenstand eines speziellen Zweigs der Schachliteratur. Außerdem wurde das Schachspiel wegen der Art und Weise geschätzt, in der es – mit Steinitzens Worten – »eine Probe der geistigen Fähigkeiten frei von den Elementen des Zufalls bot«; in dieser Beziehung habe es beispielsweise nichts mit Kartenspielen zu tun und »eignete sich absolut nicht für das Glücksspiel«.[16]

Steinitz war bekannt für seine ungestüme und flexible Spielweise – Eigenschaften, die es ihm gestatteten, die gefeierten Rivalen seiner Zeit vernichtend zu schlagen: Johannes Hermann Zukertort, Joseph Henry Blackburne, Michail Tschigorin und Isidor Gunsberg. Steinitz spielte mit Vorliebe Eröffnungen, die ihm im Zentrum des Bretts »eine starke und unangreifbare Stellung« verschafften. Allerdings war er auch, wie sein Urgroßneffe Kurt Landsberger, der Herausgeber seines Nachlasses, anmerkt, bekannt für seine »wundervolle Findigkeit beim Versuch, die Niederlage in scheinbar aussichtslosen Stellungen abzuwenden«. Er erinnerte an eine berühmte Partie gegen seinen Angstgegner Emanuel Lasker, bei der »er in die Enge getrieben war, aber, indem er auf Verteidigungszüge verzichtete, kühn einen Angriff auf Kosten von Material versuchte und seine Kräfte mit solchem Elan einsetzte, dass die wenigsten Spieler dem widerstanden hätten«.[17]

Die Verwendung des Wortes »Kräfte« ist hier bemerkenswert, weil es zum Kern dessen führt, was nach Meinung der Zeitgenossen auf dem

Schachbrett passierte. In Lehrbüchern des 19. Jahrhunderts wurden die Figuren nicht nur als einzelne Spielsteine bezeichnet – etwa »Klötze« –, sondern auch als »Kräfte«, die ein Prinzip der Bewegung und des Drucks verkörpern. Kombinationen, über die in der Schachliteratur viel nachgedacht wurde, stellten Kombinationen von *Kräften* dar, deren Ziel es war, den Gegner in eine angreifbare Stellung zu drängen.

Wilhelm Steinitz war nicht nur deshalb berühmt, weil er so lange die Meisterschaft innehatte, sondern auch weil man ihm das Verdienst zusprach, die Schachtheorie auf eine ganz neue Grundlage gestellt zu haben.[18] Steinitz organisierte seine Spielweise gemäß der Erkenntnis, dass eine erfolgreiche Strategie nicht von einem Plan, der dem Spiel selbst fremd war, bestimmt sein konnte, sondern von einer scharfsichtigen »Bewertung« des Gleichgewichts der Kräfte auf dem Brett zu jedem beliebigen Zeitpunkt. Seine Errungenschaft bestand darin, den Schachdiskurs von der romantischen Vorstellung eines Genies zu abstrahieren, das sich um die geistigen Fähigkeiten herausragender Spieler drehte. Stattdessen richtete er den Diskurs – wie Emanuel Lasker, jener Meister, der Steinitz herausforderte und am Ende den Weltmeistertitel gewann – einmal sinngemäß meinte, auf die Kraft der Figuren, die Kraft ihres Zusammenspiels, deren Wechselwirkung jener von Vektoren glich, wie sie auf den Seiten von Mathematikbüchern zu finden sind.[19] Steinitz blieb »der größte Vertreter der wissenschaftlichen Richtung im Schach«, aber seine strikte Auffassung des Spiels als einer Art verkörperter Physik verdrängte nie völlig die ältere »romantische« Bewunderung für kühne Züge und überraschende Kombinationen. Der Schachdiskurs war weiterhin geprägt von einer unaufgelösten Spannung zwischen dem Bestreben, eine objektive, dem Spiel innewohnende »Vernunft« zu erkennen, und einer Wertschätzung für glückliche Züge und gewagte Äußerungen des Instinkts und Willens.[20] Ein Meister des Schachspiels musste, so nahm man allgemein an, die Tugenden eines Kämpfers haben: Urteilsvermögen, Gewissenhaftigkeit und unerschrockenen Mut, dazu »Sachlichkeit, strategisches Denken, die spielerische Fähigkeit zum Umgang mit kontingenten und unerwarteten Situationen«. Die rhetorische Eskalation um dieses Spiel erklärt nicht zuletzt, weshalb es so häufig als Metapher für die Politik verwendet wurde. Dabei diente das Schachspiel sowohl als Argument für »die Notwendigkeit sozialer Ordnung« als auch für die spielerische Verkörperung des agonalen Prinzips.[21]

Die Schachanalogie kam den Beobachtern Mitte des 19. Jahrhunderts, die versuchten, Bismarcks Qualitäten als Politiker zu beschreiben, ganz natürlich vor. »Vergessen Sie nicht«, schrieb der britische Gesandte Sir Robert Morier an Odo Russell, den künftigen britischen Botschafter im deutschen Kaiserreich, im September 1870, »dass er [Bismarck] aus zwei Personen besteht, einem famosen Schachspieler voller höchst gewagter Kombinationen und mit dem schnellsten Blick für die richtige Kombination im richtigen Moment, der dem Erfolg seines Spiels alles opfern würde, selbst seinen persönlichen Hass – und einer Person mit den sonderbarsten und noch stärkeren Antipathien, der alles opfern würde, außer seinen Kombinationen«.[22] Horst Kohls Gedicht »Die gewonnene Partie – ein orientalisches Märchen«, das im März 1866 in der Zeitschrift *Kladderadatsch* veröffentlicht wurde, schildert eine Schachpartie zwischen einem temperamentvollen Großwesir und einem stämmigen »Bürgersmann«; als der Wesir erkennt, dass die Partie verloren ist, wischt er die Steine vom Brett und wirft sie seinem Gegner an den Kopf. »Siehst du – so rief er, siehst du, Tropf? Jetzt hab' ich die Partie gewonnen!« – das Gedicht war eine versteckte Anspielung auf den erbitterten Konflikt zwischen Bismarck und der fortschrittlichen Partei im Parlament.[23] Paul Kayser, der Leiter der Kolonialabteilung im Auswärtigen Amt, konstatierte anerkennend, Bismarcks Drohung während des Konflikts mit Kaiser Wilhelm II., der seiner Karriere ein Ende setzte, eine Krise auszulösen und dann den Reichstag in seiner jetzigen Form abzuschaffen, sei »der meisterhafteste [Zug] im ganzen Schachspiel [gewesen]; er bedeutet: König matt«.[24]

Bismarck, dessen Mutter Wilhelmine Mencken dem Vernehmen nach eine hervorragende Schachspielerin war, verwendete die Analogie häufig für sich und für die Situationen, mit denen er als Staatsmann konfrontiert war. In seinen Memoiren sprach er von den »politischen Schachzügen« der russischen Diplomatie während seiner Amtszeit in St. Petersburg.[25]

Die Alvenslebensche Konvention aus dem Jahr 1863, in der Preußen und Russland vereinbarten, bei der Unterdrückung der polnischen aufrührerischen Aktivität zusammenzuarbeiten, war »ein gelungener Schachzug«, durch den es Bismarck gelang, »die [Schach-]Partie« zu entscheiden, »die innerhalb des russischen Cabinetts der antipolnische monarchische und der polonisierende panslavistische Einfluss gegen einander spielten«.[26] Andere Passagen unterschieden zwischen »ernsten« Maßnahmen und lediglich »diplomatischen Schachzügen«, verwendeten den Begriff neutral, um auf innen- oder außenpolitische Initiativen aller Art hinzuweisen, oder benutzten ihn, um taktische Manöver zu umschreiben, die ihn selbst in Vorteil oder einen Gegner in Nachteil bringen sollten.[27]

Diese Verwendungen spiegelten die herkömmlichen Valenzen der Metapher wider, doch es gab auch andere Passagen, in denen Bismarck die Schach-Analogie vertiefte, um die innere Struktur seines politischen Denkens deutlich zu machen. In einer berühmten Passage aus der Korrespondenz mit seinem alten Freund und Förderer, dem Konservativen Leopold von Gerlach, bestand Bismarck darauf, dass es in den auswärtigen Beziehungen entscheidend sei, sich stets alle Optionen offen zu halten, sogar ein Bündnis oder eine Übereinkunft in irgendeiner Form mit dem französischen Usurpator Napoleon III.: »Frankreich [wäre mir] von allen Bundesgenossen der bedenklichste, obschon ich mir die Möglichkeit offen halten muss«, schrieb er, »weil man nicht Schach spielen kann, wenn einem 16 von 64 Felder von Hause aus verboten sind.«[28] Die gleiche Analogie benutzte er in den Memoiren, als er die Politik der Verständigung mit Österreich nach dem Sieg von 1866 verteidigte. Österreich ernsten Schaden zuzufügen, so argumentierte er, hätte beim besiegten Gegner einen *Revanche*-Geist geweckt: Es sei viel klüger, »uns die Möglichkeit, uns mit dem heutigen Gegner wieder zu befreunden, [zu] wahren«, und »den österreichischen Staat als einen Stein im europäischen Schachbrett und die Erneuerung guter Beziehungen mit demselben als einen für uns offen zu haltenden Schachzug ansehn«.[29]

In *Gedanken und Erinnerungen* führt Bismarck an keiner Stelle aus, was er genau meint, wenn er die Metapher des Schachspiels zur Vermittlung seines Politikverständnisses verwendet. Doch in einer aufschlussreichen Passage aus der Korrespondenz von 1857 mit Leopold von Gerlach macht er seine Auffassung recht deutlich. In diesem Briefwechsel protestierte Gerlach gegen eine Politik, die keinen Unterschied mache zwischen Mächten, die durch Erbfolge und Tradition legitimiert waren, und jenen konstruierten Autoritäten, die in den satanischen Essen der Revolution geschmiedet worden seien. Bismarck antwortet mit einer faszinierenden *Tour d'horizon* der zeitgenössischen politischen Kulturen: Welcher Staat, so fragt er, sei denn nicht in einem revolutionären Aufstand verankert? Die Vereinigten Staaten? Großbritannien, das seine heutige Form den Revolutionen von 1641 und 1688 verdanke? Die Wurzel von Gerlachs Irrtum, fährt er fort, liege nicht darin, dass er diese Merkmale der damaligen Welt nicht erkannt habe, sondern in seinem falschen Verständnis der zugrunde liegenden Logik dieser Welt:

> Das Princip des Kampfes gegen die Revolution erkenne auch ich als das meinige an, aber ich halte es nicht für richtig, Louis Napoleon als den alleinigen oder auch nur [*schlechthin*] als den Repräsentanten der Revolution anzusehen, und sehe nicht die Möglichkeit ein, das Princip in der Politik als ein solches durchzuführen, dass die ernstesten Consequenzen desselben immer noch jede andre Rücksicht durchbrechen, es gewissermaßen als den einzigen Trumpf im Spiele anzusehen, von dem die niedrigste Karte die höchste jeder andern Farbe sticht.[30]

Das Bemerkenswerte an diesem Zitat ist der implizite Gegensatz zum Schachspiel. Beim Kartenspiel, auf das in diesem Brief verwiesen wird – vermutlich meint Bismarck Whist –, entscheidet das Spielglück, welche Farbe Trumpf wird, die damit die Karten jeder anderen Farbe unabhängig von ihrem Wert sticht. Schach ist das genaue Gegenteil davon. Die Figuren auf dem Schachbrett schließen sich nicht gegenseitig aus, sie halten sich im Gleichgewicht. Und jeder Stein ist eine Kraft, mit der man rechnen muss: Selbst ein Bauer kann einen König matt setzen.

Die Bedeutung von 1848

Jene Kraft, deren Karten Leopold von Gerlach am liebsten aus dem Spiel ausgestochen gesehen hätte, war die Revolution. Gerlach war ein feinsinniger und intelligenter Konservativer, aber angesichts der Ereignisse von 1848 reagierte er wie ein Reaktionär, der glaubte, das Band der Geschichte könne zurückgespult und die Revolution ungeschehen gemacht werden. Bismarck sah die Sache anders: Für ihn waren die durch die Revolution von 1848 herbeigeführten Veränderungen unumkehrbar. Man musste sich mit ihnen abfinden. Es stimmt, dass Bismarck keinerlei Sympathie für die Verfechter der Revolution hegte. Seine Haltung zu den Ereignissen, die sich in Berlin in den Märztagen von 1848 abspielten, wird in einer sinnbildlichen und möglicherweise unechten Szene aus den Erinnerungen wiedergegeben. Demnach schlug Bismarck den Bauern auf seinem eigenen Gut – unter allgemeinem Beifall – vor, sich selbst zu bewaffnen, nach Berlin zu marschieren und den König von den Aufständischen in der Hauptstadt zu »befreien«.[31] In einer anderen Szene aus den Erinnerungen schilderte Bismarck, wie er auf dem Höhepunkt der Märztage mit den Generälen Karl von Prittwitz und Johann von Möllendorf in Berlin zusammensaß. Als die Frage aufkam, was man unternehmen solle, setzte sich Bismarck seiner Version zufolge an ein Klavier und klimperte unartig die Melodie des Angriffsmarschs der Infanterie.[32]

Doch bei all seiner Verachtung für die Rädelsführer der Unruhen auf den Straßen der deutschen Städte im Jahr 1848 und trotz seiner unbestreitbaren Verbundenheit mit der monarchischen politischen Kultur des »alten Preußens« passte sich Bismarck rasch an die neuen Rahmenbedingungen an, die durch die März-Ereignisse entstanden waren. In einer Rede, die er am 2. April 1848 in Berlin vor dem wieder versammelten Vereinigten Landtag hielt, nahm er zu dem Antrag Stellung, die Kammer solle den Revolutionären für ihre Errungenschaften im März 1848 danken. Selbstverständlich sehe er sich außerstande, diesen Antrag zu unterstützen, erklärte er. Er war bestürzt über diesen Angriff auf die monarchische Ordnung. Doch das bedeutete keineswegs, dass er die

Autorität der neuen Regierung ablehnte. Vielmehr stellte Bismarck klar, dass er das neue Regierungsprogramm als »ein Programm der Zukunft« akzeptiere. Er tue dies, fügte er hinzu, nicht weil er Wert darauf lege, sondern weil er durch den, wie er es nannte, »Drang der Umstände« dazu getrieben sei. Er räumte jedoch auch ein: »Ich glaube, dass dies Ministerium das einzige ist, welches uns aus der gegenwärtigen Lage einem geordneten und gesetzmäßigen Zustande zuführen kann.«[33] Die theatralische Wirkung dieser Worte wurde, wenn wir seinen Memoiren Glauben schenken können, noch dadurch gesteigert, dass er das Rednerpult unter Tränen verließ. Der Historiker Heinz Wolter bezeichnete diese Rede zu Recht als Bismarcks »Grablied auf das alte Preußen«.[34] In einem Brief, den Bismarck Ende April für eine Brandenburger Zeitung schrieb, brachte er diese Botschaft erneut zum Ausdruck. Niemand müsse befürchten, so betonte er, dass sich der ostelbische Landadel dem Fortgang der Ereignisse im Namen einer Restauration des alten Regimes widersetzen werde: »Man sucht daher die bisherige Ritterschaft als solche Leute zu bezeichnen, die den alten Zustand erhalten und zurückführen wollen, während die Rittergutsbesitzer wie jeder andre vernünftige Mensch sich selbst sagen, dass es unsinnig und unmöglich wäre, den Strom der Zeit aufhalten oder zurückdämmen zu wollen.«[35]

Mit anderen Worten: Bismarck erkannte rasch die neue politische Ordnung an, die von der Revolution eingeführt worden war. Doch was hieß das genau? Das Vermächtnis der Revolution in Preußen war komplex. Einerseits schufen die politischen Reformen, die während und nach dem revolutionären Aufstand durchgesetzt wurden – vor allem eine Verfassung und ein Parlament, landesweite Wahlen und eine vergleichsweise freie und kritische Presse, zumindest gemessen an der alten Zensur vor den Märztagen –, ein neues Preußen, in dem sich das politische Leben ausweitete und eine noch nie dagewesene Fülle an Akteuren einband. Andererseits stoppte die Gegenrevolution vom Herbst und Winter 1848 den von den Aufständen in die Wege geleiteten Demokratisierungsprozess und konsolidierte die Macht der monarchischen Exekutive. Um zu verstehen, welchen Einfluss 1848 auf Bismarcks Geschichtlichkeit hatte, müssen wir beide Merkmale des in diesem Jahr vollzogenen Wandels betrachten: die Konsolidierung der Staatsmacht und die Öffnung der Politik für das Wechselspiel der Interessen im Parlament und in der Gesellschaft.

Das entscheidende Merkmal der preußischen Verfassung vom 5. Dezember 1848, der ersten in der Geschichte des Königreichs, war die Tatsache, dass sie der Regierung nicht von einer gewählten Versammlung aufgezwungen, sondern von der Krone gewährt oder »oktroyiert« wurde. Die neue Verfassung hatte freilich vieles mit den Entwürfen gemeinsam, die preußische Liberale der revolutionären Nationalversammlung in Berlin im Frühjahr und Sommer ausgearbeitet hatten, wurde aber nicht unter deren Autorität verfasst. Zu der Zeit, als sie veröffentlicht wurde, war die Versammlung von Truppen des Königs gewaltsam aufgelöst worden. Die Abgeordneten hatte man nach Hause geschickt. »Entweder erlässt der Fürst auf der Grundlage des monarchischen Prinzips aus der Fülle seiner Staatsgewalt eine Verfassung – oder die Verfassung beruht auf einem Akt der verfassunggebenden Gewalt des Volkes, d.h. auf dem demokratischen Prinzip«, sollte der Verfassungsrechtler Carl Schmitt später argumentieren. »Als fundamental entgegengesetzt lassen sich diese beiden Prinzipien nicht miteinander vermengen. […] Wenn eine Verfassung einseitig vom Fürsten erlassen, wenn sie ›oktroyiert‹ wird, so beruht sie zweifellos auf der verfassunggebenden Gewalt des Fürsten.«[36]

Das Problem wird trefflich von einer zeitgenössischen politischen Karikatur eingefangen, mit dem Titel: »Neue Art, eine Constitution zu geben.« Sie zeigt den König, wie er die Verfassung mit einer Kanone auf eine hinter einen Turm geduckte Menge schießt.

Die preußische Krone (also der König und die konservative Kamarilla, die sich während der Revolution um den Thron geschart hatte) hätte natürlich eine Verfassung zugestehen können, die dem Parlament wirklich Anteil an der Herrschaft gewährte. Stattdessen platzierte sie im Herzstück der Verfassung einen Artikel, der es der Exekutive gestattete, ohne Beteiligung des Parlaments Notverordnungen mit Gesetzeskraft zu verhängen. Absatz 2 von Artikel 105 erklärte: »Wenn die Kammern [des Parlaments] nicht versammelt sind, können in dringenden Fällen, unter Verantwortlichkeit des gesammten Staatsministeriums, Verordnungen mit Gesetzeskraft erlassen werden.« Wie Günther Grünthal zeigt, wurde diese Bestimmung nicht als reine Absicherung aufgenommen, um die Kontinuität der Regierung in Zeiten zu gewährleisten, wenn das Parlament nicht tagte. Vielmehr war sie von Anfang an dazu gedacht, der Krone ein Instrument zu verschaffen, um die Verfassung im Sinne der Konservativen zu revidieren. Am 30. Mai 1849 diente die Bestimmung dazu, das 1848 gewährte Wahlrecht durch ein plutokratisches Dreiklassenwahlrecht zu ersetzen, das verhindern sollte, dass die Linke über das Parlament Druck auf die Regierung ausübte.[37] Auch auf dem Feld der Steuergesetzgebung drehte die Dezember-Verfassung das Spielfeld zugunsten der monarchischen Exekutive. Artikel 98 forderte, dass sämtliche Staatseinnahmen und Ausgaben im Voraus beim Parlament beantragt und mittels eines Haushaltsgesetzes genehmigt werden mussten; und Artikel 60 erklärte König und Parlament zu Partnern bei der Ausübung der legislativen Gewalt – so weit, so gut.[38] Artikel 108 postulierte jedoch, dass die für jedes beliebige Jahr vereinbarten Steuern und Ausgaben *unbegrenzt weiter erhoben* werden, bis sie von einem neuen Gesetz abgelöst werden – eine Bestimmung, die der Regierung, in der Theorie, die Vollmacht verlieh, das Parlament zu umgehen, falls keine Einigung über den Haushalt erzielt werden konnte.[39]

Wie Hans-Christof Kraus nachgewiesen hat, entsprach dies voll und ganz der konservativen Ansicht, wonach eine Monarchie, die dem Parlament die Vollmacht erteilte, Steuergesetze zu erlassen *und* abzulehnen, nur noch dem Namen nach eine Monarchie sei. Als die Kammer das Thema am 24. und 25. September 1849 diskutierte, standen die Konservativen Schlange, um Artikel 108 zu verteidigen. Unter ihnen war auch der junge Otto von Bismarck, der argumentierte, dass die preußische Krone keineswegs verpflichtet sei, sich in die gleiche Position der Ohnmacht wie die britische Monarchie zu begeben, »die [kaum] mehr als nur ein zierlicher Kuppelschmuck des Staatsgebäudes erscheint«, erklärte er, »während ich in der unserigen [der preußischen Krone] den tragenden

Mittelpfeiler desselben erkenne«.[40] Dieses Eintreten für den in der Verfassung verankerten Vorrang des monarchischen Staates blieb ein zentrales Merkmal von Bismarcks Politik. Mitten in den wechselnden Konstellationen des öffentlichen Lebens war dies etwas, das Bestand hatte, eine Quelle des Zusammenhalts durch die Zeit.[41]

Dies alles bedeutete jedoch keineswegs, dass die Revolution rückgängig oder ungeschehen gemacht werden konnte. Die 1848 entfesselten Kräfte flossen weiter durch das öffentliche Leben des preußischen Staates, auch wenn die Kanäle, die sie mit der politischen Exekutive verbanden, eng waren. Ein Staatsmann, der hoffte, im preußischen »Nachmärz«[42] seinen Weg zu finden, musste sich an eine neue Welt aus parlamentarischen Fraktionen und Wahlen, Wahlkämpfen, politischen Skandalen und häufig erbitterten, öffentlichen Debatten gewöhnen. Die zentrale Figur bei der Lenkung der neuen Kräfteverhältnisse war Otto von Manteuffel, ein stämmiger und nüchterner Karrierebürokrat und von 1850 bis 1858 preußischer Ministerpräsident. Bismarck äußerte sich in seinen Memoiren und in der zeitgenössischen Korrespondenz mit engen Vertrauten recht abschätzig über Manteuffel, doch der Einfluss des Ministerpräsidenten auf Bismarcks sich herausbildende politische Anschauung und Vorgehensweise war womöglich stärker, als er zugeben mochte. Mehr als jeder andere war Manteuffel derjenige, der die politische Kultur Preußens an die Realitäten der postrevolutionären Situation anpasste. Manteuffel stellte sich auf den Standpunkt, dass es Ziel der Regierung sei, zwischen den gegensätzlichen Kräften der organisierten Interessen, die gemeinsam die bürgerliche Gesellschaft bildeten, zu vermitteln. Er glich die Haushaltspolitik der Regierung wieder aus, indem er nach und nach die Privilegien des ostelbischen Landadels beschnitt. Es sei undenkbar, machte er gegenüber konservativen Gegnern der Steuerreform deutlich, dass der preußische Staat weiterhin »wie ein Rittergut« geführt werde.[43] Wie Anna Ross gezeigt hat, wehrte Manteuffel konsequent Versuche der romantisch-ständischen, aristokratischen Rechten ab, eine »Reaktion« in die Wege zu leiten, welche die Errungenschaften von 1848 zunichtemachte.[44]

Manteuffel ergriff auch Maßnahmen, um die Einheit und den Zusammenhalt der Zentralregierung zu gewährleisten. Im Jahr 1852 beantragte er eine Kabinettsorder des Königs, die den Ministerpräsidenten zum einzigen Kanal für die offizielle Kommunikation zwischen dem Ministerium, also der Riege der Minister, und dem Monarchen machte. Dieses wichtige Dokument ließ den Versuch erkennen, endlich die Einheit der Verwaltung zu verwirklichen, um die die Reformer der napoleonischen Zeit schon in den 1810er Jahren gerungen hatten.[45] In späteren Jahren, unter dem Vorsitz des weit skrupelloseren und ehrgeizigeren Otto von Bismarck, sollte die Kabinettsorder von 1852 ein Instrument für eine so starke Konzentration der Macht bieten, dass ein hoher Grad an Einheit im gesamten Kabinett und in der Regierung gewährleistet war; und sie sollte eine markante Rolle bei der abschließenden Krise von Bismarcks politischer Karriere spielen – doch dazu später.

Manteuffel sah in den Turbulenzen der neuen parlamentarischen Politik keineswegs ein Argument für einen Staatsstreich, sondern betrachtete sie als den Anker seiner eigenen Autorität, denn was konnte die Unverzichtbarkeit des Ministerpräsidenten besser belegen als seine Fähigkeit, die widerstreitenden Kräfte des Landtags zu lenken? In der Tat warf ein ultrakonservativer Kritiker Manteuffels, nämlich Leopold von Gerlach, dem Ministerpräsidenten im Jahr 1853 sogar vor, bewusst Krisen im preußischen Landtag zu fingieren, um den König von seiner Unverzichtbarkeit zu überzeugen – ein Vorwurf, der später (mit größerer Berechtigung) auch gegen Bismarck erhoben wurde.[46]

Der entscheidende Punkt ist, dass sich Manteuffel mit der Dynamik der postrevolutionären Situation abfand und sich darauf konzentrierte, Mittel und Wege zu finden, sie erfolgreich zu lenken. Das wohl wichtigste darunter war eine autonome monarchische Staatsgewalt, die imstande war, sich politisch über Wasser zu halten. Die Lenkung der öffentlichen Meinung war ein weiteres wichtiges Feld. Manteuffel war überzeugt, dass es an der Zeit sei, das traditionell konfrontative Verhältnis zwischen Presse und Regierung zu überwinden, das vor 1848 die Norm gewesen war. Dieses Anliegen trug in der Gründung der »Zentralstelle für Preßangelegenheiten« im Dezember 1850 Früchte, deren Aufgabe unter anderem die Verwaltung der Mittel war, die für die Subventionierung der Presse und die Pflege der »Beziehungen« zu in- und ausländischen Zeitungen vorgesehen waren.[47] In den frühen 1850er Jahren gelang es der Zentralstelle, ein Netz an Pressekontakten zu knüpfen, das bis tief in die Provinzpresse reichte.

Manteuffels Innovation kündigte somit den Übergang von einer Form der Kontrolle, die auf dem Filtern des Pressematerials durch einen jämmerlichen Zensurapparat beruhte, zu einem ausgewogeneren System des Nachrichten- und Informationsmanagements an.[48] Dies alles waren überzeugende Anzeichen für die Unumkehrbarkeit der von 1848 hervorgerufenen Veränderungen. »Wenn jedes Jahrhundert neue geistige Mächte in den Kreis des traditionellen Lebens hat treten sehen, die nicht zu vernichten, sondern zu verarbeiten waren«, schrieb Manteuffel im Juli 1851, »so erkennt unsere Generation die Presse als eine solche Macht. Ihre Bedeutung ist gestiegen mit der erweiterten Teilnahme des Volkes an den öffentlichen Angelegenheiten, einer Teilnahme, welcher vorzüglich die Tagespresse teils ihren Ausdruck, teils ihre Nahrung und Richtung gibt.«[49] Manteuffel gab die Geschichtlichkeit seiner postrevolutionären Politik trefflich in einer Rede wieder, die er anlässlich seiner Wahl in den preußischen Landtag Anfang 1849 hielt: »Die alten Zeiten sind vergangen, sie können nicht wiederkehren! [...] Es ist in diesen Tagen viel von Reaktion die Rede gewesen. Der ist kurzsichtig, wer an Herstellung der alten Zeiten dächte. Es heißt Wasser in einem Siebe schöpfen, wenn man die zerfallenen Zustände der Vergangenheit wieder herstellen wollte.«[50] Die Ähnlichkeit mit Bismarcks Rede vor dem zweiten Reichstag am 2. April 1848 über die konstituierende Versammlung in Berlin ist nicht zu übersehen.

Diese postrevolutionäre Ordnung war die Welt, in der Bismarck sein Handwerk lernte. Er trat seinen Posten – sein erstes bezahltes Amt – im Jahr 1851 als Preußens Gesandter beim Frankfurter Bundestag an, wo es seine Hauptaufgabe war, preußenfreundliche Journalisten und Zeitungsredakteure mit Manteuffels Regierungsgeldern zu schmieren. Später sollte er dafür berühmt werden, dass er ein riesiges Netzwerk freundlicher Journalisten und Zeitungen unterhielt, in dessen Dienste er viele ehemalige Radikale von 1848 stellte.[51] Bismarcks Verhältnis zu 1848 hatte außerdem eine subjektive und persönliche Dimension. Erst während der Revolutionen fing er an, sein politisches Denken mit dem Schicksal der Monarchie und des Staates selbst zu verknüpfen. Er erkannte sein Leben lang an, dass die Revolution die notwendige Bedingung war, auf der seine eigene Karriere im öffentlichen Leben gründete. Er erkannte, dass die Revolution, indem sie die Strukturen der politischen Macht veränderte und öffnete, einem Mann wie ihm neue Möglichkeiten aufgetan hatte. Er hätte niemals, so gestand er in seinen Memoiren, die er nach seiner Pensionierung schrieb, in »der Zeit vor 1848« eine politische Laufbahn antreten können. Dem jungen Bismarck hatten die gesellschaftlichen Beziehungen gefehlt, die ihm einen raschen Zugang zu hohen politischen Ämtern verschafft hätten; und für den langwierigen, steinigen Weg durch die Reihen der Bürokratie fehlten ihm die Geduld und das nötige Sitzfleisch.[52]

Diesem widerwilligen Eingeständnis der Bedeutung der Revolution lag ein allgemeiner Prozess der rhetorischen Aufblähung zugrunde, der die Bedeutung des Begriffs »Revolution« veränderte: Aus einem Wort, das ein bestimmtes Ereignis in der Vergangenheit wie den Sturm auf die Bastille oder den Sturz Robespierres bezeichnete, wurde ein unbeherrschbarer und allumfassender Prozess, ein weltgeschichtliches Prinzip, dessen Einflussbereich die gesamte Menschheit umfasste.[53] Der konservative, politische Theoretiker Friedrich Julius Stahl, eine einflussreiche Figur in Bismarcks Kreisen im Jahr 1848 und danach, erfasste und artikulierte diesen semantischen Wandel in einem Vortrag, den er 1852 an der Universität Berlin hielt und der anschließend als Broschüre veröffentlicht wurde. In der Schrift *Was ist die Revolution?* unterscheidet Stahl zwischen reinen Unruhen und »Revolution«:

> Bedeutet Revolution die Selbsthülfe und Gewaltthat des Volkes gegen seine Obrigkeit? Ist sie dasselbe mit Empörung? – Keines-

> wegs! Die Revolution ist nicht ein einsamer Akt; sie ist ein fortdauernder Zustand, eine neue Ordnung der Dinge. Empörung, Vertreibung der Dynastie, Umsturz der Verfassung hat es zu allen Zeiten gegeben. Die Revolution aber ist die eigenthümliche, weltgeschichtliche Signatur unseres Zeitalters.[54]

Eine derartige Ausweitung des Begriffs implizierte nicht zwangsläufig, dass man die Legitimität der Revolutionen von 1848 anerkannte. Stahls Vortrag forderte Zuhörer und Leser eindringlich auf, die zeitgenössische Politik im Lichte einer überaus moralischen Entscheidung zwischen der Achtung der Gebote Gottes und einer Unterwerfung unter den Stolz und die Begehrlichkeiten gewöhnlicher Menschen zu betrachten. Aber selbst jenen, die wie Bismarck nicht ganz so theokratisch gesinnt waren, erleichterte es die semantische Ausweitung des Begriffs »Revolution«, die Ereignisse von 1848 mit dem Gang der Geschichte in Einklang zu bringen. Wie verachtenswert die tatsächlichen Akteure der Revolution (in Bismarcks Augen) auch sein mochten, sie waren die Vollstrecker eines historischen Wandels, dessen Finalität nicht zu leugnen war.

Seine feste Überzeugung, wonach die Revolution von 1848 ein Scheideweg gewesen sei, äußerte Bismarck nirgendwo deutlicher als in seinem letzten Streit mit Kaiser Wilhelm II. Entschlossen, die Macht seines Kanzlers zu brechen, verlangte der ungestüme neue Monarch Anfang 1890 von Bismarck die Kabinettsorder von 1852 zurück, also die seinerzeit Manteuffel erteilte Anweisung, die dem Ministerpräsidenten Autorität über seine Ministerkollegen verlieh. In seinem Abschiedsgesuch, das – man glaubt es kaum – auf den 18. März datiert war, den Tag, an dem die Revolution von 1848 in Berlin ausgebrochen war, antwortete Bismarck auf diese Forderung mit einer ausgefeilten historischen Genealogie seines eigenen Amtes, das auf einer Schilderung der »Genesis und [der] Bedeutung dieser Ordre« von 1852 basierte. Sie sei, bemerkte er, schon im ersten Vereinigten Landtag von 1847 von dem liberalen Abgeordneten Mevissen vorgeschlagen worden. Tatsächlich sei sie jedoch im Frühjahr

1848 als ein Mittel, »diejenige Einheit und Stetigkeit zu erhalten«, eingeführt worden, »ohne welche eine ministerielle Verantwortlichkeit, wie sie das Wesen des Verfassungslebens bildet, nicht durchführbar ist«. Ein Verzicht auf die Konzentration der Ministerialgewalt, die vom Souverän in der Order von 1852 gewährt worden sei, wäre nur möglich, wenn man zur Ära des Absolutismus zurückkehre, ohne jede ministerielle Zuständigkeit. »Nach den zu Recht bestehenden verfassungsmäßigen Einrichtungen aber ist eine präsidiale Leitung des Minister-Collegiums auf der Basis des Prinzips der Ordre von 1852 unentbehrlich.«[55] Das mag als rein opportunistischer Verweis auf die Geschichte erscheinen – immerhin war es ja seine Absicht, das eigene Amt des Kanzlers gegen eine Einschränkung seiner Befugnisse zu verteidigen. Aber es steckte noch mehr dahinter. Bismarck hatte seit den 1850er Jahren erkannt, dass die abgehobenen Strukturen des einst absolutistischen Staates in einer unruhigen Umgebung versunken waren, wo alles in Bewegung war.

Der Fluss der Politik

Für Bismarck hatten, schrieb Helmuth Wolff, alle »Kräfte der Gegenwart« ihre »Genesis«, von denen jede einzelne »ein viel getreueres Bild der Gegenwart [offenbart], als eine Umschau in der eigenen Zeit [es] vermöchte«. Bismarcks Denkweise war ihrem Wesen nach insofern »genetisch«, als sie das Augenmerk auf das »geschichtliche Werden als eine fortlaufende Reihe« richtete, »die prinzipiell ohne Unterbrechung in ihrer ständigen Veränderung verfolgt wird«.[56] In seinen Augen hatten die europäischen Mächte Reisen angetreten, deren Charakter durch den Verweis auf die Vergangenheit erhellt werden konnte. Das moderne England wachse immer noch auf dem Boden der »Glorreichen Revolution« von 1688 und der industriellen Revolution im späten 18. und frühen 19. Jahrhundert; Frankreich habe immer noch alle Mühe, die von der großen Revolution 1789 entfesselten Kräfte in den Griff zu bekommen. Die zaristische Autokratie in Russland sei die Konsequenz einer Reise in die Moderne, die mit Peter dem Großen und Katharina II. begonnen hatte, doch die Strömung der abweichenden, liberalen Meinung, die in die politische Gesellschaft Russlands eindrang, sei ebenfalls in einer langen Geschichte verwurzelt. Die polnische Nation habe niemals das Verdikt der Teilungen von 1772, 1793 und 1795 akzeptiert und werde nie aufhören, die Wiederrichtung eines polnischen Staates anzustreben.[57]

Diese historische Denkweise hinterließ ihre Spuren in Bismarcks Praxis als Politiker. Wie gezeigt, behauptete er genau wie Manteuffel, die verändernde Wirkung der Revolution von 1848 zu akzeptieren. Er erkannte ebenfalls, dass neue Kräfte auf die politische Bühne getreten waren, Kräfte, deren Wechselwirkung angesichts einer unbekannten und unbegreiflichen Zukunft behutsam gesteuert werden musste. Der Liberalismus in seinen verschiedenen Varianten, der politische Katholizismus, die nationale Bewegung, parlamentarische Fraktionen und Koalitionen, die Presse und die öffentliche Meinung – das waren die Instrumente, mit denen dem Staatsmann nun einmal arbeiten musste. Allerdings hatte er sie nicht unmittelbar unter Kontrolle. Selbst die Konservativen waren durchaus imstande, eigene Wege zu gehen – Bismarck beklagte sich wiederholt über die Neigung der Menschen im öffentlichen Leben, seinen Einfluss auf die konservative Fraktion, dem Vernehmen nach seine ideologischen Verbündeten, zu überschätzen.[58] Aber selbst wenn sich die Kräfte nicht steuern oder kontrollieren ließen, konnte man sie im Gleichgewicht halten oder gegeneinander ausspielen. Und es konnten neue Kräfte ins Spiel gebracht werden, um ein Gegengewicht zu den alten herzustellen.

Das System auf diese Weise zu nutzen, erforderte äußerste Flexibilität der Entscheidungsträger. Deshalb war es auch unerlässlich, im eigenen Land ebenso wie im Ausland, rasch wechselnde Bündnisse und Kombinationen in petto zu haben – wie beim Schachspiel. Die Geschichtlichkeit seines Machtverständnisses äußerte sich ebenso deutlich in seinen Methoden und in der Praxis wie in seinen Äußerungen. Bismarck distanzierte sich selbstbewusst von den ideologischen Vorgaben jeder Interessengruppe – kein Schachspieler, der für eine bestimmte Figur eine besondere Zuneigung empfinde, vertraute er Gerlach an, könne darauf hoffen, erfolgreich Schach zu spielen.[59] Obwohl er viele »Altkonservative« (Gerlach mitgerechnet) zu seinen Freunden zählte, übernahm er nie deren nostalgische, korporative Politik. Andererseits war er keinesfalls ein Liberaler oder hätte es sein können. Und auch wenn er den monarchischen Staat als eine Exekutive mit der Befähigung zu autonomem Handeln verehrte, hatte er doch für den »vierten Stand« der Staatsdiener wenig übrig (sein Leben lang blickte er mit einer gewissen Verachtung auf die »Federfuchser« der Verwaltung herab).

Das Ergebnis all dieser Nicht-Bindungen war eine bemerkenswerte Freiheit von ideologischen Scheuklappen, eine Fähigkeit, von einem Lager ins andere zu wechseln, seine Widersacher auf dem falschen Fuß zu erwischen oder Meinungsverschiedenheiten unter ihnen auszunutzen. In der Verfassungskrise von 1862 hätte er die Liberalen beinahe gedemütigt, doch er bot ihnen, zum Ärger seiner konservativen Verbündeten, eine parlamentarische Entschädigung. Er arbeitete mit den Kräften des Liberalismus gegen die Katholiken und Konservativen (in den 1870ern) und umgekehrt (in den 1880ern) zusammen; er setzte das demokratische Wahlrecht als Waffe gegen den elitären Liberalismus ein, beriet sich mit Sozialdemokraten zur sozialen Frage und versuchte danach, ihren Rückhalt mit einer ganzen Palette von Sozialgesetzen zu untergraben; er nahm den oppositionellen Anmaßungen der Nationalisten die Luft, indem er sich scheinbar mit der nationalen Sache verbündete. »Es gibt Zeiten, in denen man liberal regieren muss, und Zeiten, in denen man diktatorisch regieren muss, es wechselt alles, hier gibt es keine Ewigkeit«, erklärte er im Jahr 1881 vor dem Reichstag.[60] Seine Laufbahn war durchsetzt von den verblüfften Ausrufen derjenigen, die, nachdem sie Bismarck endlich für ihre Sache gewonnen hatten, schon am nächsten Tag feststellen mussten, dass er sie von der gegnerischen Seite her unter Beschuss nahm. Das proteische Wesen seiner Politik empörte seine Verbündeten ebenso wie seine Gegner, die in manchen Fällen ein und dieselben Personen waren, gab ihnen jedoch unablässig Rätsel auf. Das war ein Schlüssel zu seinem Erfolg.

Zu den großartigsten Machtspielen Bismarcks zählte seine Entscheidung, nachdrücklich ein deutsches Parlament zu fordern, das nach dem allgemeinen Wahlrecht gewählt wurde. Am 10. Juni 1866 schlug er vor, den Deutschen Bund neu zu organisieren, ohne Österreich und um ein nationales und demokratisch (allerdings nur von Männern) gewähltes Parlament. Bei der Rechtfertigung seiner Entscheidung, die Freunde und Feinde gleichermaßen schockierte, äußerte er die Zuversicht, dass »in Momenten der Entscheidung [...] die Massen zum Königtum« stehen werden, mit anderen Worten, dass eine Ausweitung des Wahlrechts mit dem Ballast des Konservatismus der Menge ein Gegengewicht zu den Liberalen schaffen werde.[61] Diese Annahme war durchaus nicht unbegründet: Offenbar ging sie auf den Erfolg der konservativen Gegenmobilisierung im Jahr 1848 und die Wahl Louis Napoleons III. zum französischen Präsidenten im Dezember 1848 mit der Unterstützung von vier Millionen überwiegend bäuerlichen Stimmen zurück.[62] Der Schuss ging jedoch nach hinten los: Die Massen, die jetzt in den Schoß der Politik einzogen, erwiesen sich keineswegs als so willfährige Landeier, wie Bismarck angenommen hatte. Der größte und spektakulärste Nutznießer des allgemeinen Wahlrechts war die Zentrumspartei, deren phänomenaler Erfolg unter Katholiken im Süden, Westen und Osten einen eindrucksvollen Oppositionsblock im Reichstag hervorbrachte. Danach kamen die Sozialdemokraten, deren bemerkenswerten Aufstieg in der Wählergunst nicht einmal drakonische antisozialistische Gesetze stoppen konnten.

In seinen in den 1890er Jahren verfassten Erinnerungen, als die Folgen des allgemeinen Wahlrechts in ihrem vollen Ausmaß erkennbar waren, gab Bismarck eine merkwürdig ambivalente Darstellung dieser Politik: »Die Annahme des allgemeinen Wahlrechts«, schrieb er, »war eine Waffe im Kampfe gegen Österreich und weitres Ausland [...] In einem Kampfe derart, wenn er auf Tod und Leben geht, sieht man die Waffen, zu denen man greift, und die Werthe, die man durch ihre Benutzung zerstört, nicht an.« Darauf folgte jedoch eine grundsätzlichere Verteidigung: »Außerdem halte ich noch heut das allgemeine Wahlrecht nicht blos theoretisch, sondern auch praktisch für ein berechtigtes Prinzip.« Das liege daran, argumentierte er, dass moderne Politik das Bestreben sei, die gesellschaftlichen Kräfte im Gleichgewicht zu halten. Die Interessen der »intelligenteren Classen«, denen es tendenziell auch besser gehe, müssten gewahrt werden, aber auch jene des »begehrliche[n] Element[s]«, für das Besitz eher ein Wunsch als Realität sei. Die Interessen der Letzteren müssten jedoch »ohne gefährliche Beschleunigung« des politischen Wandels oder Schaden für die staatliche Struktur befriedigt werden. Wenn der Staat bei diesem Balanceakt versage, wäre die Rückkehr »zur Diktatur, zur Gewaltherrschaft, zum Absolutismus« die Folge. Und ein Absolutismus funktioniere in der modernen Welt nicht, weil selbst die bestgeführte Exekutive das Korrektiv der öffentlichen »Kritik« brauche. Und diese Kritik könne lediglich durch eine »freie Presse und durch Parlamente im modernen Sinne« erfolgen. Folglich sei es die Funktion der Regierung, sich zwischen den Herrscher und die Legislative zu stellen, den politischen Prozess *sowohl* gegen die Launen wechselnder Mehrheiten *als auch* gegen die Ränke der Kamarilla und königlichen Günstlinge zu beschützen. Immerhin seien Nationen »schwere Massen«, die verpflichtet seien, sich mit großer Vorsicht zu bewegen, »da die Bahnen, in denen sie einer unbekannten Zukunft entgegenlaufen, nicht geglättete Eisenschienen haben«.[63]

Diese Überlegungen dürfen nicht als offene Bekundung der wahren politischen Motive Bismarcks gedeutet werden – vielmehr haben wir es mit einer kunstvollen Übung in retrospektiver Selbstrechtfertigung zu tun. Das Entscheidende im Kontext dieser Diskussion ist die implizite Geschichtlichkeit des Arguments. Eine Lokomotive – wir können sie getrost Geschichte nennen – bewegt sich langsam auf Gleisen, aber auf Gleisen, die über einen aufgebrochenen Untergrund und in eine unbekannte und unbegreifliche Zukunft führen. Ihre schwerfällige Bewegung wird von dem ständig wechselnden Kräftegleichgewicht in ihrem Innern bestimmt. In welche Richtung diese metaphorische Lokomotive auch reisen mag, eine vollkommenere Verkörperung der linearen Zeit kann es kaum geben.[64]

Bismarck baute diese Auffassung der Politik als Wechselspiel der Kräfte in die deutsche Reichsverfassung ein, deren Entstehung er zwischen 1867 und 1871 beaufsichtigte. Es handelte sich um ein ungewöhnlich ergebnisoffenes Dokument. Vor allem wurde kein ernsthafter Versuch unternommen, eine handlungsfähige Zentralregierung zu schaffen. Auch wenn das Dokument die Rechte und Zuständigkeiten der verschiedenen Verfassungsorgane (Bundesrat, Reichstag, Kaiser, Kanzler) festlegte, sagte es doch so gut wie nichts darüber aus, wer oder welches Organ die Funktion einer Regierung übernehmen sollte – in dieser Hinsicht glich es überhaupt nicht dem Entwurf einer Landesverfassung, den die Abgeordneten des Frankfurter Parlaments 1848 ausgearbeitet hatten. Die Verfassung von 1871 war als Rahmen für ein Wechselspiel der Kräfte angelegt, in dem, genau wie im Schach, lediglich die Grundregeln des Spiels definiert waren – der Ausgang und die Wahl der Spielweise blieben offen. Die deutsche Reichsverfassung von 1871 sah darüber hinaus, im Gegensatz zu ihren früheren Pendants in der Schweiz und in Amerika, kein Verfassungsgericht vor. In Deutschland wurde, wie Oliver Haardt nachgewiesen hat, die Entwicklung des föderativen Systems eher durch das zufällige Wechselspiel unter seinen Bestandteilen vorangetrieben.[65] Das Fehlen eines Verfassungsgerichts spiegelt Bismarcks Verständnis der Verfassung als ergebnisoffenes Machtinstrument wider: Die Machtspiele des Kanzlers sollten nicht von einem unparteiischen, nicht der Exekutive angehörigen Schiedsrichter beurteilt oder geprüft werden, der die Grundrichtung der konstitutionellen Entwicklung vorgeben konnte.

Bismarcks Offenheit für das Wechselspiel der Kräfte könnte eine Nähe zur realistischen Denkweise Ludwig Rochaus vermuten lassen, eines einflussreichen Theoretikers des deutschen Nachmärz, der 1853 die These aufstellte, wonach das Fundament jeglichen politischen Verständnisses in der genauen Beobachtung der »Kräfte, welche dem heutigen Staat seine Form geben«, liege oder liegen sollte. Wie Manteuffel und Bismarck erkannte auch Rochau, dass die Revolution neue historische Kräfte freigesetzt hatte, die nicht aus der Welt geschafft werden konnten:

> Dagegen ist [in jüngster Zeit] ein reicher Nachwuchs junger gesellschaftlicher Kräfte aufgeschossen, welche selbständig oder in mannigfachen Verbindungen ihre Geltung im staatlichen Leben verlangen. Das bürgerliche Bewusstsein, der Freiheitsgedanke, der Nationalsinn, die Idee der menschlichen Gleichberechtigung, der politische Parteigeist, die Presse sind für viele der heutigen Staaten ganz neue Faktoren des gesellschaftlichen Lebens.[66]

Rochaus Realismus war, genau wie derjenige Bismarcks, in der Revolution von 1848 verankert; er war gleichzeitig ein Versuch, das Scheitern jener Revolution zu erklären und die Konsequenzen ihres Erfolgs zu lenken. Im Nachgang des Aufstands müsse, so Rochaus Argumentation, eine realistische Politik einen Sinn für den historischen Wandel und für die »wechselnden Konstellationen gegensätzlicher politischer und gesellschaftlicher Kräfte« besitzen.[67] Bismarck hätte an diesen Beobachtungen möglicherweise Gefallen gefunden (es lässt sich nicht mit Sicherheit sagen, weil er sich meines Wissens nie zu Rochaus Werk äußerte). Doch es gab einen grundlegenden Unterschied: Rochau, der Theoretiker der sogenannten »Realpolitik«, war ein Liberaler mit radikalen Neigungen, für den der Staat letztlich den Kräften der Gesellschaft untergeordnet war. Die Verfassung eines Staates, schrieb er, »wird bedingt durch das Wechselverhältnis der innerhalb desselben teils tätigen, teils ruhenden Kräfte«. Jede gesellschaftliche Kraft hatte das Recht auf ein gewisses Maß an offizieller Anerkennung, die ihrem Umfang entsprach, »und die Staatskraft selbst besteht lediglich aus der Summe der gesellschaftlichen Kräfte, welche der Staat sich einverleibt hat«.[68] Diese letztere These wäre Bismarck ein Gräuel gewesen. Für den preußischen Staatsmann war der monarchische Staat weder eine Manifestation noch die Spielwiese gesellschaftlicher oder politischer Kräfte, sondern das dauerhafte Gerüst, das es ihnen ermöglichte, sich auszutoben, ohne dass das ganze System ins Chaos stürzte.

Apotheose des Augenblicks

In Jean-Léon Gérômes Gemälde *Der Tod Cäsars,* das zwischen 1859 und 1867 entstand, wird der Senat des alten Rom zum Schauplatz eines Verbrechens. Umgestürzte Stühle lassen auf einen Kampf schließen. Ein in ein weißes Laken gehüllter Leichnam liegt links im Vordergrund. In der Mitte drängen mit einer Toga bekleidete Männer aus dem Saal; sie recken alle ihre Schwerter in die Höhe, bis auf den letzten in der Gruppe (Brutus?), der sein Schwert noch nicht erhoben hat, das aber vermutlich in Kürze auch tun wird. Im tiefen Hintergrund ist ein Bogen zu sehen, der ins Freie und auf das Forum führt. Die kurze Wanderung des Auges vom ermordeten Cäsar zu den nach draußen drängenden Senatoren und dem lichterfüllten Bogen ist auch eine Reise in die Zukunft: Die Nachricht von dieser folgenschweren Tat wird aus dem Saal auf das Forum weitergegeben werden, in das allgemeine Wissen einziehen und schließlich mit der Geschichte Roms verschmelzen. Gérômes Gemälde ist eine Szene vollgepackt mit narrativem Stoff, durchsetzt mit Hinweisen auf das, was sich soeben ereignet hat, und Andeutungen, was demnächst passieren wird. Man könnte meinen, der Maler habe versucht, mehr Zeit in dem Rahmen zu komprimieren, als ein statisches, zweidimensionales Bild nach der Logik zu fassen imstande ist. *Der Tod Cäsars* ist charakteristisch für jene Historienbilder, die zwischen den 1840er und 1880er Jahren die Ausstellungen der europäischen Akademien zunehmend dominierten. In ihnen verschmolzen, wie Nina Lübbren ausführt, die Traditionen der Historienmalerei und der Genremalerei, sodass Gemälde entstanden, die von der Zeit eines bestimmten Augenblicks durchtränkt waren.[69]

Ein charakteristisches Merkmal des Schachspiels besteht darin, dass es in Augenblicken abgemessen wird, von denen jeder einzelne eine neue und unvorhersehbare Palette an Möglichkeiten und Drohungen birgt. Das Spiel verläuft diachron, aber es entwickelt sich auch in Momenten, in denen das Kräftegleichgewicht vorübergehend eingefroren ist, Momente, in denen Entscheidungen zum nächsten Zug getroffen wer-

Jean-Léon Gérôme: *Der Tod Cäsars* (1867).

den müssen. Das Gleiche lässt sich über Bismarcks Auffassung von Politik sagen: Wenn staatsmännische Fähigkeit heißt, das Verhältnis zwischen Kräften zu steuern, deren relative Stärke und wechselseitige Beziehungen ständig im Fluss sind, dann hängt Erfolg zwangsläufig vom Handeln an bestimmten kritischen Punkten ab, wenn die aktuelle Ausrichtung zufällig, und sei es noch so kurz, für eine bestimmte Vorgehensweise spricht. »Momente der Entscheidung« und »entscheidende Momente« (das ist keineswegs dasselbe) waren die Knotenpunkte, aus denen seine politischen Ich-Erzählungen konstruiert wurden. Welchen Sinn hätte es, eine militärische Entscheidungsschlacht mit Österreich um die Schaffung eines von Preußen dominierten Deutschen Bundes anzustreben, fragte Bismarck einen politischen Vertrauten im Herbst 1850, wenn man sich nicht sicher sein könne, dass die Unterstützung des Monarchen im »entscheidenden Augenblicke« eintreffe?[70] Die Vorlage eines neuen Pressegesetzes im Reichstag müsse verschoben werden, schrieb er im Mai 1873 an Wilhelm I., »bis zu demjenigen Zeitpunkte […], in welchem durch eine einheitliche Deutsche Strafprozessordnung eine gleichmäßige Grundlage für die Verfolgung und Verurtheilung der durch die

Presse begangenen strafbaren Handlungen gegeben sein werde«.[71] In einem Brief vom Sommer 1878 an den bayerischen König räumte Bismarck ein, dass es, wenn der Reichstag die Maßnahmen gegen die Sozialdemokraten nicht unterstützen sollte, womöglich notwendig sei, eine Auflösung in Betracht zu ziehen: »Ich glaube aber nicht, dass ein richtiger Moment der Entscheidung darüber schon in diesem Herbst eintreten könne.«[72] In einem Kapitel über die deutschen »Dynastien und Stämme« stellte Bismarck fest, dass es ihm stets gelungen sei, die Unterstützung des preußischen Monarchen (Wilhelm I.) für »die deutsche Seite unserer Entwicklung« zu bekommen, weil Wilhelm in entscheidenden Augenblicken stets zur nationalen Sache hin tendiert habe.[73] Im November 1870, »in dem Augenblick, wo die Kaiserfrage kritisch war und an dem Schweigen Baierns und der Abneigung König Wilhelms zu scheitern drohte«, da sei es seinem großen Geschick und Einsatz zu verdanken gewesen, erinnerte er sich in den Memoiren, dass sich der bayerische König mit dem Plan, einen »deutschen Kaiser« auszurufen, abgefunden habe. In diesem Fall sei das Zeitfenster so knapp gewesen, dass Bismarck den entscheidenden Brief am Esstisch »auf durchschlagendem Papier und mit widerstrebender Tinte« geschrieben und dann eigenhändig mit größtmöglicher Geschwindigkeit aus dem vom Krieg verwüsteten Frankreich nach Hohenschwangau geschickt habe, wo der bayerische Monarch mit Zahnschmerzen das Bett hütete.[74] Damit wurde impliziert, dass schon die leiseste Verzögerung den Lauf der Geschichte ändern konnte. Der Gedanke, dass die Zeit politischer Entscheidungsfindungen von Situationen durchsetzt war, die gewisse Einschränkungen und Chancen boten, war selbstverständlich nicht neu. Als der Große Kurfürst seinerzeit die Stände um Geld bat, hatte er auf die Eventualitäten der »gegenwärtigen Conjuncturen« verwiesen. Der Unterschied bestand darin, dass in Bismarcks Zeit die Konstellation der aktuellen Verhältnisse zum einen viel schwieriger zu deuten oder zu entschlüsseln schien, zum anderen sich viel schneller veränderte, sodass der Druck einzugreifen, zu wählen und sich zu entscheiden, zu einer existenziellen Angelegenheit wurde.

Indem Bismarck seine Narrative und sein Selbstverständnis auf diese Art strukturierte, brachte er ein Zeitempfinden zum Ausdruck, das von der Überlegenheit des Augenblicks als empirischer und hermeneutischer Kategorie geprägt war. Die Revolutionen von 1848 hatten damit zu tun: Indem die Massen als ein Faktor der Unberechenbarkeit im öffentlichen Leben entfesselt worden seien, so deutete der Historiker Johann Gustav Droysen 1851 an, hätten die Revolutionen die europäische Politik mit einer »Angst des Augenblicks« belastet, aus der es keinen Ausweg mehr gegeben habe.[75] Statt die Zeit abzuschaffen, wie manche behaupteten, lud der revolutionäre Wandel der Telekommunikation Mitte des Jahrhunderts immer kleinere Zeiteinheiten mit noch größerer Bedeutung auf, insbesondere in Marktumgebungen wie Aktienbörsen, wo die Geschwindigkeit des Zugangs zu einer Information einem Akteur einen kommerziellen Vorteil verschaffen konnte.[76] Im Lauf des 19. Jahrhunderts bereitete, so Sue Zemka, das Eindringen der industriellen Zeit und der Uhrzeit in alle Lebensbereiche »die Bühne für eine Hyperbewusstheit des Augenblicklichen«, in welcher der Moment eine gesteigerte Deutungsfunktion als Fenster zu versteckten Sinnquellen ausübte.[77] Ulrich Raulff hat die Vermehrung der Momente (des Zufalls, der Schöpfung, Erkenntnis, Entscheidung, Erhellung und so weiter) als Merkmale des heutigen Zeitbewusstseins zurückverfolgt.[78]

Eine Analyse der Lektüre Bismarcks würde den Rahmen dieser Studie sprengen, doch es lohnt sich, darauf hinzuweisen, dass *History of the United Netherlands* (1860) von John Lothrop Motley, seinem lebenslangen engen Freund, ein Buch war, das voller Momente der Entscheidung, der Gefahr, der Chancen, des Schicksals und der Enthüllung steckte. In jedem Kapitel dieses vierbändigen Werks, das Bismarck gut kannte, siedelte Motley die Handlungen seiner Protagonisten innerhalb einzigartiger Zeitfenster an. Das schärfte das Bewusstsein für die Zufälligkeit jeder historischen Situation, für den zeitlich begrenzten Charakter der Gelegenheiten, die Plötzlichkeit der Gefahren, die Gleichzeitigkeit, die den Protagonisten häufig verborgen ist – erst dann wird die wahre Bedeutung der Ereignisse deutlich.[79] Motley war derjenige, der diese

Augenblicke erkannte und ihnen Bedeutung verlieh, nicht die Akteure in seiner Geschichte – so gesehen waren sie Kunstprodukte der hermeneutischen Meisterschaft eines Historikers.

Diesen erhöhten Standpunkt strebte auch Bismarck an. In seiner Rede am 3. Dezember 1850 vor dem preußischen Landtag verteidigte Bismarck die preußische Entscheidung, die (von Preußen dominierte) Erfurter Union aufzugeben und die Wiederbelebung des Deutschen Bundes unter österreichischer Führung zu akzeptieren, die nur vier Tage zuvor in der Olmützer Punktation festgehalten worden war. Er wies die Argumente jener national gesinnten Parlamentarier zurück, die Olmütz als eine Schmach für Preußen verunglimpften. In so gewichtigen Angelegenheiten, argumentierte er, dürften die Entscheidungen der preußischen Regierung nicht von allgemeinen Emotionen geleitet werden, sondern von der kühlen und präzisen Bewertung der Gefahren und Erfordernisse eines bestimmten und zufälligen Augenblicks. Weshalb sollte Preußen Zuflucht zu einem Krieg nehmen ausgerechnet in »dem Augenblicke, wo uns unsre Nachbarn in Waffen gegenüberstehn, wo wir in Waffen nach unsern Grenzen eilen, in einem Augenblicke, wo ein Geist des Vertrauens [in die preußische Obrigkeit] selbst in solchen herrscht, denen er sonst nicht angebracht schien; in einem Augenblicke, wo jede Frage [....], welche die auswärtige Politik berührt, Krieg oder Frieden in ihrem Schoße birgt ...?«

Bismarck verfolgte damit nicht, wie Lothar Gall richtig anmerkt, die Absicht, Freunde in der Legislative zu gewinnen (die Rede hatte eher den gegenteiligen Effekt), sondern sich selbst dem Hof als Kandidat für künftige hohe Ämter zu empfehlen. Das Bemerkenswerte daran ist, dass Bismarck dies nicht tat, indem er sich als Fürsprecher einer Strömung oder eines Prinzips präsentierte, sondern als einzigartig geschickten Interpreten des historischen Moments zum Handeln.[80] Der gleiche Gedanke lag auch seinen Protesten gegen die Bemühungen des Oberkommandos zugrunde, ihn im Krieg von 1870 aus dem Entscheidungsprozess auszuschließen. Zu einer erfolgreichen Kriegsführung gehöre mehr als der Sieg auf dem Feld, kommentierte er. Der Umgang mit den umfassenderen Konsequenzen eines bewaffneten Konflikts erfordere politische Fähigkeiten: »Namentlich aber zu beurtheilen, wann *der richtige Moment eingetreten sei*, den Uebergang vom Kriege zum Frieden einzuleiten, dazu sind Kenntnisse der europäischen Lage erforderlich, die dem Militär nicht geläufig zu sein brauchen.«[81]

Man könnte diese Liste ausschlaggebender Momente, Zeitpunkte und Augenblicke endlos fortführen – heutzutage macht die Existenz von digitalen Versionen der Memoiren und eines Großteils der Korrespondenz es verführerisch einfach, sie mittels simpler Begriffssuche aufzuspüren. Das Entscheidende daran ist ganz einfach, dass diese Verweise auf entscheidende Momente – das ganze Werk ist voll davon – weder ein Stilmittel noch eine Metapher sind. Sie führen uns zum Kern von Bismarcks Auffassung von der Zeit der Politik. Wenn Politik, im eigenen Land ebenso wie im Ausland, hieß, nach Möglichkeit die Interaktionen der unzähligen innenpolitischen und internationalen Variablen zu steuern, deren wechselseitige Beziehungen sich unablässig verändern, dann folgte daraus, dass das höchste politische Amt und die damit verbundenen Befugnisse zu Recht demjenigen gehörten, der imstande war, die Konstellationen, die Gelegenheiten zu entscheidendem Handeln boten, vorauszuahnen, zu deuten und zu nutzen.

In einer Geisteswelt, wo sich das politische Leben als eine Folge entscheidender Momente, jeweils mit dem Potenzial zu entscheidenden Aktionen aufgeladen, entwickelte, war es sinnvoll, über kontrafaktische Szenarien zu spekulieren, in denen ein anderer Pfad eingeschlagen oder überhaupt keine Entscheidung getroffen wurde. Im Zuge der Erörterung der Ereignisse von 1848 sinnierte Bismarck beispielsweise in den Memoiren, was möglicherweise passiert wäre, wenn die preußische Regierung durch energisches und bedingungsloses Handeln sofort die deutsche Einheit errungen hätte, statt die Gelegenheiten abzuwarten, die sich in den 1860er Jahren auftaten. Wie zu erwarten, gelangte er zu dem Schluss, dass es ganz gut war, dass die Dinge den bekannten Lauf nahmen.[82] Aber es ist dennoch bemerkenswert, dass 1848 als Ausgangspunkt für diese spekulative Modulation des historischen Narrativs diente.

In einer anderen interessanten Passage erklärt Bismarck den späten Zeitpunkt der deutschen Vereinigung, indem er ein *proton pseudós* postuliert, einen Begriff aus der aristotelischen Logik, der einen Punkt bezeichnet, an dem eine falsche Prämisse in eine Deduktion eingefügt wird und damit auch die Schlussfolgerung verfälscht, obwohl die Vorgehensweise formal korrekt ist.[83] Mit anderen Worten: Bismarck durchkämmte rückwärts die Geschichte des preußischen Staates, gedacht als ein Entscheidungsbaum, in dem jeder Schritt einen neuen Ausgangspunkt erzeugte, auf der Suche nach der ursprünglichen »Gabelung auf den unrichtigen Weg«[84] – ein Trachten, das Friedrich II. sinnlos erschienen wäre (außer natürlich im Kontext einer Schlacht, wo er einräumte, dass es Momente risikoreicher Entscheidungen gab, die für den Ausgang maßgeblich sein konnten),[85] aber auch einem Pufendorf, der bei all seinem Interesse für die Entscheidungssituationen, mit denen der souveräne Akteur konfrontiert wurde, niemals dem »Moment der Entscheidung« jene tragende Rolle zuwies, die er in Bismarcks Darstellungen spielt. Der Unterschied zwischen Bismarck und den Staatsmännern früherer Epochen, so erklärte er in einer selbstverherrlichenden und (in ihrer Logik übrigens auch anachronistischen) rhetorischen Geste, sei, dass diese (im Gegensatz zu ihm selbst) es versäumt hätten, die Momente historischer Chancen zu erkennen und sinnvoll zu nutzen.[86]

Am Ende seiner Politikerlaufbahn war Bismarck dazu übergegangen, seine Karriere als eine Kette epochemachender Momente der Entscheidung zu betrachten – und der betagte Monarch, der so viele davon mit ihm geteilt hatte, stimmte ihm eindeutig zu. In einem Brief vom 23. September 1887, dem 25. Jahrestag von Bismarcks Ernennung zum preußischen Ministerpräsidenten, dankte der 90-jährige Wilhelm I. ihm dafür, dass er Preußen »an Ehre und Ruhm zu einer Stellung in der Welt-Geschichte [führte], wie man sie nie geahnt hatte«, und fügte als Postskriptum hinzu:

> Zur Erinnerung an die abgelaufenen 25 Jahre sende ich Ihnen die Ansicht des Gebäudes, in welchem wir so entscheidende Ent-

> schlüsse berathen und ausführen mussten und die immer Preußen und nun hoffentlich Deutschland zur Ehre und zum Wohle gereichen mögen.[87]

Die Geschichte fließt, doch sie ist auch in nackte Momente der Entscheidung unterteilt. Die Stopp-Start-Beschaffenheit des Entscheidungsbaums und die kontinuierliche Bewegung des Zeitstroms sind zwei Wege, den gleichen Prozess zu verstehen, genau wie die Logik des Schachspiels durch die Rekonstruktion ganzer Zugabfolgen über einen Zeitraum und durch »Probleme« enthüllt werden kann – Probleme, bei denen der Spieler mit einer postulierten Momentaufnahme in einem Spiel konfrontiert wird, das so womöglich nie stattgefunden hat. Helmuth Wolff kommt dieser Spannung sehr nahe, wenn er zwischen der »genetischen« und der »vergleichenden« Dimension des historischen Denkens von Bismarck unterscheidet.[88] Genetische Stränge des Denkens arbeiten kumulativ, diachron und metonymisch: Nationen und Bewegungen etwa erwarben im Lauf der Zeit Eigenschaften, sodass sie nach und nach zu dem wurden, was sie jetzt sind; komparative Sichtweisen hingegen wägen Optionen und Möglichkeiten in synchroner Abfolge gegeneinander ab. Die beiden sind natürlich nur nominell getrennt, denn wenn sich wirklich alles verändert und mit unterschiedlichen Geschwindigkeiten weiterentwickelt, dann erfordert gute Entscheidungsfindung nicht nur das Abwägen verschiedener Anliegen und Ziele, sondern auch die Fähigkeit, gleichzeitig in unterschiedlichen Zeitrahmen zu arbeiten. Als Bismarck sich seine Rolle bei der Lenkung des Hin und Hers in der Schleswig-Holstein-Frage Anfang der 1860er Jahre vergegenwärtigte, sprach er von einer Hierarchie verschiedener »Abstufungen«, die im Spiel gehalten werden mussten – heute würden wir von »Optionen« sprechen –, doch deren jeweilige Risiken und Vorteile waren ständig im Fluss.[89] Das Gleiche lässt sich über seine Vorgehensweise in der Krise von 1870 sagen. Eine Form der deutschen Einheit stand auf Bismarcks Wunschliste, als zwischen Frankreich und Preußen ein Streit um die Kandidatur für den vakanten spanischen Thron ausbrach, doch der präzise Ablauf und Zeitpunkt der Vereinigung blieben offen. Ein Krieg gegen Frankreich konnte als Katalysator einer beschleunigten Auflösung der deutschen Frage in Richtung einer Union begrüßt werden. Reine Drohungen aus Paris, ohne Kriegserklärung, wären jedoch ebenfalls hilfreich gewesen, denn sie hätten die süddeutschen Staaten an ihre prekäre Lage erinnert und damit an die Notwendigkeit, sich durch eine engere Bindung an Preußen abzusichern. Es gab auch Momente, in denen Bismarck eine langwierige, absolut gewaltfreie Lösung der problematischen preußischen Beziehungen zu Süddeutschland in Betracht zog.[90] Bei so gut wie jedem größeren Vorhaben seiner Laufbahn trat Bismarck mit einem relativ offenen Verstand in den Ring, nicht nur was die Methoden und Bindungen betraf, sondern auch die Abfolge und das Timing der Ziele.

Der monarchische Staat und der Sinn der Geschichte

Bismarck konnte das innenpolitische Wechselspiel der Kräfte nur so lange dulden, wie er auch die Mittel besaß, die Wirkung ihrer Interaktionen einzudämmen und zu kanalisieren. Von diesen Mitteln war – abgesehen von seiner eigenen intellektuellen, politischen und taktischen Überlegenheit, einer Sache, bei der er nie den geringsten Zweifel hegte – seine erhöhte Stellung innerhalb der Struktur des preußischen monarchischen Staates, insbesondere seine vertraute Beziehung zum Souverän die wichtigste.

Man könnte viel über den Stellenwert der Monarchie in Bismarcks Vorstellungswelt sagen. Er verkündete im ersten Absatz der Memoiren, dass die Anstrengungen seiner Grundschullehrer, ihm ein deutsches Nationalgefühl einzuflößen, niemals seine »angeborene[n] preußisch-monarchische[n] Gefühle« getilgt hätten. »Meine geschichtlichen Sympathien blieben auf Seiten der Autorität.«[91] Bei den wenigen wahrhaft emotionalen Momenten in den Memoiren spielen Begegnungen mit seinen verschiedenen Monarchen eine einzigartige Rolle, die so starke Wogen der Emotion auslösen, wie sie sich sonst nirgendwo finden. Seine

Interaktionen mit dem backenbärtigen Patriarchen Wilhelm I. sind ein Lehrstück in langfristiger gegenseitiger Abhängigkeit.[92]

»Sich mit der Obrigkeit gut zu stellen«, war die dringlichste Aufgabe des Kanzlers, nicht nur weil er ein kaiserlicher Beamter war, der von Zeit zu Zeit ohne Mehrheit im Reichstag auskommen musste, sondern auch weil Bismarcks historische Vorstellungswelt von einer bestimmten Sichtweise des monarchischen Staates als privilegierter, über dem politischen Gezänk, über dem Wechselspiel der Kräfte angesiedelter Struktur geprägt war. Die laut Verfassung erhöhte Rolle der kaiserlich-föderativen Union, verankert in den Prärogativen des preußischen Königs, war nicht verhandelbar. Sie war der harte und unnachgiebige Knoten im weichen Ton der Politik. Daher rührte auch Bismarcks starke retrospektive Vorliebe für den »Machtstaat« Friedrichs II. – Bismarck hatte nicht den Wunsch, ins Zeitalter des Absolutismus zurückzukehren. Er wusste, wie gesehen, dass die Vergangenheit »tot und begraben« war. Aber er war überzeugt, dass die *Essenz* des alten Staates in der Form des monarchischen Prinzips überlebt hatte, also in der Unantastbarkeit eines mit Prärogativen ausgestatteten Monarchen, die teilweise außerhalb der Zuständigkeit des Parlaments blieben. Seine erste und größte Sorge, als ihn die Nachrichten von 1848 auf seinem Gut erreichten, war, dass der König womöglich »unfrei« sei – womit er nicht nur meinte, dass der König ein »Gefangener« in seiner Hauptstadt sei, sondern auch dass der monarchische Staat die politische Unabhängigkeit verloren habe, die ihn erst zum Staat machte. Die Person des Monarchen war sterblich (Bismarck geleitete während seiner Karriere drei preußische Könige – darunter zwei Kaiser – zu Grabe), doch der Staat war ein Stück Ewigkeit. »Der Wechsel der Individuen«, schrieb er 1882, »ist irrelevant […] Der Staat und seine Einrichtungen sind nur möglich, wenn sie permanent als identische Persönlichkeiten gedacht werden.«[93]

Der Staat als Macht ausübende Behörde (Machtstaat) war zwar dauerhaft und unveränderbar, doch die spezifischen konstitutionellen Arrangements, die dessen politisches Leben stützten, waren bedingt und verhandelbar. Wie Bismarck über das Verhältnis zwischen den beiden dachte, zeigt sich an einer Episode aus dem Jahr 1858: Ein Schlaganfall hatte König Friedrich Wilhelm IV. außer Gefecht gesetzt, und da der betroffene König kinderlos war, schien die Thronfolge seines jüngeren Bruders Prinz Wilhelm unmittelbar bevorzustehen. Wilhelm sah die Chance, die Thronbesteigung dafür zu nutzen, einen kleinen Teil des verfassungsmäßigen Bodens zurückzubekommen, den die Monarchie nach der Revolution gewährt hatte. Er erörterte mit Bismarck die Möglichkeit, als Voraussetzung für seine Thronbesteigung eine Überarbeitung der Verfassung zu fordern. Warum sollte er schließlich bedingungslos eine Abmachung akzeptieren, an der er selbst nicht beteiligt gewesen war?

Ehe wir uns Bismarcks Antwort zuwenden, sollten wir uns daran erinnern, dass sich Prinz Wilhelm von Preußen in den Märztagen des Jahres 1848 als einer der energischsten Reaktionäre in den Kreisen um den König hervorgetan hatte. Er erklärte beharrlich, dass Salven der Infanterie und Kartätschen die beste Antwort auf die politische Agitation auf den Straßen seien. Ja, er forderte so offen eine Niederschlagung, dass der König ihn nach England schickte, damit er dort sein Mütchen kühlte. Doch sobald der Schock des ersten Aufstands nachgelassen hatte, passte sich der Prinz rasch an die Erfordernisse der neuen Lage an. »Hin ist hin!«, schrieb er nur drei Wochen nach den März-Ereignissen in einem bemerkenswerten Brief an die neue liberale Berliner Regierung unter Ludolf Camphausen. »Man kann darüber noch lange in preußischen Herzen trauern, aber zurückzubringen ist nichts; möge man jeden Versuch der Art aufgeben! Getrost das neue Preußen anzuschauen und wieder aufbauen helfen«, sei nunmehr die »Aufgabe jedes Patrioten«.[94] Der einstige »Kartätschenprinz« kehrte im Sommer 1848 aus Großbritannien zurück und war bereit, innerhalb der postrevolutionären Ordnung tätig zu werden.

Mitte der 1850er Jahre hatte sich der Kronprinz bereits mit der liberalen Fraktion am Hof angefreundet. Zu seinen ersten Aktionen nach der Machtübernahme sollte die Entlassung von Manteuffel und dessen konservativen Ministern zählen. Er ersetzte sie durch liberale Kandidaten und läutete damit die »Neue Ära« ein. Doch als im Jahr 1858 der Moment für die Etablierung einer Regentschaft näher rückte, liebäugelte der Prinz mit dem Gedanken, den Übergang durch eine erzwungene Überarbeitung der Verfassung für eine Stärkung seiner eigenen verfassungsmäßigen Vorrangstellung zu nutzen. Um seine Meinung gefragt, riet Bismarck ihm von dem Schritt ab, mit der Begründung, dass dies nicht nur eine Angelegenheit des dynastischen Familienrechts sei, sondern eine Frage der Politik und der Stabilität des Staates. Doch seine Ablehnung des Vorschlags war rein taktischer Natur, bedingt durch die damalige politische Lage:

> Ich sagte, die Ablehnung der Verfassung würde sich rechtfertigen lassen, wenn das Lehnrecht anwendbar wäre, nach welchem ein Erbe zwar an Verfügungen des Vaters, aber nicht des Bruders gebunden sei. Aus Gründen der Politik aber riethe ich, nicht an der Sache zu rühren, nicht die mit einer, wenn auch bedingten Ablehnung verbundene Unsicherheit unsrer staatlichen Zustände herbeizuführen. Man dürfe nicht die Befürchtung der Möglichkeit des Systemwechsels bei jedem Thronwechsel hervorrufen. Bei meiner Schilderung der zu befürchtenden Folgen ging ich von demselben Gedanken aus, den ich ihm 1866, als es sich um die Indemnität handelte, zu entwickeln hatte: dass Verfassungsfragen den Bedürfnissen des Landes und seiner politischen Lage in Deutschland untergeordnet wären, [dass] ein zwingendes Bedürfnis an der unsrigen zu rühren, *jetzt* nicht vorliege; dass *für jetzt* die Machtfrage und innere Geschlossenheit die Hauptsache sei.[95]

Wann immer er die Macht und Autonomie des monarchischen Staates in Gefahr sah, war Bismarck andererseits durchaus bereit, die Verfassung zu ignorieren oder sie dahingehend neu zu ordnen, dass die ungehinderte Ausübung der monarchischen Prärogative begünstigt wurde. Diese Denkweise reichte bis zur Annahme der preußischen Verfassung von

1848 zurück, in die Konservative, wie gesehen, Bestimmungen eingefügt hatten, die es zuließen, dass die Verfassung gegen sich selbst angewandt wurde. In der Krise von 1862/63, als sich die preußische Regierung mit der liberalen Mehrheit im Landtag über die Finanzierung der Militärreform stritt, berief sich Bismarck kurzerhand auf die »Lückentheorie« und behauptete, dass die Regierung angesichts fehlender anderslautender Bestimmungen weiterhin Steuern erheben und regieren könne, falls mit dem Parlament keine Einigung über den Haushalt erzielt werde – diese Argumentationslinie war von den Konservativen erstmals im Kontext der Verfassungsdiskussionen der Jahre 1849–1851 formuliert worden.[96] Nachdem es Bismarck nicht gelungen war, die Kammer für die Sache der Regierung zu gewinnen, setzte er ohne Zustimmung des Parlaments die Militärreformen durch und erhob Steuern. Maßnahmen, deren Verfassungsmäßigkeit zweifelhaft war, wurden angewandt, um andere Meinungen zu unterdrücken, darunter auch Repressalien gegen liberale Abgeordnete (unter Verstoß gegen Artikel 84, der die parlamentarische Immunität garantierte) und Repressionen gegen die oppositionelle Presse. Letztere wurden unter dem fadenscheinigen Deckmantel eines Artikels (63) verhängt, der den König dazu befugte, »Verordnungen mit Gestzeskraft« zu erlassen, sofern »die Aufrechterhaltung der öffentlichen Sicherheit, oder die Beseitigung eines ungewöhnlichen Nothstandes es dringend erfordert«. Im Jahr 1863 sprach Bismarck mehrfach davon, das Wahlgesetz abzuschaffen und sogar einen Staatsstreich zu inszenieren. Wenn die derzeitige Verfassung und die preußische Monarchie »unvereinbar« waren, wie er einmal dem Minister des königlichen Hauses Alexander von Schleinitz sagte, dann folgte daraus, dass Erstere geopfert werden mussten, um letztere zu retten.[97] Die Siege im Dänischen Krieg von 1864 bewahrten Bismarck vor den unkalkulierbaren Risiken eines derartigen Vorgehens und retteten seine Karriere ebenso wie sein historisches Ansehen.

Nach den Ereignissen der Jahre 1867 bis 1871 war die neue Reichsverfassung Bismarcks eigenes Geschöpf und kein Arrangement, das er von seinen Vorläufern geerbt hatte. Dennoch zog Bismarck 1889/90 im

Lauf der abschließenden Krise seiner Karriere erneut die Wiederherstellung der Unabhängigkeit der Exekutive (und insbesondere seiner eigenen Stellung) in Betracht, indem er das Parlament auflöste und einseitig das Wahlrecht änderte. Diesmal rechtfertigte er sich mit der Berufung auf die Theorie, dass es, da die Verfassung auf einer Vereinbarung zwischen den verschiedenen Herrschern und nicht auf den Handlungen der Staatsregierungen beruhe, absolut legitim sei, sie allein mit Zustimmung der Fürsten aufzuheben.[98]

Das war die Theorie vom »legalen Staatsstreich«. Sie wurde von Bismarck niemals in die Tat umgesetzt, aber sie lässt doch deutlich die Grenzen seiner Bereitschaft erkennen, sich auf das Wechselspiel der historischen Kräfte einzulassen. In Momenten der Krise war er bereit, wie der Großwesir in Horst Kohls Gedicht, kurzerhand das Schachbrett umzustoßen und seinem Gegner die Figuren an den Kopf zu werfen. So viel zu seinem frommen Mantra gegenüber dem jungen Kaiser Wilhelm II., eine Rückkehr zum »Absolutismus« sei ausgeschlossen. Bismarcks Verständnis der rivalisierenden Kräfte, die das historische Leben eines modernen Verfassungsstaats gestalteten, war in ideologischer Hinsicht verengt. Er vermengte ohne Weiteres und nicht nur einmal Widerstand gegen seine eigene Politik mit einer elementaren Gefahr für das System insgesamt. Die Katholiken wurden als »vaterlandslose« Agenten einer fremden Macht verunglimpft. Die um das Zentrum vereinigten Kräfte mögen dem Schein nach unter der päpstlichen Fahne kämpfen, erklärte er in einem halluzinatorischen Brief an König Ludwig von Bayern, doch sie »sind aber an sich staatsfeindlich, auch wenn die Flagge der Katholicität aufhörte sie zu decken; ihr [des Zentrums] Zusammenhang mit der Fortschrittspartei und den Socialisten auf der Basis der Feindschaft gegen den Staat ist von dem Kirchenstreit unabhängig«.[99]

Den Sozialdemokraten gestand Bismarck niemals einen legitimen Platz auf der politischen Bühne zu. Als die Unterstützung für die Sozialdemokraten trotz der drastischen Maßnahmen, die gegen die Partei und ihre Anhänger verhängt worden waren, dramatisch wuchs, liebäugelte er mit Notverordnungen. Auf diesem Weg wollte er einen dauerhaften Ausnahmezustand ausrufen, in dessen Verlauf die Sozialdemokraten definitiv aus dem politischen Körper ausgeschlossen würden.[100] »Ich hatte vor und nach Weihnachten [1889] die Absicht [...], den Satz zu vertreten«, schrieb Bismarck im umstrittenen, »unterdrückten« dritten Band seiner Memoiren, der erst 1921 veröffentlicht wurde, »dass die Sozialdemokratie in höherem Grade wie gegenwärtig das Ausland eine Kriegsgefahr für Monarchie und Staat involvire und als innere Krieg- und Macht-, nicht als Rechtsfrage von staatlicher Seite angesehn werden müsse«.[101] In Anbetracht der öffentlichen Meinung, der Skepsis des neuen Kaisers und der zunehmend robusteren Strukturen des deutschen »Rechtsstaates« ist fraglich, ob Bismarck dieses Denken jemals in politisches Handeln hätte umsetzen können; er wurde aus dem Amt entlassen, bevor er es versuchen konnte.

Diese verzweifelten Manöver, sein Geschöpf zu schützen, lassen im Kern von Bismarcks Geschichtsbild eine Aporie vermuten. Bismarcks Geschichte war entwicklungsorientiert, aber nicht fortschrittlich. Der geschichtsphilosophische Begriff des Fortschritts war, laut Ernst Troeltsch,

> ... eine Säkularisation der christlichen Eschatologie, der Gedanke eines universalen, von der ganzen Menschheit zu erreichenden Endzieles, aus der Sphäre des Wunders und der Transzendenz in die der natürlichen Erklärung und der Immanenz versetzt. [...] Demgegenüber ist der historische Entwicklungsbegriff lediglich die historische Bewegtheit und Flüssigkeit an sich.[102]

Dem historischen Denken Bismarcks fehlte diese Form der Zukünftigkeit. Und sie war auch nicht säkularisiert im Sinne von Troeltsch. Bismarcks Glaube an Gott war real und psychologisch wichtig. Er reicht bis zu seinen Kontakten zu politisch konservativen, pietistischen Kreisen in Pommern Ende der 1830er Jahre zurück, in denen er seine Frau Johanna von Thadden kennenlernte, und er blieb Bismarcks ihm sein Leben lang innere Zuflucht und Stütze. »Ich begreife nicht«, schrieb er im Juli 1851 an Johanna,

> wie ein Mensch, der über sich nachdenkt und doch von Gott nichts weiß oder wissen will, sein Leben vor Verachtung und Langeweile tragen kann, ein Leben, das dahinfährt wie ein Strom [...] Ich weiß nicht, wie ich das früher ausgehalten habe; sollte ich jetzt leben wie damals, ohne Gott, ohne Dich, ohne Kinder – ich wüsste doch in der That nicht, warum ich dies Leben nicht ablegen sollte wie ein schmutziges Hemde.[103]

Bismarck tröstete sich mit dem Gedanken, dass die Ereignisse seiner Laufbahn von Gott gewollt waren; es gab Phasen, in denen er ein fast schon ekstatisches Gefühl der Harmonie zwischen seinem eigenen Leben und den Plänen der Gottheit zum Ausdruck brachte. Derartige Äußerungen kommen im Laufe seines Lebens mit so großer Regelmäßigkeit vor, dass die Vermutung nahe liegt, diese Abhängigkeit vom Glauben sei ein beständiges Merkmal seiner Persönlichkeit, auch wenn sie sich tendenziell am intensivsten in Augenblicken der Anspannung, Frustration, Wut und Verzweiflung äußerte.

Es besteht jedoch kein Grund zu der Annahme, dass dieses Wissen um die Vorsehung wiederum die Geschichte der Ereignisse oder gar seine eigene Rolle mit einem ultimativen Sinn erfüllte. Bismarck teilte nicht Friedrich Julius Stahls Überzeugung, wonach es Sinn des Staates sei, das Christentum zu propagieren oder die Welt auf die Rettung gemäß einem göttlichen Plan vorzubereiten. Er hielt an seinem Glauben an die Vorsehung fest, aber es war eine Vorsehung außerhalb des Waltens dieser Welt. Glaube war Bismarcks *persönlicher* Schutz gegen die Widersinnigkeit der Ereignisse, nicht der Schlüssel zu ihrem Sinn. Er war eine abhängige Variable seiner Erfahrung der Macht, keine Kraft, die imstande war, eine Handlung zu bestimmen oder zu rechtfertigen.[104]

In den turbulenten 1860er Jahren verlieh die zeitweilige Synergie zwischen Bismarcks politischen Errungenschaften, seinem Bestreben, die

Macht und Sicherheit Preußens zu maximieren, und den Ambitionen der nationalen Bewegung seiner Führung so etwas wie Richtung und Zukunftsorientierung. Die Teleologien des Nationalismus, Liberalismus oder Sozialismus waren dem Reichskanzler fremd. Die Geschichte, wie er sie betrachtete, blieb ziellos, aufgewühlt und fließend, jedoch ohne die Zukünftigkeit eines vorausgeahnten Zustands. Spätestens in den 1880er Jahren war seine Vorgehensweise in der Außen- wie in der Innenpolitik auf die Bewahrung dessen ausgerichtet, was bereits vorhanden war. »Bismarcks System«, schrieb der Historiker Otto Hintze im Jahr 1926, stand »mehr mit den Mächten der Vergangenheit im Bunde [...], als mit denen der Zukunft«. Es ging nicht aus dem »Grunde der Volksseele« hervor, und Bismarck war außerstande, die Sehnsüchte der »aufsteigenden Massen« zu erkennen.[105] Bismarck war, politisch ebenso wie intellektuell, vom monarchischen Staat als einziger Obrigkeit abhängig, die imstande war, dem Wechselspiel der Kräfte, das die »Geschichte« war, eine Kohärenz zu verleihen. Aber Kohärenz ist nicht das Gleiche wie Bedeutsamkeit. Sobald er die deutsche Einheit unter für Preußen günstigen Bedingungen verwirklicht hatte, litt Bismarcks politisches Unterfangen an einem gefährlichen Mangel an Sinn.

1918 und das Ende der Geschichte

Die monarchische Staatsform hatte es Bismarck gestattet, sich der Illusion hinzugeben, er blicke auf die Parteien »hinab«, lenke oder überwache zumindest ihre Interaktionen von oben. Bismarcks Politikverständnis gewann einen Grad an Komplexität, der an Clausewitz' Auffassung von der Schlacht als einem Raum erinnerte, in dem Planung und rationale Erkenntnis weniger zählten als eine vertiefte, »weltorientierte« Handlungsweise, die »auf der unterbewussten Verarbeitung des gegebenen Körpers basierte«.[106] Doch es gab einen entscheidenden Unterschied. Für Clausewitz verpflichteten die Belastungen und die Unwägbarkeit einer Schlacht den Theoretiker des Krieges dazu, ganzheitlich zu denken, von unten nach oben.[107] Bismarck hingegen begutachtete die Politik vom erhöhten Standpunkt des monarchischen Staates aus. Seiner Vision von Komplexität fehlte die Vertiefung.

Bismarcks Wertschätzung für die transzendente politische Handlungsfähigkeit des Staates wurde im Deutschland des 19. Jahrhunderts von vielen geteilt. Wie das Wort »Geschichte« hatte auch das Wort »Staat« eine beispiellose diskursive Ausweitung durchlaufen. Tatsächlich existierten die beiden Begriffe in einer gegenseitigen Abhängigkeitsbeziehung zueinander. Es ist eine bekannte, aber trotzdem bemerkenswerte Tatsache, dass Deutschlands bedeutendster neuzeitlicher Theoretiker des modernen Staates zufällig auch die einflussreichste deutsche Geschichtsphilosophie des 19. Jahrhunderts verfasste. Mehr als jeder andere trug der Philosoph Georg Wilhelm Friedrich Hegel dazu bei, den modernen Staat als ein bevorzugtes Objekt der Untersuchung und Reflexion zu etablieren. Der Staat war nicht nur Sitz der Herrschaft und Macht, er war der Motor, der Geschichte antreibt, oder gar die Inkarnation der Geschichte selbst. Diese typisch preußische Nähe zwischen dem Begriff des Staates und dem Begriff der Geschichte hinterließ dauerhafte Spuren bei den aufkeimenden geisteswissenschaftlichen Disziplinen der Universitäten. Diese Verknüpfung war so stark, dass sie sogar das Denken jener infiltrierte, die sich für Gegner der hegelianischen Philosophie hielten. Der junge Leopold von Ranke, ein Sachse, der 1818 mit 23 Jahren nach Preußen kam und 1825 eine akademische Stelle an der Universität Berlin erhielt, konnte sich einer Ansteckung durch Hegels etatistischen Idealismus nicht entziehen. Der Staat war für Ranke mehr als eine politische Institution; er war ein sittliches Gut und ein »Gedanke Gottes«, ein organisches Wesen mit einem »eigentümlich geistigen Dasein«, weshalb er »nicht eine Abteilung des Allgemeinen, sondern wodurch er Leben ist, Individuum, er selber«. Im gesamten 19. Jahrhundert und bis weit ins 20. Jahrhundert hinein sollte die »preußische Schule« der Geschichtsschreibung ganz stark auf den Staat als Vehikel und treibende Kraft des historischen Wandels fokussiert bleiben.[108]

Der Einfluss dieser übersteigerten Auffassung des Staates war so weit zu spüren, dass sie dem politischen und gesellschaftlichen Denken in Preußen eine eigene Note verlieh. Für den Hegel-Schüler Lorenz von Stein war der Staat eine alles umfassende »Persönlichkeit«, die »Einheit der Vielheit mit ihrer ganzen Bewegung«. Der Staat sei nicht nur Ort der Macht, schrieb Stein in der zweiten Auflage seiner Studie *Der Sozialismus und Kommunismus des heutigen Frankreich* (1848), sondern auch Garant für die Ordnung und Gleichgewicht der bürgerlichen Gesellschaft. Nur er sei in der Lage, als neutrale, über den Interessen schwebende Instanz soziale Konflikte zu überwinden, den »Kampf der Einzelnen gegen den Einzelnen« aufzuheben und damit sämtliche Mitglieder der Gesellschaft vor der »Dictatur« einer beliebigen Interessengruppe zu beschützen. Als eine »über dem Volke stehende Gewalt, in der etwas lebendig ist, was niemals ganz allen Einzelnen anheimfallen kann«, sei der monarchische Staat Preußens hierzu ganz besonders berufen. In Frankreich hingegen sei der Staat zu einem »Gemeingut«, einer bloßen »Einrichtung und Anstalt« verkümmert.[109]

Somit oblag es Preußen, seine Mission als »Königtum der sozialen Reform«, in dem der Staat zum Anwalt der sozial unterprivilegierten Klassen wird, zu erfüllen.[110] Eine damit eng verwandte Position vertrat der einflussreiche konservative »Staatssozialist« Carl Rodbertus, der in den 1830er und 1840er Jahren die Ansicht vertrat, eine Gesellschaft, die allein auf dem Besitzprinzip basiere, schließe stets die Besitzlosen von einer echten Mitgliedschaft aus – lediglich ein kollektivierter, autoritärer Staat könne die Mitglieder der Gesellschaft zu einem für alle zugänglichen und sinnvollen Ganzen vereinen.[111] Rodbertus' Argumentation beeinflusste wiederum das Denken Hermann Wageners, des Chefredakteurs der ultrakonservativen *Neuen Preußischen Zeitung* (bekannter als die *Kreuzzeitung*, weil ein großes, schwarzes eisernes Kreuz die Titelseite schmückte). Selbst der wohl romantischste Konservative, Ludwig von Gerlach (der Bruder von Leopold, der mit Bismarck wegen der satanischen Illegitimität der Revolution in Streit geriet), betrachtete den Staat als die einzige Institution, die imstande war, der breiten Masse der Bevölkerung ein Gefühl der Sinnhaftigkeit und der Identität zu verleihen.[112] Zu den einflussreichsten Lesern Lorenz von Steins zählte im späten 19. Jahrhundert der Historiker Gustav Schmoller, der den Begriff »Socialpolitik« prägte, um das Recht und die Pflicht des Staates zu formulieren, zugunsten der schwächsten Mitglieder der Gesellschaft zu intervenieren; es der Gesellschaft zu überlassen, ihre Angelegenheiten selbst zu regeln, so argumentierte Schmoller sinngemäß, heiße, das Chaos heraufzubeschwören.[113] Schmollers Plädoyer für die Idee eines neutralen, aber interventionistischen Staates, der über den Auseinandersetzungen der Klassen und Parteien stehe, blieb nicht unwidersprochen. Um die Jahrhundertwende forderten »agonistische« Theoretiker wie Werner Sombart und Max Weber, dass die Gesellschaftswissenschaften ihr Augenmerk auf die kompetitive Dynamik der Zivilgesellschaft richten müssten statt auf den Staat. Doch ihre Kampagne an sich war bereits Ausdruck einer Enttäuschung über die staatszentrierte Orientierung des deutschen gesellschaftlichen und politischen Denkens.[114] Der Staat blieb ein maßgeblicher Anker und Bezugspunkt.

Was, wenn die Gewässer der Gesellschaft ansteigen sollten, wenn sie das höhergelegene Terrain des monarchischen Staates überfluteten? Um auf dem angeschwollenen Strom der Geschichte zu fahren, brauchte man ein Boot, ein dauerhaftes (oder zumindest stabiles) Konstrukt, das auf den Strömungen des Wandels schwamm. Was aber, wenn das Boot kenterte oder wenn es überhaupt kein Boot gab? Was, wenn man nicht *auf* den Fluten weitergetragen wurde, sondern *in* ihnen, gefesselt und überwältigt von Kräften, über die man keine Kontrolle hatte? Würde der Staat dann nicht lediglich zu einem Nebeneffekt der Geschichte, dessen politische Existenz von radikaler Fremdbestimmung geprägt war? Und würde nicht die Geschichte wiederum zu einem reinen Chaos ausarten?

Nach der Niederlage und Revolution von 1918/19 erschienen einigen deutschen Intellektuellen diese Fragen tatsächlich überaus dringend. Der Krieg von 1914 bis 1918 hatte auf tausenderlei Art die Unzulänglichkeiten des alten, monarchischen Staatsgefüges offenbart. Wie Jörn Leonhard beobachtete, der sich auf Reinhart Kosellecks Studie über die

Französische Revolution stützte, sprengte ein drastisch erweiterter Erfahrungsraum den historischen Erwartungshorizont.[115] Der Zusammenbruch der alten Ordnung wurde mit der Flucht des letzten Kaisers ins Exil und einer wilden Flut an Abdankungen deutscher Fürsten dramatisch in Szene gesetzt.[116] Und die Folge dieser Abdankungen war – zumindest in Preußen – die Enthauptung des Staates. Es folgte eine Friedensregelung, die – in den Augen vieler gebildeter Deutscher – für unabsehbare Zeit die souveräne Unabhängigkeit des deutschen Staates außer Kraft setzte. Und die neue, demokratische Staatsordnung der Weimarer Republik, die unter Bedingungen extremer politischer Unsicherheit gegründet worden war, büßte einen Großteil der autoritären Verbrämung ihres monarchischen Vorgängers ein. Der »monarchistisch-autoritäre Beamtenstaat« – um die Wendung Carl Schmitts zu übernehmen – verlor seine privilegierte Stellung; er geriet in »das Spiel des pluralistischen Systems«. Er musste notgedrungen »zum politischen Mitspieler und Komplicen des Kompromisshandels werden, dadurch sein Wesen aufgeben«.[117]

Die Wirkung dieser Ereignisse auf die historische Vorstellungswelt der Deutschen lässt sich kaum hoch genug veranschlagen. »Wir theoretisieren und konstruieren nicht mehr unter dem Schutze einer alles tragenden [...] Ordnung«, schrieb Ernst Troeltsch im Jahr 1922,

> sondern mitten im Sturm der Neubildung der Welt [...], wo Unzähliges Phrase und Papier geworden ist, was vorher feierlicher Ernst zu sein schien oder auch wirklich war. Da schwankt der Boden unter den Füßen und tanzen rings ums uns die verschiedensten Möglichkeiten des Werdens...[118]

Das sei jedoch, betonte Troeltsch, keine Krise in der Praxis der historischen Disziplin, im Sinne der Dinge, die an den historischen Fakultäten der Universitäten passieren. Die Historiker lehrten, forschten und schrieben weiter, wie sie es zu tun pflegten; die starken Konventionen ihres Handwerks sorgten dafür, dass sich die Disziplin langsamer verändere als die Welt ringsum. Vielmehr handle es sich um eine Krise im »historischen Denken«, in der Beziehung zwischen Geschichte und öffentlichem Leben, ihren philosophischen Verbindungen zu politischen und ideologischen Äußerungen, kurzum: in der Geschichtlichkeit der Politik.[119] Viele Schriftsteller und kulturell bedeutende Personen sahen in den Ereignissen von 1918/19 so etwas wie einen Bruch im Stoff der historischen Erfahrung. In einer Studie zur »geistigen Mobilmachung« im Krieg hat Kurt Flasch gezeigt, dass am Ende des Konflikts die wichtigsten Kategorien der konventionellen historischen Interpretation einen nicht wiedergutzumachenden Glaubwürdigkeitsverlust erlitten hatten.[120] Lucian Hölscher vertritt die These, dass der Erste Weltkrieg und vor allem die Unruhen und politischen Erschütterungen, die auf die Niederlage folgten, für eine ganze Generation von Intellektuellen »ein existenzieller Gewittersturm war, der die Erfahrung der Zeit auf den Kopf stellte« und das Vertrauen in die »eigentlichen Grundlagen des Geschichtsbegriffs« untergrub.[121]

Die Historiker zogen (wenn sie nicht gerade Geschichte schrieben, sondern »historisch dachten«) aus diesem Zusammenbruch der Gewissheit eine Reihe von Schlussfolgerungen. Für Friedrich Meinecke lagen die Gründe für die aktuelle Krise in der stets engen Beziehung zwischen historischem Bewusstsein und der Macht des Staates, eine Verknüpfung, die sich bis zu Machiavelli und Pufendorf zurückverfolgen lässt. Er stellte die These auf: »Das Handeln nach Staatsräson [die Rede ist vom frühneuzeitlichen Staat] gelangte also verhältnismäßig früh zu einer Art des Sehens und Erkennens, die dem modernen historischen Erkennen schon verwandt war«.[122] Daraus folgte, dass die Erschöpfung dieses Staatsaufbaus zwangsläufig auch die Funktion der Geschichte als Form der Erkenntnis störte. Meinecke fragte sich, ob der Krieg und der Beginn einer, wie er sich ausmalte, tausendjährigen Ära der angloamerikanischen Vorherrschaft womöglich bedeuteten, dass die deutsche Geschichte einfach vorbei sei. Auf einem befriedeten Kontinent würden die europäischen Staaten jedoch als »ausgebrannte Vulkane« ein jämmerliches Dasein im historischen Ruhestand fristen.[123] Julius Kaerst, ein Althistoriker an der Universität Würzburg, argumentierte ganz ähnlich. Für Historiker sei, schrieb er im Jahr 1928, der Staat als Handlungsmacht von unverwässerter Kraft einst ein axiomatisches Rahmenkonzept gewesen. Jede Bedrohung seiner Autonomie komme somit einem Angriff auf den Lauf der Geschichte selbst gleich, denn in einer Zukunft, in der Staaten, welche in den Strukturen einer »Weltgesellschaft« aufgegangen waren, zu reinen Verwaltern einer »Menschheitspolitik« herabsanken, konnte es keine Geschichte geben – einer Politik, die ausschließlich auf die Verwaltung der Ressourcen und der »Menschheitswirtschaft« ausgerichtet war, auf den radikalen Ausschluss der Außenpolitik und Projektion der Macht, die einst die *ultima ratio* des Staates gewesen war. »Daß damit zugleich alles geschichtliche Leben aufhören würde«, so Kaerst, »brauche ich hier nur anzudeuten.«[124]

Für den Bismarck-Experten Hans Rothfels stellten die Niederlage und der Zusammenbruch des Reiches in den Jahren 1918/19 einen traumatischen Bruch dar. Wie viele seiner Kollegen idealisierte Rothfels die Bismarck-Ära in den 1920er Jahren als vergangenes Zeitalter, in dem »der Staat« dem Vernehmen nach »über den Parteien« gestanden habe.[125] Indem Bismarck das Reich rückhaltlos als »Aufgabe und Zukunftsziel« betrachtete und sich für ein supra-personales und supra-historisches Gemeinwesen einsetzte, habe er, so Rothfels, mehr als jede andere Person die dauerhafte und unveränderliche Idee des Staates verkörpert. »Er sah die Stabilisierung des Reiches den äußeren wie den inneren Begehrlichkeiten gegenüber, die Durchführung eines ordnenden Prinzips, das die Stetigkeit nach außen wie nach innen verbürge, als die pflichtgemäße und überragende Aufgabe des Staatsmanns an.« Die Auflösung dieses für Ordnung bürgenden Staates in den Jahren 1918/19 sei der »schwerste psychische Kollaps« in der deutschen Geschichte gewesen. Sie habe den Faden der historischen Kontinuität durchtrennt. Die in Versailles auferlegte Friedensordnung sei Ausdruck eines »historisch beispiellosen Zerstörungswillens«, ja, eines in der Geschichte einzigartigen Versuchs, die historische Entwicklung einer großen Nation um zweieinhalb Jahrhunderte zurückzuwerfen.[126]

Otto Hintze, der gefeierte Historiker Preußens, äußerte sich nicht ganz so theatralisch, betrachtete aber das Ende des Krieges ebenfalls als tiefgreifende Zäsur. Es bestehe ein »himmelweiter« Unterschied, so Hintze, zwischen dem System, das die Bismarck'sche Politik getragen habe, und den »Voraussetzungen unserer heutigen so überaus traurigen und abnormen politisches Existenz«.

> Bismarcks System war das einer waffenstarken Großmacht; es lässt sich nicht auf ein wehrlos gemachtes, vielfach vom Ausland abhängiges und also unfreies Volk anwenden, dessen Staatlichkeit nicht weit über eine verwaltungstechnische wirtschaftliche und politische Autonomie hinausgeht.[127]

Diese Antworten veranschaulichen, wie gravierend die politische Krise war, die Deutschland nach dem Ende des Ersten Weltkriegs durchmachte, aber sie erinnern uns auch daran, was »Geschichte« mittlerweile für die Intellektuellen des wilhelminischen Reiches bedeutete. Sie hatte eine metaphysische Autorität als jenes Feld angenommen, in dem vorgeblich transzendente »Ideen« (wie die des »Staates«) dynamisch mit den Kräften interagierten, die eine unvollkommene Menschheit entfesselt hatte. Die Tendenz, Geschichte mit (protestantischen) theologischen Annahmen und Zielen zu tränken, erklärt nicht zuletzt, weshalb die »Krise des Historismus« in Deutschland so intensiv wahrgenommen und schmerzlich erfahren wurde. Wenn Geschichte bis zu einem gewissen Grad jene elementare, stabilisierende und richtungweisende Funktion, die wir der Religion zuschreiben, übernommen hatte, dann folgte daraus, dass sich die Krise im traditionellen historischen Denken als »ein Kultur- und Lebensproblem schwierigsten und größten Stils« präsentierte.[128]

Nicht alle zweifelten gleich daran, dass die Geschichte als Form der Erkenntnis noch eine Zukunft haben werde – Ernst Troeltsch behielt einen kühlen Kopf: Was man aufgeben müsse, sei nicht die Geschichte als solche, sondern die spezifische Vorstellung von Geschichtlichkeit, die seit der frühen Neuzeit an die Abenteuer des Staates gebunden war. Die

Entthronung der Historiographie des Nationalstaates und stattdessen die Konzentration auf die Kulturgeschichte Europas konnten da ein guter Anfang sein.[129] Doch in ihren extremsten Formen konnte sich die Krise im »historischen Denken« des 20. Jahrhunderts in einer globalen Ablehnung der Geschichte im Sinne eines fortschrittlichen oder auch nur entwicklungsorientierten Narrativs äußern. »Der Prophet ist hier in der gleichen Verlegenheit wie der Historiker«, erklärte Paul Valéry, ein scharfsinniger französischer Beobachter des deutschen intellektuellen Lebens, im Jahr 1919.[130] Geschichte sei, kommentierte er in einem späteren Aufsatz, »das gefährlichste Elaborat, das die Chemie des Intellekts produziert« habe – es »bringt die Völker ins Träumen, versetzt sie in Rausch, gaukelt ihnen eine Vergangenheit vor, übersteigert ihre Reflexe, hält ihre alten Wunden am Schwären, stört sie in ihrer Ruhe auf [...]«. Ungeachtet dieser obsessiven Vorliebe für »Ereignisse« und seines Anspruchs, Lehren für die Zukunft daraus zu ziehen, habe historisches Wissen nichts dazu beigetragen, um den Ausbruch des Krieges 1914 zu verhindern.[131] In einem kurzen, 1919 veröffentlichten Traktat ging der deutsch-jüdische Philosoph Theodor Lessing sogar noch weiter. Geschichte habe, so Lessing, noch nie auch nur das Geringste mit der objektiven Realität, dem Leben oder der Wahrheit zu tun gehabt. Da sie dem Mythos entsprungen sei, verwirkliche sie »Traumdichtungen des Menschengeschlechtes«, deren Funktion es sei, einer im Wesentlichen sinnlosen und chaotischen Vergangenheit einen Sinn zu verleihen. Der giftigste Aspekt am Mythos der Geschichte sei ihr Beharren auf dem progressiven Charakter der historischen Entwicklung, die Vorstellung, »dass geschichtliche Vorgänge in Zeit und Raum von sich aus fortschreitende Wertstufenfolgen, also allmähliches Aufsteigen zum Immerhöheren, Immerbesseren, Immervollkommeneren offenbaren«.[132] Der Progressivismus, so Lessing, biete eine »verführerisch betörende Kulisse« für die »seelenverödende Mechanisierung der vom bürgerlich-kapitalistischen Europa verbreiteten Kultur«.

> Wenn nämlich Geschichte den Fortschritt verbürgt, dann kann jede zur Herrschaft gelangte Macht ruhig sich auf dem Glauben

> schlafen legen, zeitweiliger Gipfel eines notwendigen Naturprozesses zu sein und somit ihre Gewalt auch als ihr Recht zu genießen.[133]

Die Krise des Historismus am Anfang des 20. Jahrhunderts ist ein großes und komplexes Problem, dessen weitreichende Verzweigungen den Rahmen dieses Buches sprengen würden. Es mag der Hinweis genügen, dass sie sich in ihren extremsten Formen in einer umfassenden Ablehnung der Geschichte äußerte, gerade in ihrem modernen und »verzeitlichten« Sinn als fortschreitende Entfaltung des Wandels durch die unablässige Disruption früherer Zustände. Es gebe Bedingungen, hat der rumänische Religionswissenschaftler und Philosoph Mircea Eliade festgestellt, unter denen sich Menschen gegen den Albtraum geschichtlicher Ereignisse auflehnen mögen und außerhalb der Grenzen der »profanen Zeit« Zuflucht suchen.[134] Dieser Reflex ist keineswegs auf die Deutschen beschränkt. Wir können ihn an vielen Zeiten und Orten beobachten, wo politische Unruhen und traumatische Erlebnisse tiefe zeitliche Neuausrichtungen hervorrufen. Das Besondere am deutschen Fall war die Tiefe der Revolte und die Tatsache, dass das einflussreichste Subjekt dieses Aufstands keine Einzelperson, sondern ein Regime mit immenser Macht sein sollte.

VIER

DIE ZEIT DER NATIONALSOZIALISTEN

Im Frühjahr 1935 besuchte der Schweizer Schriftsteller und Journalist Max Frisch die nationalsozialistische Mega-Ausstellung »Das Wunder des Lebens« in Berlin. Frisch war fasziniert von der technischen Perfektion der Ausstellungsobjekte: In der Vorhalle bewunderte er einen »gläsernen Mensch[en], dessen einzelne Organe durch inwendige Erleuchtung gezeigt werden, ein Spitzenwerk deutscher Technik«. Es gab »tadellose Modelle«, die den Blutkreislauf und die Funktionsweise des Herzens demonstrierten: »Und man staunt immer wieder, wie die begabten Aussteller den Weg finden, um ziemlich unvorstellbare Begriffe ins Schaubare zu übersetzen.« Ein mit Wandsprüchen geschmückter Raum zeigte riesige Bilder von »blonden Jünglingen mit Spaten und Mädchen mit langem Haar«. Erst wenn man sich über die Eingangshallen hinausbewegte, wurde die zugrunde liegende politische Absicht der Ausstellung deutlich: Idealisierte Bilder und überdimensionierte Puppen des vollkommenen, nordischen Körpers wurden erniedrigenden Abbildern von Menschen mit Erbkrankheiten (bei Frisch ist von Epileptikern, Trinkern und Syphilitikern die Rede), Juden und anderen »Nicht-Ariern« gegenübergestellt. Dies war keine Feier des Menschen als solchen, sondern des »nordischen Menschen«.

Das Allermerkwürdigste war die massive »Lebensglocke« im Hauptsaal. Diese Glocke, die vier Mal so groß wie ein Mensch war, überragte einen zentralen Saal unter dem Motto: »Die Familie als Träger des Lebens«, und schlug alle fünf Minuten an, um bekannt zu geben, dass neun neue Deutsche geboren worden seien. Unter dem Turm, in dem die Glocke aufgehängt war, rieselte Sand durch ein überdimensioniertes, sich drehendes Stundenglas zum Zeichen, dass im gleichen

Fünf-Minuten-Intervall nur sieben Deutsche gestorben seien – ein Nettogewinn von zwei. Die eigenen Gedanken, erinnerte sich Frisch, seien unablässig von dem Klang der Glocke unterbrochen worden. Ihr Zweck lag auf der Hand: Sie sollte die Unausweichlichkeit der biologischen Zeit demonstrieren.[1]

Das folgende Kapitel versucht das Besondere an der nationalsozialistischen Zeitlichkeit herauszuarbeiten. Es wendet sich gegen jene aktuellen Studien, die das deutsche und das italienische Regime als Ausdruck einer allgemeinen »faschistischen« Zeitlichkeit betrachten oder die drei totalitären Diktaturen als »politische Religionen« in einen Topf werfen.[2] Die Literatur aus der Schule der politischen Religion zum Nationalsozialismus und seinen totalitären Zeitgenossen ist mittlerweile unüberschaubar. Diese Studien haben viel dazu beigetragen, Ähnlichkeiten unter den totalitären Regimen aufzudecken, indem sie den liturgischen Charakter öffentlicher Zeremonien deutlich machten oder sich auf gemeinsame Themen wie Wiedergeburt, Beschleunigung, die Glorifizierung einer idealisierten Vergangenheit und den Appell an Mythen und Ewigkeitsvorstellungen konzentrierten. Diese Gemeinsamkeiten will ich keineswegs bestreiten, aber im Folgenden geht es um das Besondere an dem Gespür des nationalsozialistischen Regimes für seinen Platz in der Zeit.

Aus den kulturellen Praktiken und öffentlichen Äußerungen des Hitlerregimes auf eine »Zeitlandschaft« zu schließen ist gar nicht so einfach. Im Falle des »Dritten Reichs« kann keine Rede sein von einem bewussten oder koordinierten Bestreben, den formalen zeitlichen Rahmen neu zu gestalten. Es gab keinen Versuch, den Kalender zu ändern, wie unter der Französischen Revolution, und der Anspruch, jüdisch-christliche Kalender durch »heidnische« oder »germanische« zu ersetzen, beschränkte sich auf Randgruppen.[3] Es gab auch keine einheitliche, kohärente »zeitliche Glaubenslehre«. Diese Schwierigkeit ist durchaus nicht einzigartig; kein einziges der in diesem Buch untersuchten Regime brachte so etwas hervor. Das Fehlen eines kohärenten Programms kann man allerdings kompensieren, indem man einflussreichen Tropen in einer Vielzahl von Quellen – von Reden, gedruckten Texten, Bildern und den Bauten bis hin zu einschlägigen Aspekten der Praxis des Regimes – nachgeht und darin nach den Umrissen eines gemeinsamen Bewusstseins sucht. Allerdings ist dieser Ansatz für die NS-Zeit besonders problematisch, weil er wiederum die Frage aufwirft, welche Quellen und Äußerungen denn als charakteristisch für ein Machtgefüge gelten können, das von der Konkurrenz verschiedener Behörden geprägt war. Trotzdem können wir, wenn wir die zeitlichen Texturen der politischen und kulturellen Äußerungen aus den vielfältigen öffentlichen Aktivitäten der Bewegung herausarbeiten, die »Vorstellung von Zeit und Geschichte« analysieren, die den politischen Maßnahmen eines beispiellos zerstörerischen Regimes »Sinn und Legitimität« verlieh.[4] Beginnen will ich jedoch mit den bescheidenen und improvisierten Museen, mit denen Teile der NS-Bewegung danach trachteten, die kurz zuvor erfolgte »Machtergreifung« zu feiern und ihrer zu gedenken.

Museen der Revolution

Am 15. September 1933 öffnete in Berlin ein neues Museum seine Tore. Sein Ziel war es, feierlich an die Ereignisse zu erinnern, die erst vor Kurzem die deutsche politische Landschaft verändert hatten. Der größte Ausstellungsraum zeigte Stapel von Waffen, die man bei kommunistischen Straßenkämpfern konfisziert hatte, und Objekte, die aus den Büroräumen der Kommunistischen Partei im Karl-Liebknecht-Haus gestohlen worden waren. Eine lebensgroße männliche Schaufensterpuppe mit geröteten Wangen und einem merkwürdigen Gesichtsausdruck stand unpassend in die Uniform eines Kämpfers der kommunistischen paramilitärischen Organisation Rotfront gekleidet da; ein Messer, eine Pistole und ein Dolch steckten unter dem Gürtel und ein Totschläger aus gedrehtem Metalldraht war an seine rechte Hand gebunden. Daneben stand eine hohe Glasvitrine mit der Aufschrift: »Mordwaffen aus dem Fischerkietz« (eine arme, früher von den Kommunisten kontrollierte

Eingang zum Berliner Revolutionsmuseum, fotografiert von dem britischen Archäologen O. G. S. Crawford.

Gegend am südlichen Zipfel der Spree-Insel, die heute zu Berlin Mitte gehört). Sie enthielt Haufen von Handgranaten, Schlagstöcken, Messern, Dolchen, Pistolen, Patronen und Schirmmützen mit kommunistischen Symbolen. Die Wände waren ein Sammelsurium von politischen Plakaten aus den »Jahren des Kampfes«. Ein benachbarter Raum war als »Ehrenhalle« abgesetzt: Hier rahmten die Parteibanner neoklassische Gedenkbögen und Plaketten mit den Namen gefallener Nazi-Kameraden ein.

Das Berliner »Revolutionsmuseum« war ursprünglich in einem Gedenkort des neuen Regimes untergebracht, nämlich in dem Mietshaus des gefallenen NS-Aktivisten und SA-Manns Horst Wessel an der Ecke der Jüden-/Parochialstraße, später zog es allerdings an einen eindrucksvolleren Ort um, in die Neue Friedrichstraße.[5] Sein Gründer war Willi Markus (1907–1969), ein Freund und ehemaliger Kamerad Horst Wessels und befehlshabender Offizier des 6. Regiments der Berliner SA. Zu den Gästen bei der Eröffnungsfeier zählten Freunde der Familie Wessel und eine Abordnung der lokalen SA, darunter Brigadeführer August Wilhelm, der vierte Sohn des letzten deutschen Kaisers, Wilhelms II. Im Lauf der Zeit etablierte sich das Museum als fester, kultureller Bestandteil des »nationalsozialistischen Berlin«.[6]

Das Revolutionsmuseum in Berlin war nicht die einzige Einrichtung dieser Art. Es gab ähnliche Gründungen in Halle, Kassel und Düsseldorf, ganz zu schweigen von den sogenannten Ehrenhallen, die an etlichen weiteren Orten eingerichtet wurden, um der »Errungenschaften« und »Opfer« der nationalsozialistischen Bewegung zu gedenken. Die Einrichtungen waren nicht die Konsequenz einer Direktive des Regimes, sondern lokale Initiativen, angestoßen von SA-Führungen auf regionaler oder Gau-Ebene, häufig in Zusammenarbeit mit den Gau-Behörden.[7] Die SA hat diese Institutionen allem Anschein nach als Instrument betrachtet, um ihre Rolle bei der Machtergreifung der NSDAP zu propagieren. Lokale SA-Führungen waren auch am »Museum der nationalsozialistischen Erhebung« in Halle beteiligt, traten an prominenter Stelle in der sogenannten »Revolutionsschau« in Düsseldorf auf und beteiligten sich an der Gründung von Ehrenhallen. Die Gegend um das Revolutionsmuseum in Berlin zählte zu den Vierteln, in denen SA-Einheiten auf außerordentlich entschlossenen Widerstand seitens der Kommunisten gestoßen waren. Gleich um die Ecke, in der Parochialstraße 29, waren einst die Räumlichkeiten des Berliner Anti-Kriegs-Museums gewesen, eine überfüllte und eher wirre Einrichtung, die der Pazifist Ernst Friedrich (1894–1967) gegründet hatte und die mithilfe von Bildern und Gegenständen, nicht zuletzt Aufnahmen von verstümmelten Invaliden, auf die Gräuel militärischer Gewalt aufmerksam machen wollte. Hier hatte im März 1933 die lokale SA das Museum beschlagnahmt und geplündert, ehe sie daraus eine Vergnügungseinrichtung und Folterkammer der SA machte.[8]

Die Entscheidung für den Namen »Revolutionsmuseum« ist bemerkenswert, denn er zeigt, welch großen Wert die SA auf den revolutionären Charakter der Machtübernahme und auf das unmittelbare Bevorstehen einer »zweiten Revolution« legte, in deren Verlauf auf die politischen Errungenschaften vom Januar 1933 ein weitreichender gesellschaftlicher Wandel folgen würde. Die Auswahl der Objekte und die Form der Präsentation gaben den kleinlichen Groll und Hass wieder, der von den »Jahren des Kampfes« um die deutsche Hauptstadt geschürt worden war. Unter den Ausstellungsgegenständen befand sich eine gerahmte Aufnahme aus einer illustrierten Beilage, die das geräumige Apartment des jüdischen, ehemaligen Vizepolizeipräsidenten von Berlin, Bernhard Weiß (1880–1951) zeigte; auf das Bild hatte man eine zerbrochene Brille geklebt. Weiß war ein entschlossener Verteidiger der politischen Ordnung der Weimarer Republik und – unter dem Spottnamen »Isidor Weiß« – die größte Hassfigur der Goebbels-Presse in der Hauptstadt gewesen. Regelmäßig ergossen NS-Karikaturen ihren ganzen Hass auf die runde »jüdische« Brille des Polizeichefs.[9] Eine von Joseph Goebbels verfasste und in der Parteizeitung *Völkischer Beobachter* veröffentlichte Besprechung der Ausstellung beschrieb dieses Objekt als »heitere und tragikomische Erinnerung: Herr Isidor Weiß persönlich, [in Gestalt] seiner bei eiligster Flucht [aus seiner Wohnung] zurückgelassenen Brille«.[10]

Ein Ziel des Revolutionsmuseums war es ganz eindeutig, den Sieg des Regimes (oder zumindest seiner bewaffneten Stoßtrupps) über jene Kräfte zu propagieren, die sich gegen seine Entstehung gewehrt hatten. Eine »rote Ecke«, in der erbeutete kommunistische Waffen und Insignien zur Schau gestellt wurden, war ein beliebter Bestandteil in mehreren solchen Ausstellungen.[11] Diese Präsentation von Trophäen war nicht unbedeutend zu einem Zeitpunkt, als die offizielle Propaganda noch die unmittelbar drohende Gefahr eines kommunistischen Vergeltungsschlags heraufbeschwor: Den ganzen Herbst 1933 und den Frühling und Sommer 1934 über deckte die Parteipresse ständig angebliche »rote Verschwörungen« und Fälle »roten Terrors« gegen Polizeibeamte, NS-Funktionäre und Mitglieder der Hitlerjugend auf. Es kam darüber hinaus zu weithin beachteten Prozessen gegen angebliche kommunistische Ringe, bei denen die Beschreibung konfiszierter Waffen eine wichtige

Rolle spielte.[12] Das Museum war, wie ein Kommentator es formulierte, eine »Schreckenskammer«, deren Zweck es war, eine beklemmende Angst bei dem Gedanken auszulösen, was hätte passieren können, wenn die Nationalsozialisten nicht an die Macht gekommen wären. »Es ist sehr heiß in Berlin«, schrieb der konservative Satiriker Adolf Stein im Sommer 1935, »aber eiskalter Schauer überläuft einen im Revolutionsmuseum.«[13]

Mit Blick auf die Analyse politischer Zeitlichkeit sind Revolutionsmuseen vor allem deshalb von Interesse, weil das Museum als Institution unter anderem ein Instrument zur Manipulation des Zeitbewusstseins war (und ist).[14] Der Apparat des Museums konnte dazu genutzt werden, um den Betrachter von der zur Schau gestellten Epoche oder den präsentierten Phänomenen zu distanzieren, er konnte aber auch dazu dienen, ein Gefühl der Unmittelbarkeit zu vermitteln. Wie Martin Roth gezeigt hat, erlebten die Jahre 1924–1932 eine massive Zunahme der Museumsgründungen, eine Aufwertung der kulturellen Autorität dieser Institution und eine dramatische »Aktualisierung« des Inhalts – mehrere Elemente des Revolutionsmuseums wurden den linksgerichteten »Sozialmuseen« der frühen Weimarer Republik entlehnt, deren Ausstellungsstücke in ihrer Ausrichtung fast ausschließlich zeitgenössisch waren.[15] Indem sie den Begriff »Museum« verwendeten – samt den beschrifteten Ausstellungsstücken und Glasvitrinen –, verfolgten die Macher des Revolutionsmuseums das Ziel, den Besucher mit der Aktualität des nationalsozialistischen Wandels in Verbindung zu bringen; die Weimarer Republik hingegen, deren Geschichte bis neun Monate vor Eröffnung der Ausstellung reichte, blieb auf die Rolle einer überholten Vergangenheit beschränkt. »Das Revolutionsmuseum«, hieß es auf den Plakaten an Anschlagsäulen im Zentrum von Berlin, »zeigt die Symbole einer überwundenen Zeit.«

Litfaßsäule mit Werbung für das Berliner Revolutionsmuseum.

In seinen Bemerkungen zur Ausstellung stellte Goebbels fest, dass die gezeigten Objekte lediglich Überreste einer vergangenen Epoche seien. »Nur in der Erinnerung«, schrieb er, »tauchen noch einmal jene Tage blutigsten [kommunistischen] Terrors auf.«[16] Der Zweck dieser »Symbole« der besiegten Linken, meinte ein anderer Parteijournalist im Jahr 1937, sei es, als Ermahnung an Zeiten, die nie wiederkehren werden, zu dienen. Die linken Plakate, die an den Wänden hingen, seien tote Fetzen, ebenso tot wie die Parolen, mit denen sie verziert waren.[17] Ausgestellt und fein säuberlich in den Glasvitrinen beschriftet, glichen die Utensilien der Weimarer Kommunisten den stummen Tonscherben und Metallornamenten, die so viele Museen für Völkerkunde und für deutsche Frühgeschichte schmückten.

Dieses Bestreben, die Jahre der Weimarer Republik in die Vergangenheit zu verlegen und einen grundlegenden Bruch zwischen den Ereignissen jener Zeit und denen der NS-Gegenwart zu postulieren, stand völlig im Einklang mit den Prioritäten, die die öffentlichen Äußerungen eines Regimes setzten, das sich selbst als Initiator einer Zäsur und als Begründer einer neuen Epoche definierte.[18] »Am 30. Januar 1933 ist nicht zum soundsovielten Male eine neue Regierung gebildet worden«, erklärte Hitler in einer Rede vom Juli 1934, »sondern ein neues Regiment hat ein altes und krankes Zeitalter beseitigt.« Der Übergang von der politischen Geschichte Weimars zur nationalsozialistischen Machtübernahme sollte als radikaler, zeitlicher Bruch gesehen werden: »Wir Nationalsozialisten haben ein Recht, es uns zu verbitten, in diese Linie eingereiht zu werden«, betonte Hitler und meinte damit die Reihe der Weimarer Kanzler von 1919 bis 1932, die »schmählich versagt« hätten.[19] Eine derartige Umstrukturierung des Verhältnisses zwischen Gegenwart und Vergangenheit gestattete es, das besiegte »System« der jüngsten Vergangenheit aus der Gegenwart auszuschließen.

Dieses Leugnen einer Kontinuität zwischen Gegenwart und aktueller Vergangenheit war natürlich kein Spezifikum allein des nationalsozialistischen Regimes. Wir finden es in den ersten Jahren der Französischen Revolution, und der gleiche Reflex ist auch in jenen sowjetischen Museen zu beobachten, die des Sieges des Kommunismus und der modernen Wissenschaft über den Glauben und Aberglauben der Vergangenheit gedachten, etwa im »Antireligiösen Museum«, das von 1930 bis 1936 in der Isaakskathedrale in St. Petersburg untergebracht war.[20] Das gesamte religiöse Inventar wurde aus der Kathedrale entfernt, ein Teil davon wurde für eine Ausstellung zur Geschichte des Aberglaubens und der Religion ausgewählt. Im Jahr 1931 wurde ein Foucault'sches Pendel aufgehängt: Eine 56 Pfund schwere, mit Bronze umhüllte Bleikugel hing

Museum der nationalsozialistischen Erhebung in Halle.

an einem 93 Meter langen Drahtseil vom Apex der Hauptkuppel. Mit ihrer langsamen Rotationsbewegung registrierte sie die Bewegung der Erde. Zweck des Ganzen war es, die Verdrängung von Glauben und Offenbarung durch die empirische Beobachtung von wissenschaftlich überprüfbaren Wahrheiten zu demonstrieren. Das Erstaunliche an den nationalsozialistischen Revolutionsmuseen ist jedoch das Empfinden, dass das bislang Erreichte nicht nur ein Bruch mit der unmittelbaren Vergangenheit war, sondern auch der Anbruch einer neuen Art von Zeit.

Noch deutlicher wird das, wenn wir ein anderes nationalsozialistisches Revolutionsmuseum in der Stadt Halle näher betrachten, eine weit eindrucksvollere Einrichtung als sein Berliner Pendant, die am 14. Juni 1934 vor Formationen der SA, SS, Reichswehr und Polizei, flankiert von Personen des öffentlichen Lebens und lokalen Parteifunktionären, feierlich eröffnet wurde. Das »Museum der nationalsozialistischen Erhebung« in Halle war eine Gründung der Gauleitung und sollte die regionale Identität der Partei in der Region Halle-Merseburg stärken. Das in einem umfunktionierten Wasserturm untergebrachte Museum hatte zwei Teile. Die untere Abteilung bot ein vergleichbares Schauspiel wie das Museum in Berlin: Es handelte sich nicht, wie ein Pressekommentator meinte, um ein »Papiermuseum mit nackten statistischen Zahlen«, sondern um eine Sammlung »griffige[r] Stücke aus den Tagen schwerster Kämpfe«, einschließlich »Klebemarken, Armbinden, Mitgliedsbücher, Holz- und Eisenknüppel«.[21]

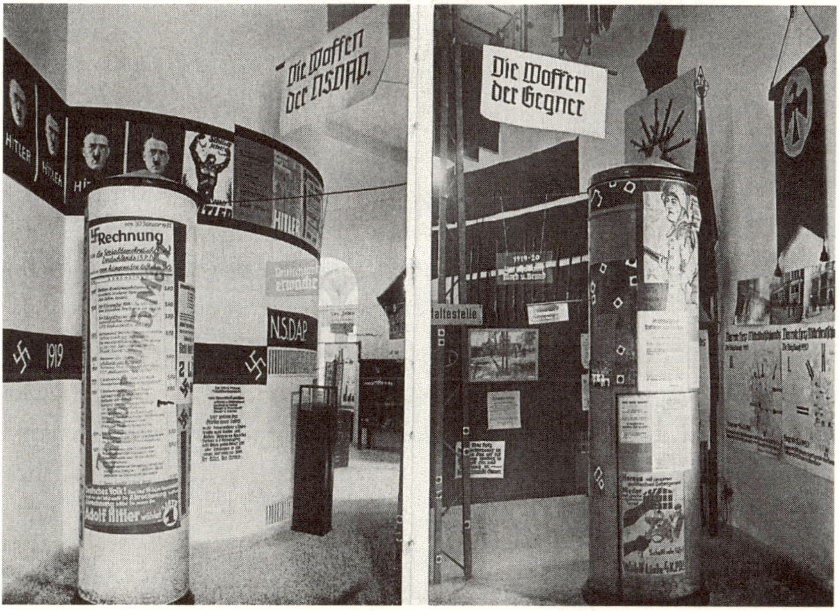

Erdgeschoss im Museum der nationalsozialistischen Erhebung in Halle.

Hier wanderte man durch einen verwirrenden Raum, vollgepackt mit Plakaten, Dokumenten, Fotografien und sprechenden Gegenständen wie einer von Kugeln durchsiebten Anschlagsäule oder Kisten mit konfiszierten Waffen und Bomben. Im oberen Stockwerk war hingegen eine Ehrenhalle für gefallene Nationalsozialisten aus der Region untergebracht. Das war – wie es im offiziellen Führer zu dem Museum hieß – ein Ort des Gedenkens an die blutigen Zeugen der nationalen und nationalsozialistischen Revolution, ein Ort der Besinnung, um das neue Deutschland zu feiern.[22] Hier befanden sich keine Ausstellungsstücke, lediglich ein großer verdunkelter Raum, der das gesamte obere Stockwerk des Gebäudes einnahm und in dem sich »Gedenknischen und Fenster« mit den Namen gefallener Kameraden und Einheiten, die sich im Kampf ausgezeichnet hatten, aneinanderreihten. Diese Gegenüberstellung von Andenken und den Wirren der Geschichte war absolut beabsichtigt. Auf der einen Seite gab es den, wie Gauleiter Rudolf Jordan in einer Rede anlässlich der Eröffnung des Museums sagte, »zeitlosen Kampf« der nationalsozialistischen Bewegung; auf der anderen standen die »Parlamente mit tagespolitischen Redereien«.[23]

Eine ganze Reihe von Revolutionsmuseen verband auf diese Weise Erinnerung und Gedenken miteinander. Selbst das vergleichsweise bescheidene Berliner Museum enthielt einen schlichten Schrein, eine Kammer mit Inschriften, Insignien und Namenslisten. Die sogenannte »Revolutionsschau« in Düsseldorf vereinte eine triumphale Parade der Parteifahnen und seitliche Galerien, die Objekte aus den Weimarer Jahren präsentierten, mit einer großen Kammer zur Besinnung und zum Gedenken, in der das Licht gedämpft und im Hintergrund ununterbrochen leise das Horst-Wessel-Lied zu hören war. Aber diese Gegenüberstellung wurde nirgendwo stärker betont als in Halle, wo der Besucher aus dem Chaos des Untergeschosses direkt in die Stille der Gedenkkammer aufstieg.

In seiner Rede auf der Eröffnungsfeier gab der Direktor und Gründer des Museums in Halle, Professor Hans Hahne (1875–1935), Auskunft über die Denkweise, die sich hinter der Doppelstruktur der Installation

Oberes Stockwerk im Museum der nationalsozialistischen Erhebung in Halle.

verbarg. Das Museum, schrieb er, sei nicht als »Stapelort mehr oder weniger wertvoller Gegenstände« geplant worden, sondern als »anschauliche Erweiterung der Ehrenhalle ins Museale«. Das Museum diene, so Hahne, zwei Arten der Erinnerung. Auf der einen Seite würden die unzähligen Ausstellungsstücke unten viele »unscheinbare ›Erinnerungen‹ an die Kampf- und Siegeszeit« wecken und auf diese Weise die Gesamtheit einer vergangenen Erfahrung wiederherstellen. »Löcher in Briefkästen und Anschlagsäulen werden wieder zu pfeifenden Schüssen, grelle Farben zu aufpeitschendem Schrei.« »In seiner Gesamtformung«, erklärte Hahne, »besonders in der Hervorhebung des oberen Feierraumes ist unser Museum zugleich ein Totenehrenmal.« Die Wurzeln dieser Form des Gedenkens lägen, so Hahne, tief in der Geschichte des nordischen Menschen verborgen. Und es sei ein Merkmal der nordischen Gedenkstätten für die Toten, dass sie die Verstorbenen nicht in eine Welt jenseits dieser oder unter ihr verdammten, sondern sie in die Welt der Lebenden integrierten: »Das ›Totenreich‹ ist Teil des Gesamt-Daseinsbereiches der

Menschengemeinschaft, zu der die Toten auch weiter gehören – doppelt unwegdenkbar zugehören, wenn sie durch geleistete Taten Vorbilder sind, die wir immer unter uns sein lassen wollen, uns gegenwärtig ...«[24] Mit einem Wort, die Struktur des Museums in Halle mit ihren zwei Ebenen oben und unten beschwor zwei Formen der Zeitlichkeit herauf: zum einen die Geschichte der Ereignisse, des Konflikts, der Unruhe und der Diskontinuität und zum anderen die *longue durée* des germanischen Gedenkens.

Totalitäre Gegensätze

Ein Vergleich solcher Ausstellungen mit entsprechenden Bemühungen der italienischen Faschisten, die Errichtung ihres Regimes zu feiern, offenbart einen vielsagenden Gegensatz. Die faschistische Mega-Ausstellung »La Mostra della Rivoluzione Fascista«, die in Rom von 1932 bis 1934 gezeigt wurde und mehr als dreieinhalb Millionen Besucher anlockte, war keine gewöhnliche Ausstellung, sondern eher ein komplex strukturierter und dynamischer Raum, in dem man »Geschichte in Aktion« erleben konnte. Die Ausstellung, ein riesiger Komplex sorgfältig unterteilter Hallen und Säle, flößte ein Gefühl der »ständigen Bewegung und Instabilität«, der »Unruhe, des Drangs und der Desorientierung« ein.[25]

Der Gegensatz zum Zeitempfinden der Nationalsozialisten zeigt sich am besten in Giuseppe Terragnis spektakulärem »Saal O«, einer gewaltigen Kammer im linken Flügel der Ausstellung. Dieser Ort wurde von einer riesigen Fotomontage dominiert, die hoch in einen nichtsymmetrischen Raum aufragte. Am rechten unteren Rand des Bildes war eine dichte Masse einzelner Köpfe zu sehen, die wellenähnlich in Richtung zweier riesiger Turbinen drängten; nach oben links entfernten sich von den Turbinen unzählige stilisierte Hände, ausgestreckt wie beim faschistischen Gruß, ein Element, das möglicherweise einem sowjetischen Plakat des bolschewistischen Konstruktivisten Gustav Klucis aus dem Jahr 1927 entlehnt wurde.[26] Die Turbinen, die als Collage entlang der Trenn-

Giuseppe Terragnis »Saal O« in der
Mostra della Rivoluzione Fascista in Rom (1932–1934).

linie zwischen der Masse an Köpfen und der Masse an Händen eingefügt waren, machten die historische Dynamik, die von der Komposition angedeutet wurde, explizit deutlich. Sie waren kombiniert mit der Kopie eines Briefes, den Mussolini der Mutter eines faschistischen Märtyrers geschrieben hatte. Man könnte meinen, Terragni wollte dem Betrachter nicht nur zu verstehen geben, dass die Partei (und vor allem der *Duce)* aus einer Masse von Individuen nunmehr von einem kollektiven Willen angetriebene Faschisten machte, sondern auch, dass diese Transformation durch einen Prozess turbinenähnlicher Beschleunigung erreicht wurde.[17]

Gewiss, es gab auch in der »Mostra« eine Gedenkkammer, den »Schrein der Märtyrer« (*sacrario dei martiri*), einen verdunkelten Raum, der auf ein schlichtes Kreuz mit der Inschrift »Für das unsterbliche Vaterland!«

ausgerichtet war, umringt von Bändern aus dunklem Metall, in die, tausende und abertausende Male, das erleuchtete Wort »Presente!« eingefräst war. Hier wurde der Toten, wie in den »Gedenknischen« der NS-Revolutionsmuseen, im Rahmen einer unablässigen Gegenwart gedacht. Doch die strukturelle Beziehung zwischen der Gedenkkammer und dem Rest der Ausstellung war grundlegend verschieden. Der Besucher der »Mostra« hatte keine andere Wahl, als den Schrein durch eine »Galleria dei fasci« zu betreten, in der sich steinerne Säulen mit einer Folge von Jahreszahlen aneinanderreihten: 1918, 1919, 1920 und so weiter; und der einzige Ausgang aus dem *sacrario* führte zurück in die Galerie und in die kinetische historische Bahn des Museums. Es herrschte ein Spannungsverhältnis zwischen der nüchternen Moderne der Gedenkkammern und der leidenschaftlichen Moderne der anderen Säle, doch ihr Zweck war vor allem, die diachrone Abfolge der Geschichte »innerhalb einer rituellen Ordnung neu zu beschriften« und die faschistische Machtergreifung als die Vollendung eines historischen Prozesses zu präsentieren; es ging nicht darum, die Legitimität der Geschichte als solcher zu untergraben.[28] Das eindrucksvolle, modernistische Innengerüst der Ausstellung symbolisierte, wie ein Rezensent in der Wochenzeitung *Il Popolo d'Italia* meinte, »das enorme Gewicht des Faschismus, der sich selbst auf den Pfad der Geschichte wirft«.[29] Anders ausgedrückt, im faschistischen Museum umgibt und integriert Geschichte in Gestalt einer chronologischen Abfolge den Raum des Gedenkens; im nationalsozialistischen »Revolutionsmuseum« hingegen übertrumpft und erstickt das Zeitkontinuum des Gedenkens die Geschichte.

Das erklärt nicht zuletzt den merkwürdigen Kommentar eines französischen Besuchers, die »Mostra« sei in ihrem Geist »so durch und durch bolschewistisch«, dass »das Stück nach einem Austausch der Embleme in Moskau großen Beifall finden würde«.[30] Bei allen Unterschieden beruhten sowohl die faschistischen als auch die sowjetischen revolutionären Zeitlichkeiten auf einer Art Turbo-Hegelianismus. Wie Stephen E. Hanson andeutet, gründet der Marxismus-Leninismus auf der marxistischen Vorstellung, dass »eine wirksame revolutionäre Praxis von der Anwendung einer rationalen Zeitdisziplin abhängig ist, um die Zeit selbst zu beherrschen«. Was dabei herauskam, war ein Gemisch, das Hanson als »charismatisch-rationales Zeitkonzept« beschreibt.[31] Und wie Francine Hirsch gezeigt hat, betonten sowjetische Ethnographen als Antwort auf den Essenzialismus der nationalsozialistischen Rassenlehre, dass »nationale Kulturen« keine naturwüchsigen Wesenszüge ausdrückten, sondern Artefakte eines »soziohistorischen Prozesses« seien, der durch das Eingreifen einer Avantgarde beschleunigt werden könne. Die Idee, etwa die Tadschiken mithilfe von Ausstellungsstücken, welche die dauerhaften und zeitlosen Aspekte der tadschikischen Kultur wie zum Beispiel die Teezeremonie beleuchten, museal zu präsentieren, fiel rasch in Ungnade. Sie wurde ersetzt durch Ausstellungen, die Tadschiken auf dem historischen Pfad zur sowjetischen Völkerschaft zeigten und deren Fortschritt durch das Eingreifen der kommunistischen Partei beschleunigt wurde.[32]

Das sowjetische Denken über Zeit gründete auf der Vereinigung von Theorie und Praxis zu einem Modell, in dem Fortschritt und Geschichte im Wesentlichen ein und dasselbe waren. Die »antireligiösen Museen« in der Sowjetunion stellten keineswegs einfach nur Gegenwart und Vergangenheit als binären, ontologischen Gegensatz einander gegenüber. Vielmehr stellten sie sich den Niedergang der Religion als die Konsequenz eines Entwicklungsprozesses vor, der immer noch im Gange war. Zwei französische Wissenschaftler, die im Jahr 1934 das Moskauer Atheismus-Museum besuchten, berichteten, dass sie zuerst »die Entwicklung der Religion im Lauf der Jahrhunderte« seit den ersten menschlichen Gemeinschaften bis zu den Verflechtungen von Religion und weltlicher Gewalt in den großen Reichen zu sehen bekamen. Dann wurden sie auf eine Tour vom alten Ägypten bis zur zaristischen Autokratie mitgenommen. Als sie das Museum verließen, erklärte der Führer, wenn der religiöse Glaube in der Sowjetunion erloschen sei, so liege das daran, dass man in einem Zeitalter der Wissenschaft »keine Religion braucht, um Wunder zu vollbringen«.[33] Für das sowjetische ebenso wie für das faschistische Regime repräsentierte die Partei die Apotheose der

Geschichte, einer Geschichte, die immer noch als treibender Motor des Fortschritts wahrgenommen wurde.[34]

Für die Nationalsozialisten hingegen hatte die Vorstellung der Geschichte als unaufhaltsamer Vorwärtsbewegung des Wandels längst keinen so großen Reiz. »Jedes Volk hat seinen eigenen Rhythmus, seine eigene Spannung«, schrieb der Dichter und Publizist Carl Maria Holzapfel (1890–1945) unter dem Titel »Vom Rhythmus der Zeit« in einem Gastbeitrag für den *Völkischen Beobachter*, einer Zeitung, in der erstaunlich häufig Betrachtungen zum Wesen der Zeit auftauchten. Für das deutsche Volk gäben das Muster der jahreszeitlichen Erneuerung und des Todes, »die Polaritäten der Sonnenwendzeiten in der Natur« den »Pulsschlag« des Daseins vor. In diesem Sinn war Zeit lediglich »ein Teil der Ewigkeit«; die großen Revolutionen, auch die angebliche Revolution von 1933, waren somit nicht nur Momente der hohen Politik, sondern »Stunden großer Neuwerdung« für alle Mitglieder der Volksgemeinschaft, »Stunden unerhörten Gotterlebens für einen jeden von uns«.[35] Das NS-Regime wollte nicht das Paradigma der linearen Geschichte von innen revolutionieren, um es für die Bedürfnisse einer alles verändernden Partei aufzurüsten, sondern trachtete danach, Geschichte ganz zu meiden, ihr in ein rassisch definiertes Zeitkontinuum des transhistorischen Gedenkens zu entfliehen. In dieser Hinsicht ähnelte das Regime Mircea Eliades archaischem Menschen, der versucht, »sich mit allen Mitteln der Geschichte entgegenzustemmen, die er betrachtet als eine Folge unumstößlicher, unvorhersehbarer Ereignisse von autonomem Wert«. Vergangene Ereignisse und Individuen vermag er lediglich in der Gestalt zeitloser Archetypen wahrzunehmen.[36]

Zu denjenigen, die diese Ablehnung der Geschichte in ihrer herkömmlichen Form propagierten, zählte Adolf Hitler selbst. In *Mein Kampf* plädierte der spätere Diktator für einen Bruch mit dem auf den Staat ausgerichteten Historismus des alten deutschen Reiches. Im Kern des alten Historismus habe eine dubiose Gesetzestheorie gesteckt, deren Axiom die »Bewahrung um jeden Preis des jeweils zeitgenössischen Monstrums von menschlichem Mechanismus, jetzt Staat genannt« sei. Das Problem an diesem klassischen Konzept des Staates sei, so Hitler, dass der Staat zu einem »Selbstzweck« erhöht werde. Doch diese Lehre, erklärte er, sei eine Umkehrung der eigentlichen, wahren Prioritätensetzung:

> Der Staat ist ein Mittel zum Zweck. Sein Zweck liegt in der Erhaltung und Förderung einer Gemeinschaft physisch und seelisch gleichartiger Lebewesen. Diese Erhaltung selber umfasst erstlich den rassenmäßigen Bestand und gestattet dadurch die freie Entwicklung aller in dieser Rasse schlummernden Kräfte. Staaten, die nicht diesem Zwecke dienen, sind Fehlerscheinungen, ja, Missgeburten. [...] Wir haben schärfstens zu unterscheiden zwischen dem Staat als einem Gefäß und der Rasse als dem Inhalt. Dieses Gefäß hat nur dann einen Sinn, wenn es den Inhalt zu erhalten und zu schützen vermag; im andern Falle ist es wertlos.[37]

Indem der Staatsbegriff von »rassischen Verpflichtungen losgelöst« wurde, behauptete Hitler, habe die »bürgerliche Welt« ihn seiner Bedeutung entleert. Und der Hauptnutznießer dieser Ent-Ethnisierung des Staates sei der »Jude Marx«, der »die äußerste Schlussfolgerung jener falschen Auffassungen und Ansichten über Wesen und Zweckeines Staates« ziehen konnte.[38] Was man einst als Motor und Brennpunkt historischen Wandels aufgefasst hatte, wurde hier zum Werkzeug einer fremden Macht und zur Negierung des wahren zentralen Akteurs der Geschichte degradiert: dem Volk. In *Mein Kampf* assoziierte Hitler schon die Vorstellung, Geschichte sei Fortschritt, mit dem »Juden«, der sich zunächst als der angebliche »Wohltäter und Menschenfreund« präsentiere. Dann werde er »auf einmal auch ›liberal‹ und fängt an, vom notwendigen ›Fortschritt‹ der Menschheit zu schwärmen«. Auf diese Weise habe »der Jude«, so Hitler weiter, sich »zum Wortführer einer neuen Zeit« gemacht; er »lobt jeden Fortschritt, am meisten freilich den, der zum Verderben der anderen führt«.[39]

Aus all dem folgte, dass die Formen der historischen Bildung, die vom alten Reich ererbt wurden, eine schlechte Nahrung für die Jugend der deutschen Nation seien. Der derzeitige Zustand der historischen Bildung sei dergestalt, so Hitler, dass es »wesentlich besser und für die Nation von größerem Nutzen« gewesen wäre, wenn die Deutschen »gar nicht Geschichte studiert hätten«. »Denn man lernt eben nicht Geschichte, nur um zu wissen, was gewesen ist, sondern man lernt Geschichte, um in ihr eine Lehrmeisterin für die Zukunft und für den Fortbestand des eigenen Volkstums zu erhalten. Das ist der Zweck, und der geschichtliche Unterricht ist nur ein Mittel zu ihm.«[40] Die Aufgabe für die Zukunft musste deshalb – wenn man derartige Äußerungen ernst nimmt – lauten, eine immer vollkommenere Identität mit der fernen Vergangenheit herzustellen, aus deren noch unverfälschten Hölzern das Haus der Zukunft errichtet werden müsse. In der »Sehnsucht nach dieser Rückkehr in das nie vergessene [deutsche] Vaterhaus«, schrieb Hitler, liege »ein Brunnen, der nie versiegt; der besonders in Zeiten des Vergessens als stiller Mahner, über augenblickliches Wohlleben hinweg, immer wieder durch die Erinnerung an die Vergangenheit von neuer Zukunft raunen wird«.[41]

Die Rasse hatte eine so starke heilsbringende Kraft, dass sie die Linearität der Geschichte aufzuheben vermochte. Kein Ereignis muss unumkehrbar sein, sofern das Charisma und die Stärke der Rasse intakt bleiben:

> Jede Niederlage kann zum Vater eines späteren Sieges werden. Jeder verlorene Krieg zur Ursache einer späteren Erhebung, jede Not zur Befruchtung menschlicher Energie, und aus jeder Unterdrückung vermögen die Kräfte zu einer neuen seelischen Wiedergeburt zu kommen, solange das Blut rein erhalten bleibt.[42]

Eine ähnliche Infragestellung linearer, historischer Zeit ist in den großen deutschen Massenausstellungen der 1930er Jahre zu beobachten. Freilich gab es keine systematische, vom Regime vorgegebene Linie für Museen und Ausstellungen, und sämtliche Bemühungen, alle Museen mit den Prioritäten des Regimes in Einklang zu bringen, scheiterten angesichts lokaler und regionaler Rivalitäten.[43] Sogar zwischen und innerhalb jener

Einrichtungen, die ihre Forschungstätigkeit in den Dienst des Regimes stellen wollten, gab es erbitterte Grabenkämpfe, geschürt von Eitelkeit, Neid und beruflicher Rivalität.[44] Bei einem Überblick über die großen Ausstellungen wird dennoch ein gemeinsames zugrunde liegendes Muster deutlich. Die Ausstellung »Ewiges Deutschland« etwa, die 1934 in Berlin von der damaligen Reichsstelle zur Förderung des deutschen Schrifttums und der Preußischen Staatsbibliothek konzipiert wurde, hatte zum Ziel, in den Köpfen der Besucher ein Bewusstsein für »das Unvergängliche« in der deutschen Literatur zu wecken, um »deutsche Gegenwart und deutsche Zukunft mit dem Deutschtum der Vergangenheit in neuen Zusammenhängen zu sehen«.[45] Die Ausstellung »Das deutsche Antlitz im Spiegel der Jahrhunderte«, die 1937 in Frankfurt unter der Schirmherrschaft der Stadt Frankfurt und des Rassenpolitischen Amtes der NSDAP eröffnet wurde, stellte die These auf, dass die Grundlagen jeglicher Kultur in den »erblichen Kräften der Rasse« zu finden seien; sie erhob den Anspruch, »die unwandelbaren und beständigen Blutswerte unseres Volkes durch alle Wechselfälle seiner Geschichte hin deutlich zu machen«.[46] Auch hier war Geschichte lediglich Zufall, eine Abfolge mehr oder weniger willkürlicher Abweichungen von einem zugrunde liegenden Muster, das der Vergangenheit, Gegenwart und Zukunft einen Sinn verlieh. Die Mega-Ausstellung »Deutsche Größe«, die am 8. November 1940 in München eröffnet wurde und anschließend auf ihrer Tour durchs Land 657000 Besucher anlockte, war inhaltlich weit nachdrücklicher historisch und nicht so stark auf Rassenthemen ausgerichtet. Doch sogar hier wurde die lineare Abfolge der »Geschichte« auf eine eschatologische Zeitlandschaft projiziert. Die Deutschen des Jahres 1940 traten in dieser Ausstellung als die direkten Erben und Vollstrecker der Urgermanen der Frühgeschichte auf, sodass die reaktivierte »Geschichte« der Gegenwart in einer Begegnung mit der fernen Vergangenheit kulminierte.[47] »Vom Baltikum bis ins Elsass, von Flandern bis in die Krim spannte sich schließlich der stählerne Bogen der deutschen Heere [im Ersten Weltkrieg]«, erklärte der Münchner Historiker Karl Alexander von Müller im Ausstellungskatalog. »Und fast überall, wo ihr Marschtritt den

Boden erschütterte, klangen wie im Echo alte Erinnerungen unserer Vergangenheit auf. Fast überall war die Erde schon einmal geheiligt durch deutsches Blut oder deutsche Arbeit.«[48] Was den Besucher dieser Ausstellung verblüffte und anrührte, so die Beobachtung eines Rezensenten, sei nicht das Momentum der sich entfaltenden Geschichte, sondern ein »Schauer der Ehrfurcht [...] vor dem, was unsterblich wirkt und waltet über die Jahrhunderte hinweg«.[49]

Sogar die Ausstellung »Gebt mir vier Jahre Zeit!«, die am 30. April 1937 unter großer publizistischer Beachtung eröffnet wurde und dazu gedacht war, die Veränderung Deutschlands im Laufe der vier Jahre seit der Machtübernahme anzupreisen, ordnete die entwicklungsorientierte Logik der Geschichte einem zeitlich undifferenzierten ontologischen Gegensatz zwischen der neuen und der alten Zeit unter. Wie Joseph Goebbels die Besucher in seiner Eröffnungsrede erinnerte, ließ sich das, was die Nationalsozialisten seit 1933 erreicht hatten, nur zeigen durch die Gegenüberstellung der Gegenwart und der »scheinbar hoffnungslos zerrütteten Zeit«, deren Vermächtnis die Nazis damals geerbt hatten. Die Ausstellung werde, kündigte er an, die Form einer »Schau der Gegensätze« annehmen, denn die Unterschiede zwischen damals und jetzt erinnerten »einzig und allein an den Unterschied zwischen Tag und Nacht«.[50] Hier wurde nicht der Versuch unternommen, »Geschichte zu reaktualisieren« oder »den Besucher in einen Handlungsablauf zu involvieren«; es ging um Offenbarung, nicht um Geschichte.[51]

Das soll jedoch keineswegs heißen, dass die Museen der NS-Zeit in einem kategorischen Sinn »unmodern« gewesen wären. Wer den deutschen Pavillon auf der Pariser Weltausstellung 1937 besuchte, hätte gewiss nicht an der ästhetischen und technischen Modernität vieler deutscher Museen gezweifelt. Und die von Egon Eiermann gestaltete Halle 2 der Ausstellung »Gebt mir vier Jahre Zeit« (1937) war ein brillantes und formal innovatives Beispiel für einen Raum, der dazu dienen sollte, den Besucher in ein dynamisches und überwältigendes Erlebnis eintauchen zu lassen.[52] Das auffälligste Merkmal war das krasse Spiel mit der Größe: Im Herzen des Saals befand sich eine so gigantische Maschine, dass sie die Menschenmengen, die sich um sie scharten, zwergenhaft erscheinen ließ. Nur ein paar Schritte entfernt stand ein langer Zug einer Miniatureisenbahn, der von winzigen Figuren mit Rohstoffen beladen wurde. Offenbar ging es darum, den enormen Vervielfältigungseffekt der Industrie zu veranschaulichen, mit ihrer Fähigkeit, die Arbeit einzelner Menschen in Errungenschaften von erstaunlicher Macht und Größe zu übertragen. Doch die für die Dynamik und Modernität der Industrie erhobenen Ansprüche wurden nicht in Behauptungen über das Regime selbst übertragen. Im Gegensatz zu Saal O der »Mostra« in Rom diente die Illustration produktiver Macht und beschleunigter Anstrengung nicht als Metapher für die politischen Veränderungen Deutschlands durch die nationalsozialistische Bewegung, sondern als aufsehenerregende Demonstration der rohen Kraft, die dem neuen Regime zur Verfügung stand.

Die Nähe der fernen Vergangenheit

Von besonderer Bedeutung für jene geistigen Aktivisten des Regimes, die sich für die gedankliche Gliederung der Zeit interessierten, war das Feld der germanischen Vor- und Frühgeschichte. Der »Reichsbund für deutsche Vorzeit«, eine Gruppe mit engen Verbindungen zum Amt Rosenberg, koordinierte die Bemühungen, das Profil der germanischen Archäologie zu schärfen, indem eine attraktivere, informativere und leichter zugängliche Ausstellungsform entwickelt wurde.[53] Man setzte sich zum Ziel, die tausendjährige Entwicklung germanischen Lebens sowohl als in sich geschlossenes und autochthones Phänomen darzustellen, das imstande war, fremde Einflüsse abzuwehren, als auch als etwas Lebendiges und unmittelbar mit der zeitgenössischen Erfahrung in Verbindung Stehendes.[54] Die ersten Jahre der NS-Diktatur erlebten eine starke Zunahme der Archäologie und der Frühgeschichte an den Universitäten, und das Fach expandierte enorm in Gestalt von Forschungsinstituten und bis in die Lehrerausbildung hinein, beflügelt von positiven öffentlichen Äußerungen Hermann Görings.[55] Archäologische und frühgeschichtliche Themen waren in Schulbüchern stark vertreten und zogen in Romanen, im Kino, bei Sammelkarten und dergleichen große Aufmerksamkeit auf sich. Das ging so weit, dass man die Vor- und Frühgeschichte als propagandistische »Werbung« für das Regime bezeichnen kann.[56]

Nicht alle Entscheidungsträger teilten diesen Enthusiasmus für germanische Frühgeschichte. Hitler äußerte bisweilen eine gewisse Skepsis mit Blick auf Himmlers Begeisterung für germanische Archäologie. »Nicht genug«, erinnerte sich Albert Speer an eine Äußerung von ihm, »dass die Römer schon große Bauten errichteten, als unsere Vorfahren noch in Lehmhütten hausten, fängt Himmler nun an, diese Lehmdörfer auszugraben und gerät in Begeisterung über jeden Tonscherben und jede Steinaxt, die er findet.«[57] Hitlers eigenes Bewusstsein von der Kontinuität der germanischen Rasse war geographisch nicht so eng fokussiert wie das Himmlers. Seine Rassengeschichte war eine tausendjährige Erzählung, in der die Errungenschaften des »Dritten Reiches« zwangsläufig jene des Römischen Reiches auf der Höhe seiner Macht »wiederholen« würden, eine Sichtweise, die sich in seiner starken Vorliebe für neoklassische Formen bei öffentlichen Bauten äußerte, die für die Gegenwart und Zukunft des nationalsozialistischen Deutschlands errichtet und geplant wurden. In dieser Hinsicht unterschied sich Hitler von jenen Enthusiasten für die »deutsche Vorgeschichte« (wie etwa Hahne), die das nordische und germanische Element im Gegensatz zu Rom feierten. Aber welche Variante davon man auch wählte, die Neuartigkeit der daraus hervorgehenden zeitlichen Konfiguration war offensichtlich: Die jüngste politische Geschichte Weimars sollte in astronomische Ferne rücken, die tausendjährigen Vorläufer des neuen Regimes hingegen – seien es die griechische und römische Antike oder die lange und nebulöse Geschichte der germanischen Besiedlung Mittel- und Nordeuropas oder beides – wirkten sehr nah (oder sollten es zumindest). Diese Sichtweise wurde in der Kulturarbeit des sogenannten SS-Ahnenerbes institutionalisiert.[58] Aber es prägte auch die Agenda vieler lokaler Akteure.

In einer Rede vom Februar 1937 erklärte Gerhard Körner, der Direktor des Lüneburger Museums, dass die neuen Rassengesetze, die anderthalb Jahre zuvor verabschiedet worden waren, »Marksteine« der jüngsten Forschungen in der Vorgeschichte seien und dass das Hauptziel dieser Disziplin die »Wiederentdeckung des Ahnenerbes« sein müsse. Die Forschung müsse, fuhr er fort, die Bedürfnisse der Gegenwart befriedigen:

> Dieses Dienen besteht darin: die Geschichte unserer Vorfahren so zu erforschen, dass politische Erkenntnisse aus der Forschung gezogen zu werden vermögen [sic]; die kulturelle Hinterlassenschaft dazu zu benutzen, das Brauchtum und den Glauben stets weiter zu erforschen, um das unserem Volk eigentümlich und artgemäße Denken und Fühlen aufzuspüren.[59]

Es bestand ein direkter Zusammenhang zwischen dieser Neuorientierung und den Bemühungen, die Machtübernahme durch die Nazis museal zu gestalten, denn der Direktor und Gründer des Museums der nationalen Erhebung in Halle, Professor Hans Hahne, war ein prominenter Verfechter einer neuen Forschungsrichtung, bei der das Studium der prähistorischen germanischen Besiedlung und die Methoden der Ethnographie mit »völkischen« Rassenvorstellungen verbunden wurden, um eine ultra-essentialistische und biologistische Darstellung der Entstehung und Entwicklung germanischen Lebens in Europa zu erhalten. Für diese Methode, die ferne Vergangenheit zu erforschen, prägte Hahne den Begriff »Volkheitskunde«. Im Jahr 1912 war er zum Direktor des »Provinzialmuseums zu Halle« ernannt worden, eine 1884 gegründete, eher etwas angestaubte Einrichtung, die die Sammlung des »Thüringisch-sächsischen Vereins zur Erforschung für Erforschung des vaterländischen Altertums und Erhaltung seiner Denkmale« beherbergte. Unter Hahnes Leitung veränderte sich das Provinzialmuseum: Unter dem neuen Namen »Landesanstalt für Volkheitskunde« wurde ein großes Hauptgebäude erworben, um die Sammlung auszustellen und Konferenzen und Kolloquien zu veranstalten.

Hahne war federführend an der Entwicklung einer Ausstellungspraxis beteiligt, die die Kontinuitäten zwischen der Gegenwart und der prähistorischen Vergangenheit der germanischen Völker sichtbar machte. Mithilfe von Karten, Modellen und Illustrationen wurden die verstreuten Überreste alter Siedlungen zum Leben erweckt. Ziel sei es, schrieb Hahne bereits im Jahr 1914, »die Fäden frei zu legen, die uns heute Lebenden, mit der [Welt der] Vorzeit verbinden [...], denn unsere heutige Kultur und die Kultur der Vorzeit unseres Landes verbindet vor allem die Einheit unseres Blutes mit dem der Vorfahren«.[60] Das implizierte unter anderem, der damaligen Dominanz der klassischen Archäologie und der Tendenz, die künstlerisch ausgereifteren archäologischen Funde römischer Handwerkskunst oder deren Einfluss zuzuschreiben, etwas entgegenzusetzen – in einer ganzen Reihe früher Arbeiten konzentrierte sich Hahne auf die Widerlegung der »römischen Hypothese« und setzte sich »zum Ziele die Zusammenarbeit der deutschen Vorzeitforschung mit der Geologie« sowie »die Heraushebung von geschlossenen Daseinsgruppen, von Kulturkreisen«, deren Identität von einer harmonischen Beziehung zu einer ganz bestimmten natürlichen Landschaft geprägt worden sei.[61]

Hahnes Auffassung seiner Disziplin war immer schon »völkisch« ausgerichtet gewesen, aber erst in den Jahren nach dem Ende des Ersten Weltkriegs dominierten nach und nach biologische und rassistische Sichtweisen sein Denken. In diesen Jahren wurde er zu einem Verfechter einer »politisch angewandte[n] Biologie«, für die »Rassenkunde [...] Grundlage und Schlüssel zur Weltgeschichte« sei.[62] Hahnes Geschichtsbild handelte nicht von Disruption, Konflikt und Wandel, sondern ihm ging es um die ewige Wiederkehr einer zyklischen, von den Jahreszeiten markierten Existenz. Er war ganz begeistert von verschiedenen jahreszeitlichen Ritualen, die in dörflichen und kleinstädtischen Gemeinden Mitteldeutschlands noch beobachtet werden konnten – ein Beispiel war das »Questenfest«, ein gemeinschaftliches Ritual angeblich germanischen Ursprungs, das mit der Kleinstadt Questenburg im Harz in Verbindung gebracht wird. Ein Kranz, der möglicherweise symbolisch für die Sonne steht, wird dabei jedes Jahr am Pfingstmontag an einem zehn

Meter hohen Stamm aufgehängt, verbrannt und unter Gesang und Feierlichkeiten durch einen neuen Kranz ersetzt. Hahne und seine Mitarbeiter wurden zu Experten der »Brauchtumsforschung« und dokumentierten eine ganze Reihe lokaler jahreszeitlicher Rituale. Hahne war von diesen Beobachtungen so fasziniert, dass er selbst Sonnenfeste und »Jahresspiele« erfand, mit Passagen aus der Edda als Drehbuch und aufgeführt von Gruppen örtlicher Kinder und Jugendlicher.

Hahnes immer intensiveres Interesse an den Spuren eines tief in die Vergangenheit zurückreichenden zyklischen Zeitbewusstseins war mehr als eine rein intellektuelle Beschäftigung; es war eine Flucht vor den historischen Herausforderungen der Gegenwart. Für Hahne persönlich war sie eindeutig mit dem Trauma des Ersten Weltkriegs verbunden – oder genauer mit dem traumatischen Ende des Krieges, inmitten von Niederlage, sozialer Erschütterung und politischer Unruhe. In einem Brief vom Mai 1919 an seine Mutter brachte Hahne ein Gefühl der Entwurzelung zum Ausdruck:

> Gemischt sind jetzt die Gedanken jedes Erwachens, jedes Einschlafens – ja, jeder Stunde. Ganz auf Stimmung, körperlichen Zustand und Zufallseinflüsse ist jetzt gebaut, was man »denkt«, eigentlich denkt man ja garnichts richtig zu Ende, da überall Stacheldrähte aus Wenn und Aber liegen. So tut man Schritt vor Schritt, was der Tag, die Stunde gebietet, verarbeitet nichts und hofft nach Eindrücken viel, wenig oder nichts.

In einer seltsamen Passage in diesem Brief scheint Hahne sein eigenes Elend mit der Vorstellung von Geschichte als solcher zu vermengen. Die Druckerpresse, schrieb er, habe sich als Werk des Teufels entpuppt:

> Gutenberg liebe ich garnicht mehr, fast möchte man ihn ausradieren – war es [die Erfindung des Buchdrucks] wirklich ein Fortschritt? Gerade die Fortschrittsidee wankt bei mir jetzt mehr als je.[63]

In diesen Worten klingt der »Schrecken der Geschichte« nach, wie Mircea Eliade es nennt – ein Zustand radikaler Fremdbestimmung, dem willkürlichen Treiben einer Umgebung ausgesetzt, die von Unruhen erschüttert wird, deren Ausgang überhaupt nicht vorhersagbar ist. Der Historiker Hans Rothfels formulierte das gleiche Gefühl auf andere Weise, als er beobachtete, dass die vom Ersten Weltkrieg verursachte »Erschütterung des deutschen geschichtlichen Bewusstseins« die Historiker auf eine Suche »nach Vorbildhaftem« in der deutschen Geschichte geschickt habe.[64] Die Inthronisierung von Archetypen unterdrückt jedoch unweigerlich den Zufall, die historische Kontingenz, nach der Art von Eliades »Mensch der archaischen Kulturen«, der »die ›Geschichte‹ nur schwer erträgt und sich Mühe gibt, sie periodisch aufzuheben«.[65]

Prophezeiung und Prognose

Hat man sich einmal auf diese Neustrukturierung der Zeitlichkeit eingestellt, so findet man sie in der von den Nationalsozialisten gestalteten Welt fast überall, wo man auch hinblickt. Implizit war sie bereits in der Ersetzung des Staates durch das *Volk* als dem zentralen Organisationsprinzip im politischen und historischen Denken enthalten. Im 19. und frühen 20. Jahrhundert war der Staat maßgeblicher Bezugspunkt im historischen und politischen Bewusstsein der Deutschen gewesen: Er sollte den unbändigen Kräften der Gesellschaft Zusammenhalt und Bedeutung verleihen, aber gleichzeitig war er auch die Instanz, über die, mehr als durch jede andere, Geschichte gedacht wurde. Im Gegensatz dazu lehnte das Hitlerregime, wie gezeigt, den Staat als Ziel oder Brennpunkt des historischen Strebens vehement ab. Vieles von dem, was einst als integraler Bestandteil der deutschen Geschichte gegolten hatte, erschien jetzt als fremde Einmischung. Wir würden »nun erkennen«, erklärte der nationalsozialistische Historiker Adolf Helbok im Jahr 1936, »dass unser staatliches Leben der Vergangenheit nicht immer von arteigenen Kräften getragen war, ja, dass wir auf dem weiten Wege unserer Entwicklung«, fügte er hinzu, »gerade als Volk der europäischen Mitte von fremden Formen irregeleitet waren«.[66] Hitler macht in *Mein Kampf* eine ähnliche Andeutung, als er das Phänomen der Klassenbildung und des »Fortschritts« auf den Einfluss jüdischer Agitatoren zurückführt.[67] Eine auf das »Volk« – nicht im Sinn einer Bevölkerung, sondern einer transhistorischen, rassischen Essenz – ausgerichtete Zeitlichkeit war vermutlich von Natur aus nicht-progressiv und nicht-entwicklungsorientiert. Die Geschichte des Volkes konnte letztlich nur eine Chronik seiner Identität mit sich selbst sein, eine Chronik der Weigerung, sich einer fremden Macht und fremden Einflüssen zu beugen.

Das hatte tiefgreifende Implikationen für die Geschichtlichkeit des NS-Regimes. Bismarck hatte sich der geschickten Steuerung jener historischen Kräfte gerühmt, deren Wettstreit die Unruhe und Bewegung hervorriefen, aus denen Geschichte bestand. Hitler bot eine nüchternere Vision an. In seinem Universum fand das Wechselspiel der Kräfte unter der eisernen Regel des Kampfs ums Dasein statt. Das war keine Schachpartie, sondern ein Kampf auf Leben und Tod. »Die Natur«, so Hitler, »kennt keine politischen Grenzen. Sie setzt die Lebewesen zunächst auf diesen Erdball und sieht dem freien Spiel der Kräfte zu. Der Stärkste an Mut und Fleiß erhält dann als ihr liebstes Kind das Herrenrecht des Daseins zugesprochen.«[68] Die grundlegende Alternative in der Politik war stets binärer Art: überleben und triumphieren oder untergehen. Hitler kannte nur eine Zukunft: den vorherbestimmten Sieg der »arischen« Kräfte über jeden Gegner.[69] Demnach besaß das Wechselspiel der Kräfte als solches keine inhärente Legitimität – es war ein Mittel, um die Hegemonie einer Kraft über die anderen zu errichten. Die Entscheidungsstrukturen von Bismarcks Zeitlandschaft waren nunmehr obsolet, denn inzwischen war es eine Welt, in der bestimmende Aufgabe der Politik nicht mehr war, Interessen auszugleichen, sondern ein einziges vorherbestimmtes Ziel zu verfolgen.[70]

Die anregende Gegenüberstellung von Gustav Stresemann und Adolf Hitler durch Adam Tooze macht deutlich, wie klar der Gegensatz zwischen einem herkömmlichen »historischen« Verständnis der Vergangenheit und einem auf dem Schicksal einer Rasse basierenden sein konnte.[71] Hitler und Stresemann waren, wie Tooze zeigt, Exponenten diametral entgegengesetzter Auffassungen dessen, was Geschichte und insbesondere Wirtschaftsgeschichte hieß. Stresemann, der Verfasser einer Dissertation über den Berliner Handel mit Flaschenbier, übernahm die Vorstellung einer Wirtschaftsgeschichte, die getrieben war von den heterogenen Zwängen einer Volkswirtschaft, welche ihrerseits von inneren Belastungen und von internationalem Druck geprägt war. Sogar ein in seiner Mittelbeschaffung und Finanzierung so lokal ausgerichteter Wirtschaftszweig wie die Brauindustrie sei, so Stresemann, anfällig für die Schwankungen einer sich modernisierenden Wirtschaft und für die Auswirkungen von Disruptionen, die sich in Fehlfunktionen des globalen Systems manifestierten. Wolle man diese Herausforderungen meistern, bedürfe es somit pragmatischer Anpassungen an sich verändernde Bedingungen.[72]

Im Gegensatz dazu schwebte Hitler eine sich selbst versorgende Volkswirtschaft vor, die sich durch Eroberung die nötigen Ressourcen verschaffte, eine autarke, zentral gesteuerte Wirtschaft, die auf gemeinsame Ziele ausgerichtet und gegen internationalen Druck immun war. Stresemann wurde im Laufe des Ersten Weltkriegs zu einem Befürworter von Annexionen, weil er glaubte, es sei in Deutschlands Interesse, sich verlässlichen Zugang zu so großen kontinentalen Märkten zu sichern, dass es sich in der Massenproduktion mit den Vereinigten Staaten von Amerika messen konnte. Aber während Stresemann Zugang zu Märkten und Verbrauchern anstrebte, um Deutschland unter möglichst günstigen Bedingungen in die »Wirtschaftsgeschichte« der Zukunft einzufügen, beschloss Hitler irgendwann, die Verbraucher zu versklaven oder zu vernichten und die von ihnen geräumten Gebiete mit Deutschen zu besiedeln. Statt Objekte (oder sogar Subjekte) der Kräfte des internationalen Marktes zu sein, würden die Deutschen ein eigenes, historisch bewährtes, autonomes tausendjähriges Produktionssystem schaffen. Der »völkische« Ideologe Hermann Wirth (1885–1981), Gründer der Forschungsgemeinschaft Deutsches Ahnenerbe der SS, philosophierte im Jahr 1928 darüber, wie eine »Wiederbewusstwerdung« des nordischen

Rassenbewusstseins »zu einer Erlösung von der sonst unaufhaltsam über uns kommenden, völligen Mechanisierung und Materialisierung, von dem Mammonismus und seinem Kult des Augenblickes, welcher ›Weltwirtschaft‹ heißt«, führen müsste.[73] Das war eine vehemente Ablehnung jeder Fremdbestimmung, einer Ordnung, in der die Nation gezwungen ist, in der Zeit eines – oder etwas – anderen zu leben. Für die Deutschen unter Hitler sollte der Weg aus der Geschichte in der so gut wie grenzenlosen Ausdehnung des biologischen Raumes, in der Eroberung von »Lebensraum« liegen. Das Volk würde über die europäische Tiefebene ausschwärmen, dabei die Weltwirtschaftsgeschichte außer Kraft setzen und die Deutschen schleunigst an das Ende der Geschichte und den Beginn der unerschütterten, ethnographischen tausendjährigen Zeit des »Dritten Reiches« katapultieren.[74] Denn es gehörte zu den Eigenartigkeiten der nationalsozialistischen Zeitlichkeit, dass nicht die »Anderen« in die ewige Gegenwart der Ethnographie versetzt wurden, sondern die Deutschen selbst. In den Vereinigten Staaten und den weißen Siedlerkolonien des britischen Empire waren es die besiegten Einheimischen, die ins Museum kamen, umgeben von den Symbolen eines zeitlosen Daseins. Die weiße Mehrheitsgesellschaft beanspruchte für sich die dynamische, fortschrittliche Zeit der Moderne. Im »Dritten Reich« sollten die Deutschen selbst als Ethnie musealisiert werden.

Der Einfluss dieser Geschichtlichkeit lässt sich auch an Hitlers Arbeitsweise als Politiker ablesen. Hitler war absolut imstande, schrittweise und taktisch zu agieren, nach der Art moderner Politiker. Sein Lavieren zwischen den Parteigruppierungen der Weimarer Republik, die Verhandlungen mit Hugenberg und der »Harzburger Front«, der Umgang mit der Opposition innerhalb der NSDAP, die Heuchelei beim Reichswehrprozess in Ulm und der gnadenlose Opportunismus seiner Außenpolitik nach 1933 lassen allesamt einen Akteur von großem taktischen Geschick nach dem Vorbild Bismarcks erkennen. Wenn Hitler jedoch die Vorstellung, Politik sei »die Kunst des Möglichen«, ausdrücklich ablehnte, so war dies keineswegs Heuchelei oder Selbstbetrug.[75] Vielmehr spiegelte sich darin die Unterordnung herkömmlicher Mittel unter unkonventionelle Ziele wider. Bei der Formulierung seiner *ultimativen* politischen Ziele orientierte sich Hitler an Endzuständen, an Fluchtpunkten, an denen man davon ausgehen konnte, dass sich sämtliche Anforderungen der Gegenwart von selbst aufgelöst hätten. Sein politisches Kalkül beruhte nicht auf probabilistischen Vorhersagen, die unweigerlich ein Element des Zufalls enthalten und Faktoren voraussetzen, die sich der Kontrolle des Kalkulierenden entzogen – vielmehr äußerte es sich unter der Rubrik des Willens und der Vorsehung. Während eine Prognose die Projektion einer nicht-zyklischen historischen Zeit in die Zukunft darstellt, in der zahlreiche potenzielle Risiken und Vorteile gegeneinander abgewogen werden müssen, macht eine Prophezeiung, wie Reinhart Koselleck beobachtet hat, keinen grundlegenden Unterschied zwischen Vergangenheit, Gegenwart und Zukunft; sie nimmt ein Ziel vorweg, das bereits gegeben ist; sie ist auf die Projektion einer tausendjährigen Zeit in eine verheißene Zukunft ausgerichtet.[76]

Hitler bezeichnete sich oft als Propheten. Der wohl bekannteste Anlass war der 30. Januar 1939, als er im Reichstag die Vernichtung des europäischen Judentums prophezeite für den Fall, dass es »dem internationalen Finanzjudentum« gelingen sollte, die Staaten Europas »noch einmal in einen Weltkrieg« zu stürzen, womit er einen Krieg unter Beteiligung der Vereinigten Staaten meinte. Dieses Versprechen, auf das Hitler immer wieder zurückkam, ist von der Holocaustforschung viel beachtet worden, weil es allem Anschein nach die Voraussetzungen schuf für die Eskalation des Massenmords ab August 1941, als Churchill und Roosevelt die Atlantik-Charta unterzeichneten, und für den anschließenden Übergang zu einer Politik der kontinentalen Vernichtung ab Dezember 1941, als die Vereinigten Staaten in den Krieg eintraten.[77] Hitlers Formulierung hatte insofern schon den Charakter einer primitiven Erpressung, als er die Juden als Geiseln bezeichnete, deren Schicksal besiegelt sei, sobald Amerika es wagen sollte, in den Konflikt einzugreifen. Die Tatsache, dass er sich entschloss, diese Drohung im Rahmen einer Prophezeiung zu äußern, ist wichtig, weil er damit die Zukunft als etwas Vorherbestimmtes und Überkommenes darstellte:

> Ich bin in meinem Leben sehr oft Prophet gewesen und wurde meistens ausgelacht. In der Zeit meines Kampfes um die Macht war es in erster Linie das jüdische Volk, das nur mit Gelächter meine Prophezeiungen hinnahm, ich würde einmal in Deutschland die Führung des Staates und damit des ganzen Volkes übernehmen und dann unter vielen anderen auch das jüdische Problem zur Lösung bringen. [...] Ich will heute wieder ein Prophet sein ...[78]

Der »Erlösungsantisemitismus« des NS-Regimes war seinerseits eine Art umgekehrte biblische Prophezeiung, die in einem tausendjährigen Zeitrahmen wirksam war.[79] Das Versprechen, das der Apostel Paulus im Brief an die Römer gab, dass die Juden eines Tages zu Christus zurückgeführt würden, wurde lange Zeit, obwohl seine Bedeutung immer umstritten war, als Beleg für die millenaristische Erwartung gewertet, dass eine massenhafte Bekehrung der Juden das Ende der Welt für Christen wie für Juden einläuten werde. Doch diese Annahme einer engen Verbindung zwischen den Juden und dem Heil – in der lutherischen und pietistischen Theologie des 17. und 18. Jahrhunderts ein einflussreiches Motiv – wurde säkularisiert und im 19. Jahrhundert umgekehrt. Nunmehr gewann die Sichtweise an Einfluss, wonach die Juden lediglich in einem weltlichen und negativen Sinn das Ende herbeiführen würden – daher auch Treitschkes verzerrte Losung: »Die Juden sind unser Unglück«, die genaue Umkehrung der rätselhaften Worte Christi in Johannes 4,22: »Das Heil kommt von den Juden«.

Zwei Gedankenstränge liefen in der Eschatologie des nationalsozialistischen Antisemitismus zusammen. Einer war die säkularisierte Variante der alten Eschatologie, nach der prophezeit war, dass die Juden die Vollendung der christlichen Geschichte herbeiführen würden, eine Tradition, deren hermeneutische Unsicherheit Raum ließ für die Umkehrung der tausendjährigen Hoffnung. Der andere war ihre radikal ablösungs- oder ersetzungstheologische Variante, der zufolge die Logik des Eschaton, einer Zukunft, die nur über eine Prophezeiung erreichbar war, weiterhin Bestand hatte, allerdings war für die Juden darin kein Platz. Die alte Eschatologie war latent noch in den Zukunftsvisionen der Antisemiten des 19. Jahrhunderts zu spüren, in denen Juden sich maßgeblich an der beschleunigten Gärung und Zersetzung der modernen Gesellschaft beteiligten, das Band zwischen Jesus Christus und der Nation kappten und den Vorrang des Neuen Bundes vor dem Alten wieder rückgängig machten. Die neue Eschatologie hingegen manifestierte sich in der NS-Vision einer völlig von Juden gesäuberten Zukunft, in der die Heil bringende Kraft der Juden durch das deutsche »Volk« ersetzt worden war, dessen Status als das neue auserwählte Volk lange Zeit das zentrale Thema der protestantischen deutschen Nationalbewegung gewesen war.

In einer Zukunft ohne Juden würde die gesamte Geschichte und Kultur des jüdischen Volkes einer fernen Vergangenheit angehören. Diese Vorstellung äußerte sich nirgendwo eindeutiger als in den Bestrebungen der SS, in Prag ein jüdisches Zentralmuseum zu gründen, ausgestattet von zwangsverpflichteten jüdischen Experten, die man aus den Ghettos geholt hatte, und vollgestopft mit Devotionalien und Kultobjekten, die in der Zukunft an das verschwundene religiöse, soziale und kulturelle Leben des Judentums in Mitteleuropa erinnern sollten, das erst noch ausgelöscht werden musste.[80] Auf institutioneller Ebene war das die wohl perverseste Artikulation der eschatologischen Zeitlandschaft des NS-Regimes.

Eine ähnliche auf eine ferne Zukunft gerichtete Zeitlichkeit lässt sich bei den städtischen Umbauplänen ausmachen, die vom NS-Regime geplant und gefördert wurden. Das gigantische Ausmaß dieser Pläne ist allgemein bekannt: Mehr als 50 Stadtzentren sollten um ein Ensemble aus weitläufigen Nord-Süd- und Ost-West-Achsen, riesigen Hallen und Versammlungsräumen sowie Kuppeln und Türmen, die alle benachbarten Gebäude, selbst die Kirchen in den Schatten stellten, komplett neu gestaltet werden. Diese Projekte waren dazu gedacht, auf internationaler Ebene Zeichen zu setzen und zu beweisen, dass die deutsche Nation keineswegs »zweitklassig, sondern jedem anderen Volk auf Erden, selbst

Amerika, ebenbürtig« sei.[81] Doch sie dienten auch dazu, das Regime in einem tausendjährigen Zeitrahmen zu verankern. Wenn der Ruhm des alten Griechenlands und Roms immer noch in »den Trümmerhaufen und Ruinenfeldern der antiken Welt« zu erkennen sei, so liege das daran, dass beide antiken Staaten große Mühen in den Bau prachtvoller öffentlicher Gebäude investiert hätten, deren verwitterte Umrisse immer noch die zeitgenössische Erinnerung an sie dominierten. Nicht die »Villen und Paläste einzelner Bürger« hätten den Glanz des alten Roms vermittelt, schrieb Hitler in *Mein Kampf*, sondern »die Tempel und Thermen, die Stadien, Zirkusse, Aquädukte, Basiliken, usw. des Staates, also des ganzen Volkes«.[82] Umso eklatanter war somit der Kontrast zum Berlin seiner eigenen Zeit:

> Würde das Schicksal Roms Berlin treffen, so könnten die Nachkommen als gewaltigste Werke unserer Zeit dereinst die Warenhäuser einiger Juden und die Hotels einiger Gesellschaften als charakteristischen Ausdruck der Kultur unserer Tage bewundern.[83]

So gesehen waren die neoklassischen Monumente und Bauten, die das Regime plante, Appelle an eine tausendjährige Zukunft, eine Zukunft, in der auch Deutschland eines Tages nach dem »Ruinenwert« beurteilt würde.[84] Das war keine vorübergehende Fantasterei, sondern ein Motiv, das mehrfach in den Reden und Gesprächen des Diktators auftaucht. Nur ein Volk, das imstande sei, einer fernen Nachwelt ein bleibendes künstlerisches Erbe zu hinterlassen, besitze ein »moralisches Lebensrecht«, erklärte er auf der Kulturtagung des Reichsparteitags 1935; eine solche Kunst müsse die Macht besitzen, die Größe des Volkes auszudrücken, auch wenn dieses Volk selbst spurlos verschwinden sollte.[85] Im September 1941 malte sich Hitler eine Zukunft aus, in der die Slawen Osteuropas lediglich als leibeigene Bewohner von Reservaten überlebten, wo sie leben konnten, wie sie es wollten.

> Nur, dass wir sie beherrschen. Im Falle einer Revolution brauchen wir dann nur ein paar Bomben zu werfen auf deren Städte, und die Sache ist erledigt. Einmal im Jahr wird dann ein Trupp Kirgisen durch die Reichshauptstadt geführt, um ihre Vorstellung mit der Gewalt und Größe ihrer steinernen Denkmale zu erfüllen.[86]

All diesen Überlegungen (es ließen sich problemlos weitere Beispiele anführen) war die Tendenz gemeinsam, vom Standpunkt einer kommenden Nachwelt aus auf eine bereits vollendete Zukunft zurückzublicken. Künftige kirgisische Sklaven würden in Ehrfurcht auf Monumente blicken, die erst noch gebaut werden mussten. Die Ruinen großartiger Gebäude erzählen künftigen Menschen von den Errungenschaften eines untergegangenen Volkes. »Die Architektur«, merkt Eric Michaud in einer Formulierung an, die trefflich das Befremdliche dieser Vision einfängt, »sollte das deutsche Volk zu seinem gemeinsamen Schicksal treiben, indem sie seine wahre Größe in Grabmonumenten enthüllte.«[87] Die Logik der Prophezeiung, welche die Zukunft als etwas gestaltet, das von der Vergangenheit ererbt wurde, war hier am Werk, genau wie in den Bestrebungen der SS, in Prag ein »Jüdisches Zentralmuseum« zu gründen. Die traditionelle Vorliebe von Prophezeiungen für finale Zustände, für den Entwurf und die Verwirklichung von Endzeitszenarien prägte auch den Wortschatz des nationalsozialistischen Kampf- und Vernichtungsapparats: »Endkampf«, »Endlösung«, »Endsieg«.

Merkwürdigerweise sind jedoch die Bücher und Artikel, die Berufshistoriker der NS-Zeit verfassten, wohl der letzte Ort, an dem wir nach Spuren dieser Manipulationen suchen sollten.[88] Hitlers Schriften wurden nie zur Mustervorlage für eine neue Historiographie. Die sogenannte »Volksgeschichte«, die in den Weimarer und NS-Jahren eine Blütezeit erlebte, idealisierte die bäuerliche Vergangenheit und stigmatisierte Modernisierung als negatives Gegenbild zur vorindustriellen Harmonie, aber sie neigte auch dazu, die Betonung der rassischen Kontinuität mit anderen Ansätzen zu verschmelzen, nicht zuletzt mit progressiven und entwicklungsorientierten Formen der Sozialgeschichte. So entstand eine Palette historiographischer Hybridformen, die dem Rassendenken unterschiedlich stark verpflichtet waren.[89] Das Regime kam nie dazu, eine bestimmte einvernehmliche Form der Geschichtsschreibung zu diktieren, abgesehen von Aufrufen, Historiker sollten sich in ihrem Ansatz streng an Rasse und »Volkstum« orientieren.[90] Sogar das »Reichsinstitut für Geschichte des neuen Deutschlands« unter der Leitung des Historikers Walter Frank (1905–1945) wurde von den beruflichen Rivalitäten und Kompetenzstreitigkeiten mit und zwischen dem Amt Rosenberg, dem Innenministerium, dem Ahnenerbe SS und dem Bildungsministerium Bernhard Rusts erschüttert.[91] Es herrschte kein Mangel an Historikern, die bereit waren, dem Regime »entgegen zu arbeiten«, doch die herkömmliche Praxis ihres Handwerks erwies sich als resistent gegen rasche und grundlegende Veränderungen. Und auf jeden Fall lässt sich sagen: Dieses kurzlebige Regime brach zusammen, ehe die Vorstellungen der neuen Führung Einzug in die historiographische Praxis halten konnten.[92]

Schluss

In einer Rundfunkansprache vom 1. April 1933, in der Joseph Goebbels den Boykott jüdischer Geschäfte bekannt gab, erklärte er, dass »das Jahr 1789« nunmehr »aus der Geschichte gestrichen« werde.[93] Seine Zuversicht, dass man die Bedeutung eines Datums entleeren und ersetzen und dadurch die Geschichte ungeschehen machen konnte, war charakteristisch für die ablösungstheologische Zeitlichkeit eines Regimes, das geradezu wahnhaft Jahrestage, also die wiederkehrenden Wegmarken der eigenen kurzen Geschichte, feierte. Indem man dem besonderen Datum des 14. Juli neue Bedeutung verleihe, implizierte Goebbels damit, könne man eine aufgegebene Vergangenheit überwinden, hinter sich lassen, ungeschehen machen. In diesem Zusammenhang muss auch an eine Bemerkung aus Goebbels' Kommentar zum Berliner »Revolutionsmuseum« erinnert werden. Das »interessanteste und wertvollste Stück von allen«, stellte er fest, »unschätzbar für jeden Sammler [ist] eine Ausreiseerlaubnis von Paris nach Nizza vom 25. Ventose im Jahre 5 (1794) der französischen Republik und unterzeichnet von Robespierre«.[94] Dieses Dokument war von der SA aus dem kommunistischen Hauptquartier im Liebknecht-Haus geraubt worden. Das »Revolutionsmuseum« habe, so gibt Goebbels zu verstehen, die imaginierte Zukunft der Französischen Revolution gefangen genommen und neutralisiert, indem es sie in einer eigenen völlig anderen Zeitlandschaft eingesperrt habe.

Überwindung der Französischen Revolution hieß nicht nur, mit der Idee der Rechte, der individuellen Freiheit und der politischen Staatsbürgerschaft zu brechen, die mit der großen Revolution in ihrer Anfangsphase assoziiert wurden. Es bedeutete auch, aus einer Form der Zeit – einem *régime d'historicité* – auszubrechen, die von den Ereignissen in Frankreich eingeläutet bzw. deren Eintreffen zumindest beschleunigt worden war. Mehr als jedes andere Ereignis in der neueren Geschichte, so behauptet Peter Fritzsche unter Berufung auf die Thesen Reinhart Kosellecks, habe die Französische Revolution die Vorstellung der Geschichte als einer »kontinuierlichen Wiederholung des Neuen«, als unkontrolliert dahinrasender Zug, als Abfolge von »Momenten« oder »Ereignissen« ermöglicht, die, weil sie nicht in einer zyklischen Zeitstruktur verankert sind, in jeder beliebigen Geschwindigkeit durchgespielt werden können.[95] Geschichte war nicht mehr auf die Vergangenheit beschränkt; sie spielte sich in der Gegenwart ab, und das mit einer unvorhersehbaren Gewalt und zerstörerischen Kraft, die den Zeitgenossen als beispiellos erschien. Man kann darüber streiten, bis zu welchem Grad die Grundlagen für diesen Wandel schon vor der Revolution geschaffen worden waren, doch der Stellenwert der Revolution für die Beschleunigung der Entwicklung scheint außer Frage.

Das offiziöse Zeitbewusstsein der Nationalsozialisten hebt sich also in mancherlei Hinsicht von jenem der anderen beiden totalitären Staaten ab. Der Vision der Diktatur vom eigenen Platz in der Zeit lagen eine radikale Ablehnung des Entwicklungs- und Fortschrittsgeflechts

»Geschichte« sowie eine Flucht in eine tiefe Kontinuität mit einer fernen Vergangenheit und einer fernen Zukunft zugrunde. Es wäre übertrieben zu behaupten, dass das Regime damit eine homogene epochale Zeitlichkeit schuf, die für alle Gruppen und Individuen gleichermaßen Gültigkeit besessen habe. Jüngste Studien auf diesem Feld haben die Pluralität gleichzeitig bestehender Zeitlandschaften betont und gezeigt, auf welche Schwierigkeiten die Eliten in allen Epochen und Lagen bei ihrem Versuch, die Gesellschaft mit ihrem eigenen Zeitbewusstsein zu durchdringen, stießen.[96] Es kann außerdem durchaus sein, dass der besondere zeitliche Charakter des Regimes in manchen Momenten stärker zum Vorschein kam (etwa in der Anfangsphase der Diktatur Hitlers oder in den apokalyptischen Jahren nach Stalingrad). Sogar innerhalb des nationalsozialistischen Führungszirkels bestimmte, wie Frank-Lothar Kroll nachweist, eine Reihe sehr unterschiedlicher »Geschichtsauffassungen« das politische Denken und die Praxis der Akteure.[97] Das Gleiche lässt sich über die »Rassenkunde« der NS-Zeit sagen, die von Unstimmigkeiten und Grabenkämpfen geplagt wurde.[98]

Doch das Vorhandensein solcher ideologischen Varianten darf nicht die Konturen der Anschauungen verschleiern, die ihnen allen gemein sind. Es bestanden zweifellos wesentliche Unterschiede zwischen der agrarischen Blut-und-Boden-Ideologie eines Richard Walter Darré, dem biologischen Ultra-Rassismus Himmlers und Rosenbergs seltsamem Gemisch aus Arianismus, Antisemitismus und Spengler'scher Kulturtheorie. Ihnen allen gemeinsam war jedoch eine Denkweise über die Vergangenheit und Zukunft, die ein intuitives Erfassen der gleichen fundamentalen Zeitlandschaft widerspiegelt. Rosenberg erkannte in den Formen der prähistorischen germanischen Bauernhütten den »Urtyp« des griechischen Tempels, den die nordischen Stämme einst nach Griechenland »mitgebracht« hätten. Himmler sah in dem hartnäckigen sowjetischen Widerstand gegen die deutsche Invasion den Beweis für lange verborgenes germanisches Erbgut, das für künftige Generationen gerettet werden könnte. Darré hingegen träumte davon, dass die Zukunft eine Wiederkehr des vorchristlichen, vorindustriellen Lebens der alten

Germanen bringen werde. Alle drei hatten für die analytische und »überintellektuelle« Geschichte, die von Geschichtsprofessoren verfasst wurde, nur Verachtung übrig.[99]

Freilich verdankte dieses Regime seine Faszination auch zum Teil seiner Fähigkeit, sich mit »Motiven der Modernisierung und des industriellen Fortschritts« zu verbünden – ein Merkmal, das sinnbildlich von der Person und Karriere des amoralischen Technokraten Albert Speer verkörpert wird.[100] Doch hier geht es nicht um die Frage, ob das Regime »modern« war; in vieler Hinsicht war es das offensichtlich. Mich interessiert vielmehr die Frage, wie man das Verhältnis zwischen seinem Modernismus und jenen Attributen, die eine generelle Ablehnung der Moderne nahelegt, begrifflich fassen kann. Was war von grundlegenderer Bedeutung? Was führt uns tiefer in das Selbstbewusstsein dieses Regimes, in seine Fähigkeit, die eigene Bedeutung zu finden? So wichtig die linearen Energien der Produktivitätssteigerung und Gewaltmaximierung waren, sie waren eingebettet in eine größere, nichtlineare Zeitlichkeit. Und das war eben die Zeitlandschaft, die wiederum dem »Sinn und Legitimität« verlieh, was zu den ultimativen und definitiven Zielen des Regimes werden sollte: die Vernichtung des europäischen Judentums, die Ermordung und Versklavung der Slawen, die Biologisierung der Politik, die Auslöschung von gesellschaftlichen und sexuellen Abweichlern, die Errichtung gigantischer neoklassischer Bauten und der Erwerb eines gewaltigen kontinentalen Lebensraums.[101]

Nicht alle mussten die neue Zeitlandschaft bewohnen – Albert Speer etwa tat dies nicht. Es genügte, dass diejenigen, die nicht der Zeitlandschaft angehörten, bereit waren, sich in den Dienst ihrer »Bewohner« zu stellen.

Darin liegt der wohl grundlegendste Unterschied zwischen der deutschen und der italienischen Diktatur. Wie der Nationalsozialismus hatte auch der italienische Faschismus das Ziel, das gelebte Verhältnis zwischen Vergangenheit und Gegenwart zu verändern. Die Ausgrabung antiker Bauwerke in der italienischen Hauptstadt war nicht nur dazu gedacht, eine längst vergangene Zeit zu bewahren, sondern sollte durchaus »die räumlichen und zeitlichen Grenzen zwischen der römischen Antike und der faschistischen Moderne verwischen«. Die vergangenen Epochen der Antike und der Renaissance sollten in den Dienst der faschistischen Gegenmoderne gestellt werden, mit dem alten Rom als »dynamischer Lebenskraft, die in der Gegenwart wirksam werden soll«.[102] Die Gemeinsamkeiten zwischen den »hybriden« Zeitlichkeiten des Nationalsozialismus und des italienischen Faschismus sind unbestreitbar, doch der Unterschied ist ebenso wichtig: Während das faschistische Regime nämlich diese chronopolitischen Manipulationen auf eine Zeitlichkeit projizierte, deren Logik im Wesentlichen historisch, linear und modern blieb, schmückte sich das deutsche Regime zwar mit modernen Attributen, artikulierte seine ultimativen und bestimmenden Ansprüche jedoch im Rahmen eines ahistorischen, rassistischen Zeitkontinuums.[103]

EPILOG

> Mit dem Abgang Bismarcks änderte sich manches […]. Wenn man vor dem 19. März 1890 seine Uhr nach der Wilhelmsstraße gestellt hatte, so wusste man jedesmal, zu welcher Zeit man war. Mit dem Rücktritt Bismarcks war die Normaluhr abgelaufen. Es gab jetzt viele Uhren. Diese gingen oft auch verschieden und man musste viel herumhören, ehe man wusste, wieviel es geschlagen hatte.[1]

Kein einziges der auf diesen Seiten analysierten Regime änderte formal den Kalender. Kein einziges führte eine neue Zeitordnung ein. Aber jedes einzelne besaß eine markante zeitliche Signatur. Jedes »tanzte« zu einer anderen zeitlichen Musik. Die noch in den Kinderschuhen steckende Exekutive des Großen Kurfürsten drängte nach vorn in die Zukunft und weg von der Vergangenheit; sie kam einer Geschichtsmaschine gleich, die unbeirrt ihren Kurs steuerte und ihre eigene Erzählung entwarf, indem sie sich unter unzähligen Zukunftsoptionen jeweils für eine entschied. Die Welt Friedrichs II. schwebte in einer philosophischen Stasis, auf einen König als Mittelpunkt ausgerichtet, der seinerseits mit den Menschen der Antike Zwiesprache hielt. Bismarcks Geschichtlichkeit erwuchs aus der Spannung zwischen der reißenden Strömung des politischen und gesellschaftlichen Wandels und den angeblich dauerhaften und autonomen Strukturen des monarchischen Staates. Und das Regime der Nationalsozialisten verankerte sich überhaupt nicht im Entwicklungs- und Fortschrittsnarrativ der »Geschichte«, sondern in der nichtlinearen Zeit des völkischen Daseins.

Diese unterschiedlichen Zeitvorstellungen hatten nicht zuletzt eine

Legitimationsfunktion. Für Kurfürst Friedrich Wilhelm war das Heraufbeschwören »drohender Gefahren«, welche die Zukunft barg, eine Möglichkeit, die Stellung derjenigen zu untergraben, die ihre Autorität auf eine angebliche Kontinuität mit der Vergangenheit stützten. Hingegen diente Friedrich II. die Ablehnung dieser konfliktbeladenen und kinetischen Auffassung des staatlichen Fortschreitens durch die Geschichte restaurativen Zielen wie der Stabilisierung des Adels angesichts des sozioökonomischen Wandels. Mit der Behauptung, Geschichte entwickle sich in unvorhersehbaren und fließenden Augenblicken sich bietender Gelegenheiten, warb Bismarck für seine eigene Dominanz als überaus geschickter Entscheidungsträger. Und die Flucht des NS-Regimes aus einer linearen Geschichte verlieh seinem apokalyptischen Projekt einer rassischen Selbstverwirklichung Kohärenz. Wenn die Moderne, als Zeitlandschaft, manche Formen politischen Verhaltens rechtfertigte und andere einschränkte oder delegitimierte, so gilt das Gleiche für jeden der hier umrissenen Zeitrahmen.

Indem das Augenmerk eindeutig auf Machtregimen liegt, weicht dieses Buch vom derzeitigen Schwerpunkt bei Zeitlichkeitsstudien ab, die sich in erster Linie auf Prozesse des Wandels ohne Akteur konzentrieren. Was wir stattdessen wahrnehmen, ist die Verzerrung der Zeitlichkeit durch die Macht, die Aneignung der Geschichtlichkeit durch diejenigen, die Souveränität für sich beanspruchen – ein Prozess, der bewusst und sogar aggressiv gegen die alternative Geschichtlichkeit eines Widersachers gerichtet sein kann. Der hier gewählte sequenzielle, episodische Ansatz hat zudem den Vorteil, dass er die kumulative, reflexive Art der Beziehung zwischen einer Epoche und der nächsten einfängt: Friedrich II. von Preußen kannte die historischen Schablonen von Pufendorf und Hartknoch, beschloss aber, sie zu verwerfen oder zu ignorieren. Bismarck bewunderte die politische Autonomie von Friedrichs »Machtstaat«, aber mit Hegels dialektischer Teleologie konnte er nichts anfangen. Die Nationalsozialisten feierten Bismarck zwar als Personifizierung eines deutschen Archetypen, doch ihr rassistisches, pseudo-biologisches Politikverständnis war das absolute Gegenteil von

Bismarcks Auffassung, wonach sich Geschichte im Spannungsfeld zwischen dem monarchischen Staat und den Kräften der bürgerlichen Gesellschaft entfalte. Weder die Zivilgesellschaft noch der Staat nötigten der NS-Bewegung Respekt ab – beide wurden vielmehr als »jüdische« Erfindungen einer liberalen politischen Theorie verunglimpft. Und die Intensität und Tiefe der Ablehnung der Geschichte durch die Nationalsozialisten ergibt nur Sinn vor dem Hintergrund des Debakels des alten, staatszentrierten Historismus, dessen Einfluss auf die politische Kultur der deutschsprachigen Länder einst so tiefgreifend und ungefährdet erschienen war.

In vielen wichtigen jüngeren Studien zur Zeitlichkeit wird das Narrativ tendenziell aus einer mehr oder weniger explizit formulierten Modernisierungstheorie entwickelt. Dabei muss dem Problem des Übergangs von »vormodernen« zyklischen oder rekursiven zu »modernen« linearen Zeitordnungen Rechnung getragen werden. Die Stichproben, die ich hier über drei Jahrhunderte hinweg der Regime-Zeitlichkeit entnommen habe, lassen dieses Narrativ ein wenig komplexer erscheinen. Anstelle eines linearen Fortschritts in Richtung Moderne nehmen wir eine eher oszillierende Entwicklung wahr: Veränderungen im geistigen Klima verschmelzen mit einem Prozess der generationsübergreifenden Reflexion, bei dem frühere Formen der offiziösen Zeitlichkeit abgelehnt, nachgeahmt oder modifiziert werden. Die Geschichtlichkeit Friedrichs II. war nicht eindeutig *moderner* als die Pufendorfs, sie war einfach anders. Das heißt keineswegs, dass in den Gesellschaften, die solche Regime hervorbrachten, keinerlei Modernisierung erfolgte. Aber es lässt darauf schließen, dass das Verhältnis zwischen gesellschaftlicher Modernisierung und Geschichtlichkeitsregimen möglicherweise nicht so direkt ist, wie durch den binären Gegensatz zwischen vormodernen und modernen Varianten der Zeitlichkeit impliziert wird.

Beschreibt dieses Buch womöglich eine spezifisch deutsche Entwicklung? Die strukturierende Präsenz des Staates im modernen deutschen Geschichtsempfinden mag ein charakteristisches Merkmal sein. Die Tatsache, dass der einflussreichste deutsche Geschichtsphilosoph des

19. Jahrhunderts und der bedeutendste deutsche Staatstheoretiker der damaligen Zeit ein und dieselbe Person waren (nämlich Hegel), ist zwar bekannt, aber dennoch bemerkenswert. In einem in den 1960er Jahren erstmals veröffentlichten Aufsatz beobachtete Helmut Koenigsberger, ein renommierter Historiker der frühen Neuzeit an der University of London, einen tiefen Gegensatz zwischen den »großen Erzählungen« der politischen Geschichte in Deutschland und Großbritannien. Im Herzen der britischen *grand récit* steckte eine (gelegentlich *whiggistisch* genannte) Geschichte darüber, wie sich die Gesellschaft vom monarchischen Staat emanzipierte. Im Kern vieler deutscher Geschichtsnarrative steckte eine (gelegentlich *borussisch* genannte) Erzählung darüber, wie sich der moderne Staat von den feudalen Strukturen der traditionellen Gesellschaft emanzipierte.[2] Die Ablehnung des Staates als Form des Geschichtsverständnisses durch die Nationalsozialisten konnte nur in einer Welt, deren Intellektuelle mit einem solchen auf den Staat ausgerichteten Narrativ aufgewachsen waren, das Echo finden, das sie tatsächlich auslöste.

Es wäre allerdings ein Fehler, aufgrund dieser Beobachtungen gleich für einen deutschen Sonderweg in Sachen Temporalität zu plädieren. Der Große Kurfürst ragt in vieler Hinsicht unter seinen Zeitgenossen heraus, doch die Argumente, die er in den 1650er bis 1680er Jahren vorbrachte, lassen sich ebenso gut in vielfältigen Diskursen des 17. Jahrhunderts um die Staatsmacht verorten. Die Geschichtlichkeit Friedrichs II. war insofern markanter, als sie sich einer ästhetisierten Stasis befleißigte, ohne an die Vorstellung einer Kontinuität oder eines Vermächtnisses zu appellieren, auch wenn sie die rhetorischen Äußerlichkeiten eines aufgeklärten Geschichtsempfindens beibehielt. Mit seiner Vorstellung von der Bewegung der Geschichte befand sich Bismarck inmitten des europäischen Mainstreams; es handelte sich lediglich um eine spezifische Variante eines allgemeineren Motivs des 19. Jahrhunderts. Deutschland war nicht das einzige Land, das zu Beginn des 20. Jahrhunderts eine Krise des Historismus durchmachte, und Eliades »Schrecken der Geschichte« bezog sich nie auf eine spezifisch deutsche Krankheit. Die Abwendung von der Geschichte durch die Nationalsozialisten stand exemplarisch für eine Wende im Zeitbewusstsein, die auch andern orts in Europa und darüber hinaus zu beobachten war.

Tatsächlich besitzt das Verhältnis zwischen traumatischen Ereignissen und Zeitlichkeit möglicherweise eine generische Dimension, vor allem wenn das fragliche Trauma eine gewaltsame Zerstörung der Machtstrukturen umfasst. Literaturwissenschaftler haben in postkolonialen Werken die Tendenz ausgemacht, Narrative um eine rekursive und wiederholende »Zeitlichkeit des Traumas« herum zu strukturieren.[3] Hinweise auf eine analoge Verknüpfung lassen sich im Werk Fernand Braudels erkennen, des Historikers, der mit dem Aufstieg der *longue durée* in der französischen Nachkriegsgeschichtsschreibung assoziiert wird.[4] Die *longue durée* oder »lange Dauer« war als Gegensatz zu einer ereignisbasierten oder politischen Geschichte gedacht, die eine kurze Zeitspanne bevorzugt. Aber sie war auch eine Zuflucht vor dem unruhigen Treiben der Geschichte. Ohne *longue durée*, so Braudel, wären die zeitgenössischen Akteure in einem »kurzen Lebensaugenblick« gefangen, in dem sie »in Klausur, ein Gefangener« wären, außerstande, »die Vergangenheit zu nutzen oder sich von ihr zu nähren«.[5] Das Beharren auf einer Kontinuität besaß somit therapeutisches Potenzial, denn die traumatischen Ereignisse der (französischen) Geschichte, die als eine Liste kalendarischer Wegmarken, die für Niederlage und Invasion standen, in Erinnerung blieben (1815, 1871, 1914, 1940), bezeichneten lediglich eine Abfolge »monströser Wunden«. Das Trachten nach Kontinuität war eine Flucht vor der Geschichte: »Den Ereignissen und der Zeit der Ereignisse den Rücken zu kehren«, schrieb Braudel, »war schließlich eine Möglichkeit, sich an den Rand der Geschehnisse zu begeben, sich gewissermaßen in Sicherheit zu bringen, um die Dinge aus einem gewissen Abstand betrachten und besser beurteilen zu können, um sie nicht allzu ernst zu nehmen.«[6]

Mahatma Gandhis *Hind Swaraj oder indische Selbstregierung*, das er 1910 verfasste, um der terroristischen Politik radikaler Exil-Inder entgegenzutreten, zeigt eine ähnliche Verknüpfung. In diesem Schlüsseltext verwirft Gandhi die Geschichte als bloßes »Dokument der Kriege in dieser Welt«, in der kein Platz für die generationsübergreifende Kontinuität der Seelenkraft sein könne. Geschichte war dieser Lesart zufolge »ein Dokument vielfältiger Unterbrechungen des gleichmäßigen Wirkens der Macht der Liebe« und damit auch des »Verlaufs der Natur«. Sie war das Instrument, mit dem die Engländer versuchten, den Indern dauerhaft ihre eigene kulturelle Unterlegenheit vor Augen zu führen.[7]

Das soll keineswegs heißen, dass der gewaltlose Antinationalist Gandhi oder der überzeugte Demokrat Fernand Braudel in die Nähe der NS-Bewegung gerückt werden müssten! Gandhis Seelenkraft war universell und allgemein menschlich, nicht rassistisch, und Braudels *longue durée* war keine Flucht in einen Irrationalismus, sondern ein sorgsam eingesetztes hermeneutisches Werkzeug. Die Missbilligung der Geschichte im *Hind Swaraj* war begrenzt und instrumenteller Natur: Sie galt für ein spezifisch modernes und westliches Verständnis dessen, was Geschichte ist, ein Verständnis, das eng mit den Strukturen der Kolonialmacht verflochten war. Wie Walter Benjamins »Engel der Geschichte«, der nur Katastrophen erkennt, wo wir das Narrativ der Geschichte sich entfalten sehen, starrten Gandhis Augen, zumindest für den Moment, gebannt auf die Wirren und Trümmer der Geschichte.[8] Nichtsdestotrotz verdeutlichen diese beiden Fälle einige Möglichkeiten, wie politische Disruptionen oder Traumata eine Neuorientierung auslösen können – von der Kontingenz hin zu einer wie auch immer gearteten Kontinuität.

Im Falle Deutschlands ist womöglich nicht der spezifische Inhalt der Schwankungen als solcher so bezeichnend, sondern deren Amplitude. Drei der in diesem Buch untersuchten Epochen waren von der noch frischen Erfahrung von Krieg und/oder politischen Unruhen geprägt: dem Dreißigjährigen Krieg, den Revolutionen von 1848 und den Einigungskriegen sowie der doppelten Krise der Niederlage und der politischen Revolution in den Jahren 1918 bis 1920. Sämtliche erörterten Konstellationen haben eine empirische und eine psychische Dimension, zumindest wenn wir sie aus der Perspektive der Personen betrachten, die am stärksten zu ihrer Ausgestaltung beitrugen. Die Herrschaft des

Kurfürsten war eine Flucht nach vorn, weg vom Chaos des Dreißigjährigen Krieges. Das Trachten Friedrichs II. nach Stasis basierte zum Teil auf seiner Sexualität und seiner Kindheitserfahrung. Bismarcks bipolare Geschichtlichkeit stützte sich auf seine ambivalente Wahrnehmung der Revolutionen von 1848. Und die tausendjährige Zeitlichkeit des Nationalsozialismus stand für eine einzigartig brutale Artikulation des »Schreckens der Geschichte«, den die Krise von 1918/19 ausgelöst und den Mircea Eliade voller Mitgefühl diagnostiziert hatte.

Somit könnte man den Geltungsbereich von Troeltschs Einsichten in die Krise des deutschen »historischen Denkens« am Ende des Ersten Weltkriegs ausweiten und darauf hinweisen, dass Disruptionen im Fluss oder in der Struktur der Macht entsprechende Neuausrichtungen der Geschichtlichkeit hervorrufen können; denn unser Zeit- und Geschichtsverständnis ist durch Machtbeziehungen viel tiefer geprägt, als die meisten von uns vermuten. Das können wir anerkennen, ohne davon auszugehen, dass diese kausale Verknüpfung voraussagbar oder automatisch gegeben wäre: In China lösten die gewaltigen Unruhen der großen Revolution des 19. Jahrhunderts eine überstürzte Hinwendung zur »modernen« linearen Zeit nach westlichem Muster aus; in Deutschland rief ein politisches Trauma eine Neuorientierung in der entgegengesetzten Richtung hervor, weg von entwicklungsorientierten, linearen, historischen Narrativen hin zu einer tausendjährigen Zeit, die vom Triumph des Seins über das Werden kündete.

Ein oberflächlicher Blick auf die beiden deutschen Nachkriegsstaaten legt die Vermutung nahe, dass sich dieses Oszillationsmuster nach 1945 fortsetzte, auch wenn die Emanzipation der Zivilgesellschaft (zumindest in Westdeutschland), die Ausbreitung paralleler Geschichtlichkeiten und das beschleunigte Tempo des zeitlichen Wandels es erschweren, die übergreifenden Muster zu erkennen. Die beiden deutschen Staaten wurden unter völlig verschiedenen zeitlichen Voraussetzungen gegründet. Die Bundesrepublik erkannte ihre Verantwortung als »Nachfolgestaat« des Deutschen Reiches und als »Fortsetzer« des Staates an, »der im Jahr 1867 als Norddeutscher Bund gegründet und 1871 durch den Beitritt der süddeutschen Staaten zum Reich erweitert wurde«.[9] Die DDR hingegen erklärte sich zu einem neuen antifaschistischen Gemeinwesen, das von den strukturellen Kontinuitäten mit der kapitalistischen Vergangenheit gesäubert worden sei – zumindest ab 1952, als das Regime sich offiziell den planmäßigen »Aufbau des Sozialismus« auf die Fahne schrieb.[10] Gleichzeitig tauchten die deutschen Revolutionen von 1848 in der Ostzone als unvollendetes Experiment in Sachen »Demokratisierung« wieder auf, das nunmehr unbedingt vollendet werden müsse.[11]

Die ersten Nachkriegsjahre waren jedoch in beiden Staaten auch geprägt von aus der Zwischenkriegszeit ererbten gesellschaftlichen Zukunftsmodellen wie der Schaffung eines westlichen »Kulturstaats« in der Bundesrepublik oder eines proletarischen Volksstaats in der DDR.[12] In den 1960er Jahren wurden diese älteren Schablonen teilweise durch einen Boom an Zukunftsspekulationen verdrängt.[13] Die neue Wissenschaft der »Futurologie« erhielt im Westen Mittel von der Regierung und der Industrie. Es herrschte enormes Interesse an langfristiger Planung, und in akademischen und intellektuellen Kreisen kam es zu einem Revival sozialistischer Utopien.[14] Es war ein »Jahrzehnt der Zukunft«, geprägt von einem Gefühl des beschleunigten Wandels, in dem philosophische und historisch inspirierte Zukunftsmodelle durch wissenschaftliche und kybernetische Projektionen abgelöst wurden.[15] Nach dem Bau der Berliner Mauer im Jahr 1961 begann der ostdeutsche Parteichef Walter Ulbricht, die Technologie als Schlüssel zur künftigen wirtschaftlichen und politischen Macht der DDR anzupreisen, die schon bald den kapitalistischen Westen und sogar die Sowjetunion übertreffen werde.[16] Wie dieses Beispiel zeigt, waren futurologische Visionen vornehmlich Instrumente zur Aufwertung und Durchsetzung bestimmter Veränderungen in der Gegenwart.[17] Der Boom der Futurologie in den 1960er Jahren regte westdeutsche Historiker zur einer ganzen Flut von Veröffentlichungen über die Zukunft an; darunter war auch Kosellecks grundlegender Ausflug in die Geschichte vergangener Zukünfte.[18]

Der Optimismus der ersten Jahre war allerdings nur von kurzer Dauer. Vertrauen in den anhaltenden Fortschritt einer positiven »Modernisierung« wechselte sich ab mit Unbehagen ob der Richtung, in die die Reise ging.[19] Im Jahr 1972 veröffentlichte der Club of Rome eine Studie namens *Die Grenzen des Wachstums*, die zu folgendem Schluss gelangte: »Wenn die gegenwärtige Zunahme der Weltbevölkerung, der Industrialisierung, der Umweltverschmutzung, der Nahrungsmittelproduktion und der Ausbeutung von natürlichen Rohstoffen unverändert anhält«, so würden die Grenzen des Wachstums auf diesem Planeten bereits irgendwann innerhalb der nächsten hundert Jahre erreicht werden; und das würde »mit großer Wahrscheinlichkeit zu einem ziemlich raschen und nicht aufhaltbaren Absinken der Bevölkerungszahl und der industriellen Kapazität« führen.[20] In Westdeutschland kritisierten Verfechter einer emanzipatorischen »menschlichen Zukunft« die technokratische, systemstabilisierende Planung der Regierungsbehörden.[21] Es vertiefte sich das Bewusstsein für den Zusammenhang zwischen wirtschaftlichem Fortschritt und Wohlstand auf der einen Seite und der Zerstörung der physischen Umwelt auf der anderen Seite. Dieses Bewusstsein äußerte sich in etlichen, von den Medien geschürten moralischen Panikwellen um die Themen Umweltverschmutzung und Smog, saurer Regen, Waldsterben, Ozonloch und »Tod des Rheins«. Ab Anfang der 1980er Jahre, im Schatten des NATO-Doppelbeschlusses und der Angst vor einer Neutronenbombe, wurden diese Befürchtungen überlagert von Visionen einer bevorstehenden Selbstzerstörung der Menschheit und der unumkehrbaren Vernichtung des Lebens auf der Erde. Diese Visionen lösten tendenziell die Umrisse des Nationalstaats in einem Panorama globaler Dysfunktion auf.

Auch im Osten konnte man von einer »Erschöpfung der Zukunft« sprechen.[22] Verweise auf die Zukunft kamen in offiziellen Publikationen seltener vor, und mit der Wahl von Erich Honecker zum Ersten Sekretär des Zentralkomitees der SED im Jahr 1971 sprach das Regime in öffentlichen Verlautbarungen immer weniger davon, dass die Gegenwart der Zukunft geopfert werden müsse, sondern verstärkt über den Status der DDR in ihrer derzeitigen Form als reife sozialistische Nation. Das Jahr 2000, das einst ein wichtiger Fluchtpunkt war, verschwand (buchstäblich) aus der Propaganda des Regimes.[23] Und als die Zukunft allmählich an politischem Gewicht verlor, investierte das Regime stärker in die Vergangenheit, indem es die eigenen Bürger anspornte, sich (über Fernseh- und Rundfunksendungen, populäre Bücher und Ausstellungen) unter anderem mit der Geschichte Preußens zu beschäftigen. Höhepunkt der daraus erwachsenden »Preußenwelle« war die Wiederaufstellung von Christian Daniel Rauchs Reiterstatue von Friedrich II. auf der Straße Unter den Linden.[24]

Mit Blick auf die Fülle der parallelen Geschichtlichkeiten (im Westen erleichtert durch die reduzierte Rolle des Staates bei der Konturierung der vorherrschenden Temporalitäten) und auf die beschleunigte Zersplitterung und den Wechsel der Erwartungshorizonte hat Jenny Andersson behauptet, dass die »großen Veränderungen«, die Koselleck für die neuzeitliche Epoche umriss, nach der Zäsur von 1945 »nicht viel Sinn ergeben«.[25] Das eigentlich Erstaunliche an dieser Epoche ist jedoch mit Sicherheit die Langlebigkeit des modernistischen Paradigmas als solchem. Die Idee, dass Geschichte sich immer noch in ein lineares Narrativ der »Modernisierung« einbetten ließ, überlebte die Enttäuschung über die gesellschaftlichen und ökologischen Auswirkungen der Modernisierung. Der Aufstieg des Begriffs »postmodern« war in gewisser Weise ein Eingeständnis, dass man zur Bestimmung unserer Stellung in der Weite der historischen Zeit noch keine bessere Begrifflichkeit gefunden hatte. Aus historiographischer Sicht war das hartnäckige Festhalten an der These eines deutschen Sonderwegs als Hauptnarrativ und als Organisationsprinzip in der Forschung symptomatisch für den Wunsch, die Idee der Moderne als solche vor den Katastrophen zu beschützen, die Deutschland erschüttert hatten. Mit der These, dass Deutschland es versäumt hatte, sich zu »modernisieren« oder zumindest sich ausgewogen zu modernisieren, und stattdessen einen Irrweg eingeschlagen hatte, der zu Krieg, Diktatur und Völkermord führte, fanden Historiker eine Möglichkeit, um zu verhindern, dass der Nationalsozialismus die Moderne als Projekt kontaminierte, unter dessen Rubrik der geplagte deutsche Staat wieder in die Weltgemeinschaft zivilisierter Nationen aufgenommen würde. Die gewaltigen Anstrengungen Heinrich August Winklers, die Geschichte des modernen Deutschlands als »langen Weg nach Westen« darzustellen, zählen zu den einflussreichsten jüngeren Artikulationen dieser Vorstellung.[26]

Was geschieht, wenn wir, statt die dunkle Seite der Moderne zu kritisieren, die Moderne als Möglichkeit, uns in der Geschichte zu positionieren, gleich ganz ad acta legen? Das war die verstörende Frage, die der französische Soziologe Bruno Latour Anfang der 1990er Jahre stellte. Im Gefolge des »Wunderjahres 1989«, wie er es nannte, und insbesondere nach dem Fall der Berliner Mauer schlug Latour vor, wir sollten die Vorstellung ganz aufgeben, dass wir »modern« seien oder es jemals gewesen wären. Und mit ihr sollten wir das ganze Trugbild der Rationalisierung, Beschleunigung und Kontrolle über Bord werfen, das die westlichen Eliten seit dem 19. Jahrhundert geleitet hatte. In dieser »nichtmodernen Welt, in die wir eintreten [...], ohne sie je wirklich verlassen zu haben«, so Latours These, werden wir neue (oder vielleicht alte) Wege finden müssen, wie wir uns unseren Platz in der Zeit vorstellen und unsere kollektiven Unternehmungen sanktionieren.[27]

Ob man Latour nun zustimmt oder nicht, er und allgemeiner der heutige *temporal turn* in den Geisteswissenschaften sind symptomatisch für ein verbreitetes Empfinden, wonach sich die Gegenwart in einem Übergang von den Zukunftsoptionen der Moderne zu etwas Rekursiverem befindet, getrieben von dem Zusammenbruch vergangener menschlicher Projekte und voller Ehrfurcht vor den Stimmen der »Älteren«.[28] Sowohl am Staat orientierte kommunistische Formen des Progressivismus als auch neoliberale, marktfreundliche Zukunftsvisionen sind in eine Legitimationskrise geraten. Die »Hoffnungen des Sozialismus« seien, schreibt Perry Anderson, von der Agenda der Linken »gestrichen« worden.[29] Im postkommunistischen Russland hat der Zusammenbruch des Sowjetregimes eine »Zeit außerhalb der Zeit« eingeläutet, in der die Politik von jeglichem ultimativen Ziel losgelöst ist. Statt die entthronte sowjetische Ordnung zu diskreditieren und durch eine Alternative zu ersetzen, hat sich die antikommunistische Revolution mit den Insignien der imperialen Vergangenheit geschmückt. Gleichzeitig wurde eine »deaktivierte« Form von Politik eingeführt, deren Zweck es ist, das Aufkommen autonomer Gruppierungen innerhalb der Zivilgesellschaft zu erschweren und ihnen die Möglichkeit historisch konsequenten politischen Handelns zu verwehren. Gegen diese Kräfte in der Gesellschaft – die radikale Linke etwa oder prowestliche liberale Gruppen –, die sich immer noch in einem fortschrittlichen historischen Narrativ verorten, setzt das Putin-Regime die Instrumente einer »bürokratischen Unterdrückung« ein, indem es die Legitimität alternativer politischer Optionen aufhebt, »ohne jedoch selbst einen substanziellen, ideologischen Ort zu besetzen«.[30]

Die freiheitliche Demokratie basiert, nicht weniger als der Kommunismus, auf einem linearen Geschichtsverständnis. Bei allen Unterschieden stützen sich Ryszard Legutko zufolge beide Systeme auf die Intention, die Realität zum Besseren hin zu verändern; im Kern beider steckt eine Vorstellung von Modernisierung, welche »die Idee des Bruchs mit dem Alten und des Anfangs von etwas Neuem« enthalte; beide beanspruchen, sich aus historischer Sicht »einem linearen Muster entsprechend« zu entwickeln, und beide stellen Intellektuelle vor die nüchterne Wahl zwischen Unterstützung des progressiven Wandels und Widerstand dagegen.[31] Daher rührt auch die ausgeprägte Vorliebe der letzten demokratischen US-Präsidenten für die Vorstellung, es gebe eine »richtige« und eine »falsche« Seite der Geschichte.[32] Doch »der Westen« hat die Enttäuschung der Erwartungen, die das ehemalige Sowjetimperium veränderte, keineswegs unbeschadet überstanden. Das Scheitern liberaldemokratischer Projekte des sogenannten *nation building* im Zuge der Kriege im Irak und in Afghanistan diskreditierte die Ansprüche sowohl der »Theorie eines demokratischen Friedens« als auch der politischen Kultur, aus der heraus sie entstanden ist. Die globale Finanzkrise von 2007/08 und die darauffolgende europäische Schuldenkrise werfen einen dunklen Schatten auf die »neoliberale« Wirtschaftspolitik der kapitalistischen Staaten des Westens. Angesichts der sich verschärfenden sozialen Ungleichheit und der Hyperkonzentration neuen Kapitals ganz oben in der Einkommenspyramide fällt es schwer, für einen fortschrittlichen, gesellschaftlich nützlichen Kapitalismus zu plädieren. Das Versprechen, dass es jeder Generation besser als der vorherigen gehen werde, scheint nicht mehr glaubwürdig. Und gleichzeitig sind innerhalb der Gemeinschaft der modernen »westlichen« Staaten Regime entstanden, die Mittel und Wege gefunden haben, um die Demokratie als Instrument für eine autoritäre Herrschaft zu nutzen, während sie gleichzeitig nach und nach den liberalen Gehalt aus ihren politischen Systemen entfernten. Genau wie im postkommunistischen Russland, so wird argumentiert, erschöpft sich auch hier die Politik in »unablässiger Aktivität, die jeglichen Sinns beraubt ist«.[33]

Endzeitszenarien stehen momentan hoch im Kurs, vom »Verblüffenden Ende der Linken und Rechten« und dem »Ende der Linken und Rechten, wie wir sie kennen« bis hin zum »Ende der Politik, wie wir sie kennen« und dem »Ende des Neoliberalismus«.[34] »Wie wird der Kapitalismus enden?«, hat Wolfgang Streeck gefragt, eine Frage, die Ende der 1980er oder Anfang der 1990er Jahre noch sinnlos erschienen wäre, als die Unendlichkeit des Kapitalismus noch garantiert schien.[35] »Geht die Demokratie so zu Ende?«, wollte David Runciman in einem Beitrag für die *London Review of Books* wissen, in dem er über die Bedeutung von Trumps Wahlsieg nachdachte.[36] Das mag das Ende der Geschichte sein, aber nicht unbedingt in dem von Francis Fukuyama prophezeiten Sinn. Fukuyamas gleichnamiger Artikel (und das spätere Buch) bezog sich auf die Ankunft der hegelianischen Lokomotive der Geschichte an ihrer Endstation, auf die Vollendung eines linearen Fortschritts in Richtung Freiheit und Vielfalt, der von der »allgemeinen Einführung der westlichen liberalen Demokratie als finaler Regierungsform« gekennzeichnet ist.[37] Beim heutigen »Ende der Geschichte« geht es jedoch um den Moment, in dem »allein schon die Annahme eines solchen Endzustands aufgegeben wird«.[38]

Die Simultaneität der zeitlichen Ungewissheit in der liberal-demokratischen und in der linken Politik ist bezeichnend. Sie spiegelt womöglich eine latente Ko-Abhängigkeit zwischen den beiden wider, in dem Sinn, dass der Niedergang des sozialistischen Erwartungshorizonts zwangsläufig den Kollaps der liberalen Hoffnung nach sich zog – das ist die tiefere Bedeutung, die Perry Anderson in Fukuyamas berühmtem Essay erkannte. Aber es kann unsere Aufmerksamkeit auch auf jene historischen Zwänge lenken, die die Linke ebenso wie die Rechte unter Druck setzen und Notlagen entstehen lassen, für die keiner von beiden geeignet scheint, eine Lösung zu finden. In seinem Buch *Die große Verblendung. Der Klimawandel als das Undenkbare,* denkt Amitav Ghosh über die Auswirkung des Klimawandels auf das Zeitbewusstsein nach und gibt zu verstehen, dass die wahre Bedeutung der ökologischen Bedrohung, mit der wir heute konfrontiert sind, in ihrer kumulativen und endgültigen Qualität liegt.

> Die Ereignisse, die vom heute stattfindenden Klimawandel hervorgerufen werden, repräsentieren also die Gesamtheit allen menschlichen Handelns zu allen Zeiten und somit zugleich den Endpunkt der Geschichte. Denn wenn die Gesamtheit unserer Vergangenheit in unserer Gegenwart enthalten ist, dann ist Temporalität ihrer ureigenen Bedeutung beraubt.[39]

In der Epoche des Großen Kurfürsten war der Verweis auf künftige Gefahren Teil eines Plädoyers für die Konzentration der Macht gewesen. Doch der Schaltkreis, der diesen Argumenten Nachdruck verlieh, fehlt im Bereich des Klimawandels, weil es keine singuläre staatliche Struktur mit der Kompetenz gibt, Probleme von so immenser Reichweite und Tragik zu lösen, sondern lediglich eine Unmenge von Staaten, deren jeweilige Interessen einem Fortschritt zu einer systemischen Lösung im Weg stehen. Stattdessen hält die »große Verblendung« den Strukturen traditioneller Herrschaft einen Spiegel ihrer Ohnmacht vor. Wenn Staaten nicht mehr imstande sind, glaubwürdige Zukunftsvisionen hervorzubringen, und der Zivilgesellschaft die nötigen Mittel dafür fehlen, dann sind wir wahrlich in der Gegenwart gefangen.

Es gab eine Zeit, in der die Europäische Union zu den größten Hoffnungen Anlass zu geben schien, sie werde die Probleme angehen, die die Nationalstaaten nicht lösen konnten. Gegründet wurde die Europäische Union als ein fortschrittliches Projekt, das auf eine bessere Zukunft ausgerichtet war. In der Präambel der Römischen Verträge vom 25. März 1957 heißt es, das gemeinsame Ziel der Unterzeichnerstaaten sei es, »die Grundlagen für einen immer engeren Zusammenschluss der europäischen Völker zu schaffen«, mit der Absicht, »die stetige Besserung der Lebens- und Beschäftigungsbedingungen ihrer Völker« anzustreben und dadurch »Frieden und Freiheit zu wahren und zu festigen«.[40] Heutzutage gerät der Fortschritt in Richtung dieser Ziele allerdings ins Stocken. Die griechische Finanzkrise (2009), die Ukraine-Krise (2013) und die europäische Flüchtlingskrise (2015) werfen allesamt ein unschönes Licht auf die tiefen strukturellen Mängel, die ein kollektives Handeln behindern. Die von der globalen Finanzkrise ausgelöste wirtschaftliche Not, vor allem in Südeuropa, und die Belastungen durch die Globalisierung haben das Anwachsen nationalistischer und populistischer Bewegungen geschürt, die ihrerseits eine Vielzahl an Visionen zu bieten haben, deren gemeinsamer Nenner die Beschwörung einer idealisierten Vergangenheit ist. Um eben diesen rekursiven Visionen entgegenzutreten, sprach der französische Staatspräsident Emmanuel Macron am 26. September 2017 in einer wegweisenden Rede an der Sorbonne von Europa als »Bezugspunkt«. »Es beschützt uns, und es bietet uns eine Zukunft.« Macron machte im Folgenden etliche Vorschläge, aber sein zentrales Thema erinnerte an die Argumente des Großen Kurfürsten und seiner Verwaltung gegen die Landstände mit ihren Privilegien: Um proaktiv den Herausforderungen der Zukunft – ökologischer Wandel, Globalisierung, Migration, Bedrohung der Sicherheit – entgegenzutreten, muss Europa den »Bürgerkrieg« um Budgetfragen, um finanzielle und politische Meinungsverschiedenheiten beenden und eine »tatsächliche Souveränität […] aufbauen«. Die Mitgliedstaaten müssen die Vorzüge »echter Solidarität« lernen – eine Aufforderung, die an die Ermahnung des Kurfürsten an seine Stände erinnert, dass die Provinzen, bei all ihren jeweiligen Privilegien und Traditionen, allesamt »Glieder eines Hauptes«, *membra unius capitis,* seien. Sollten die Nationalstaaten es nicht schaffen, sich dieser Herausforderung zu stellen, so warnte Macron, werde die Gegenwart und mit ihr die Zukunft von der Vergangenheit verschlungen werden:

> Zu lange waren wir uns sicher, dass die Vergangenheit uns nicht mehr einholt, haben wir gedacht, dass wir die Lektion gelernt hätten. Wir haben gedacht, dass wir uns in der Trägheit, in der Gewohnheit einrichten können, dass wir dieses Ziel ein wenig aus den Augen verlieren können, diese Hoffnung, die Europa tragen sollte, weil sie zu einer Selbstverständlichkeit geworden war, deren Faden wir verloren hatten.[41]

Ob es Macron gelingen wird, den europäischen »Motor« neu zu starten und alle Mitglieder oder zumindest einen Teil der Union auf diese Ziele einzustimmen, ist derzeit noch unklar. Im Moment verstärkt sich die aktuelle Woge zeitlicher Unsicherheit und Orientierungslosigkeit noch – ihrerseits wiederum ein kulturelles Phänomen von historischem Interesse.[42] Ihre Spuren lassen sich ausmachen im Retro-Anstrich der zeitgenössischen politischen Rhetorik, in der Allgegenwart von »Präsentismus« und Nostalgie,[43] in den als Collage oder Palimpsest angelegten Zeitlandschaften zeitgenössischer Fiktion[44] sowie in jenen Kunstwerken, die sich in den letzten Jahren in erster Linie mit Zeit als destabilisierender Dimension der Erfahrung beschäftigten. Anselm Kiefers riesige norddeutsche Leinwände zeigen die Gegenwart als Zustand verbrauchter Vorahnung, »radikal durchdrungen mit Sinngehalt aus der Vergangenheit«.[45] Auf den großen Werken auf Papier der in Berlin lebenden Künstlerin Jorinde Voigt, die wie Partituren mit Anmerkungen versehen sind, wimmelt es nur so von zeitlichen Vektoren und Markern: »jetzt«, »heute«, »morgen«, »Prozess«, »Häufigkeit«.[46]

Wir sind am Ende dieses Buches angelangt. Das unten abgedruckte Bild aus der Reihe *Captured on Paper* der österreichischen Künstlerin Sonja Gangl mag wie ein Standbild aus dem Abspann eines Hollywood-

Films aussehen – in Wirklichkeit ist es mit Hunderttausenden winzigen Bleistiftstrichen mühsam von Hand gezeichnet, wobei durch die Langsamkeit des Prozesses eine beklemmende Spannung zu der Illusion eines fotografischen Schnappschusses erzeugt wird.

Sonja Gangl: *CAPTURED ON PAPER_THE END_1100101* (2014).

DANK

Theoretisch müsste die Liste an Menschen, denen man zu Dank verpflichtet ist, eigentlich mit jedem neuen Buch schrumpfen, je älter man wird. Nach meiner Erfahrung ist es jedoch genau umgekehrt. Je älter man wird, desto weniger scheut man sich, andere um Hilfe zu bitten. Und je mehr man sich auf fremde Hilfe einlässt, desto weiter wagt man sich auf ein Terrain, in dem man auf die Unterstützung anderer angewiesen ist. Dieses Buch wäre ohne den Ansporn, Meinungsaustausch und Rat vieler Freunde und Kollegen nie geschrieben worden. Mein besonderer Dank gilt den folgenden Personen, die das Manuskript ganz oder teilweise gelesen und ausführliche Kommentare und nützliche Anregungen beigesteuert haben: Deborah Baker, David Barclay, Peter Burke, Marcus Colla, Amitav Ghosh, Oliver Haardt, Charlotte Johann, Duncan Kelly, Jürgen Luh, Annika Seemann, John Thompson, Adam Tooze, Alexandra Walsham und Waseem Yaqoob. Nora Berend, Francisco de Bethencourt, Tim Blanning, Annabel Brett, Matthew Champion, Kate Clark, Richard Drayton, Allegra Fryxell, Alexander Geppert, Rhys Jones, Shruti Kapila, Hans-Christof Kraus, Jonathan Lamb, Bridget Orr, Anna Ross, Kevin Rudd und Martin Sabrow boten allesamt ihren Rat zu bestimmten Themen oder Passagen des Textes an. Nina Lübbrens Schriften und Auffassungen zu Zeit und Narrativen in der Kunst haben das Buch auf vielfache Weise geprägt. Josef und Alexander, die einst eine schöne Ablenkung von der Schreibarbeit waren, sind zu nachdenklichen Gesprächspartnern herangewachsen, deren Erkenntnisse mir bei mehreren Blockaden weiterhalfen. Kristina Spohr hat den Text in vielen Entwicklungsstadien mit Kritik und Rat verbessert und seinen Autor mit zärtlichem Beistand begleitet.

Die historische Abteilung der Princeton University gab mir die Gelegenheit, die in diesem Buch enthaltenen Ideen auszuarbeiten, indem sie mich einlud, im Jahr 2015 die Vorlesungen zu Ehren von Lawrence Stone zu halten. Ich möchte mich an dieser Stelle bei Brigitta van Rheinberg von der Princeton University Press dafür bedanken, dass sie das Projekt von Anfang an unterstützt hat. Andreas Wirthensohn hat das deutsche Manuskript für die DVA mit großer Sorgfalt lektoriert, und meinem bewährten Übersetzer Norbert Juraschitz danke ich sehr für seine exzellente Arbeit. Allen meinen Kollegen an der historischen Fakultät der University of Cambridge und am St. Catharine's College bin ich überaus dankbar, einem jedoch ganz besonders: Sir Christopher Bayly, der im April 2015 verstarb. Noch heute schaue ich jedes Mal, wenn ich nachmittags in den Haupthof von St. Catharine's trete, hinüber zum Fenster von C3, in der vergeblichen Hoffnung, dass Chris sich vielleicht in Hemdsärmeln auf das Fensterbrett stützt und mich zu einem Drink einlädt. Die anschließenden Gespräche führten uns stets an unerwartete Orte.

Zeit ist ein schwer fassbares, aber auch unausweichliches Thema, vor allem jetzt, wo das Verhältnis zwischen Vergangenheit, Gegenwart und Zukunft zu einem so zentralen Gegenstand der Politik und des öffentlichen Diskurses geworden ist. In Zeiten des rasanten Wandels steigert sich der Wert der dauerhaften Dinge, und eben deshalb widme ich dieses Buch meiner Schwester Kate und meinem Bruder Justin, die (fast) von Anfang an da waren.

ANMERKUNGEN

Einleitung

1 François Hartog, *Régimes d'historicité: présentisme et expériences du temps,* Paris 2003; dazu auch den kurzen Beitrag: François Hartog, »Geschichtlichkeitsregime«, in: Anne Kwaschik und Mario Wimmer (Hg.), *Von der Arbeit des Historikers. Ein Wörterbuch zu Theorie und Praxis der Geschichtswissenschaft,* Bielefeld 2010, S. 85–90.

2 Zu Zeitsystemen nicht als semantischen Phänomenen, sondern als Strukturen der Wahrnehmung siehe Cornel Zwierlein, »Frühe Neuzeit, *multiple modernities,* Globale Sattelzeit«, in: Achim Landwehr (Hg.), *Frühe Neue Zeiten. Zeitwissen zwischen Reformation und Revolution,* Bielefeld 2012, S. 389–405.

3 Cornel Zwierlein, *Discorso und Lex Dei. Die Entstehung neuer Denkrahmen im 16. Jahrhundert und die Wahrnehmung der französischen Religionskriege in Italien und Deutschland,* Göttingen 2006.

4 So Niklas Luhmann über die Zeitlichkeiten, die von verschiedenen »gesellschaftlichen Systemen« erzeugt werden; siehe Niklas Luhmann, »Weltzeit und Systemgeschichte. Über Beziehungen zwischen Zeithorizonten und sozialen Strukturen gesellschaftlicher Systeme«, in: ders., *Soziologische Aufklärung II. Aufsätze zur Theorie der Gesellschaft,* Opladen 1986, S. 103–133, hier S. 103f.; siehe auch ders., »Temporalisierung von Komplexität. Zur Semantik neuzeitlicher Zeitbegriffe«, in: ders., *Gesellschaftsstruktur und Semantik. Studien zur Wissenssoziologie der modernen Gesellschaft,* Bd. 1, Frankfurt am Main 1980, S. 235–300.

5 Der Begriff »Zeitlandschaft« wird im Sinne der »timescapes« der britischen Soziologin Barbara Adam verwendet. Zur Frage, inwiefern historische »Distanz« konstruiert und manipulierbar ist, siehe Mark Salber Phillips, »Rethinking Historical Distance. From Doctrine to Heuristic«, in: *History and Theory* 50 (2011), S. 11–23.

6 Zur »zeitlichen Wende« in den Geisteswissenschaften allgemein siehe Robert Hassan, »Globalization and the ›Temporal Turn‹. Recent Trends and Issues in Time Studies«, in: *The Korean Journal of Policy Studies* 25 (2010) S. 83–102. Zur zeitlichen Wende in der Geschichtsforschung siehe Alexander Geppert und Till Kössler, »Zeit-Geschichte als Aufgabe«, in: dies. (Hg.), *Obsession der Gegenwart. Zeit im 20. Jahrhundert* (= *Geschichte und Gesellschaft*, Sonderheft 25), Göttingen 2015, S. 7–36. Es gibt konzeptionelle Parallelen zur »räumlichen Wende« (*spatial turn*), nach der Raum nicht als »passiver Hintergrund, vor dem sich Geschichte abspielt«, aufgefasst wird, sondern als »sozio-räumliche Dialektik« siehe dazu Eli Rubin, »From the *Grünen Wiesen* to the Urban Space: Berlin, Expansion, and the *Longue Durée.* Introduction«, in: *Central European History* 47 (2014, Sonderausgabe), S. 221–244, hier S. 233.

7 Thomas Henri Bergson, *Essai sur les donées immédiates de la conscience*, Paris 1889 (deutsch: *Zeit und Freiheit. Eine Abhandlung über die unmittelbaren Bewusstseinstatsachen*, Jena 1911); Émile Durkheim, *Les formes élémentaires de la vie religieuse*, Paris 1912 (deutsch: *Die elementaren Formen des religiösen Lebens*, Frankfurt am Main 1981); Maurice Halbwachs, *Les Cadres sociaux de la mémoire*, Paris 1952 (deutsch: *Das Gedächtnis und seine sozialen Bedingungen*, Berlin 1966); Werner Bergmann, »The Problem of Time in Sociology: An overview of the literature on the state of theory and research on the ›sociology of time‹, 1900–1982«, in: *Time and Society* 1 (1992), S. 81–143; Martin Heidegger, *Sein und Zeit* (= *Gesamtausgabe*, Bd. 2), Frankfurt am Main 1977, S. 437ff.; zu den Literaturtheoretikern und Narratologen siehe: Michail Bachtin, *Formen der Zeit im Roman. Untersuchungen zur historischen Poetik*, Frankfurt am Main 1989; Gérard Genette, *Die Erzählung*, München 1998; John Bender und David E. Wellbery (Hg.), *Chronotypes. The Construction of Time*, Stanford 1991; Mark Currie, *About Time. Narrative, Fiction and the Philosophy of Time*, Edinburgh 2007; J. Ch. Meister und W. Schernus (Hg.), *Time. From Concept to Narrative Construct. A Reader*, Berlin, New York 2011; A. A. Mendilow, *Time and the Novel* (1952) New York 1972; M. Middeke (Hg.), *Zeit und Roman. Zeiterfahrung im historischen Wandel und ästhetischer Paradigmenwechsel vom sechzehnten Jahrhundert bis zur Postmoderne*, Würzburg 2002; Paul Ricœur, *Zeit und Erzählung*, 3 Bde., München 2007.

8 Marc Bloch, *Apologie der Geschichtswissenschaft oder Der Beruf des Historikers*, nach der von Étienne Bloch edierten französischen Ausgabe hg. von Peter Schöttler, Stuttgart 2002, S. 32; zum Begriff der Zeit und der *Annales*-Schule siehe Thomas Loué, »Du present au passé: le temps des historiens«, in: *Temporalités. Revue de sciences sociales et humaines* 8 (2008), online verfügbar unter: http://temporalites.revues.org/60.

9 Fernand Braudel, »Histoire et Sciences sociales: La longue durée«, in: *Annales ESC* 13/4 (1958), S. 725–753; deutsch: »Geschichte und Sozialwissenschaften. Die lange Dauer«, in: ders., *Schriften zur Geschichte*, Bd. 1: *Gesellschaften und Zeitstrukturen*, Stuttgart 1992, S. 49–87; zu Braudel als dem Exponenten der »vielfachen sozialen Zeiten« siehe Immanuel Wallerstein, *World-Systems Analysis: An Introduction*, Durham, NC 2004, S. 18; Jacques Le Goff, *À la recherche du temps sacré: Jacques de Voragine et la Légende dorée*, Paris 2011; ders., »Au Moyen Âge: temps de l'Église et temps du marchand«, in: *Annales ESC* 15/3 (1960), S. 417–433; deutsch: »Zeit der Kirche und Zeit des Händlers im Mittelalter«, in: Claudia Honegger (Hg.), *Schrift und Materie der Geschichte. Vorschläge zur systematischen Aneignung historischer Prozesse*, Frankfurt am Main 1977, S. 393–414.

10 Die klassische Aufsatzsammlung ist Reinhart Koselleck, *Vergangene Zukunft. Zur Semantik geschichtlicher Zeiten*, Frankfurt am Main 1979, siehe aber auch die Essays in ders., *Vom Sinn und Unsinn der Geschichte. Aufsätze und Vorträge aus vier Jahrzehnten*, hg. von Carsten Dutt, Berlin 2014; ders., *Zeitschichten. Studien zur Historik*, Frankfurt am Main 2000; ders. und Reinhart Herzog (Hg.), *Epochenschwelle und Epochenbewusstsein*, München 1987; ders., Heinrich Lutz und Jörn Rüsen (Hg.), *Formen der Geschichtsschreibung*, München 1982; ders. (Hg.), *Historische Semantik und Begriffsgeschichte*, Stuttgart 1978; sowie die Beiträge von Koselleck in: Otto Brunner, Werner Conze und ders. (Hg.), *Geschichtliche Grundbegriffe. Historisches Lexikon zur politisch-sozialen Sprache in Deutschland*, 9 Bde., Stuttgart, 1972–1997. Zur Auffassung von Geschichte als »unablässiger Wiederholung des Neuen« siehe

Peter Fritzsche, *Stranded in the Present. Modern Time and the Melancholy of History*, Cambridge, MA 2010, S. 8.

11 Reinhart Koselleck, »Vergangene Zukunft der frühen Neuzeit«, in: ders., *Vergangene Zukunft*, S. 17–37.

12 Dieses Gefühl der Losgelöstheit untergräbt natürlich für sich genommen noch nicht die inter-temporale Allegorie als moderne historiographische Praxis – zu ihrem Fortbestehen siehe Peter Burke, »History as Allegory«, in: *INTI, Revista de literatura hispánica* 45 (1997), S. 337–351.

13 Hans Robert Jauß, »Literaturgeschichte als Provokation der Literaturwissenschaft«, in: Rainer Warning (Hg.), *Rezeptionsästhetik*, München 1979, S. 126–162; »Zeitlichkeit« ist ein zentrales Motiv bei Heidegger, zur thematischen Erörterung des Begriffs siehe das Werk *Sein und Zeit*, Tübingen 1953, S. 334–438; zur »Verzeitlichung«: Arthur O. Lovejoy, *Die große Kette der Wesen. Geschichte eines Gedankens*, Frankfurt am Main 1985 (orig. 1936), insb. Kapitel 9 über »Die Umwandlung der Kette der Wesen durch das Eindringen der Zeit«, S. 292–345; zu Nietzsche und Beschleunigung siehe: Friedrich Nietzsche, »Vom Nutzen und Nachtheil der Historie für das Leben«, in: ders., *Werke. Kritische Gesamtausgabe, 3. Abteilung, 1. Band: Die Geburt der Tragödie, Unzeitgemäße Betrachtungen*, Berlin, New York 1972, S. 240–330, hier S. 309, wo es heißt: »Das rasend-unbedachte Zersplittern und Zerfasern aller Fundamente, ihre Auflösung in ein immer fließendes und zerfließendes Werden, das unermüdliche Zerspinnen und Historisieren alles Gewordenen durch den modernen Menschen …«. Zur »Verzeitlichung« siehe auch Theo Jung, »Das Neue der Neuzeit ist ihre Zeit. Reinhart Kosellecks Theorie der Verzeitlichung und ihre Kritiker«, in: *Moderne. Kulturwissenschaftliches Jahrbuch* 6 (2010/11), S. 172–184; eine kritische Diskussion von Kosellecks Methode mit Hinweisen auf die Literatur zu Koselleck findet sich in Daniel Fulda, »Wann begann die ›offene Zukunft‹? Ein Versuch, die Koselleck'sche Fixierung auf die ›Sattelzeit‹ zu lösen«, in: Wolfgang Breul und Jan Carsten Schnurr (Hg.), *Geschichtsbewusstsein und Zukunftserwartung in Pietismus und Erweckungsbewegung*, Göttingen 2013, S. 141–172.

14 Über Koselleck als Theoretiker der Modernisierung siehe beispielsweise Jörn Leonhard, »Erfahrungsgeschichten der Moderne: Von der komparativen Semantik zur Temporalisierung europäischer Sattelzeiten«, in: Hans Joas und Peter Vogt (Hg.), *Begriffene Geschichte. Beiträge zum Werk Reinhart Kosellecks*, Berlin 2011, S. 423–449; zu Kosellecks Eingebundenheit in bestehende Modernisierungsdiskurse siehe Britta Hermann und Barbara Thums, »Einleitung«, in: dies. (Hg.), *Ästhetische Erfindung der Moderne? Perspektiven und Modelle 1750–1850*, Würzburg 2003, S. 7–28, hier S. 9f.; zu den Verbindungen zwischen Verzeitlichung und Modernisierung siehe Jung, »Das Neue der Neuzeit ist ihre Zeit«, insb. S. 172–175.

15 Zur Zeitlichkeit der Nostalgie siehe Svetlana Boym, *The Future of Nostalgia*, New York 2001, insb. S. 19–32.

16 Zur »Beschleunigung« siehe vor allem Hartmut Rosa, *Beschleunigung. Die Veränderung der Zeitstrukturen in der Moderne*, Frankfurt am Main 2005; sowie James A. Ward, »On Time: Railroads and the Tempo of American Life«, in: *Railroad History* 151 (1984), S. 87–95; Lothar Baier, *»Keine Zeit!« 18 Versuche über die Beschleunigung*, München 2000; Ryan Anthony Vieira, »Connecting the New Political History with Recent Theories of Temporal Acceleration: Speed, Politics and the Cultural Imagi-

nation of Fin de Siècle Britain«, in: *History and Theory* 50 (2011), S. 373–389; zur »Entleerung« der Zeit und »Trennung von Zeit und Raum« siehe Anthony Giddens, *Konsequenzen der Moderne,* Frankfurt am Main 1995, S. 30–33; und ders., *A Contemporary Critique of Historical Materialism,* Berkeley, CA 1981, S. 90–97; zur Spaltung und Zersplitterung siehe David Harvey, *The Condition of Postmodernity. An Enquiry into the Origins of Cultural Change,* London 1989, S. 260–307, sowie Richard Terdiman, *Present Past. Modernity and the Memory Crisis,* Ithaca, NY 1993, S. 9, 23; zur »Vernichtung« der Zeit (und des Raums) siehe Stephen Kern, *The Culture of Time and Space, 1880–1918,* Cambridge, MA 2003, S. xiii; Wolfgang Schivelbusch, *Geschichte der Eisenbahnreise. Zur Industrialisierung von Raum und Zeit im 19. Jahrhundert,* München 1977, S. 36; Iwan R. Morus, »The Nervous System of Britain. Space, Time and the Electric Telegraph in the Victorian Age«, in: *The British Journal for the History of Science* 33 (2000), S. 455–475; Jeremy Stein, »Annihilating Time and Space. The Modernization of Firefighting in Late Nineteenth-Century Cornwall, Ontario«, in: *Urban History Review* 24 (1996), S. 3–11; zur »Kompression« siehe Jeremy Stein, »Reflections on Time, Time-Space Compression and Technology in the Nineteenth Century«, in: Jon May und Nigel Thrift (Hg.), *Timespace. Geographies of Temporality,* London 2001, S. 106–119; Kritik an der Metapher der Vernichtung übt Roland Wenzlhuemer, »›Less Than No Time‹. Zum Verhältnis von Telegrafie und Zeit«, in: *Geschichte und Gesellschaft* 37 (2011), S. 592–613; zur »Intensivierung« siehe Alf Lüdtke, »Writing Time – Using Space. The Notebook of a Worker at Krupp's Steel Mill and Manufacturing – an Example from the 1920s«, in: *Historical Social Research* 38 (2013), S. 216–228; zur »Verflüssigung« siehe Roger Griffin, »Fixing Solutions: Fascist Temporalities as Remedies for Liquid Modernity«, in: *Journal of Modern European History* 13 (2015), S. 5–23.

17 Zur Erfahrung von Zeit als »simultan«, »atomistisch« und »heterogen« siehe Kern, *Culture of Time and Space*, S. 20, 68 ff.; zur Psychologie der Zeit, wie sie durch das Gedächtnis erlebt wird, siehe Terdiman, *Present Past*, insb. S. 344–359; eine Studie, die philosophische, empirische und psychologische Ansätze vereint, bietet Charles M. Sherover, *Are We in Time? And Other Essays on Time and Temporality,* Evanston, IL 2003; zu den Durkheim'schen Wurzeln zeitlicher Studien, die sich auf Muster sozialer Aktion und Interaktion stützen, siehe Michael A. Katovich, »Durkheim's Macrofoundations of Time. An Assessment and Critique«, in: *The Sociological Quarterly* 28 (1987), S. 367–385; allgemeiner zu methodologischen und konzeptionellen Problemen siehe Nancy Munn, »The Cultural Anthropology of Time. A Critical Essay«, in: *Annual Review of Anthropology* 21 (1992), S. 93–123. Zur Zeitlichkeit spezifischer beruflicher und institutioneller Kulturen siehe Jacques Le Goff, *Für ein anderes Mittelalter. Zeit, Arbeit und Kultur im Europa des 5.–15. Jahrhunderts,* Frankfurt am Main u.a. 1984, insbesondere Teil 1: »Zeit und Arbeit«; E.P. Thompson, »Time, Work-Discipline, and Industrial Capitalism«, in: *Past and Present* 38 (1967), S. 56–97; Peter Clark, »American Corporate Timetabling: Its Past, Present and Future«, in: *Time & Society* 6 (1997), S. 261–285; Thomas C. Smith, »Peasant Time and Factory Time in Japan«, in: *Past & Present* 111 (1986), S. 165–197; J. Stein, »Time Space and Social Discipline: Factory Life in Cornwall, Ontario, 1867–1893«, in: *Journal of Historical Geography* 21 (1995), S. 278–299; Michael G. Flaherty, *The Textures of Time: Agency and Temporal Experience,* Philadelphia 2011.

18 Zu chronosophisch ausgerichteten Studien siehe Charles M. Sherover, *The Human Experience of Time. The Development of its Philosophic Meaning,* New York 1975, und Kern, *Culture of Time and Space*, insb. Kapitel 3; Krzysztof Pomian, *L'Ordre du temps,* Paris 1984; zu Studien, die sich auf die Terminologie konzentrieren, siehe Penelope Corfield, *Time and the Shape of History,* New Haven 2007; Lucian Hölscher, »Time Gardens: Historical Concepts in Modern Historiography«, in: *History and Theory* 53 (2014), S. 577–591; Anthony Abbott, *Time Matters: On Theory and Method,* Chicago 2001; zur Beziehung zwischen Narrativ, Zeit und historischer Erfahrung siehe David Carr, *Time, Narrative and History,* Bloomington, IN. 1991; Mark Currie, *About Time: Narrative, Fiction and the Philosophy of Time,* Edinburgh 2007.

19 Siehe die Aufsätze in Wolfgang Küttler, Jörn Rüsen und Ernst Schulin (Hg.), *Geschichtsdiskurs,* 5 Bde., Frankfurt am Main 1993–1999, Bd. 2: *Anfänge modernen historischen Denkens,* von denen viele ausdrücklich ihre Diskussion des historischen Denkens und der historischen Praxis in ein Narrativ der »Modernisierung« einbetten.

20 Siehe Jennifer Power McNutt, »Hesitant Steps. Acceptance of the Gregorian Calendar in Eighteenth-Century Geneva«, in: *Church History* 75 (2006), S. 544–564. Zur konfessionellen Dimension der Kalenderreform: Robert Poole, *Time's Alteration: Calendar Reform in Early Modern England,* London 1998; allgemeiner zu Kalendern als Instrumenten der Machtausübung siehe Ho Kai-Lung, »The Political Power and the Mongolian Translation of the Chinese Calendar During the Yuan Dynasty«, in: *Central Asiatic Journal* 50 (2006), S. 57–99; Clare Oxby, »The Manipulation of Time: Calendars and Power in the Sahara«, in: *Nomadic Peoples,* New Series 2: *Savoirs et Pouvoirs au Sahara* (1998), S. 137–149.

21 Jeroen Duindam, *Vienna and Versailles. The Courts of Europe's Dynastic Rivals, 1550–1780,* Cambridge 2003, S. 143.

22 Die Zehn-Tage-Woche wurde im April 1802 aufgegeben, der Kalender insgesamt im Jahr 1805. Siehe Reinhart Koselleck, »Anmerkungen zum Revolutionskalender und zur ›Neuen Zeit‹«, in: ders. und Rolf Reichardt (Hg.), *Die Französische Revolution als Bruch des gesellschaftlichen Bewusstseins,* München 1988, S. 61–64; Michael Meinzer, *Der französische Revolutionskalender (1792–1805). Planung, Durchführung und Scheitern einer politischen Zeitrechnung,* München 1992; Noah Shusterman, *Religion and the Politics of Time. Holidays in France from Louis XIV through Napoleon,* Washington DC 2010; Sonja Perovic, *The Calendar in Revolutionary France. Perceptions of Time in Literature, Culture, Politics,* Cambridge 2012; Matthew Shaw, *Time and the French Revolution. The Republican Calendar, 1789–Year XIV,* Woodbridge 2011.

23 Mittlerweile gibt es dazu eine Fülle an Literatur, doch die klassische Studie ist E.P.Thompson, »Time, Work-discipline, and Industrial Capitalism«, in: *Past & Present* 38 (1967), S. 56–97, die sich auf Zeitdisziplin sowohl im metropolitanen Europa als auch in einer Reihe kolonialer Kontexte konzentriert; siehe dazu auch Frederick Cooper, »Colonizing Time. Work Rhythms and Labour Conflict in Colonial Mombasa«, in: Nicholas B.Dirks (Hg.), *Colonialism and Culture,* Ann Arbor 1992, S. 209–245; Keletso E.Atkins, »›Kafir Time‹. Preindustrial Temporal Concepts and Labour Discipline in Nineteenth-Century Colonial Natal«, in: *Journal of African*

History 29 (1988), S. 229–244; Mark M. Smith, *Mastered by the Clock. Time, Slavery and Freedom in the American South,* Chapel Hill, NC 1997; U. Kalpagam, »Temporalities, History and Routines of Rule in Colonial India«, in: *Time & Society* 8 (1999), S. 141–159; Mike Donaldson, »The End of Time? Aboriginal Temporality and the British Invasion of Australia«, in: *Time & Society* 5 (1996), S. 187–207; Alamin Mazrui und Lupenga Mphande, »Time and Labour in Colonial Africa. The Case of Kenya and Malawi«, in: Joseph K. Adjaye (Hg.), *Time in the Black Experience,* Westport, CT 1994, S. 97–120; Dan Thu Nguyen, »The Spatialization of Metric Time. The Conquest of Land and Labour in Europe and the United States«, in: *Time & Society* 1 (1992), S. 29–50; Anthony Aveni, »Circling the Square: How the Conquest Altered the Shape of Time in Mesoamerica«, in: *Transactions of the American Philosophical Society*, New Series 102 (2012). Zur modernen Zeitlichkeit als Instrument der Herrschaft über andere Kolonialvölker, die angeblich in einer früheren Epoche feststeckten, siehe Kathleen Frederickson, »Liberalism and the Time of Instinct«, in: *Victorian Studies* 49 (2007), S. 302–312; Johannes Fabian, *Time and the Other: How Anthropology Makes Its Object,* New York 1991.

24 Siehe beispielsweise Donaldson, »The End of Time«. Zu einer paradigmatischen Debatte über die Beziehung zwischen traditioneller, zyklischer »indigener Zeit« und ihrem linearen »westlichen« Gegenstück siehe Marshall Sahlins, *Islands of History,* Chicago 1985, und ders., *How »Natives« Think, About Captain Cook, For Example,* Chicago 1995, das einen sehr starken binären Gegensatz postuliert, sowie Gananath Obyesekere, *The Apotheosis of Captain Cook. European Mythmaking in the Pacific,* Princeton, NJ 1992, das den binären Gegensatz entlarvt und als Kunstprodukt der europäischen »Legendenbildung« bezeichnet.

25 Vanessa Ogle, *The Global Transformation of Time, 1870–1950,* Cambridge, MA 2015, S. 204, 208.

26 Sebastian Conrad, »›Nothing is the Way It Should Be‹: Global Transformations of the Time Regime in the Nineteenth Century«, in: *Modern Intellectual H*istory 14 (2017), S. 1–28.

27 Besonders interessante Studien widmen sich dem Einfluss politischer Unruhen auf den Bruch traditioneller Zeitordnungen. Siehe insb. Luke S. Kwong, »The Rise of the Linear Perspective on History and Time in Late Qing China c. 1860–1911«, in: *Past & Present* 173 (2001), S. 157–190; Chang-tze Hu, »Historical Time Pressure. An Analysis of Min Pao (1905–1908)«, in: Chun-chieh Huang und Erik Zürcher (Hg.), *Time and Space in Chinese Culture*, Leiden 1995, S. 329ff.; Chang-tze Hu, »Exemplarisches und fortschrittliches Geschichtsdenken in China«, in: Küttler, Rüsen und Schulin (Hg.), *Geschichtsdiskurs,* Bd. 2, S. 180–183; Q. Edward Wang, *Modernity Inside Tradition. The Transformation of Historical Consciousness in Modern China,* Bloomington Indiana 1996. Eine abweichende Meinung, die frühe »modernisierende« Entwicklungen in der chinesischen Historiographie hervorhebt, vertritt Helwig Schmidt-Glintzer, »Die Modernisierung des historischen Denkens im China des 16. und 18. Jahrhunderts und seine Grenzen«, in: Küttler, Rüsen und Schulin (Hg.), *Geschichtsdiskurs*, Bd. 2, S. 165–179.

28 Kwong, »The Rise of the Linear Perspective«, S. 160, 163, 164, 166, 172, 176–180, 189f.

29 Die Einführung einer Fünf-Tage-Woche sorgte für chaotische Zustände; 1932 wurde sie durch eine Sechs-Tage-Woche abgelöst. Im Jahr 1940 kehrte die Sowjetunion zur

Sieben-Tage-Woche und zum gregorianischen Kalender zurück. Zur sowjetischen Kalenderreform und ihrem Scheitern siehe Robert C. Williams, »The Russian Revolution and the End of Time«, in: *Jahrbücher für Geschichte Osteuropas*, New Series 43 (1995), S. 364–401, hier S. 365–369.

30 Stephen E. Hanson, *Time and Revolution. Marxism and the Design of Soviet Institutions*, Chapel Hill, NC 1997, S. viii f., 180–199. Zur klaren Linearität der marxistisch-leninistischen Zeit und ihrer Beziehung zur stalinistischen Praxis siehe auch Stefan Plaggenborg, *Experiment Moderne. Der sowjetische Weg*, Frankfurt am Main 2006, insb. S. 80–105; zum Übergang von der tayloristischen Romantik der frühen Sowjetunion zur »Maschinenutopie« der stalinistischen Ära siehe Richard Stites, *Revolutionary Dreams. Utopian Vision and Experimental Life in the Russian Revolution*, New York 1989, S. 161–164.

31 Claudio Fogu, *The Historic Imaginary. The Politics of History in Fascist Italy*, Toronto 2003, S. 34; Jeffrey T. Schnapp, »Fascism's Museum in Motion«, in: *Journal of Architecture Education* 45 (1992), S. 87–97; ders., »Fascinating Fascism«, in: *Journal of Contemporary History* 31 (1996), S. 235–244; Marla Stone, »Staging Fascism. The Exhibition of the Fascist Revolution«, in: *Journal of Contemporary History* 28 (1993), S. 215–243.

32 Roger Griffin, »Party Time. The Temporal Revolution of the Third Reich«, in: *History Today* 49 (1999), S. 43–49; ders., »›I Am No Longer Human. I Am a Titan. A God!‹ The Fascist Quest to Regenerate Time«, Electronic Seminars in History, Institute of Historical Research, http://www.ihrinfo.ac.uk/esh/quest.html (Mai 1998).

33 Eric Michaud, *The Cult of Art in Nazi Germany*, Stanford, CA 2004, S. 184, 196, 202, 204; Michauds Konzept des »NS-Mythos« ist inspiriert von den rätselhaften Überlegungen in Philippe Lacoue-Labarthe und Jean-Luc Nancy, »The Nazi Myth«, in: *Critical Inquiry* 16 (1990), S. 291–312.

34 Emilio Gentile, *Il culto del littorio. La sacralizzazione della politica nell'Italia fascista*, Rom 1993; siehe auch ders., »Die Sakralisierung der Politik«, in: Hans Maier (Hg.), *Wege in die Gewalt. Die modernen politischen Religionen*, Frankfurt am Main 2000, S. 166–182, hier S. 175.

35 Zur »Leugnung der Zeit« durch die drei totalitären Regime siehe Charles S. Maier, »The Politics of Time. Changing Paradigms of Collective Time and Private Time in the Modern Era«, in: ders. (Hg.), *Changing Boundaries of the Political. Essays on the Evolving Balance between the State and Society, Public and Private in Europe*, Cambridge 1987, S. 151–175; zum »eschatologischen Selbstbildnis«, das die Diktaturen der Linken wie der Rechten einte, ungeachtet der Unterschiede in ihren »zeitlichen Codes«, siehe Martin Sabrow, *Die Zeit der Zeitgeschichte*, Göttingen 2012, S. 21, 23.

36 Siehe George W. Wallis, »Chronopolitics: The Impact of Time Perspectives on the Dynamics of Change«, in: *Social Forces* 49 (1970), S. 102–108.

37 Eben diese Frage richtet Alon Confino an den Antisemitismus der Nationalsozialisten; siehe Alon Confino, »Why did the Nazis Burn the Hebrew Bible? Nazi Germany, Representations of the Past and the Holocaust«, in: *Journal of Modern History* 84 (2012), S. 369–400, S. 381.

38 Maier, »The Politics of Time«, S. 151.

39 Siehe Achim Landwehr, »Alte Zeiten, Neue Zeiten. Aussichten auf die Zeit-Geschichte«, in: ders. (Hg.), *Frühe Neue Zeiten*, S. 9–40.

40 Eindrucksvolle Manifestationen dieser Tendenz finden sich in Achim Landwehr, *Geburt der Gegenwart. Eine Geschichte der Zeit im 17. Jahrhundert*, Frankfurt am Main 2014; Zwierlein, *Discorso und Lex Dei*; Max Engammaire, *L'Ordre du temps. L'invention de la ponctualité au XVIè siècle*, Genf 2004.

41 Zu einer Diskussion dieses Themas in der Koselleck-Rezeption siehe Helge Jordheim, »Against Periodization: Koselleck's theory of multiple temporalities«, in: *History and Theory* 51 (2012), S. 151–171; Hans Joas und Peter Vogt, »Jenseits von Determinismus und Teleologie: Koselleck und die Kontingenz von Geschichte«, in: dies. (Hg.), *Begriffene Geschichte*, S. 9–56, insb. S. 11 ff.; Fulda, »Wann begann die ›offene Zukunft‹?«.

42 Zur »Pluritemporalität« als allgemeinem Merkmal historischer Epochen siehe Landwehr, »Alte Zeiten, Neue Zeiten«, S. 25–29.

43 Duncan Bell, »Empire of the Tongue«, in: *Prospect*, Februar 2007, S. 42–45, hier S. 45.

44 David Martosko, »EXCLUSIVE: Trump trademarked slogan ›Make America Great Again‹ just DAYS after the 2012 election and says Ted Cruz has agreed not to use it again after Scott Walker booms it TWICE in speech«, in: *Daily Mail*, 12. Mai 2016; Edward Wong, »Trump has Called Climate Change a Chinese Hoax. Beijing says it is Anything But«, in: *New York Times*, 18. November 2016.

45 Zu diesen Merkmalen der politischen Rhetorik Trumps siehe Stephen Wertheim, »Donald Trump versus American Exceptionalism: Toward the Sources of Trumpian Conduct«, H-Diplo ISSF, 1. Februar 2017, online verfügbar unter: http://issforum.org/roundtables/policy/1-5K-Trump-exceptionalism.

46 Zitiert in Mark Danner, »The Real Trump. Review of Michael Kranish and Marc Fischer, *Trump Revealed: An American Journey of Ambition, Ego, Money, and Power* (New York 2016)«, in: *New York Review of Books*, 22. Dezember 2016.

47 Marine Le Pen, Interview mit CNN, 28. November 2016, online verfügbar unter: http://edition.cnn.com/2016/11/15/politics/marine-le-pen-interview-donald-trump/index.html

EINS – Die Geschichtsmaschine

1 Helmut Börsch-Supan, »Zeitgenössische Bildnisse des großen Kurfürsten«, in: Gerd Heinrich (Hg.), *Ein Sonderbares Licht in Teutschland. Beiträge zur Geschichte des Großen Kurfürsten von Brandenburg (1640–1688)*, Berlin 1990, S. 151–166.

2 Martin Meyer, *Theatri Europaei Achter Theil* […], Frankfurt am Main 1693, S. 591.

3 Das unverzichtbare Standardwerk hierzu ist immer noch Ernst Opgenoorth, *Friedrich Wilhelm. Der Große Kurfürst von Brandenburg. Eine politische Biographie*, 2 Bde., Göttingen 1971/1978; Artikel zu speziellen Themen von einer Reihe von Experten finden sich in: Heinrich (Hg.), *Ein sonderbares Licht in Teutschland*.

4 Richard Dietrich (Hg.), *Die Politischen Testamente der Hohenzollern*, Köln und Wien 1986, S. 189.

5 Ebenda, S. 190 f.

6 Ernst Opgenoorth, »Mehrfachherrschaft im Selbstverständnis Kurfürst Friedrich Wilhelms«, in: Michael Kaiser und Michael Rohrschneider (Hg.), *Membra unius capitis. Studien zu Herrschaftsauffassungen und Regierungspraxis in Kurbrandenburg 1640–1688*, Berlin 2005, S. 35–52.

7 Reinhard Koselleck, »Die Geschichte der Begriffe und Begriffe der Geschichte«, in: ders., *Begriffsgeschichten. Studien der Semantik und Pragmatik der politischen und sozialen Sprache,* Frankfurt am Main 2006, S. 56–76; zur Verzeitlichung der Begriffe allgemein siehe Koselleck, »Die Verzeitlichung der Begriffe«, ebenda, S. 77–85; zur klassischen Darstellung der Verzeitlichung von »Geschichte« siehe Odilo Engels, Horst Günther, Christian Meier und Reinhart Koselleck, »Geschichte, Historie«, in: Otto Brunner, Werner Conze und Reinhart Koselleck (Hg.), *Geschichtliche Grundbegriffe. Historisches Lexikon zur politisch-sozialen Sprache in Deutschland,* 8 Bde., Stuttgart 1972–1997, Bd. 2 (1975), S. 593–798.

8 Ich verwende diesen Begriff in der von François Hartog in *Régimes d'historicité* ausgeführten Bedeutung – siehe die Einleitung zu diesem Buch.

9 Einen Überblick über die Literatur bietet Rudolf Endres, *Adel in der frühen Neuzeit,* München 1993, insb. S. 23–30, 83–92.

10 Peter-Michael Hahn, »Landesstaat und Ständetum im Kurfürstentum Brandenburg während des 16. und 17. Jahrhunderts«, in: Peter Baumgart (Hg.), *Ständetum und Staatsbildung in Brandenburg-Preußen. Ergebnisse einer internationalen Fachtagung,* Berlin 1983, S. 41–79, hier S. 42.

11 Zum Status dieser Fürstentümer siehe Rainer Walz, *Stände und frühmoderner Staat. Die Landstände von Jülich-Berg im 16. und 17. Jahrhundert,* Neustadt 1982, S. 50–52; für Beispiele siehe »Der Kurfürst an die Städte Wesel, Calcar, Düsseldorf, Xanten und Rees, Cüstrin, 15. Mai 1643«, sowie »Die clevischen Stände an die [niederländischen] Generalstaaten, Cleve, 2. April 1647«, in: *Urkunden und Actenstücke zur Geschichte des Kurfürsten Friedrich Wilhelm von Brandenburg* [im Folgenden UuA], August von Haeften (Hg.), *Ständische Verhandlungen, Erster Band: Cleve-Mark* [= UuA Bd. 5], Berlin 1869, S. 205, 331–334.

12 Helmuth Croon, *Stände und Steuern in Jülich-Berg im 17. und vornehmlich im 18. Jahrhundert,* Bonn 1929, S. 250; Walz, *Stände und frühmoderner Staat*, S. 74–77, 112–116; Beispiele: »Die märkischen Stände an die protestirenden clevischen Stände, Unna, 10. August 1641, sowie »Die märkischen Stände an die clevischen, Unna, 10. Dezember 1650«, in: Haeften (Hg.), *Ständische Verhandlungen*, Bd. 1, S. 182, 450; Michael Kaiser, »Kleve und Mark als Komponenten einer Mehrfachherrschaft: Landesherrliche und landständische Entwürfe im Widerstreit«, in: Kaiser und Rohrschneider (Hg.), *Membra unius capitis*, S. 99–120.

13 Eine Bemerkung des Vizekönigs Fürst Bogusław Radziwiłł, zitiert in: Derek McKay, The *Great Elector, Frederick William of Brandenburg-Prussia*, Harlow 2001, S. 135.

14 Johann Gustav Droysen, *Geschichte der preußischen Politik*, Abt. III: *Der Staat des großen Kurfürsten*, II. Teil, Leipzig 1863, S. 31.

15 Christoph Fürbringer, *Necessitas und Libertas. Staatsbildung und Landstände im 17. Jahrhundert in Brandenburg,* Frankfurt am Main 1985, S. 34.

16 Ebenda, S. 54.

17 Ebenda, S. 54–57; Otto Meinardus (Hg.), *Protokolle und Relationen des Brandenburgischen geheimen Rates aus der Zeit des Kurfürsten Friedrich Wilhelm,* Leipzig 1889, Bd. 1, S. xxxiv.

18 Meinardus (Hg.), *Protokolle,* S. xxxv; Haeften (Hg.), *Ständische Verhandlungen*, Bd. 1, S. 58–82.

19 F. L. Carsten, »The Resistance of Cleve and Mark to the Despotic Policy of the Great Elector«, in: *The English Historical* Review, 66 (1951), S. 219–241.

20 Karl Spannagel, *Konrad von Burgsdorff. Ein brandenburgischer Kriegs- und Staatsmann aus der Zeit der Kurfürsten Georg Wilhelm und Friedrich Wilhelm*, Berlin 1903, S. 265 ff.

21 McKay, *Great Elector*, S. 21; Martin Philippson, *Der Große Kurfürst Friedrich Wilhelm von Brandenburg*, 3 Bde., Berlin, 1897–1903, Bd. 1, S. 41 f.

22 Alexandra Richie, *Faust's Metropolis. A History of Berlin*, London 1998, S. 44 f.

23 A. v. Haeften, »Allgemeine Einleitung«, in: ders. (Hg.), *Ständische Verhandlungen*, Bd. 1, S. 105.

24 Philippson, *Der Große Kurfürst*, Bd. 1, S. 56 ff.

25 M. F. Hirsch, »Die Armee des großen Kurfürsten und ihre Unterhaltung während der Jahre 1660–66«, in: *Historische Zeitschrift*, 17 (1885), S. 229–275; Albert Waddington, *Le Grand Électeur Frédéric Guillaume de Brandebourg: sa politique extérieure 1640–1688*, 2 Bde., Paris 1905–1908, Bd. 2, S. 89; McKay, *Great Elector*, S. 173 ff.

26 »Der Kurfürst an die clevischen Stände, Königsberg, 21. Oktober 1645«, in: Haeften (Hg.), *Ständische Verhandlungen*, Bd. 1, S. 246 ff.

27 »Des Kurfürsten Erklärung an die Deputirten der clevischen Stände, Königsberg, 7. Dezember 1645, in: Haeften (Hg.), *Ständische Verhandlungen*, Bd. 1, S. 252 ff.

28 »Der Kurfürst an die Regierung [von Kleve], Königsberg, 8. November 1645«, »Der Kurfürst an die Regierung [von Kleve], 14. März 1646«; »Der Kurfürst an die clevischen Stände, Hervord, 5. Oktober 1652«, alle in: Haeften (Hg.), *Ständische Verhandlungen*, Bd. 1, S. 248 f., 259 f., 614 f.

29 Der Nordische Krieg begann, als die Schweden im Jahr 1655 im Westen von Polen-Litauen einmarschierten und das Gebiet besetzten. Friedrich Wilhelm stellte sich zuerst an die Seite von Schweden, als Gegenleistung für die schwedische Anerkennung seiner vollen Souveränität über das Herzogtum Preußen. Im Polen-Feldzug von 1656 kämpfte er an der Seite der schwedischen Armee, doch als sich das Kriegsglück gegen Schweden wendete, verließ er zuerst das Bündnis und vereinte dann im Jahr 1657 seine Truppen mit den Gegnern Schwedens – im Gegenzug für die Ratifizierung seines Status als alleiniger Herrscher im Herzogtum Preußen, der formal im Vertrag von Wehlau (19. September 1657) festgeschrieben wurde. Diese Manöver wären ohne eine schlagkräftige Armee, mit der man Freunde gewinnen und potenzielle Feinde abschrecken konnte, undenkbar gewesen. Deshalb brauchte er dringend mehr Söldner und das Geld, um sie zu unterhalten.

30 Statthalter Johann Moritz von Nassau-Siegen an die Stände Kleve, Vorschlag vom 3. März 1657, zitiert in: Volker Seresse, »Zur Bedeutung der ›Necessitas‹ für den Wandel politischer Normen im 17. Jahrhundert«, in: *Forschungen zur Brandenburgischen und Preussischen Geschichte* 11 (2001), S 139–159, hier S. 144 f. Zum vollständigen Wortlaut und den anschließenden Kommentaren siehe Haeften (Hg.), *Ständische Verhandlungen*, Bd. 1, S. 888–892.

31 »Duplik der Geh[eimen] Räthe im Namen des Kurfürsten, Cölln [Berlin], 2. Dezember 1650«, in: *Urkunden und Aktenstücke zur Geschichte des Großen Kurfürsten Friedrich Wilhelm von Brandenburg*, Siegfried Isaacsohn (Hg.), *Ständische Verhandlungen, Zweiter Band: Mark – Brandenburg* [= UuA, Bd. 10], Berlin 1880, S. 193 f.

32 »Contradictionspatent der Stände von Cleve, Jülich, Berg und Mark, Wesel, 18. Juli 1651«; »Union der Stände von Cleve und Mark, Wesel, 8. August 1651«, in: Haeften (Hg.), *Ständische Verhandlungen*, Bd. 1, S. 509 f., 525 f.; dazu auch: F. L. Carsten,

»The Resistance of Cleves and Mark to the Despotic Policy of the Great Elector«, in: *English Historical Review* 66 (1951), S. 219–241, hier S. 224; McKay, *Great Elector*, S. 34; Waddington, *Le Grand Électeur*, S. 68 f.

33 Robert von Friedeburg, *Luther's Legacy. The Thirty Years War and the Modern Notion of ›State‹ in the Empire, 1530s to 1790s*, Cambridge 2016, S. 240.

34 Kurt Breysig, »Einleitung«, in: *Urkunden und Actenstücke zur Geschichte des Kurfursten Friedrich Wilhelm von Brandenburg*, Kurt Breysig (Hg.), *Ständische Verhandlungen, Dritter Band: Preußen, 1. Band* [= UuA, Bd. 15], Berlin 1894, S. 105, 114, 115–180.

35 Siehe beispielsweise das Pamphlet, das der Kurfürst als Antwort auf einen Appell gegen ihn in Auftrag gab, der sich im Namen der Stände von Kleve an die Generalstände richtete: *Cleefsche Patriot verthonende de Missive ghesonden aen H. H. M. de heeren staten general der vereigde nederlande van wegens de cleefsche landstenden gepresenteert d. 20. Mai 1647* (Wesel, 1647); bei Google Books unter: https://books.google.co.uk/books?id=fdUrTQkTcUAC&pg=PP13&lpg=PP13&dq=Cleefsche+Patriot&source=bl&ots=_23HXU8jWI&sig=FMteMsiJ117E7H8sZOXbrLRCaPc&hl=en&sa=X&ved=2ahUKEwjxvs3wku3cAhVK16QKHeKQDGQQ6AEwAHoECAAQAQ#v=onepage&q=Ade&f=false. Dort wurde darauf hingewiesen, dass Begriffe wie »unvergängliche Freiheit« [onverdenckelijke vrijheyt] und »Privilegien« lediglich »luftige Worte« [hoogh-dragende windige woorden] seien, mit dem Zweck, die Interessen von »Unruhestiftern« [Oproer-makers] zu bewahren (nicht paginiert, S. 8–9 des Textes).

36 Armand Maruhn, *Necessitäres Regiment und fundamentalgesetzlicher Ausgleich. Der hessische Ständekonflikt 1646–1655*, Darmstadt und Marburg 2004, S. 245, 276; Vgl. Seresse, »Zur Bedeutung der ›Necessitas‹ für den Wandel politischer Normen im 17. Jahrhundert«, der andeutet, dass das alte Normgefüge durch das Argument der Notwendigkeit gesprengt worden sei.

37 Zu einer Darstellung, die den Aspekt der Vereinheitlichung unterstreicht, siehe Ludwig Tümpel, *Die Entstehung des Brandenburg-preußischen Einheitsstaates im Zeitalter des Absolutismus (1609–1806)*, Breslau 1915; zur Frage, inwieweit der Kurfürst ein zentralisierender Monarch war, siehe Michael Kaiser und Michael Rohrschneider, »Einführung«, in: Kaiser und Rohrschneider (Hg.), *Membra unius capitis*, S. 9–18; eine differenzierte Diskussion des Problems der Integration findet sich bei Wolfgang Neugebauer, »Staatliche Einheit und politischer Regionalismus. Das Problem der Integration in der Brandenburg-preußischen Geschichte bis zum Jahre 1740«, in: Wilhelm Brauneder (Hg.), *Staatliche Vereinigung: Fördernde und hemmende Elemente in der deutschen Geschichte* (= Der Staat, Beiheft 12), Berlin 1998, S. 49–87.

38 Fürbringer, *Necessitas und Libertas*, S. 59; für ein Beispiel dieser Argumentationsweise siehe Oberste Räte des Herzogtums Preußen an Friedrich Wilhelm, Königsberg, 12. September 1648, in: ebenda, S. 292 f.

39 Zu diesen Debatten siehe Robert von Friedeburg, *Luther's Legacy*, insb. S. 168–236.

40 Siehe Esther-Beate Körber, »Ständische Positionen in Preußen zur Zeit des Großen Kurfürsten«, in: Kaiser und Rohrschneider (Hg.), *Membra unius capitis*, S. 171–192, hier S. 171.

41 Maruhn, *Necessitäres Regiment*, S. 242–245.

42 »Ständisches Project einer Kurfürstlichen Assecuration, Bartenstein, 16. November 1661«, in: Breysig (Hg.), *Ständische Verhandlungen*, Bd. 3, S. 634–639, hier S. 636f.

43 »Der Kurfürst an die clevischen Stände, Königsberg, 21. Oktober 1645«, in: Haeften (Hg.), *Ständische Verhandlungen*, Bd. 1, S. 246ff.

44 Weimann an den Kurfürsten, Cleve, 14. März 1657, in: Haeften (Hg.), *Ständische Verhandlungen*, Bd. 1, S. 889–892.

45 »Weimann Tagebucheintrag vom 22. März 1657«, zitiert in Haeften (Hg.), *Ständische Verhandlungen*, Bd. 1, S. 891f.

46 Maruhn, *Necessitäres Regiment*, S. 106.

47 »Des Kurfürsten Erklärung an die Deputirten der clevischen Stände, Königsberg, 7. Dezember 1645«, in: Haeften (Hg.), *Ständische Verhandlungen*, Bd. 1, S. 252ff.

48 »Der Freien, Kölmer, Schultzen, Krüger und andern privilegirten Leuten theils Sambland undt ganz Nathangschen und Oberländischen Kreises Beschwere«, angehängt an »Gravamina der gesammten Stände, 26. Juni 1640«, in: Breysig (Hg.), *Ständische Verhandlungen*, Bd. 3, S. 265–268.

49 »Die märkischen Stände an die Regierung [von Mark], Unna, 19. April, 1651«, in: Haeften (Hg.), *Ständische Verhandlungen*, Bd. 1, S. 486ff.

50 »Der Kurfürst an die zu Xanten versammelten clevischen Stände, Duisburg, 9. September 1651«, in: Haeften (Hg.), *Ständische Verhandlungen*, Bd. 1, S. 539.

51 »Der Kurfürst an die clevischen Stände, Cleve, 19. September 1651«, in: Haeften (Hg.), *Ständische Verhandlungen*, Bd. 1, S. 542f.

52 Zum Zugang des Kurfürsten und seiner Beamten zu Nachrichtennetzwerken siehe Ralf Pröve, »Herrschaft als kommunikativer Prozess: das Beispiel Brandenburg-Preußen«, in: Ralf Pröve und Norbert Winnige (Hg.), *Wissen ist Macht. Herrschaft und Kommunikation in Brandenburg-Preußen 1600–1850*, Berlin 2001, S. 11–21; Michael Rohrschneider, »Die Statthalter des Großen Kurfürsten als außenpolitische Akteure«, in: Kaiser und Rohrschneider (Hg.), *Membra unius capitis*, S. 213–234.

53 Zitiert aus Montecuccolis *Abhandlung über den Krieg*, in: Johannes Kunisch, »Kurfürst Friedrich Wilhelm und die Großen Mächte«, in: Heinrich (Hg.), *Ein Sonderbares Licht in Teutschland*, S. 9–32, hier S. 30f.

54 Erinnerungen des Grafen Waldeck, in: Bernhard Erdmannsdörffer, *Graf Georg Friedrich von Waldeck. Ein preußischer Staatsmann im siebzehnten Jahrhundert*, Berlin 1869, S. 361f., sowie S. 354f.

55 W. Troost, »William III, Brandenburg, and the construction of the anti-French coalition, 1672–88«, in: Jonathan I. Israel (Hg.), *The Anglo-Dutch Moment: Essay on the Glorious Revolution and Its World Impact*, Cambridge 1991, S. 299–334, hier S. 322.

56 »Die clevischen Stände an den Kurfürsten, [Kleve], 24. Mai 1657«, in: Haeften (Hg.), *Ständische Verhandlungen*, Bd. 1, S. 894–897.

57 Siehe beispielsweise »Die Deputierten an den Kurfürsten, Berlin, 30. November 1650, in: Isaacsohn (Hg.), *Ständische Verhandlungen*, Bd. 2, S. 191f.

58 »Der Kurfürst an die clevischen Stände, Richtenberg, Vorpommern, 4. Oktober 1659«, in: Haeften (Hg.), *Ständische Verhandlungen*, Bd. 1, S. 927f.

59 »Die Deputirten an den Kurfürsten, Berlin, 30. November 1650, in: Isaacsohn (Hg.), *Ständische Verhandlungen*, Bd. 2, S. 191f.

60 »Unterthänigstes Suchen E. E. Landschaft [des Herzogtums Preußen], 26. November 1661, in: Breysig (Hg.), *Ständische Verhandlungen*, Bd. 3, S. 655.

61 »Der Kurfürst an die Geh[eimen] Räthe, Potsdam, 2. April 1683« (als Antwort auf einen Beschwerdebrief der Stände), in: Isaacsohn (Hg.), *Ständische Verhandlungen*, Bd. 2, S. 611 ff.

62 M. F. Hirsch, »Die Armee des großen Kurfürsten und ihre Unterhaltung während der Jahre 1660–66«, in: *Historische Zeitschrift* 17 (1885), S. 229–275; Waddington, *Grand Électeur*, S. 89; McKay, *Great Elector*, S. 173 ff.

63 Bodo Nischan, *Prince, People and Confession. The Second Reformation in Brandenburg*, Philadelphia 1994, S. 84, 111–114; ders., »Reformation or Deformation? Lutheran and Reformed Views of Martin Luther in Brandenburg's ›Second Reformation‹«, in: ders., *Lutherans and Calvinists in the Age of Confessionalism*, Nachdruck: Aldershot 1999, S. 203–215, hier S. 211.,

64 Nischan, *Prince, People and Confession*, S. 217.

65 Johannes Schultze, *Die Mark Brandenburg*, 4 Bde., Berlin 1961–1969, Bd. 4, S. 192.

66 J. T. McNeill, *The History and Character of Calvinism*, Oxford 1967, S. 279.

67 Daniel Riches, *Protestant Cosmopolitanism and Diplomatic Culture: Brandenburg-Swedish Relations in the Seventeenth Century*, Leiden 2013, S. 170–178.

68 »Der Kurfürst an die Oberräthe, Königsberg, 26. April 1642«, in: *Urkunden und Actenstücke zur Geschichte des Kurfürsten Friedrich Wilhelm von Brandenburg*, Bernhard Erdmannsdörffer (Hg.), *Politische Verhandlungen*, Erster Band [= UuA, Bd. 1], Berlin 1864, S. 99–103.

69 2. Könige, 17,13 und 15.

70 »Die Königsberger Geistlichkeit an die Oberräthe [ohne Datum; Antwort auf den Brief des Kurfürsten vom 26. April]«, in: Erdmannsdörffer (Hg.), *Politische Verhandlungen*, Bd. 1, S. 103 f.

71 Zu dieser Zusammenkunft und ihren Folgen siehe Johannes Ruschke, *Paul Gerhardt und der Berliner Kirchenstreit. Eine Untersuchung der konfessionellen Auseinandersetzung über die kurfürstlich verordnete ›mutua tolerantia‹*, Tübingen 2012, S. 176–368.

72 Siehe G. Heinrich, »Religionstoleranz in Brandenburg-Preußen. Idee und Wirklichkeit«, in: M. Schlenke (Hg.), *Preußen. Politik, Kultur, Gesellschaft*, Reinbek bei Hamburg 1986, S. 83–102, hier S. 83; die klassische Darstellung dieser Sichtweise, die noch Generationen danach beeinflusste, ist Max Lehmann, *Preußen und die Katholische Kirche seit 1640. Nach den Acten des Geheimen Staatsarchives*, Teil 1: *Von 1640 bis 1740*, Leipzig 1878, insb. S. 42–52.

73 Ein Beispiel hierfür ist Johann Bergius, ein dem Großen Kurfürsten nahestehender Geistlicher, der die Ansicht vertrat, die lutherische und die reformierte Konfession seien »in Wirklichkeit keine zwei verschiedene Religionen, trotz der Tatsache, dass sie in mehreren Punkten der Glaubenslehre uneinig sind«, siehe Bodo Nischan, »Calvinism, the Thirty Years' War, and the Beginning of Absolutism in Brandenburg: The Political Thought of John Bergius«, in: *Central European History* 15/3 (Sept. 1982), S. 203–223, S. 212 f.; die calvinistisch-lutherische Irenik war unter jenen besonders ausgeprägt, die sich für engere Beziehungen zwischen Brandenburg und dem lutherischen Schweden aussprachen und eine gute innerprotestantische Zusammenarbeit als wesentliche Voraussetzung für einen erfolgreichen Widerstand gegen den Katholizismus ansahen, siehe Riches, *Protestant Cosmopolitanism and Diplomatic Culture*, S. 170–178.

74 Eine revisionistische Schilderung, die den aktiv konfessionalistischen und pro-reformierten Charakter der Maßnahmen Friedrich Wilhelms betont, bietet Jürgen Luh,

»Zur Konfessionspolitik der Kurfürsten von Brandenburg und Könige in Preußen 1640–1740«, in: Horst Lademacher, Renate Loos und Simon Groenveld (Hg.), *Ablehnung – Duldung – Anerkennung. Toleranz in den Niederlanden und in Deutschland. Ein historischer und aktueller Vergleich,* Münster 2004, S. 306–324.

75 Walther Ribbeck, »Aus Berichten des hessischen Sekretärs Lincker vom Berliner Hofe während der Jahre 1666–1669«, in: *Forschungen zur brandenburgischen und Preußischen Geschichte* 12/2 (1899), S. 141–158.

76 Klaus Deppermann, »Die Kirchenpolitik des Großen Kurfürsten«, in: *Pietismus und Neuzeit* 6 (1980), S. 99–114, S. 110–112; Ribbeck, »Aus Berichten«.

77 Luh, »Zur Konfessionspolitik«.

78 Dietrich (Hg.), *Politische Testamente*, S. 182.

79 Cornel Zwierlein, *Discorso und Lex Dei. Die Entstehung neuer Denkrahmen im 16. Jahrhundert und die Wahrnehmung der französischen Religionskriege in Italien und Deutschland,* Göttingen 2006, S. 790ff.

80 Ebenda, S. 28, 64, 193, 791f.

81 Zum Einfluss des Neostoizismus auf das politische Denken und Handeln des Kurfürsten Friedrich Wilhelm und frühneuzeitlicher Monarchen allgemein siehe insb. Gerhard Oestreich, *Geist und Gestalt des frühmodernen Staates. Ausgewählte Aufsätze,* Berlin 1969.

82 Johann Bergius, *Guter Bürger*, Danzig, 1656, zitiert in Nischan, »Calvinism, the Thirty Years' War, and the Beginning of Absolutism in Brandenburg«, S. 212.

83 Martin Philippson, *Der Große Kurfürst*, Bd. 1, S. 10.

84 McKay, *Great Elector*, S. 170f.

85 Zitiert aus einem Edikt aus dem Jahr 1686 in Philippson, *Der Große Kurfürst*, Bd. 3, S. 91.

86 Peter Baumgart, »Der Große Kurfürst. Staatsdenken und Staatsarbeit eines europäischen Dynasten«, in Heinrich (Hg.), *Ein Sonderbares Licht in Teutschland*, S. 33–57, hier S. 42.

87 Zu den Marine- und Kolonialplänen des Kurfürsten siehe Opgenoorth, *Friedrich Wilhelm*, Bd. 2, S. 305–311; E. Schmitt, »The Brandenburg Overseas Trading Companies in the 17th Century«, in: Leonard Blussé und Femme Gaastra (Hg.), *Companies and Trade. Essays on European Trading Companies During the Ancien Regime*, Leiden 1981, S. 159–176; Ludwig Hüttl, *Friedrich Wilhelm von Brandenburg der Große Kurfürst 1620–1688*, München 1981, S. 445f.

88 Peter Burke, »Foreword«, in: Andrea Brady und Emily Butterworth (Hg.), *The Uses of the Future in Early Modern Europe,* New York 2010, S. Ixf.

89 Pufendorf, Rebus gestis, VI, § 36–39; Leopold von Orlich, *Friedrich Wilhelm der Große Kurfürst. Nach bisher noch unbekannten Original-Handschriften*, Berlin 1836, S. 79ff.; die Schilderung des Kurfürsten ist abgedruckt im Anhang, S. 139–142; zu den Gründen für die Veröffentlichung siehe August Riese, *Die dreitägige Schlacht bei Warschau 28., 29. und 30. Juli 1656*, Breslau 1870, S. 196.

90 Orlich, *Friedrich Wilhelm der Große Kurfürst*, S. 140ff.

91 »... alles dahin zu deuten vnd zu dirigiren / dass gleich wie niemanden nichts zu Schmach vnd Vnehr / sondern allein die Historische Geschichte einfältig an Tag zu stellen«. Siehe Merians Widmung an die Frankfurter Regierung in *Theatrum Europaeum 1617 biß 1629 excl. mit vieler fürnehmer Herrn und Potentaten Contrafactu-*

ren, wie auch berühmter Städten, Vestungen, Pässen, Schlachten und Belägerungen eygentlichen Delineationen und Abrissen gezieret, Frankfurt am Main 1635.

92 Diese Tendenz lässt sich in der Ausgabe von 1635 durchweg ausmachen, sie ist allerdings in der zweiten Ausgabe von 1662 noch stärker ausgeprägt. Die dortige Diskussion des Jahres 1618 beispielsweise verweist auf eine »mercklich große Bewegung« unter den »Hoch-Teutschen«, die »wir uns unter dem Teutschen Römischen Reich befinden [...], in welche das Fatum noch viel andere mehr Monarchien und Königreiche zeitlich mit eingeflochten«. Siehe *Theatrum Europaeum 1617 biß 1629,* S. 1; online verfügbar unter: https://digi.bib.uni-mannheim.de/suchergebnis/seitenansicht-suche/?tx_dlf%5Bid%5D=3066&tx_dlf%5Bpage%5D=15&tx_dlf%5Bdouble%5D=1&cHash=1bb6a71357ac2a3eace04feb88395 0a5.

93 Ebenda, S. 1. Es ist nicht klar, wer für die Überarbeitung dieser Passage für die Ausgabe von 1662 zuständig war. Das Bewusstsein der Jahre nach 1618 als einer Epoche beispielloser Zerstörung war mit Sicherheit stärker ausgeprägt, nachdem der Westfälische Frieden die Verheerungen beendete, die später unter dem Namen Dreißigjähriger Krieg bekannt wurden.

94 Zur Verwendung von Zeitungen als Quellen siehe Herbert Langer und János Dudás, »Die Kämpfe in Ungarn 1684 bis 1686 und die Rückeroberung Budas im Spiegel des ›Theatrum Europaeum‹«, in: *Acta Historica Academiae Scientiarum Hungaricae* 34/1 (1988), S. 17–25, hier S. 18; Anna Schreurs-Morét, »Der Vesuvausbruch von 1631, ein Spektakel auf der Weltbühne Europa: Anmerkungen zu Joachim von Sandrarts Beitrag zum Theatrum Europaeum von Matthäus Merian«, in: Flemming Schock, Ariane Koller und Oswald Bauer (Hg.), *Dimensionen der Theatrum-Metapher in der Frühen Neuzeit: Ordnung und Repräsentation von Wissen,* Hannover 2009, S. 297–332; zur Häufigkeit der Theater-Metapher im 17. Jahrhundert siehe Louis van Delft, »L'idée de théâtre (XVIe-XVIIIe siècle)«, in: *Revue d'histoire littéraire de la France* 101/5 (2001), S. 1349–1365; eine ältere, allgemeine Behandlung des Themas bietet Hermann Bingel, *Das Theatrum Europaeum. Ein Beitrag zur Publizistik des 17. und 18. Jahrhunderts,* Berlin 1909.

95 Zitiert in Peter Burke, *The Fabrication of Louis XIV*, New Haven 1992, S. 152; deutsch: *Ludwig XIV. Die Inszenierung des Sonnenkönigs,* Berlin 2001, S. 184f.

96 E. Fischer »Die offizielle Brandenburgische Geschichtsschreibung zur Zeit Friedrich Wilhelms des Großen Kurfürsten (1640–1648)«, in: *Zeitschrift für preußische Geschichte und Landeskunde* 15 (1878), S. 377–430, hier S. 379–387.

97 Philippson, *Der Große Kurfürst*, Bd. 3, S. 164f.

98 Gregorio Leti, *Ritratti historici, politici, chronologici e genealogici della casa di Brandeburgo,* 2 Bde., Amsterdam 1687; zur Belohnung des Kurfürsten für Letis Bemühungen siehe Orlich, *Friedrich Wilhelm der Große Kurfürst*, S. 313.

99 Leti widmete sich auf den ersten Seiten des zweiten Bandes der kritischen Rezeption des ersten Bandes und räumte in dem für ihn charakteristischen pathetischen Stil ein, dass »in dieser Schlacht dieser ruhmreichste Held eine seiner ruhmreichsten Taten sowohl durch seine Führung als auch durch das Schwert in der Hand vollbrachte [...] und indem er die größere Wucht des Angriffs gegen den Hauptteil aller Streitkräfte der Polen führte«. Zu seiner eigenen Verteidigung erklärte er jedoch, dass es, »da schon so viel über diese Schlacht geschrieben worden sei«, ihm unnötig erschienen sei, ins Detail zu gehen. Leti, *Ritratti historici*, Bd. 2, S. 2. Leti dachte womöglich an

den entsprechenden Band des *Theatrum*, der 1685 erschien und tatsächlich eine recht detaillierte Schilderung der Schlacht von Warschau enthielt, in der die Rolle des Kurfürsten bei der Unterstützung des schwedischen Angriffs in vollem Ausmaß gewürdigt wurde; siehe J. G. Schleder, *Von den denckwürdigsten Geschichten, so sich hie und da in Europa, als in Hoch- und Nieder-Teutschland, Franckreich, Hispanien, Portugall, Italien, Dalmatia, Candia, England, Schott- und Irrland, Den[n]emarck, Norwegen, Schweden, Polen, Moscau, Schlesien, Böhmen, Ober- und Nieder-Oesterreich, Hungarn, Siebenbürgen, Wallachey, Moldau, Türck- und Barbarey, [et]c. Sowol im weltlichen Regiment, als Kriegswesen, vom Jahr Christi 1651. biß an [1658] bevorstehende Wahl … Leopolden dieses Namens deß Ersten, erwehlten Römischen Käisers, [et]c. Beydes zu Wasser und Land, begeben und zugetragen / So, Auß vielen glaubhafften Scripturen … zusammen getragen, und unpartheyisch beschrieben Johannes Georgius Schlederus, gebürtig in Regenspurg. Mit etlich hoher Potentaten … Bildnüssen außgezieret: Dabenebenst einige … Sachen in deutlichen Kupffern vor Augen gestellt*, Frankfurt am Main 1685, S. 963–966.

100 Michael Seidler, »Religion, Populism, and Patriarchy: Political Authority from Luther to Pufendorf«, in: *Ethics* 103 (1993), S. 551–569.

101 Zu den Unterschieden zwischen Hobbes' und Pufendorfs Auffassung des Staates und des Souveräns siehe Ben Holland, *The Moral Person of the State. Pufendorf, Sovereignty and Composite Polities*, Cambridge 2017, insb. S. 210–221; sowie Richard Tuck, *The Sleeping Sovereign. The Invention of Modern Democracy*, Cambridge 2015, S. 96–116.

102 Samuel Pufendorf, *Gesammelte Werke*, Bd. 3: *Elementa iurisprudentiae universalis* (1660), Liber 2, Observatio 5, Berlin 1999.

103 Samuel von Pufendorf, *Acht Bücher vom Natur- und Völkerrecht*, Teil II (1672), Buch 7, Kap. IV, § III, Hildesheim, Zürich und New York 1998 [Nachdruck der Ausgabe: Frankfurt am Main 1711], S. 523.

104 Ebenda, § VII, S. 528.

105 Zu den Gründen, »aus denen jemand zu Recht von einem anderen Gehorsam fordern kann«, siehe Samuel Pufendorf, *Über die Pflicht des Menschen und des Bürgers nach dem Gesetz der Natur*, hg. von Klaus Luig, Frankfurt am Main und Leipzig 1994, Erstes Buch, Kap. 2, 5–6, S. 39f.; siehe auch den Kommentar in der Einleitung zur englischen Übersetzung: Samuel Pufendorf, *On the Duty of Man and the Citizen*, hg. von James Tully, Cambridge 1991, S. xiv–xliii.

106 Severinus de Monzambano (Pseud.), *De statu imperii germanici liber unus*, Verona 1668, auf Deutsch erschienen unter: Samuel Pufendorf, *Die Verfassung des deutschen Reiches*, Stuttgart 1976. Wegen der aufschlussreichen Analyse des Kontextes sei auch auf die englische Übersetzung hingewiesen: Samuel Pufendorf, *The Present State of Germany*, hg. von Michael J. Seidler, 1696, Indianapolis 2007. Es stimmt nicht, dass Monzambano die Inspirationsquelle für einen Plan zur Reform der Reichsverfassung war, die der Kurfürst 1662 ausarbeitete, wie Martin Philippson behauptet (der Traktat erschien erst sechs Jahre danach), doch die Ähnlichkeiten zwischen der Denkweise des Kurfürsten und derjenigen Pufendorfs sind gleichwohl verblüffend, wie Droysen schon vor langer Zeit aufzeigte; Philippson, *Der Große Kurfürst*, Bd. 2, S. 205; Johann Gustav Droysen, »Zur Kritik Pufendorfs«, in: ders., *Abhandlungen zur neueren Geschichte*, Leipzig 1876, S. 309–386, hier S. 339f.

107 Samuel Pufendorf, »Vorrede«, in: ders., *Einleitung zu der Historie der vornehmsten Reiche und Staaten, so itziger Zeit in Europa sich befinden,* Frankfurt am Main 1682, S. ii.

108 Samuel Pufendorf, *De rebus gestis Friderici Wilhelmi Magni, electoris brandenburgici, commentariorum libri novendecim,* Berlin 1695; deutsche Übersetzung: [Samuel Pufendorf,] *Friederich Wilhelms des Großen Chur-Fürstens zu Brandenburg Leben und Thaten*, übers. von Erdmann Uhse, Berlin und Frankfurt am Main 1710.

109 Droysen, »Zur Kritik Pufendorfs«, S. 376.

110 Vgl. Pufendorf, *Leben und Thaten*, S. 399.

111 Ebenda, S. 428.

112 Ebenda, S. 401.

113 Elias Loccelius, *Marchia Illustrata oder Chronologische Rechnung und Bedencken über die Sachen, so sich in der Mark Brandenburg und incorporierten Ländern vom Anfange der Welt biß ad Annum Christi 1680 sollen zugetragen haben,* Crossen 1680, S. 609, 611, 635, 639, 647, 702, 711, 753, 762, 808, 846–849, 861. Dieses Werk wurde nie veröffentlicht, aber es stand Pufendorf zur Verfügung, als er *De rebus gestis* schrieb, und kann als Manuskript in der Handschriftensammlung der Staatsbibliothek Berlin, Potsdamerstraße 33, eingesehen werden, Signatur: MS Boruss. Fol. 18.

114 Erdmann Uhse, »An den Leser«, in: Pufendorf, *Leben und Thaten*, nicht paginiert.

115 Vgl. Pufendorf, *Leben und Thaten*, S. 56ff.

116 Vgl. ebenda, S. 760ff.

117 Vgl. ebenda, S. 194.

118 Über Pufendorf als Entscheidungstheoretiker siehe Eerik Lagerspetz, »Pufendorf on Collective Decisions«, in: *Public Choice* 49/2 (1986), S. 179–182.

119 Seidler, »Introduction«, in: Pufendorf, *The Present State of Germany*; wie Seidler zeigt, war Pufendorf nicht der Erste, der diesen Anspruch widerlegte: Hermann Conring brachte in seinem *De origine iuris Germanici* (1643) die gleiche These aus anderen Gründen vor.

120 Pufendorf, »Vorrede«, in: ders., *Einleitung zu der Historie der vornehmsten Reiche und Staaten*, S. iiii.

121 Pufendorf, *Leben und Thaten*, S. 1249.

122 Max Weber, *Wirtschaft und Gesellschaft. Grundriss der verstehenden Soziologie,* Tübingen 1980, S. 131.

123 Zur Gefahr, »unbekannte Hypothesen und Deutungsmuster in unser Bild des Großen Kurfürsten einfließen zu lassen«, siehe Ernst Opgenoorth, »Mehrfachherrschaft im Selbstverständnis Kurfürst Friedrich Wilhelms«, in: Kaiser und Rohrschneider (Hg.), *Membra unius capitis*, S. 35–52, hier S. 37.

124 Jeremy Bentham, *An Introduction to the Principles of Morals and Legislation* (1781), das Original ist online verfügbar unter: http://utilitarianism.com/jeremy-bentham/index.html#one; zur Ausrichtung der sicherheitsorientierten Argumente auf die Zukunft siehe Lucia Zedner, *Security,* London 2009, S. 29.

125 Dietrich (Hg.), *Die politischen Testamente*, S. 188; zur »Machtlosigkeit« siehe auch Droysen, *Der Staat des großen Kurfürsten*, Teil 3, Bd. 2, S. 370; Philippson, *Der Große Kurfürst*, Bd. 2, S. 238; Albert Waddington, *Histoire de Prusse,* 2 Bde., Paris 1922, Bd. 1, S. 484.

126 Vera Keller, *Knowledge and Public Interest, 1575–1725*, Cambridge 2015, S. 4, 8 und passim.

127 Peter Burke, »Foreword«, in: Andrea Brady und Emily Butterworth (Hg.), *The Uses of the Future in Early Modern Europe*, New York 2010, S. ix–xx.

128 J. G. A. Pocock, *Virtue, Commerce, and History. Essays on political thought and history, chiefly in the eighteenth century*, Cambridge 1985, S. 92f.

129 Andrea Brady und Emily Butterworth, »Introduction«, in: Brady und Butterworth (Hg.), *The Uses of the Future, S.* 1–18.

130 Ich verwende diesen Begriff in der von D. R. Woolf vorgeschlagenen Bedeutung: »eine bequeme Kurzformel für die konzeptionelle und kognitive Matrix des Verhältnisses zwischen Vergangenheit, Gegenwart und Zukunft, einer Matrix, welche die offizielle Geschichtsschreibung jener Ära aufkommen lässt, nährt und wiederum von ihr beeinflusst wird«; siehe D. R. Woolf, »Little Crosby and the Horizons of Early Modern Historical Culture«, in: Donald R. Kelley und David Harris Sacks (Hg.), *The Historical Imagination in Early Modern Britain. History, Rhetoric and Fiction, 1500–1800*, Cambridge 1997, S. 93–132, hier S. 94.

131 Juan de Mariana, *The general history of Spain from the first peopling of it by Tubal, till the death of King Ferdinand, who united the crowns of Castile and Aragon: with a continuation to the death of King Philip III [...], to which are added, two supplements, the first by F. Ferdinand Camargo y Salcedo, the other by F. Basil Varen de Soto, bringing it down to the present reign*, London 1699, passim. Ein gutes Beispiel findet sich jedoch auf S. 299f., wo die Kriege der Könige als eine Geißel geschildert werden, die dem einfachen Volk von der Ruhmsucht und dem Ehrgeiz seiner Herrscher auferlegt wurde.

132 So beschuldigte Mariana etwa Philipp II., er habe den Aufstand in den Niederlanden provoziert, indem er die Grafen Egmont und Hoorn im Jahr 1568 hinrichten ließ. Eine versöhnlichere Linie hätte seiner Ansicht nach den Aufstand verhindert.

133 Zu diesen Merkmalen des politischen Denkens Marianas siehe Harald Braun, *Juan de Mariana and Early Modern Spanish Political Thought*, Aldershot 2007.

134 Chantal Grell, *L'histoire entre érudition et philosophie. Étude sur la connaissance historique au siècle des Lumières*, Paris 1993, S. 35, 195, 210, 212, 217; zum Widerstand der frühneuzeitlichen »Geschichte Frankreichs« gegen Veränderungen siehe Philippe Ariès, *Le Temps de l'histoire*, 2. Aufl., Paris 1986, S. 135–138, sowie Orest Ranum, *Artisans of Glory. Writers and Historical Thought in Seventeenth-Century France*, Chapel Hill 1980, S. 15f.; Michel Tyvaert, »L'image du Roi: Legitimité et moralité royales dans les Histoires de France au XVIIe siècle«, in: *Revue d'histoire moderne et contemporaine* 21 (1974), S. 521–547.

135 Ebenda, S. 35. Grell verweist ausdrücklich auf Guyonnet de Vertron, *Parallèle de Louis le Grand avec les princes qui ont été surnommés Grands, dédié à Monseigneur le Dauphin*, Paris 1685, weil er erklärt habe, dass die prächtigen Eigenschaften Ludwigs XIV. sämtliche bisherigen Modelle der Tugend (selbst Herakles) obsolet gemacht hätten, S. 50ff.

136 Tony Claydon, »Time and the Revolution of 1688/89«, Paper vorgelegt auf dem Symposium »History and Temporality«, St Catharine's College, Cambridge, 27. Mai 2016; Richard S. Kay, *The Glorious Revolution and the Continuity of Law*, Washington, DC 2014, S. 279.

137 Mittlerweile plädieren viele Studien nachdrücklich für den Sonderstatus der frühneuzeitlichen Temporalität, von denen einige auch in diesem Kapitel zitiert wurden; zu einer scharfsinnigen Diskussion der Fragen siehe Peter Burke, »Exemplarity and Anti-Exemplarity in Early Modern Europe«, in: A. Lianeri (Hg.), *The Western Time of Ancient History: historiographical encounters with the Greek and Roman pasts,* Cambridge 2011, S. 48–59.

138 Siehe Miloš Vec, *Zeremonialwissenschaft im Fürstenstaat. Studien zur juristischen und politischen Theorie absolutistischer Herrschaftspräsentation,* Frankfurt am Main 1998; Jörg Jochen Berns, »Der nackte Monarch und die nackte Wahrheit. Auskünfte der deutschen Zeitungs- und Zeremoniellschriften des späten 17. und frühen 18. Jahrhunderts zum Verhältnis von Hof und Öfentlichkeit«, in: *Daphnis* 11 (1982), S. 315–345; Berns, »Die Festkultur der deutschen Höfe zwischen 1580 und 1730. Eine Problemskizze in typologischer Absicht«, in: *Germanisch-romanische Monatsschrift* 65 (1984), S. 295–311.

139 Werner, Brandenburgischer Gesandter Warschau, Bericht vom 10. Juni 1700, in: Max Lehmann, *Preußen und die katholische Kirche seit 1640,* 9 Bde., Leipzig 1878–1902, Bd. 1, S. 465.

140 Pater Vota an den Kurfürst von Brandenburg, in: ebenda, S. 468.

141 Johann von Besser, *Preußische Krönungs-Geschichte oder Verlauf der Ceremonien auf welchen Der Allerdurchlauchtigste Großmächtigste Fürst und Herr Friderich der Dritte – die königliche Würde des von Ihm gestifteten Königreichs Preußen angenommen und sich und seine Gemahlin ... durch die Salbung als König und Königin einweihen lassen,* Cölln/Spree 1702, S. 19.

142 Die Entdeckung wurde dem Vernehmen nach von Werner, dem preußischen Gesandten in Warschau, erwähnt, siehe Pater Vota an den Kurfürst von Brandenburg, Warschau, 15. Mai 1700, in: Lehmann, *Preußen und die katholische Kirche*, Bd. 1, S. 463.

143 Besser, *Preußische Krönungs-Geschichte*, S. 3, 6.

144 Johann Christian Lünig, *Theatrum ceremoniale historico-politicum oder historisch-politischer Schau-Platz aller Ceremonien etc.,* 2 Bde., Leipzig 1719/20, Bd. 2, S. 100, 96. Zur Bedeutung der Selbstsalbung des Königs siehe Hans Liermann, »Sakralrecht des protestantischen Herrschers«, in: *Zeitschrift der Savigny-Stiftung für Rechtsgeschichte* 61 (1941), S. 311–383, insb. S. 333–369.

ZWEI – Der Historiker-König

1 Zur Beziehung zwischen Bach und Friedrich II. siehe Leta E. Miller, »C. P. E. Bach's Sonatas for Solo Flute«, in: *The Journal of Musicology* 11/2 (1993), S. 203–249. Diese Überlegungen zum König und seiner Musik sind Gesprächen mit Kate Clark zu verdanken, der Lehrerin für historische Flöten und Dozentin der Abteilung für frühneuzeitliche Musik am Königlichen Konservatorium von Den Haag; zur musikalischen Dominanz von Quantz am Hof siehe Tim Blanning, *Frederick the Great. King of Prussia,* London 2015, S. 150ff.

2 Charles Burney, *The Present State of Music in Germany, the Netherlands and United Provinces Or: The Journal of a Tour Through Those Countries, Undertaken to Collect Materials for a General History of Mus*ic, 2 Bde., London 1773; Nachdruck: London 2008, Bd. 2, S. 150f.; zitiert nach deutscher Übersetzung: Charles Burney, *Tagebuch einer musikalischen Reise durch Frankreich, Italien, Flandern, die Niederlande und*

am Rhein bis Wien, durch Böhmen, Sachsen, Brandenburg, Hamburg und Holland 1772/1773, Hamburg 1772/1773; Nachdruck: Kassel u.a. 1959, Bd. 3, S. 108f.

3 Zur Haltung des Königs gegenüber Bach siehe Blanning, *Frederick the Great*, S. 157ff.

4 Vanessa Agnew, *Enlightenment Orpheus: The Power of Music in Other Worlds*, Oxford 2008, insb. S. 59. Zum *stet sol* als Metapher und Instrument der Naturwissenschaft siehe Emily I. Dolan, »Music as an Object of Natural History«, in: James Q. Davies und Ellen Lockhard (Hg.), *Sound Knowledge. Music and Science in London, 1789–1851*, Chicago 2016, S. 27–46, bes. S. 34.

5 Zum Verhältnis Friedrichs zum Berliner Hof siehe Thomas Biskup, »Eines ›Großen‹ würdig? Hof und Zeremoniell bei Friedrich II.«, in: Stiftung Preußische Schlösser und Gärten (Hg.), *Friederisiko – Friedrich der Große. Die Essays*, München 2012, S. 96–113; ders., *Friedrichs Größe. Inszenierungen des Preußenkönigs in Fest und Zeremoniell 1740–1815*, Frankfurt am Main 2012; ders., »Höfisches Retablissement: Der Hof Friedrichs des Großen nach 1763«, in: Michael Kaiser und Jürgen Luh (Hg.), *Friedrich der Große – eine perspektivische Bestandsaufnahme. Beiträge des ersten Colloquiums in der Reihe »Friedrich300«*, online verfügbar unter: http://www.perspectivia.net/publikationen/friedrich300-colloquien/friedrich-bestandsaufnahme/biskup_retablissement.

6 Das Werk *Histoire de la guerre de sept ans*, das eine Einleitung über die Jahre des Friedens zwischen dem Schlesischen und dem Siebenjährigen Krieg enthielt, wurde 1763/64 geschrieben. Im Jahr 1775 vollendete Friedrich einen Überblick über die Ereignisse vom Frieden von Hubertusburg (1763) bis zum Ende der ersten Teilung Polens (1775); diese wurde in der Folge überarbeitet und mit Fragmenten über die Jahre 1774–1778 und den Bayerischen Erbfolgekrieg (1778) kombiniert. Ein weiteres Textfragment aus dem Jahr 1784 behandelte die Geschichte Brandenburg-Preußens seit dem Frieden von Teschen (1779). Die wichtigsten Werke Friedrichs II., die in diesem Kapitel erörtert werden, sind unter anderem: »Histoire de mon temps« (1746 und 1775), in: Johann David Erdmann Preuß (Hg.), *Œuvres de Frédéric le Grand*, 30 Bde., Berlin 1846–1856, Bd. 2, S. v–160 und Bd. 3, S. 1–240; »Histoire de la guerre de sept ans«, in: Preuß (Hg.), *Œuvres*, Bd. 4, S. v-296 und Bd. 5, S. 1–264; »Mémoires depuis la paix de Hubertsbourg 1763, jusqu'à la fin du partage de la Pologne«, in: Preuß (Hg.), *Œuvres*, Bd. 6, S. 1–123; »De ce qui s'est passé de plus important depuis l'année 1774 jusqu'à l'année 1778«, in: Preuß (Hg.), *Œuvres*, Bd. 6, S. 125–149; »Mémoires de la guerre de 1778«, in: Preuß (Hg.), *Œuvres*, Bd. 6, S. 151–201; »Réflexions sur les talents militaires et sur le caractère de Charles XII, roi de Suède«, in: Preuß (Hg.), *Œuvres*, Bd. 7, S. 79–101; »De la littérature Allemande, des défauts qu'on peut lui reprocher, quelles en sont les causes et par quels moyens on peut les corriger«, in: Preuß (Hg.), *Œuvres*, Bd. 7, S. 103–140; »Avant-propos de l'Extrait du Dictionnaire historique et critique de Bayle«, in: Preuß (Hg.), *Œuvres*, Bd. 7, S. 141–147; »Avant-propos de l'Abrégé de l'Histoire ecclésiastique de Fleury«, in: Preuß (Hg.), *Œuvres*, Bd. 7, S. 149-164; »L'Antimachiavel, ou examen du prince de Machiavel«, in: Preuß (Hg.), *Œuvres*, Bd. 8, S. 65–184; »Réfutation du prince de Machiavel« (eine überarbeitete Fassung des gleichen Textes), in: Preuß (Hg.), *Œuvres*, Bd. 8, S. 185–336; »Ode sur la gloire«, in: Preuß (Hg.), *Œuvres*, Bd. 11, S. 98–101; und »Ode sur le temps«, in: Preuß (Hg.), *Œuvres*, Bd. 12, S. 1ff.; hier wird, sofern möglich, nach der deutschen Übersetzung zitiert: Gustav Berthold Volz (Hg.), *Die Werke Friedrichs des Großen*

in deutscher Übersetzung, 10 Bde., Berlin 1913–1914; online verfügbar unter http://friedrich.uni-trier.de/de/oeuvres/toc/ bzw. http://friedrich.uni-trier.de/de/volz/.

7 Zu Friedrichs Forschungsmethoden und zu seinem Ehrgeiz, ein überragendes Werk der erzählenden Interpretation zu schaffen, siehe den Aufsatz »Die historischen Werke« in: Volz (Hg.), *Werke Friedrichs des Großen*, Bd. 1: »Denkwürdigkeiten zur Geschichte des Hauses Brandenburg«, übers. von Friedrich von Oppeln-Bronikowski, Willi Rath und Carl Werner von Jordans, S. v-xii, hier S. vii; Max Posner, »Zur literarischen Thätigkeit Friedrichs des Großen. Erörterungen und Actenstücke«, in: Königliche Preußische Archiv-Verwaltung (Hg.), *Miscellaneen zur Geschichte König Friedrichs des Großen*, Berlin 1878, S. 205–494, insb. 217, 227f., 236 und passim; eine wichtige aktuelle Diskussion findet sich in Michael Knobloch, »›Handlanger der Geschichtsschreibung‹. Friedrich II. als Rezipient historischer Werke zur brandenburgischen Geschichte«, in: Brunhilde Wehinger und Günther Lottes (Hg.), *Friedrich der Große als Leser*, Berlin 2012, S. 43–70.

8 Siehe Wilfried Herderhorst, *Zur Geschichtsschreibung Friedrichs des Großen*, Göttingen [1962], S. 5.

9 Friedrich II., »Avant-propos« (1748) zu den »Mémoires pour servir à l'histoire de la Maison de Brandebourg«, in: Preuß (Hg.), *Œuvres*, Bd. 1, S. xliiif., hier S. xliii; zitiert nach: Volz (Hg.), *Werke Friedrichs des Großen*, Bd. 1, S. 5; zum Verhältnis zwischen den Naturwissenschaften Mitte des 18. Jahrhunderts und der Geschichtsschreibung siehe Peter Hanns Reill, »Die Historisierung von Natur und Mensch. Der Zusammenhang von Naturwissenschaften und historischem Denken im Entstehungsprozess der modernen Naturwissenschaften«, in: Wolfgang Küttler, Jörn Rüsen und Ernst Schulin (Hg.), *Geschichtsdiskurs*, 5 Bde., Frankfurt am Main 1993–1999, Bd. 2: *Anfänge modernen historischen Denkens*, S. 48–61, insb. S. 49ff., 58f.

10 Friedrich II., »Discours préliminaire« (1751), in: Preuß (Hg.), *Œuvres*, Bd. 1, S. xlv-lii, hier S. xlv; zitiert nach: »Zur Einführung«, in: Volz (Hg.), *Werke Friedrichs des Großen*, Bd. 1, S. 7–11.

11 Friedrich II., »Zur Einführung«, in: Volz (Hg.) *Werke Friedrichs des Großen*, Bd. 1, S. 8.

12 Zur Gefahr, Friedrichs literarische und politische Texte als »Bekenntnisschriften« zu interpretieren, die unmissverständlich eine innere Geistesverfassung wiedergeben, siehe Andreas Pečar, »Friedrich der Große als Autor. Plädoyer für eine adressatenorientierte Lektüre seiner Schriften«, in: Stiftung Preußische Schlösser und Gärten (Hg.), *Friedrich300*, abgerufen unter perspektivia.net (http://www.perspectivia.net/content/publikationen/friedrich300-colloquien/friedrich-bestandsaufnahme/pecar_autor/); zuletzt aufgerufen am 1. Juli 2009.

13 Friedrich II., »Histoire de mon temps«, »Avant-propos« (1746), in: Preuß (Hg.), *Œuvres*, Bd. 2, S. xiii–xx, hier S. xiv.

14 Friedrich II., »Histoire de mon temps«, »Avant-propos« (1775), in: Preuß (Hg.), *Œuvres*, Bd. 3, S. xiii–xxiv, hier S. xvii; zitiert nach: »Vorwort«, in: Volz (Hg.), *Werke Friedrichs des Großen*, Bd. 2, S. 11–17.

15 Siehe beispielsweise Friedrich II., »Histoire de mon temps«, »Avant-propos« (1746), in: Preuß (Hg.), *Œuvres*, Bd. 2, S. xiv.

16 Siehe Michael Rohrschneider, »Friedrich der Große als Historiograph des Hauses Brandenburg. Herrscherideal, Selbststilisierung und Rechtfertigungstendenzen in

den Mémoires pour servir à l'histoire de la maison de Brandebourg«, in: *Forschungen zur Brandenburgischen und Preußischen Geschichte* 17 (2007), S. 103–121; zu Diskussionen, die die reflexive Funktion der historischen Texte hervorheben, siehe auch Herderhorst, *Zur Geschichtsschreibung*, S. 12f. und 31; Horst Möller, »Friedrich der Große und der Geist seiner Zeit«, in: Johannes Kunisch (Hg.), *Analecta Fridericiana* (= Zeitschrift für historische Forschung, Beiheft 4), Berlin 1987, S. 55–74, insb. 61.

17 Jürgen Luh, *Der Große. Friedrich II. von Preußen,* München 2011; zu Churchills Entschlossenheit, das Gleiche zu erreichen, siehe David Reynolds, *In Command of History. Churchill Fighting and Writing the Second World War,* London 2005.

18 Friedrich II., »Histoire de mon temps«, »Avant-propos« (1746), in: Preuß (Hg.), *Œuvres*, Bd. 2, S. vii.

19 Ebenda.

20 Friedrich II., »Avant-propos« (1748) zu »Mémoires pour servir à l'histoire de la Maison de Brandebourg«, in: Preuß (Hg.), *Œuvres*, Bd. 1, S. xlvii f., hier S. xlviii.

21 Friedrich II., »Réflexions sur les talents militaires et sur le caractère de Charles XII, roi de Suède«, in: Preuß (Hg.), *Œuvres*, Bd. 7, S. 79–105, hier S. 81; siehe auch: »Geschichte meiner Zeit«, »Vorwort« (1775), in: Volz (Hg.) *Werke Friedrichs des Großen*, Bd. 2, S. 11.

22 Friedrich II., »Geschichte meiner Zeit«, »Vorwort« (1775), in: Volz (Hg.), *Werke Friedrichs des Großen*, Bd. 2, S. 11.

23 Zu diesem Aufsatz als politisch-militärische Anweisung siehe Sven Externbrink, »Der Feldherr als Historiker. Friedrich der Große und die Histoire de la Guerre de Sept Ans«, in: Wehinger und Lottes (Hg.), *Friedrich der Große als Leser*, S. 99–120.

24 Siehe Ulrich Muhlack, »Geschichte und Geschichtsschreibung bei Voltaire und Friedrich dem Großen«, in: Johannes Kunisch (Hg.), *Persönlichkeiten im Umkreis Friedrichs des Großen,* Köln und Wien 1988, S. 29–57.

25 Friedrich II., »Geschichte meiner Zeit«, »Vorwort« (1775), in: Volz (Hg.), *Werke Friedrichs des Großen*, Bd. 2, S. 13.

26 Friedrich II., »Avant-propos«, »Histoire de la guerre de sept ans«, in: Preuß (Hg.), *Œuvres*, Bd. 4, S. v-xii, hier S. xi; zitiert nach: Friedrich II., »Geschichte des Siebenjährigen Krieges«, »Vorwort«, in: Volz (Hg.), *Werke Friedrichs des Großen*, Bd. 3, S. 3–6, hier S. 6.

27 Johannes Kunisch, *Friedrich der Große. Der König und seine Zeit,* München 2004, S. 65–68; siehe auch Rohrschneider, »Friedrich der Große«, S. 105; zum Einfluss des gestörten Verhältnisses zu seinem Vater auf die Psyche des Königs siehe Blanning, *Frederick the Great*, S. xxi–xxiv, 25–45.

28 Pečar, »Friedrich der Große als Autor«, S. 20f.; zu weiteren Interpretationen der Schriften Friedrichs als Akte propagandistischer Manipulation oder als außenpolitische Instrumente siehe Friedrich Meinecke, »Des Kronprinzen Friedrich Considérations sur l'état présent du corps politique de l'Europe«, in: ders., *Brandenburg – Preußen – Deutschland. Kleine Schriften zur Geschichte und Politik*, hg. von Eberhard Kessel (= Werke 9), Stuttgart 1979, S. 174–200; Reinhold Koser, *Geschichte Friedrichs des Großen,* 4 Bde., Nachdruck: Darmstadt 1963, Bd. 1, S. 145–150.

29 Zum Ringen um »nützliche Wahrheiten« *(vérités utiles)* als definierendes Merkmal einer »philosophischen« im Gegensatz zu einer rein »historischen« Geschichte siehe Voltaire, *Essai sur les mœurs et sur l'esprit des nations*, Bd. 1: Introduction, online

verfügbar unter: https://fr.wikisource.org/wiki/Essai_sur_les_mœurs/Introduction; letzter Zugriff am 26. September 2015; zu Friedrichs Interesse an Montesquieu siehe Georg Küntzel, »Der junge Friedrich und die Anfänge seiner Geschichtsschreibung«, in: *Festgabe Friedrich von Bezold dargebracht zum 70. Geburtstag von seinen Schülern, Kollegen und Freunden,* Bonn und Leipzig 1921, S. 234–249, hier S. 241–244.

30 Ausführlicher wird das Verhältnis zwischen den *Mémoires* und dem *Siècle* erörtert in Muhlack, »Voltaire und Friedrich der Große«, passim; ders., *Geschichtswissenschaft im Humanismus und in der Aufklärung. Die Vorgeschichte des Historismus,* München 1991, S. 258–268.

31 Möller, »Friedrich der Große und der Geist seiner Zeit«, S. 58; zur historischen Sensibilität der preußischen Aufklärung siehe auch Matt Erlin, *Berlin's Forgotten Future. City, History, and Enlightenment in Eighteenth-Century Germany,* Chapel Hill, NC 2004.

32 Johann Martin Chladenius, *Einleitung zur richtigen Auslegung vernünftiger Schriften und Reden,* hg. von Lutz Goldsetzer, [1742] Düsseldorf 1969, S. 195; siehe auch Frederick Beiser, *The German Historicist Tradition,* Oxford 2011, S. 29, 40, 47–54; zum aufgeklärten Perspektivbewusstsein allgemein siehe Reinhart Koselleck, »Standortbindung und Zeitlichkeit: Ein Beitrag zur historischen Erschließung der geschichtlichen Welt«, in: ders., *Vergangene Zukunft. Zur Semantik geschichtlicher Zeiten,* Frankfurt am Main 1979, S. 178–188.

33 Friedrich II., »Mémoires pour servir à l'histoire de la Maison de Brandebourg«, in: Preuß (Hg.), *Œuvres,* Bd. 1, S. 234, 241; zitiert nach: Friedrich II., »Denkwürdigkeiten zur Geschichte des Hauses Brandenburg«, in: Volz (Hg.), *Werke Friedrichs des Großen,* Bd. 1, S. 201.

34 Friedrich II., »Avant-propos de l'Abrégé de l'Histoire ecclésiastique de Fleury«, in: Preuß (Hg.), *Œuvres,* Bd. 7, S. 149–164, hier S. 151ff.; zu den Kommentaren von Preuß zur Veröffentlichung und zur Wirkung dieses Werks siehe sein »Avertissement«, S. xiv-xv. David Friedrich Strauß sollte später in seiner Kritik am »Mythos« die gleiche Argumentationslinie verfolgen, siehe *Das Leben Jesu kritisch bearbeitet,* 2 Bde., Tübingen 1835, Bd. 1, S. 173–177.

35 Friedrich II., »Denkwürdigkeiten zur Geschichte des Hauses Brandenburg«, in: Volz (Hg.), *Werke Friedrichs des Großen,* Bd. 1, S. 22.

36 Ebenda, S. 202.

37 Friedrich II., »Zur Einführung« (1751), »Denkwürdigkeiten zur Geschichte des Hauses Brandenburg«, in: Volz (Hg.), *Werke Friedrichs des Großen,* Bd. 1, S. 7–15, hier S. 8. Zu Christoph Hartknoch (1644–1687), dem Autor der gefeierten Geschichten Preußens (also des herzoglichen und des königlichen Preußens) siehe unten.

38 Friedrich II., »Sitten, Gebräuche und Industrie« (Ergänzungskapitel zu *Denkwürdigkeiten),* in: Volz (Hg.), *Werke Friedrichs des Großen,* Bd. 1, S. 216.

39 Zur Geringschätzung Pufendorfs siehe Notker Hammerstein, »Reichshistorie«, in: Hans Erich Bödeker, Georg G. Iggers, Jonathan B. Knudsen und Peter H. Reill (Hg.), *Aufklärung und Geschichte. Studien zur deutschen Geschichtswissenschaft im 18. Jahrhundert,* Göttingen 1986, S. 82–104; zur Aufwertung der philosophischen Geschichte und Herabsetzung der »Gelehrsamkeit« siehe Henning Wrede, »Die Entstehung der Archäologie und des Einsetzen der neuzeitlichen Geschichtsbetrachtung«, in: Küttler, Rüsen und Schulin (Hg.), *Geschichtsdiskurs,* Bd. 2, S. 95–119, S. 99; Ursula Golden-

mann, »Die philosophische Methodendiskussion des 17. Jahrhunderts in ihrer Bedeutung für den Modernisierungsschub in der Historiographie«, in: ebenda, S. 148–161, hier S. 148 f.

40 Siehe Friedrich, »Vorrede von 1748« zu »Denkwürdigkeiten zur Geschichte des Hauses Brandenburg«, in: Volz (Hg.), *Werke Friedrichs des Großen*, Bd. 1, S. 6; Posner, »Zur literarischen Thätigkeit Friedrichs des Großen«, S. 238 f.; zu den Werken Hartknochs, die auf Deutsch vorlagen, als Friedrich die Memoiren verfasste, zählen: *Preussische Kirchen-historia : darinnen von Einführung der christlichen Religion in diese Lande / wie auch von der Conservation, Fortpflantzung / Reformation und dem heutigen Zustande derselben Ausführlich gehandelt wird. Nebst vielen denckwürdigen Begebenheiten … aus vielen gedruckten und geschriebenen Documenten*, Frankfurt am Main und Leipzig 1686; sowie *Alt- und Neues Preussen Oder Preussischer Historien Zwey Theile*, Frankfurt am Main und Leipzig 1684.

41 Elias Loccelius, *Marchia Illustrata oder Chronologische Rechnung und Bedencken über die Sachen, so sich in der Mark Brandenburg und incorporierten Ländern vom Anfange der Welt biß ad Annum Christi 1680 sollen zugetragen haben*, Crossen 1680, S. 609, 611, 635, 639, 647, 702, 711, 753, 762, 808, 846–849, 861.

42 Jaroslav Miller, *Urban Societies in East Central Europe, 1500–1700*, 2. Aufl., Abingdon und New York 2016, S. 167; über Hartknoch als Historiker und Verfechter der preußischen Freiheit siehe Karin Friedrich, *The Other Prussia. Royal Prussia, Poland and Liberty, 1569-1772*, Cambridge 2000, insb. S. 103 ff.

43 Hartknoch, *Alt- und Neues Preussen*, Teil eins, S. 232.

44 Ebenda, S. 238.

45 Hartknoch, *Alt- und Neues Preussen*, Teil zwei, S. 309–312, 314 f. und passim.

46 Siehe Friedrich, *The Other Prussia*, S. 51, 70, 79.

47 Friedrich II., »Du Gouvernement ancien et moderne de Brandebourg«, ergänzendes Kapitel zu »Mémoires», in: Preuß (Hg.), *Œuvres*, Bd. 1, S. 243.

48 Sogar Voltaire war über die feindselige Schilderung Schwarzenbergs durch den König verwundert, die seiner Ansicht nach durch die im Text gelieferten Hinweise nicht gerechtfertigt war; siehe die Transkription von Voltaires Notizen zu Friedrichs *Mémoires* in Posner, »Zur literarischen Thätigkeit Friedrich des Großen«, S. 273.

49 Siehe beispielsweise Hartknoch, *Alt- und Neues Preussen*, insb. das Kapitel mit der Überschrift »Von der Republic und Regierungs-Art der Lande Preussen«, S. 601–665, das die Geschichte der Ländereien des Herzogtums und des Königreichs als eine Geschichte der politischen Auseinandersetzung und rivalisierender ständischer Interessen beschreibt.

50 Voltaire, *Henriade*, übersetzt von Philipp Kraft, Leipzig 1874, Sechster Gesang, S. 59; siehe auch Dritter Gesang, S. 31; zu Friedrichs Bewunderung für dieses und andere Werke Voltaires siehe Blanning, *Frederick the Great*, S. 119–120, 329–330.

51 Voltaire, *Le Siècle de Louis XIV*, London 1752, Bd. 1, Introduction, S. 4, 21 (gotische Barbarei), 6 (Tyrannei) sowie S. 319: »plus le service en tout genre prévaut sur les titres, plus un état est florissant«. Also: Je mehr der Dienst in allen Metiers über die Titel überwiegt, desto blühender ist der Staat. Vgl. Voltaire, *Das Zeitalter Ludwigs XIV.*, Leipzig 1886, S. 22 f.

52 Zur »ständischen Latenz« siehe Wolfgang Neugebauer, *Politischer Wandel im Osten. Ost- und Westpreußen von den alten Ständen zum Konstitutionalismus*, Stuttgart 1992, S. 65–86.

53 Hanna Schissler, *Preußische Agrargesellschaft im Wandel. Wirtschaftliche, gesellschaftliche und politische Transformationsprozesse von 1763 bis 1847*, Göttingen 1978, S. 217; Johannes Ziekursch, *Hundert Jahre Schlesischer Agrargeschichte*, Breslau 1915, S. 23–26; Robert Berdahl, *The Politics of the Prussian Nobility. The Development of a Conservative Ideology 1770–1848*, Princeton, NJ, 1988, S. 80–85; zur Teilnahme nichtadliger Grundbesitzer an den Kreistagen der Mark Brandenburg siehe Klaus Vetter, »Zusammensetzung, Funktion und politische Bedeutung der kurmärkischen Kreistage im 18. Jh.«, in: *Jahrbuch für die Geschichte des Feudalismus* 3 (1979), S. 393–416; Peter Baumgart, »Zur Geschichte der kurmärkischen Stände im 17. und 18. Jh.«, in: Dieter Gerhard (Hg.), *Ständische Vertretungen in Europa im 17. und 18. Jahrhundert*, Göttingen 1969 S. 131–161.

54 T. C. W. Blanning, »Frederick the Great«, in: H. M. Scott (Hg.), *Enlightened Absolutism*, Basingstoke 1990, S. 265–288.

55 Zum Wissen des Königs um seinen aristokratischen, ständischen Rang siehe Luh, *Der Große*, S. 170–174.

56 Gustavo Corni, *Stato assoluto e società agraria in Prussia nell'età di Federico II*, Bologna 1982, S. 283 f., 288, 292, 299 f.

57 Edgar Melton, »The Prussian Junkers, 1600–1786«, in: H. M. Scott (Hg.), *The European Nobilities in the Seventeenth and Eighteenth Centuries*, 2 Bde., London 1995, Bd. 2: *Northern, Central and Eastern Europe*, S. 71–109, hier S. 72; Hanna Schissler, »The Junkers: Notes on the Social and Historical Significance of the Agrarian Elite in Prussia«, in: Robert G. Moeller (Hg.), *Peasants and Lords in Modern Germany. Recent Studies in Agricultural History*, Boston 1986, S. 24–51; Berdahl, *Politics*, S. 79; Schissler, *Preußische Agrargesellschaft*, insb. S. 217.

58 Friedrich II., »Mémoires depuis la paix de Hubertusbourg 1763, jusqu'à la fin du partage de la Pologne, 1775«, in: Preuß (Hg.), *Œuvres*, Bd. 6, S. 90; in der deutschen Übersetzung unter: Friedrich II., »Denkwürdigkeiten vom Hubertusburger Frieden bis zum Ende der Polnischen Teilung«, in: Volz (Hg.), *Werke Friedrichs des Großen*, Bd. 5, S. 69 ff.

59 Zur »zweiten Herrschaft« siehe H. M. Scott, »1763–1786: The Second Reign of Frederick the Great«, in: Philip Dwyer (Hg.), *The Rise of Prussia 1700–1830*, London 2000, S. 177–200.

60 Friedrich II., »Lettres sur l'amour de la patrie, ou correspondance d'Anapistémon et de Philopatros«, in: Preuß (Hg.), *Œuvres*, Bd. 9, S. 241–278, hier S. 246 f.; zitiert nach: Friedrich II., »Briefe über die Vaterlandsliebe«, in: Volz (Hg.), *Werke Friedrichs des Großen*, Bd. 8, S. 279–302, hier S. 281.

61 Diese Stelle wird diskutiert in Adolf Dock, *Der Souveränetätsbegriff von Bodin bis zu Friedrich dem Großen*, Straßburg 1897, S. 148.

62 »Dans tous le recueils immenses qu'on ne peut embrasser, il faut se borner et choisir. C'est un vaste magasin où vous prendrez ce qui est à votre usage.« Voltaire, *Essai sur les mœurs et l'esprit des nations et sur les principaux faits de l'histoire depuis Charlemagne jusqu'à Louis XIII*, hg. von René Pomeau, 2 Bde., Paris 1963, hier Bd. 1, S. 196.

63 Friedrich II., »Mémoires«, in: Preuß (Hg.), *Œuvres*, Bd. 1, S. 196–246.

64 Muhlack, *Geschichtswissenschaft im Humanismus und in der Aufklärung*, S. 266 f.

65 Stephan Schindele, »Friedrich der Große über den Staat«, in: *Abhandlungen aus dem Gebiete der Philosophie und ihrer Geschichte. Eine Festgabe zum 70. Geburtstag Georg Freiherrn von Hertling*, Freiburg i. Breisgau 1913, S. 289–308, hier S. 291 f.

66 Friedrich II., »Denkwürdigkeiten«, in: Volz (Hg.), *Werke Friedrichs des Großen*, Bd. 1, S. 222.
67 Friedrich II., »Geschichte meiner Zeit«, in: Volz (Hg.), *Werke Friedrichs des Großen*, Bd. 2, S. 43.
68 Friedrich II., »Denkwürdigkeiten«, in: Volz (Hg.), *Werke Friedrichs des Großen*, Bd. 1, S. 222.
69 Friedrich II., »Der Antimachiavell«, in: Volz (Hg.), *Werke Friedrichs des Großen*, Bd. 7, S. 40.
70 Ebenda, S. 41.
71 Ebenda, S. 41 ff.
72 Ebenda, S. 4 f.
73 Friedrich II., »Instruktion für den Major Graf Borcke (24. September 1751)«, in: Volz (Hg.), *Werke Friedrichs des Großen*, Bd. 7, S. 204–207, hier S. 204.
74 Friedrich II., »Der Antimachiavell«, in: Volz (Hg.), *Werke Friedrichs des Großen*, Bd. 7, S. 47.
75 Ebenda, S. 38.
76 Friedrich II., »Das politische Testament von 1752«, in: Volz (Hg.), *Werke Friedrichs des Großen*, Bd. 7, S. 136, 137, 138, 140.
77 Ebenda, S. 153 f.
78 Ebenda, S. 160.
79 Ebenda, S. 161.
80 Ebenda, S. 165.
81 Norman Bryson, »Watteau and ›Reverie‹: A Case Test in ›Combined Analysis‹«, in: *The Eighteenth Century* 22 (1981), S. 97–126, hier S. 109.
82 Zum Kauf des Gemäldes durch Friedrich II. und zum Platz in seiner Sammlung siehe Stiftung Preußischer Schlösser und Gärten (Hg.), *Bestandskataloge der Kunstsammlungen. Französische Gemälde I. Watteau, Pater, Lancret, Lajoue*, Berlin 2011, S. 702–708 und 754.
83 René Huyghe, »L'Univers de Watteau«, in: Hélène Adhémar, *Watteau: sa vie, son œuvre. Catalogue des peintures et illustration*, Paris 1950, S. 1–46, hier S. 1.
84 Anne Claude Caylus, *La Vie de Antoine Watteau par le Comte de Caylus, publiée pour la première fois d'après l'autographe*, hg. von Charles Henry, Paris 1887, S. 41 f.
85 Thomas M. Kavanagh, *Esthetics of the Moment. Literature and Art in the French Enlightenment*, Philadelphia 1996, S. 169.
86 Friedrich an Jordan, 2. Februar 1742, in: Preuß (Hg.), *Œuvres*, Bd. 17, S. 163.
87 Friedrich, an Jordan geschicktes Gedicht, Juli 1742 in: Preuß (Hg.), *Œuvres*, Bd. 18, S. 58:
Ton esprit me transporte en une galerie
Où des plus précieux tableaux
Le spectacle enchanteur sans cesse se varie,
Où les derniers sont les plus beaux,
Où Corrége et Poussin étalent leur génie
Avec les Lancrets, les Watteaux.
Zu Friedrichs Ode an die Lust, siehe Vanessa de Senarclens, »Friedrichs Schoßgebet«, in: *Die Zeit*, 15. September 2011, S. 21; sowie Blanning, *Frederick the Great*, S. 68 f.

88 Friedrich an Amélie von Preußen, Meissen, 15. April 1761, in: Friedrich der Große et al., *Politische Korrespondenz Friedrich's des Großen*, hg. von Johann Gustav Droysen et al., 40 Bde., Berlin, 1879–1939, Bd. 20, S. 336f., online verfügbar unter: http://friedrich.uni-trier.de/de/politKorr/20/336/text/, zuletzt aufgerufen am 3. August 2016.

89 Astrid Dostert, »Friedrich der Große als Sammler antiker Skulptur«, in: Stiftung Preußische Schlösser und Gärten (Hg.), *Friedrich300*, verfügbar unter http://www.perspectivia.net/publikationen/friedrich300-colloquien/friedrich-bestandsaufnahme/Doster_Sammler/; aufgerufen am 1. Juli 2016; zur Entwicklung von Friedrichs Sammlung und seiner beharrlichen Forderung, dies öffentlich bekannt zu geben, siehe Blanning, *Frederick the Great*, S. 170–173.

90 Zum anhaltenden Interesse des Königs an Gemälden in der Tradition der *fêtes galantes*, selbst nach dem Siebenjährigen Krieg, und zu ihrer Dominanz in seinen privaten Gemächern siehe Christoph Martin Vogtherr, »Friedrich II. als Sammler von Fêtes galantes. Zur Geschichte der Sammlung im 18. Jahrhundert«, in: Stiftung Preußische Schlösser und Gärten (Hg.), *Bestandskataloge der Kunstsammlungen*, S. 3–20, hier S. 8, 12–15.

91 Vogtherr, »Friedrich II. als Sammler«, S. 15.

92 Friedrich II., »Ode sur le Temps«, in: Preuß (Hg.), *Œuvres*, Bd. 12, S. 1 ff.; zitiert nach deutscher Übersetzung von Vulpinus, online unter: http://friedrich.uni-trier.de/de/vulpinus/19/

93 Aufzeichnung einer Unterhaltung im Mai 1758, in: Henri de Catt, *Unterhaltungen mit Friedrich dem Großen*, hg. von Reinhold Koser, Leipzig 1884, S. 60f.

94 Konversation vom April–Juni 1760, in: Catt, *Unterhaltungen*, S. 314.

95 Gregor Vogt-Spira, »Das antike Rom im geistigen Haushalt eines Königs«, in: Bernd Sösemann und Gregor Vogt-Spira (Hg.), *Friedrich der Große in Europa. Geschichte einer wechselvollen Beziehung*, 2 Bde., Frankfurt am Main 2012, Bd. 1, S. 128f.

96 Friedrich an Voltaire, 7. April 1737; Voltaire an Friedrich, 27. Mai 1737; Friedrich an Voltaire, 6. Juli 1737 in: Reinhold Koser und Hans Droysen (Hg.), *Briefwechsel Friedrichs des Großen mit Voltaire*, 3 Bde., Leipzig 1908–1911, Bd. 1, S. 49, 61–64, 67f.

97 Friedrich an Grumbkow, 26. Januar 1732, in: Max Hein (Hg.), *Briefe Friedrichs des Großen*, 2 Bde., Berlin 1914, Bd. 1, S. 28f.; zitiert in: Ullrich Sachse, »Groß im Tod sein. Friedrichs des Großen erste Verfügung zur Inszenierung seines Nachlebens«, in: Stiftung Preußische Schlösser und Gärten (Hg.), *Friedrich300*, online verfügbar unter http://www.perspectivia.net/publikationen/friedrich300-colloquien/friedrich-groesse/sachse_tod; aufgerufen am 13. Juli 2016; siehe auch Ullrich Sachse, *Cäsar in Sanssouci. Die Politik Friedrichs des Großen und die Antike*, München 2008, insb. S. 191–221.

98 Blanning, *Frederick the Great*, S. 444.

99 Friedrich II. an den Kabinettminister von Podewils, März 1741, in: Volz (Hg.), *Werke Friedrichs des Großen*, Bd. 7, S. 273f.

100 Andreas Pečar, »Regelbruch als Markenzeichen«, in: Stiftung Preußische Schlösser und Gärten (Hg.), *Friedrich300*, online verfügbar unter http://www.perspectivia.net/publikationen/friedrich300-colloquien/friedrich_repraesentation/pecar_regelbruch/#sdfootnote1anc; aufgerufen am 6. Juli 2016.

101 Horaz, *Carmina*, 2,6: ver ubi longum tepidasque praebet / Iuppiter brumas, et amictus Aulon / fertili Baccho minimum Falernis / invidet uvis Ille te mecum locus et beatae / postulant arces: ibi tu calentem / debita sparges lacrima favillam / vatis amici. Zitiert nach »Ruhesitz« übertragen von Franz Burger in: Horaz, *Carmina – Gedichte. Mit Übersetzungen deutscher Dichter,* München 1977, S. 118f. Zur Bedeutung dieser Passage für Friedrichs Beisetzungspläne siehe Sachse, »Groß im Tod sein«. Zu Horaz als einem Lieblingsdichter Friedrichs siehe Blanning, *Frederick the Great*, S. 50.

102 Luh, *Der Große*, passim.

103 Friedrich II., »Ode sur la Gloire« (1734), in: Preuß (Hg.), *Œuvres*, Bd. 11, S. 98–101, hier S. 98 und 100; deutsche Übersetzung in: Volz (Hg.), *Werke Friedrichs des Großen*, Bd. 10, S. 15ff., hier S. 16.

104 Ebenda.

105 Andreas Pečar, »Regelbruch als Markenzeichen«.

106 Friedrich Nicolai, *Anekdoten von König Friedrich dem Zweiten von Preußen*, Berlin und Stettin, 1788–1792; Nachdruck: Hildesheim 1985 (=*Gesammelte Werke*, hg. von Bernhard Fabian und Marie-Luise Spieckermann, Bd. 7), S. i–xvii.

107 Allgemeiner zu diesen Aspekten der Anekdote siehe Volker Weber, *Anekdote. Die andere Geschichte. Erscheinungsformen der Anekdote in der deutschen Literatur, Geschichtsschreibung und Philosophie,* Tübingen 1993, S. 25, 48, 59, 60, 62–65, 66.

108 Judith Butler, *The Psychic Life of Power,* Stanford 1997, S. 2; deutsch: *Psyche der Macht. Das Subjekt der Unterwerfung*, Frankfurt am Main 2001, S. 8.

109 Zu analogen Überlegungen über die ödipale Dimension der Macht in den Schriften Kafkas, siehe Gilles Deleuze und Félix Guattari, *Kafka. Pour une littérature mineure*, Paris 1975; deutsch: *Kafka. Für eine kleine Literatur,* Frankfurt am Main 1996.

110 Der Freundschaftstempel am westlichen Rand des Parks von Sanssouci wurde mit Abbildern von Liebhabern aus dem klassischen Altertum geschmückt: Orestes und Pylades, Nisos und Euryalos, Herakles und Philoktetes, Theseus und Piirithoos; zu homoerotischen Motiven in der Malerei und Bildhauerei um den König siehe Blanning, *Frederick the Great*, S. 175–180.

111 David Shuttleton, »The Queer Politics of Gay Pastoral«, in: Richard Phillips, Diane Watt und David Shuttleton (Hg.), *De-Centring Sexualities: Politics and Representations Beyond the Metropolis,* London 2000, S. 125–146, hier 128; Byrne Fone, »This Other Eden: Arcadia and the Homosexual Imagination«, in: *Journal of Homosexuality* 8 (1983), S. 13–34; einen Überblick über Texte in dieser Tradition bietet Rictor Norton, *The Homosexual Pastoral Tradition,* online verfügbar unter: http://rictornorton.co.uk/pastor01.htm, letzter Zugriff am 1. Juli 2018.

112 Allgemeiner zu »queerer Zeitlichkeit« siehe Jodie Taylor, »Queer Temporalities and the Significance of ›Music Scene‹ Participation in the Social Identity of Middle-Aged Queers«, in: *Sociology* 44 (2010), S. 893–907, hier S. 894. Dazu auch Judith Halberstam, *In a Queer Time and Place. Transgender Bodies, Subcultural Lives,* New York 2005, insb. Kapitel 1, S. 1–21; Carolyn Dinshaw, Lee Edelman, Roderick A. Ferguson, Carla Freccero, Elizabeth Freeman, Judith Halberstam, Annamarie Jagose, Christopher Nealon und Nguyen Tan Hoang, »Theorizing Queer Temporalities: A Roundtable Discussion«, online verfügbar unter: https://blogs.commons.georgetown.edu/modernities-working-group/files/2015/08/TheorizingQueerTemporalitiesGLQ.pdf.

113 Zum Gegensatz zwischen dem entwicklungsorientierten Charakter der innenpolitischen Narrative und der »Gleichartigkeit und Wiederholung«, die charakteristisch für realistische Konzepte der internationalen Beziehungen sind, siehe Kimberly Hutchings, *Time and World Politics. Thinking the Present,* Manchester 2008, S. 13.
114 Muhlack, *Geschichtswissenschaft im Humanismus und in der Aufklärung*, S. 268.
115 Friedrich II., »Histoire de mon temps«, in: Preuß (Hg.), *Œuvres*, Bd. 2, S. 20; in der deutschen Übersetzung: »Geniale Männer sind in Dänemark seltener als anderswo«, in: Volz (Hg.), *Werke Friedrichs des Großen,* Bd. 2, S. 31.
116 Friedrich II., »Histoire de mon temps«, in: Preuß (Hg.), *Œuvres*, Bd. 2, S. 29, wo der fragliche Monarch fälschlich als August II. bezeichnet wird; zur deutschen Übersetzung siehe Volz (Hg.), *Werke Friedrichs des Großen,* Bd. 2, S. 37.

DREI – Steuermann im Strom der Zeit

1 Bismarck an Luitgard von Puttkamer, 5. Februar 1852, zitiert in: Hans Rothfels (Hg.), *Bismarck-Briefe*, Göttingen 1955, S. 163ff., hier S. 165.
2 Für eine lyrische Erörterung dieses Motivs siehe Otto Pflanzes Reflexion über den »Strom der Zeit«, in: ders., *Bismarck. Der Reichsgründer,* 2 Bde., München 1997, Bd. 1, S. 15–44; eine Liste der Stellen, wo Bismarck die Metapher vom Strom der Zeit verwendete, enthält Hellmut Seier, »Bismarck und der ›Strom der Zeit‹. Drei neue Biographien und ein Tagungsband«, in: *Historische Zeitschrift* 256/3 (1993), S. 689–709. Zur zeitgenössischen Resonanz auf die Metapher siehe beispielsweise die sehr populäre Sammlung von Fedor von Köppen, *Fürst Bismarck, der Deutsche Reichskanzler,* Berlin und Heidelberg 1889, dessen achtes Kapitel, das sich dem Jahr der Revolution widmet, die Überschrift »Im Strom der Zeit« trägt.
3 Friedrich Carl von Savigny, »Über den Zweck dieser Zeitschrift«, in: *Zeitschrift für geschichtliche Rechtswissenschaft* 1 (1815), S. 4, online unter: http://www.gleichsatz.de/b-u-t/can/rec/savigny.html
4 Leopold von Ranke, »Geschichte und Philosophie«, in: ders., *Geschichte und Politik. Friedrich der Große, Politisches Gespräch und andere Meisterschriften*, hg. von Hans Hofmann, Leipzig 1868, S. 136f.
5 Zu Rankes Überzeugung, ungeachtet seines Beharrens auf der zentralen Bedeutung der Individuen und Besonderheiten, dass die Historiker stets »die Universalität« erfassen müssen, die im Besonderen enthalten sei, siehe Frederick C. Beiser, *The German Historicist Tradition,* Oxford 2011, S. 260.
6 Ebenda, S. 2.
7 Ernst Troeltsch, *Der Historismus und seine Probleme. Erstes Buch: Das logische Problem der Geschichtsphilosophie* (1922), hg. von Friedrich Wilhelm Graf, Berlin 2008, S. 228.
8 »Zwischen Berlin und Rom«, satirischer Kupferstich von Wilhelm Scholz in *Kladderadatsch*, 16. Mai 1875, S. 92. Man beachte, dass der Künstler – vermutlich aus Versehen – die Reihenfolge der schwarzen und weißen Felder auf dem Brett umgekehrt hat (die linke untere Ecke muss für beide Spieler schwarz sein). Die Karikatur ist online verfügbar unter http://germanhistorydocs.ghi-dc.org/sub_image.cfm?image_id=1341&language=german.
9 Margaret Connolly, »Chaucer and Chess«, in: *The Chaucer Review* 29/1 (1994), S. 40–44, hier S. 43; Mark N. Taylor, »Chaucer's Knowledge of Chess«, in: *The Chau-*

cer Review 38/4 (2004), S. 299–313, insb. 299ff. und 304f..; Guillemette Bolens und Paul Beckman Taylor, »The Game of Chess in Chaucer's ›Book of the Duchess‹«, in: *The Chaucer Review* 32/4 (1988), S. 325–334.

10 William Poole, »False Play: Shakespeare and Chess«, in: *Shakespeare Quarterly* 55/1 (2004), S. 50–70, hier S. 50f., 53; über Schach als Staffage der höfischen Kultur siehe auch Olivia Remie Constable, »Chess and Courtly Culture in Medieval Castile: The ›Libro de ajedrez‹ of Alfonso X, el Sabio«, in: *Speculum* 82/2 (2007), S. 301–347. Einen guten Überblick bietet Jenny Adams, *Power Play. The Literature and Politics of Chess in the Late Middle Ages,* Philadelphia 2006.

11 Zu den Bedeutungen des Schachspiels im 16. und 17. Jahrhundert siehe Robin O'Bryan, »A Duke, a Dwarf and a Game of Chess«, in: *Source: Notes in the History of Art* 34/2 (2015), S. 27–33; Richard A. Davies und Alan R. Young, »›Strange Cunning‹ in Thomas Middleton's *A Game at Chess*«, in: *University of Toronto Quarterly* 45/3 (1976), S. 236–245; Paul Yachnin, »*A Game at Chess* and Chess Allegory«, in: *Studies in English Literature, 1500–1900* 22/2 (1982), S. 317–330; Neil Taylor und Brian Loughrey, »Middleton's Chess Strategies in *Women Beware Women*«, in: *Studies in English Literature, 1500–1900* 24/2 (1984), S. 341–354; Margot Heinemann, »Middleton's ›A Game at Chess‹: Parliamentary-Puritans and Opposition Drama«, in: *English Literary Renaissance* 5/2 (1975), S. 232–250; zu den Anklängen des Spiels im 19. Jahrhundert William Hauptman, »Thomas Eakins's *The Chess Players* Replayed«, in: *Metropolitan Museum Journal* 47/1 (2012), S. 149–168, insb. S. 158f.; Michael Clapper, »Thomas Eakins and *The Chess Players*«, in: *American Art* 24/3 (2010), S. 78–99.

12 Edwyn Anthony, »The Inexhaustibility of Chess«, in: *The Chess Player's Chronicle*, New Series, 2 (1878), S. 193–196. Einen hilfreichen Leitfaden zu den verschiedenen Inkarnationen dieser Zeitschrift, die unter verschiedenen Herausgebern in mehreren Serien erschien, findet man bei Tim Harding, »History of the *Chess Player's Chronicle* avatars« unter: http://www.chessmail.com/research/cpc-history.html (zuletzt aufgerufen am 23. August 2016). Anthonys Schätzung ist seither von Mathematikern des Schachspiels heiß diskutiert und kritisiert worden, siehe beispielsweise Karl Fabel, »X = 1695188291005440000000000000000?«, in: *Die Schwalbe* 5 (1968), S. 55f., der eine Korrektur von Anthonys Gesamtzahl nach unten auf 10^{29} vorschlug.

13 Lewis Carroll, *Through the Looking Glass and What Alice Found There,* London 1872, S. 39; zitiert nach deutscher Übersetzung: Lewis Carroll, *Alice im Wunderland – Alice hinter den Spiegeln. Zwei Romane,* Frankfurt am Main 1963, S. 153.

14 William Steinitz, *The Modern Chess Instructor,* New York, London 1889, S. xxvii.

15 Carroll, *Alice hinter den Spiegeln*, S. 182.

16 Steinitz, *The Modern Chess Instructor*, S. xxx.

17 William Steinitz, *The Steinitz Papers. Letters and Documents of the First World Chess Champion*, hg. von Kurt Landsberger, Jefferson, NC 2002, S. 152, 190; zu den Eröffnungen von Steinitz siehe Richard Réti, *Modern Ideas in Chess*, Milford, CT 2009, S. 28; deutsch: *Die neuen Ideen im Schachspiel,* Hamburg 2009, S. 10ff.

18 Zu Steinitz als dem »größten Vertreter der wissenschaftlichen Richtung im Schach«, siehe Réti, *Modern Ideas*, S. 27.

19 Emanuel Lasker, *Lehrbuch des Schachspiels,* Berlin 1925.

20 Edmund Bruns, *Das Schachspiel als Phänomen der Kulturgeschichte des 19. und 20. Jahrhunderts,* Münster 2003, S. 42f.

21 Oliver Kohns, »Fiktionen politischer Existenz: Skizze zum Politiker als Schriftsteller: Bismarck, Disraeli, Goebbels«, in: Patrick Ramponi und Saski Viedler (Hg.), *Dichter und Lenker. Die Literatur der Staatsmänner, Päpste und Despoten von der frühen Neuzeit bis in die Gegenwart,* Tübingen 2014, S. 49–72, hier S. 61 f.; Schach wurde in der deutschen Presse der Bismarck-Ära häufig als Metapher für Politik verwendet, siehe beispielsweise im *Kladderadatsch*: »Der Baron von Strudelwitz an den Baron von Prudelwitz«, in: *Kladderadatsch* 16, 15. November 1863, S. 210; »Ein gewagter Zug«, in: *Kladderadatsch* 20, 3. November 1867; und »Vom Schach-Congress«, in: *Kladderadatsch* 34, 11. September 1881, S. 168; »Schreiben des Barons von Prudelwitz an den Baron von Strudelnitz«, in: *Kladderadatsch* 37, 17. August 1884, S. 147; eine Recherche im historischen Zeitschriftenarchiv der österreichischen Staatsbibliothek »ANNO. Historische österreichische Zeitungen und Zeitschriften online« ergibt eine drastische Zunahme der Verwendung des Begriffs »Schachzug« in den späten 1850er und 1860er Jahren; eine Analyse der einzelnen Vorkommen zeigt, dass das Wort fast immer als politische Metapher gebraucht wird, um eine strategische oder taktische Initiative zu bezeichnen. In den Jahren 1837 und 1848 kommt das Wort nur einmal vor, und in allen anderen Jahren von 1800 bis 1850 überhaupt nicht. Online verfügbar unter: http://anno.onb.ac.at/anno-suche/#searchMode=simple&resultMode=list&from=1 (zuletzt aufgerufen am 24. August 2016). Leider existiert keine vergleichbare digitale Bibliothek der deutschen Zeitschriften aus dem 19. Jahrhundert.

22 Morier an Russell, 2. September 1870, zitiert in Thomas Otte, *The Foreign Office Mind. The Making of British Foreign Policy, 1865–1914,* Cambridge 2011, S. 72; deutsche Übersetzung zitiert nach Jonathan Steinberg, *Bismarck. Magier der Macht,* Berlin 2012, S. 180.

23 [Horst Kohl], »Die gewonnene Partie. Ein orientalisches Märchen«, in: *Kladderadatsch,* 4. März 1866, S. 1; zur späteren Erklärung Kohls siehe Horst Kohl, *Bismarck-Gedichte des Kladderadatsch mit Erläuterungen herausgegeben,* Berlin 1894, S. 63

24 Zitiert in Steinberg, *Bismarck. Magier der Macht,* S. 613. Zum Liebäugeln Bismarcks mit einem Staatsstreich siehe Michael Stürmer, »Staatsstreichgedanken im Bismarckreich«, in: *Historische Zeitschrift* 209 (1969), S. 566–615; speziell zur letzten Krise seiner Laufbahn: John C. G. Röhl, »Staatsstreichplan oder Staatsstreichbereitschaft? Bismarcks Politik in der Entlassungskrise«, in: *Historische Zeitschrift* 203 (1966), S. 610–624.

25 Otto von Bismarck, *Gedanken und Erinnerungen,* Stuttgart 1898, Bd. 1, S. 228.

26 Ebenda, S. 314.

27 Ebenda, S. 331 (in Anspielung auf Bismarcks Konflikt mit dem österreichischen Gesandten Rechberg in Frankfurt); ebenda, Bd. 1, S. 340 (mit Blick auf die unerwartete Unterstützung des Fürstentags in Frankfurt durch den sächsischen König); ebenda, Bd. 2, S. 56 (in Anspielung auf die Notwendigkeit, die Nützlichkeit von »Schachzügen« an ihrer Auswirkung auf Preußens äußeres Ansehen zu messen); ebenda, Bd. 2, S. 165 (in Anspielung auf die Gründung der altkatholischen Kirche in Preußen als Mittel, um den Einfluss der römischen Kurie zu schwächen); ebenda, Bd. 2, S. 197 (mit Blick auf die Manöver seiner politischen Gegner in den Jahren 1878/79). Zu Beispielen aus dem Briefwechsel siehe beispielsweise, Bismarck an Graf Reuß, Berlin, 28. Februar 1874, in: Otto von Bismarck, *Schriften, 1874–1876,* hg. von Rainer Bendick (= *Gesammelte Werke. Neue Friedrichsruher Ausgabe*, Abt. III, Bd. 2) Paderborn

2005, Nr. 76, S. 119 (wo er die Sorge äußert, dass die Österreicher Frankreich »als eine auch gegen uns verwendbare Figur auf dem Schachbrett« nutzen würden); Bismarck an Stroßenreuter, Berlin, 10. Dezember 1874, ebenda, Nr. 157, S. 229 (mit Blick auf die Manöver des Zentrums); Bismarck an Bülow, Varzin, 17. Oktober 1876, ebenda, Nr. 420, S. 615 f. (in Anspielung auf die anglo-türkische Politik gegenüber Russland); Bismarck an Bülow, Friedrichsruh, 23. April 1877, in: Otto von Bismarck, *Schriften, 1877–1878*, hg. von Michael Epkenhans und Erik Lommatzsch (= *Gesammelte Werke. Neue Friedrichsruher Ausgabe*, Abt. III, Bd. 3), Paderborn 2008, Nr. 58, S. 88 (mit Blick auf die englische Politik gegenüber Russland); Bismarck an Bülow, ebenda, Nr. 311, S. 375 (in Anspielung auf die österreichische Außenpolitik); siehe auch: Bismarck an Reuß, Berlin, 11. Februar 1880, in: Otto von Bismarck, *Schriften, 1879–1881*, hg. von Andrea Hopp (= *Gesammelte Werke. Neue Friedrichsruher Ausgabe*, Abt. III, Bd. 4), Paderborn 2008, Nr. 205, S. 331; Bismarck an Kronprinz Friedrich Wilhelm, Varzin, 7. September 1882, Nr. 187, S. 236 in: Otto von Bismarck, *Schriften, 1882–1883*, hg. von Ulrich Lappenküper (= *Gesammelte Werke. Neue Friedrichsruher Ausgabe*, Abt. III, Bd. 5), Paderborn 2010; Bismarck an Schlözer, Berlin, 22. Dezember 1882, in: ebenda, Nr. 253, S. 314, und *passim.*

28 Bismarck an Gerlach, 2. Mai 1860, in: Otto von Bismarck, *Die gesammelten Werke*, 15 Bde., Berlin 1924–1932 [im Folgenden GW], Bd. 14, S. 48 f., zitiert in Pflanze, *Bismarck, der Reichsgründer*, Bd. 1, S. 150; eine ausführlichere Diskussion des Briefes findet sich auch bei Steinberg, *Bismarck. Magier der Macht*, S. 186 f.

29 Bismarck, *Gedanken und Erinnerungen*, Bd. 2, S. 44.

30 Bismarck an Gerlach, 30. Mai 1857, transkribiert in ders., *Gedanken und Erinnerungen*, Stuttgart 1898, Bd. 1, S. 175; und in Bismarck, GW, Bd. 15, S. 120.

31 Bismarck, *Gedanken und Erinnerungen*, Bd. 1, S. 19 f.

32 Ebenda, S. 25.

33 Bismarck diskutiert diese Rede selbst in seinen Memoiren, siehe Bismarck, *Gedanken und Erinnerungen*, Bd. 1, S. 31. Der Wortlaut ist enthalten in Horst Kohl (Hg.), *Die politischen Reden des Fürsten Bismarck 1847–1897*, Bd. 1, Stuttgart 1895, S. 45 f.; siehe dazu auch Lothar Gall, *Bismarck. Der weiße Revolutionär*, Frankfurt am Main 1980, S. 74 f. und Ernst Engelberg, *Bismarck. Urpreuße und Reichsgründer*, Berlin 1985, S. 280.

34 Heinz Wolter, »Bismarck und das Problem der Revolution im 19. Jahrhundert«, in: Johannes Kunisch (Hg.), *Bismarck und seine Zeit. Forschungen zur Brandenburgischen und Preussischen Geschichte, Beiheft 1* (1992), S. 191–204, hier S. 194.

35 Bismarck behauptete, er habe den Artikel zwischen dem zweiten Vereinigten Landtag und den Wahlen zur Nationalversammlung abgeschickt, erinnerte sich jedoch nicht mehr, an welche Zeitung er ihn gesandt hatte. Bismarck, *Gedanken und Erinnerungen*, Bd. 1, S. 36. Die Version, die er benutzte, um diese Passage seiner Memoiren zu schreiben, war allerdings lediglich ein Konzept, woraus Ernst Engelberg schließt, das der Artikel vielleicht nie veröffentlicht wurde; siehe dazu Engelberg, *Bismarck. Urpreuße und Reichsgründer*, S. 283.

36 Carl Schmitt, *Verfassungslehre*, München und Leipzig 1928, S. 53 f.; eine aufschlussreiche Diskussion findet sich bei Hans-Christof Kraus, »Ursprung und Genese der ›Lückentheorie‹ im preußischen Verfassungskonflikt«, in: *Der Staat* 29/2 (1990), S. 209–234.

37 Günther Grünthal, *Parlamentarismus in Preußen 1848/49–1857/58. Preußischer Konstitutionalismus, Parlament und Regierung in der Reaktionsära,* Düsseldorf 1982, S. 114–125.

38 »Art. 98: [1] Alle Einnahmen und Ausgaben des Staats müssen für jedes Jahr im Voraus veranschlagt und auf den Staatshaushalts-Etat gebracht werden. [2] Letzterer wird jährlich durch ein Gesetz festgestellt. Art. 60: [1] Die gesetzgebende Gewalt wird gemeinschaftlich durch den König und durch zwei Kammern ausgeübt. [2] Die Übereinstimmung des Königs und beider Kammern ist zu jedem Gesetze erforderlich.« *[Oktroyierte] Verfassungsurkunde für den preußischen Staat vom 5. Dezember 1848,* online verfügbar unter: http://www.documentarchiv.de/nzjh/verfpr1848.html.

39 »Art. 108: Die bestehenden Steuern und Abgaben werden forterhoben, und alle Bestimmungen der bestehenden Gesetzbücher, einzelnen Gesetze und Verordnungen, welche der gegenwärtigen Verfassung nicht zuwiderlaufen, bleiben in Kraft, bis sie durch ein Gesetz abgeändert werden.« Die Standardstudie zu diesem Problem ist Grünthal, *Parlamentarismus in Preußen,* S. 126ff.

40 Bismarck, GW, Bd. 10, S. 44, zitiert in: Kraus, »Ursprung und Genese der ›Lückentheorie‹ im preußischen Verfassungskonflikt«, S. 216.

41 Hans Rothfels, *Bismarck und der Staat. Ausgewählte Dokumente,* Stuttgart 1925, S. xxiii.

42 Der Nachmärz verweist auf das Nachspiel der Revolutionen, die in den »Märztagen« von 1848 ausbrachen; zur Bedeutung dieses Begriffs als Epochenrubrik siehe Thomas Koebner und Sigrid Weigel (Hg.), *Nachmärz. Der Ursprung der ästhetischen Moderne in einer nachrevolutionären Konstellation,* Opladen 1996; Norbert Otto Eke und Renate Werner (Hg.), *Vormärz – Nachmärz. Bruch oder Kontinuität?,* Bielefeld 2000.

43 Grünthal, *Parlamentarismus in Preussen,* S. 476.

44 Anna Ross, *Post-Revolutionary Politics in Prussia, 1848–1858,* Cambridge 2014, passim.

45 Zu den Instabilitäten der preußischen hohen Politik nach 1848 siehe David Barclay, *Frederick William IV and the Prussian Monarchy, 1840–1861,* Oxford 1995, S. 252–255.

46 Gerlach an Bismarck, 20. Juni 1853, dokumentiert von Bismarck in: ders., *Gedanken und Erinnerungen,* Stuttgart 1898, Bd. 1, S. 135.

47 Barclay, *Frederick William IV,* S. 262, Kurt Wappler, *Regierung und Presse. Geschichte der amtlichen preußischen Pressestellen, 1848–1862,* Leipzig 1935, S. 3f., 16f.

48 Zum Übergang von der Zensur zu einem Nachrichtenmanagement Mitte des 19. Jahrhunderts in den deutschen Staaten siehe Abigail Green, *Fatherlands. Statebuilding and Nationhood in Nineteenth-Century Germany,* Cambridge 2001, S. 148–188.

49 Manteuffel an Rochow, 3. Juli 1851, zitiert in: Wappler, *Regierung und Presse,* S. 91

50 Heinrich von Poschinger, *Unter Friedrich Wilhelm IV: Denkwürdigkeiten des Ministers Otto Freiherrn von Manteuffel,* 3 Bde., Berlin 1901, Bd. 1, S. 133f.

51 Zu Bismarcks Umgang mit der Presse siehe Irene Fischer-Frauendienst, *Bismarcks Pressepolitik,* Münster 1963; Robert H. Keyserlingk, *Media Manipulation. The Press and Bismarck in Imperial Germany,* Montreal 1977; Andreas Biefang, *Die andere Seite der Macht. Reichstag und Öffentlichkeit im »System Bismarck« 1871–1890,* Düsseldorf 2009; Rudolf Stöber, »Bismarcks Geheime Presseorganisation von 1882«, in: *Historische Zeitschrift* 262/2 (1996), S. 423–451.

52 Bismarck, *Gedanken und Erinnerungen,* Bd.1, S. 2.

53 Reinhart Koselleck, »Revolution. Rebellion, Aufruhr, Bürgerkrieg«, in: Otto Brunner, Werner Conze und Reinhart Koselleck (Hg.), *Geschichtliche Grundbegriffe. Historisches Lexikon zur politisch-sozialen Sprache in Deutschland,* 8 Bde., Stuttgart 1972–1997, Bd. 5 (1994), S. 653–788, hier S. 653, 734, 736, 739, 749, 764 f.

54 Friedrich Julius Stahl, *Was ist die Revolution? Ein Vortrag auf Veranstaltung des Evangelischen Vereins für Kirchliche Zwecke am 8 März 1852 gehalten,* Berlin 1852, S. 1; allgemein zur semantischen Aufblähung des Wortes »Revolution« in dieser Zeit siehe Koselleck, »Revolution. Rebellion, Aufruhr, Bürgerkrieg«. Zur Beziehung Bismarcks zu Stahl siehe Pflanze, *Bismarck, Der Reichsgründer*, Bd. 1, S. 68 f., 76.

55 Otto von Bismarck, *Gedanken und Erinnerungen*, Bd. 3, Stuttgart 1921, S. 95–100.

56 Helmuth Wolff, *Geschichtsauffassung und Politik in Bismarcks Bewusstsein,* München und Berlin 1926, S. 158 f.

57 Ebenda, S. 159–172.

58 Siehe beispielsweise Bismarck, *Gedanken und Erinnerungen,* Bd. 1, S. 142.

59 Diese Unterscheidung zwischen einer Politik der Bindung und einer der Lösung wird ausdrücklich in einem Briefwechsel mit Leopold von Gerlach erörtert, zitiert in Pflanze, *Bismarck, der Reichsgründer*, Bd. 1, S. 109.

60 Zitiert in Andrea Hopp, »Vorwort«, in: Bismarck, *Schriften, 1871–1873*, S. xiii; aus: Bismarck, GW, Bd. 12, S. 195.

61 Zitiert in Erich Eyck, *Bismarck und das deutsche Reich,* Zürich 1955, S. 145.

62 Wolfgang Schwentker, *Konservative Vereine und Revolution in Preußen, 1848–49. Die Konstituierung des Konservativismus als Partei,* Düsseldorf 1988.

63 Bismarck, *Gedanken und Erinnerungen,* Bd. 2, S. 58–61.

64 Über die Lokomotive als unmissverständliche Metapher für lineare Zeit siehe Michel Serres und Bruno Latour, *Conversations on Science, Culture and Time*, Ann Arbor, MI 1995, S. 79.

65 Oliver Haardt, »The Kaiser in the Federal State, 1871–1918«, in: *German History* 34 (2016), S. 529–554.

66 Ludwig Rochau, *Grundsätze der Realpolitik, angewendet auf die staatlichen Zustände Deutschlands,* 2 Bde., Stuttgart, 1853 und 1869, Bd. 1 (2. Aufl., Stuttgart 1869), S. 11, zitiert nach der Neuauflage: Frankfurt am Main u. a. 1972, S. 32.

67 Duncan Kelly, »›The Goal of that Pure and Noble Yearning‹. Friedrich Meinecke's Visions of 1848« in: Douglas Moggach und Gareth Stedman Jones (Hg.), *The 1848 Revolutions and European Political Thought,* Cambridge 2018, S. 293–321, hier S. 294 ff.

68 Rochau, *Grundsätze der Realpolitik*, Bd. 1, S. 27. Zum Verhältnis zwischen Rochaus Denkweise und den Revolutionen von 1848 siehe Duncan Kelly, »August Ludwig von Rochau and Realpolitik as historical political theory«, in: *Global Intellectual History* 2 (2017), DOI: 10.1080/23801883.2017.1387331.

69 Nina Lübbren, »Eloquent Objects: Gérôme, Laurens and the Art of Inanimate Narration«, in: Peter Cooke und Nina Lübbren (Hg.), *Painting and Narrative in France, from Poussin to Gauguin,* Abingdon und New York 2016, S. 129–144.

70 Ein Verweis auf eine Unterhaltung mit Graf Brandenburg: Bismarck, *Gedanken und Erinnerungen,* Bd. 1, S. 61.

71 Bismarck zu Wilhelm I., Berlin, 16. Mai 1873, in: Bismarck, *Schriften, 1871–1873*, Nr. 438, S. 523.

72 Bismarck an Ludwig II., 12. August 1878, in: ders., *Gedanken und Erinnerungen*, Bd. 1, S. 363–366, hier S. 366.

73 Ebenda, S. 277.

74 Ebenda, Bd. 2, S. 117f.

75 Droysen an Theodor von Schön, 29. Dezember 1851, in: Johann Gustav Droysen, *Briefwechsel*, hg. von R. Hübner, 2 Bde., Stuttgart 1929, Bd. 2, S. 34ff., hier S. 35; diese Stelle wird diskutiert in Wolfgang Hardtwig, »Von Preußens Aufgabe in Deutschland zu Deutschlands Aufgabe in der Welt. Liberalismus und Borussianisches Geschichtsbild zwischen Revolution und Imperialismus«, in: *Historische Zeitschrift* 231/2 (1980), S. 265–324, hier S. 309.

76 Roland Wenzlhuemer, »›Less Than No Time‹: Zum Verhältnis von Telegrafie und Zeit«, in: *Geschichte und Gesellschaft* 37 (2011), S. 592 613.

77 Sue Zemka, *Time and the Moment in Victorian Literature and Society*, Cambridge 2012, S. 2, 8.

78 Ulrich Raulff, *Der unsichtbare Augenblick. Zeitkonzepte in der Geschichte*, Göttingen 1999, insb. S. 50–84.

79 John Lothrop Motley, *History of the United Netherlands. From the Death of William the Silent to the Twelve Years' Truce – 1609*, 4 Bde., New York und London [1874]; Bd. 1 und 2 urspr. ersch. London 1860. Hier einige Textbeispiele: Bd. 1, S. 7: »Der Streit zwischen jenen [...] Provinzen [...] und dem großen spanischen Reich schien in dem Moment, mit dem wir uns jetzt befassen, ziemlich aussichtslos«; Bd. 1, S. 60: »In diesem Augenblick waren die Reformer voller Zuversicht, da sie die lange Abfolge von Schlachten und Belagerungen nicht vorhersahen, die schon bald das Land erfassen sollte«; Bd. 1, S. 136: »Wenn es jemals einen Zeitpunkt gab, an dem jede Faser im protestantischen Christentum angespannt werden musste, um all diese Provinzen zu einem großen Gemeinwesen zu verschmelzen, als Bollwerk der europäischen Freiheit [...], so war dieser Moment jetzt gekommen«; Bd. 1, S. 155: »Der Fürst wusste nicht, dass sein tapferer, aber käuflicher Verbündeter in eben diesem Moment heimlich mit Wilhelm von Oranje verhandelt hatte ...«; Bd. 1, S. 500: »Fast genau in dem Moment, als Elisabeth so plötzlich ihre letzte Phiole Zorn auf den besiegten Heneage ausgegossen hatte [...]; in eben diesem Augenblick schrieb Parma heimlich und verschlüsselt an Philipp«; Bd. 2, S. 168: »Es gab nie einen gefährlicheren Moment als diesen für ein Land, das seinem Schicksal überlassen sein sollte«; Bd. 2, S. 402f.: »Der wichtigste Punkt, den der Leser bemerken sollte, ist das Datum des Briefes. Er ging in den *letzten Tagen des Monats Juli ein.* Möge er doch, wie er schon bald Gelegenheit haben wird, die Ereignisse verfolgen, die auf Land und zur See in eben diesem Moment eintraten, als diese klassische Depesche ihren Bestimmungsort erreichte ...« Derartige Momente kommen viel zu häufig in dem Text vor, um sie eingehender zu analysieren.

80 Bismarck, *Gedanken und Erinnerungen*, Bd. 1, S. 72.

81 Ebenda, Bd. 2, S. 96f.

82 Ebenda, Bd. 1, S. 40–43.

83 Ein Beispiel für ein *πρῶτον ψεῦδος*: Pips ist ein Pinguin. / Pinguine sind Vögel. / Alle Vögel können fliegen. / Deshalb: Pips kann fliegen. Die dritte Prämisse ist das *proton pseudós.* Wie die Pinguine beweisen, können nicht alle Vögel fliegen.

84 Bismarck, *Gedanken und Erinnerungen,* Bd. 1, S. 278.

85 Zum Stellenwert der (wagemutigen und riskanten) Entscheidungsfindung durch Feldherren des 18. Jahrhunderts in der Schlacht siehe Marian Füssel, »Vom Dämon des Zufalls: Die Schlacht als kalkuliertes Wagnis im langen 18. Jahrhundert«, in: Stefan Brakensiek, Christof Marx, Benjamin Scheller (Hg.), *Wagnisse. Risiken eingehen, Risiken analysieren, von Risiken erzählen,* Frankfurt am Main 2017, S. 91–110, über Friedrich S. 98–104.

86 Bismarck, *Gedanken und Erinnerungen,* Bd. 1, S. 277f.

87 Wilhelm I. an Bismarck, Berlin, 23. September 1887, zitiert in: Bismarck, *Gedanken und Erinnerungen,* Bd. 2, S. 299f.

88 Wolff, *Geschichtsauffassung und Politik,* III. Teil, S. 154–215.

89 Siehe beispielsweise Bismarck, *Gedanken und Erinnerungen,* Bd. 2, S. 8 (»Die Abstufungen, welche in der dänischen Frage erreichbar erschienen…«) und 9 (»Ich habe von Anfang an die Annexion unverrückt im Auge behalten, ohne die andern Abstufungen aus dem Gesichtsfelde zu verlieren.«).

90 Zu Bismarcks Plänen siehe Jochen Dittrich, Bismarck, *Frankreich und die spanische Thronkandidatur der Hohenzollern,* München 1962; Eberhard Kolb, *Der Kriegsausbruch 1870,* Göttingen 1970; Josef Becker, »Zum Problem der Bismarckschen Politik in der spanischen Thronfrage«, in: *Historische Zeitschrift* 212 (1971), S. 529–605, und ders., »Von Bismarcks ›spanischer Diversion‹ zur ›Emser Legende‹ des Reichsgründers«, in: Johannes Burkhardt (Hg.), *Lange und kurze Wege in den Krieg,* Augsburg 1996, S. 87–113. Becker spricht von einem geplanten Präventivkrieg; die entgegengesetzte Position vertritt Eberhard Kolb, »Mächtepolitik und Kriegsrisiko am Vorabend des Krieges von 1870«, in: ders. (Hg.), *Europa vor dem Krieg von 1870,* München 1987, S. 203–209. Zu Beckers Verteidigung seiner Sichtweise gegen die Einwände des amerikanischen Kritikers David Wetzel siehe Josef Becker, »The Franco-Prussian Conflict of 1870 and Bismarck's Concept of a ›Provoked Defensive War‹: A Response to David Wetzel«, in: *Central European History* 41/1 (2008), S. 93–109.

91 Bismarck, *Gedanken und Erinnerungen,* Bd. 1, S. 1.

92 Steinberg, *Bismarck. Magier der Macht,* S. 273f., 660.

93 Bismarck an Innenminister v. Boetticher, Friedrichsruh, 27. März 1882, transkribiert in: Rothfels, *Bismarck und der Staat,* S. 369.

94 Wilhelm an Otto von Manteuffel, Leiter im Innenministerium unter Camphausen, 7. April 1848, zitiert in: Karl-Heinz Börner, *Wilhelm I. Deutscher Kaiser und König von Preußen. Eine Biographie,* Berlin 1984, S. 81.

95 Bismarck, *Gedanken und Erinnerungen,* Bd. 1, S. 197 (Hervorhebungen vom Autor).

96 Zum Ursprung der Lückentheorie in den Verfassungsdiskussionen 1849–1851 siehe Kraus, »Ursprung und Genese der ›Lückentheorie‹ im preußischen Verfassungskonflikt«.

97 Verfassung für den preußischen Staat vom 31. Januar 1850, in: A. Rauch, *Parlamentarisches Taschenbuch. Achte und neunte Lieferung, enthaltend die Verfassung für den preußischen Staat vom 31. Januar 1850,* Erlangen 1861, Art. 63, S. 18; Bismarck an Schleinitz zit. nach Pflanze, *Bismarck, der Reichsgründer,* Bd. 1, S. 217f., 221.

98 Egmont Zechlin, *Staatsstreichpläne Bismarcks und Wilhelms II. 1890–1894,* Stuttgart 1929; zur Bereitschaft Bismarcks, einen *Staatsstreich* zu versuchen, siehe auch Hans Delbrück, »Die Hohenlohe-Memoiren und Bismarcks Entlassung«, in: *Preußische*

Jahrbücher 126 (1906), S. 501–517; und ders., »Bismarcks letzte politische Idee«, in: *Preußische Jahrbücher* 147 (1912), S. 1–12; Röhl, »Staatsstreichplan oder Staatsstreichbereitschaft? Bismarcks Politik in der Entlassungskrise«; zu einer subtilen Erörterung der Punkte, um die es in der Krise von 1890 ging, siehe auch J. C. G. Röhl, »The Disintegration of the Kartell and the Politics of Bismarck's Fall from Power, 1887–1890«, in: *The Historical Journal*, 9/1 (1966), S. 60–89.

99 Bismarck, *Gedanken und Erinnerungen*, Bd. 1, S. 364.

100 Matthew P. Fitzpatrick, *Purging the Empire. Mass Expulsions in Germany, 1871–1914*, Oxford 2015, S. 86 f.

101 Bismarck, *Gedanken und Erinnerungen*, Bd. 3, S. 42 f.

102 Troeltsch, *Der Historismus*, S. 230 f.

103 Otto von Bismarck, *Briefe an seine Braut und Gattin*, hg. von Herbert von Bismarck, Stuttgart 1900, S. 298.

104 Zu Bismarcks »schwachem« Glauben an die Vorsehung siehe Wolff, *Bismarcks Geschichtsauffassung*, S. 134–150.

105 Otto Hintze, Besprechung von Otto von Bismarck, *Deutscher Staat. Ausgewählte Dokumente (Der deutsche Staatsgedanke. Eine Sammlung, Erste Reihe: Führer und Denker XXI)*, hg. von Hans Rothfels, in: *Zeitschrift für Politik* 15 (1926), S. 380–384, hier S. 383.

106 Über Clausewitz als Theoretiker der Komplexität und der »hineinversetzenden« Argumentation, der den Krieg in einem Umfeld ansiedelte, das voller Kontingenzen steckte, siehe Anders Engberg-Petersen, *Empire of Chance. The Napoleonic Wars and the Disorder of Things*, Cambridge, MA 2015, passim, insb. S. 92.

107 Zu dieser Dimension des Denkens von Clausewitz siehe Emile Simpson, *War from the Ground Up. Twenty-First Century Combat as Politics*, New York 2012, insb. S. 41–66.

108 George G. Iggers, *The German Conception of History. The National Tradition of Historical Thought from Herder to the Present*, Middletown Conn. 1968, S. 82, 88 f.; deutsch: *Deutsche Geschichtswissenschaft. Eine Kritik der traditionellen Geschichtsauffassung von Herder bis zur Gegenwart*, München 1971, S. 86–119, hier S. 109 f., 119; zur zentralen Stellung und dem »geistigen Kulturgehalt« des Staates für Ranke siehe auch Troeltsch, *Der Historismus*, S. 476.

109 Lorenz von Stein, *Der Sozialismus und Kommunismus des heutigen Frankreichs. Ein Beitrag zur Zeitgeschichte*, 2. Aufl., Leipzig, 1848, S. 59, 99, 171.

110 Dirk Blasius, »Lorenz von Steins Lehre von Königtum der sozialen Reform und ihre verfassungspolitischen Grundlagen«, in: *Der Staat* 10/1 (1971), S. 33–51, hier S. 34.

111 Zu Rodbertus siehe Wilhelm Andreae, »Der staatssozialistische Ideenkreis«, in: *Archiv für Rechts- und Wirtschaftsphilosophie* 24 (1930), S. 169–191, insb. 180–188; Hermann Beck, *The Origins of the Authoritarian Welfare State in Prussia. Conservatives, Bureaucracy and the Social Question, 1815–1870*, Providence, RI 1993, S. 93–100.

112 Gerd Heinrich, *Geschichte Preußens. Staat und Dynastie*, Frankfurt am Main 1981, S. 283 f.; zu Wagener und Gerlach siehe Hans-Julius Schoeps, *Das andere Preußen. Konservative Gestalten und Probleme im Zeitalter Friedrich Wilhelms IV.*, 3. Aufl., Berlin 1966, S. 203–228.

113 Zu den Verbindungen zwischen Stein und Schmoller siehe Giles Pope, »The Political Ideas of Lorenz Stein and their Influence on Rudolf Gneist and Gustav Schmoller«,

Diss., Oxford University, 1985; Karl Heinz Metz, »Preussen als Modell einer Idee der Sozialpolitik. Das soziale Königtum«, in: Patrick Bahners und Gerd Roellecke (Hg.), *Preußische Stile. Ein Staat als Kunststück,* Stuttgart 2001, S. 355–363, hier S. 358.

114 Zu diesen Debatten siehe Damian Valdez, »Prussian Faust or Universalist Puritan?«, in: *Modern Intellectual History* 14/2 (August, 2017), S. 585–596.

115 Jörn Leonhard, *Die Büchse der Pandora. Geschichte des Ersten Weltkriegs,* München 2014, passim.

116 Lothar Machtan, *Die Abdankung. Wie Deutschlands gekrönte Häupter aus der Geschichte fielen,* München 2008.

117 Carl Schmitt, *Staat, Bewegung, Volk. Die Dreigliederung der politischen Einheit,* Hamburg 1933, S. 30f., 33.

118 Troeltsch, *Der Historismus*, S. 173.

119 Ebenda, S. 169; zu einer Darstellung der Krise des Historismus, die bezweifelt, ob es so eine Krise überhaupt jemals gab, siehe Beiser, *German Historicist Tradition,* S. 23–26.

120 Kurt Flasch, *Die geistige Mobilmachung. Die deutschen Intellektuellen und der Erste Weltkrieg. Ein Versuch,* Berlin 2000.

121 Lucian Hölscher, »Mysteries of Historical Order: Ruptures, Simultaneity and the Relationship of the Past, Present and Future«, in: Chris Lorenz und Berber Bevernage (Hg.), *Breaking Up Time. Negotiating the Borders between Present, Past and Future,* Göttingen 2013, S. 134–151.

122 Friedrich Meinecke, *Die Idee der Staatsräson in der neueren Geschichte*, München 1924, S. 24.

123 Ebenda, S. 540.

124 J. Kaerst, »Die Geschichtsauffassung Rankes und Droysens in ihrer nationalen Bedeutung«, in: *Vierteljahrschrift für Sozial- und Wirtschaftsgeschichte* 20/1-2 (1928), S. 219–233, hier S. 229.

125 Röhl, »The Disintegration of the Kartell and the Politics of Bismarck's Fall from Power, 1887–90«.

126 Hans Rothfels, »Deutschlands Krise«, in: Alfred Bozi und Alfred Niemann (Hg.), *Die Einheit der nationalen Politik,* Stuttgart 1925, S. 1–15, hier S. 6, 10. Eine Diskussion dieser Passage findet sich bei Jan Eckel, *Hans Rothfels. Eine intellektuelle Biographie im 20. Jahrhundert,* Göttingen 2005, S. 55.

127 Otto Hintze, Besprechung von Otto von Bismarck, *Deutscher Staat*, S. 383.

128 Zur theologischen Würde der Geschichte des 19. und Anfang des 20. Jahrhunderts als Form einer bürgerlichen Religion, siehe Wolfgang Hardtwig, »Geschichtsreligion – Wissenschaft als Arbeit – Objektivität. Der Historismus in neuer Sicht«, in: *Historische Zeitschrift* 252/1 (1991), S. 1–32, hier S. 9; zur Krise als »Problem für Leben und Kultur«, siehe Franz Schnabel, »Vom Sinn des geschichtlichen Studiums in der Gegenwart« (1923), in: ders., *Abhandlungen und Vorträge 1914–1965*, hg. von Heinrich von Lutz et al., Freiburg 1970, S. 41–62» hier S. 47.

129 Troeltsch erörtert seinen Vorschlag für eine neue Geschichte in ders., *Fünf Vorträge zu Religion und Geschichtsphilosophie für England und Schottland. Der Historismus und seine Überwindung (1924) / Christian Thought. Its History and Application (1923),* hg. von Gangolf Hübinger (= Kritische Gesamtausgabe, Bd. 17), Berlin 2006; meine Auffassung von Troeltschs Rolle in diesen Debatten wurde beeinflusst von

Stefan Eich und Adam Tooze, »Max Weber, Politics and the Crisis of Historicism«, Vortrag gehalten an der Yale University im Januar 2012. Ich bin Stefan Eich und Adam Tooze dankbar, dass sie mir das zugehörige Paper zur Verfügung stellten. Es ist inzwischen online verfügbar unter https://law.yale.edu/system/files/documents/pdf/Intellectual_Life/LTW-Eich_and_Tooze.pdf. Das Zitat findet sich dort auf S. 37.

130 »Le prophète est dans le même sac que l'historien«, in: Paul Valéry, »La crise de l'esprit«, in: ders., *Œuvres*, hg. von Jean Hytier, 2 Bde., Paris 1957, Bd. 1, S. 988–1014, hier S. 991; zum Datum der ursprünglichen Veröffentlichung (1919) siehe die Anmerkungen auf S. 1768f.; dt. Fassung: »Die Krise des Geistes«, in: Paul Valéry, *Werke*, Bd. 7: *Zur Zeitgeschichte und Politik*, hg. von Jürgen Schmidt-Radefeldt, Frankfurt am Main 1995, S. 26–54, hier S. 29.

131 Paul Valéry, »De l'histoire«, in: ders., *Œuvres*, Bd. 2, S. 935ff. Dieser Aufsatz wurde vermutlich im Jahr 1928 geschrieben, siehe Anmerkung auf S. 1540f.; dt. Fassung: »Über Geschichte«, in: Valéry, *Werke*, Bd, 7, S. 173–176, hier S. 173.

132 Theodor Lessing, *Geschichte als Sinngebung des Sinnlosen*, München 1921, S. 10, 11, 12, 13, 125. Zu diesem Thema siehe Matthias Lentz, »Eine Philosophie der Tat, eine Tat der Philosophie. Theodor Lessings Kampf gegen den Lärm«, in: *Zeitschrift für Religions- und Geistesgeschichte* 50/3 (1998), S. 242–264.

133 Lessing, *Geschichte als Sinngebung*, S. 124f.

134 Mircea Eliade, *Kosmos und Geschichte. Der Mythos der ewigen Wiederkehr*, Reinbek bei Hamburg 1966, S. 34ff. Siehe auch Raul Carstocea, »Breaking the Teeth of Time: Mythical Time and the ›Terror of History‹ in the Rhetoric of the Legionary Movement in Interwar Romania«, in: *Journal of Modern European History* 13/2 (2015), S. 79–97, insb. S. 80–83.

VIER – Die Zeit der Nationalsozialisten

1 Max Frisch, »Kleines Tagebuch einer deutschen Reise«, in: *Neue Zürcher Zeitung*, 30. April 1935, in Auszügen nachgedruckt in: Oliver Lubrich (Hg.), *Reisen ins Reich 1933–1945. Ausländische Autoren berichten aus Deutschland*, Frankfurt am Main 2004, S. 84–94, hier S. 87f.; eine detailliertere Beschreibung der Lebensglocke und des Stundenglases darunter findet sich in dem Artikel »Wunder des Lebens« des anonymen Deutschland-Korrespondenten »F. G.« in: *The Spectator*, 5. April 1935, S. 15. Frisch machte sich in der Ausstellung keine Notizen, weil er Angst hatte, dass jemand sie konfiszieren und lesen würde. Später hatte er den Zweck der Glocke falsch in Erinnerung. Er meinte, sie schlage, um anzuzeigen, dass zu viele Deutsche gestorben und zu wenige geboren seien, und ihr Klang sei als Ermahnung an die Besucher gedacht, die Fortpflanzung als dringende Angelegenheit zu betrachten (ein verzeihlicher Irrtum, weil andere Ausstellungsobjekte genau darauf abzielten und ermahnten, wenn Personen von »überlegener« rassischer Qualität es versäumten, genügend Kinder zu zeugen, dann sei ein drastischer »qualitativer Niedergang« die Folge). Nachdem sich die Gestalter der Ausstellung bei der *NZZ* beschwert hatten, wurde eine Richtigstellung veröffentlicht.

2 Richtungweisende Beiträge und nützliche Diskussionen finden sich bei Philippe Burrin, »Political Religion: The Relevance of a Concept«, in: *History and Memory* 9 (1997), S. 321–349; Elilio Gentile, »Fascism as Political Religion«, in: *Journal of Contemporary History* 25 (1990), S. 229–251; Stanley Stowers, »The Concepts of ›Reli-

gion‹, ›Political Religion‹ and the Study of Nazism«, in: *Journal of Contemporary History* 42/1 (2007), S. 9–24; David D. Roberts, »›Political Religion‹ and the Totalitarian Departures of Inter-War Europe: On the Uses and Disadvantages of an Analytical Category«, in: *Contemporary European History* 18 (2009); Hans Maier, »›Politische Religionen‹. Möglichkeiten und Grenzen eines Begriffs«, in: ders. und Michael Schäfer (Hg.), *›Totalitarismus‹ und ›Politische Religionen‹. Konzepte des Diktaturvergleichs*, Bd. 2, Paderborn u.a. 1997, S. 299–310. Sabine Behrenbeck, *Der Kult um die toten Helden. Nationalsozialistische Mythen, Riten und Symbole 1923 bis 1945*, Vierow 1996, ist ein ausgezeichnetes Beispiel für eine Studie, die sich am Paradigma der politischen Religion orientiert. Eine eindrucksvolle aktuelle Studie nach dem Ansatz des »generischen« Faschismus (der sich inzwischen tendenziell stark mit der Schule der politischen Religion überschneidet) bieten Fernando Esposito und Sven Reichardt, »Revolution and Eternity. Introductory Remarks on Fascist Temporalities«, in: *Journal of Modern European History* 13 (2015), S. 24–43.

3 Richard Steigmann-Gall, *The Holy Reich. Nazi Conceptions of Christianity, 1919–1945*, Cambridge 2003, insb. S. 86–113.

4 Siehe Alon Confino, »Why did the Nazis Burn the Hebrew Bible? Nazi Germany, Representations of the Past and the Holocaust«, in: *Journal of Modern History* 84 (2012), S. 369–400, hier S. 381.

5 Crawford Photographs Collection, Institute of Archaeology, Oxford.

6 Es besteht eine gewisse Unsicherheit bezüglich des Ortes des Berliner Revolutionsmuseums: In einer Rezension der Ausstellung vom 25. November 1933 schrieb das Parteiorgan *Der SA-Mann*, das Museum sei in einem Haus an der Ecke Jüden- und Parochialstraße untergebracht (Horst und Werner Wessel waren in der Jüdenstraße 51/52 aufgewachsen). Die Aufnahmen jedoch, die O. G. S. Crawford im September 1934 von dem Museum machte, zeigen einen Eingang an dem Haus Neue Friedrichstraße 83, nicht weit von der Ecke zur Königstraße. Ein Artikel von Joseph Goebbels (»Der Spiegel des Grauens. In der Schreckenskammer der Hochtage des Kommunistenterrors«, in: *Völkischer Beobachter*, norddeutsche Ausgabe, 12. Dezember 1933, Feuilleton: »Aus der Bewegung«) bestätigt diesen Ort und berichtet, dass das Museum am 15. September gegründet worden sei. Es kann durchaus sein, dass das Museum zu der Zeit tatsächlich an einem größeren und anspruchsvolleren Ort neu gegründet worden war; das würde einen frühen Hinweis des sozialdemokratischen Journalisten Hermann Wendel im Exil in Paris erklären, der am 30. Juli 1933 berichtete, dass das »Museum der nationalen Revolution« soeben in Berlin eröffnet worden sei (siehe Hermann Wendel, »Revolutionsmuseum«, in: Lutz Winckler (Hg.), *Unter der ›Coupole‹. Die Paris-Feuilletons Hermann Wendels 1933–36*, Tübingen 1995, S. 116–119). Ein ausführlicher Kommentar in dem Organ *Märkische SA* vom 10. April 1937, S. 1 f., berichtet von der unlängst erfolgten Neueröffnung des Museums (»Erstes NS-Revolutionsmuseum der Standarte 6 neu eröffnet«) und verlegt es in die Taubenstraße 6. Es kann sein, dass das Museum verlegt wurde, eventuell nach einer Wanderausstellung der Ausstellungsobjekte, weil seine früheren Räumlichkeiten inzwischen anderweitig genutzt wurden. Zu dieser Frage herrscht in der Sekundärliteratur eine gewisse Verwirrung. Eva Zwach, *Deutsche und englische Militärmuseen im 20. Jahrhundert. Eine kulturgeschichtliche Analyse des gesellschaftlichen Umgangs mit Krieg*, Münster 1999, S. 116, deutet an, dass das Revolutionsmuseum in den Räumlichkeiten des ehemaligen

Anti-Kriegs-Museums des Pazifisten Ernst Friedrich in der Parochialstraße 29 eingerichtet wurde; doch diese Behauptung scheint sich auf einen Artikel im NSDAP-Parteiorgan *Der Angriff* zu stützen (siehe »sul.«, »Vom Antikriegsmuseum zum S.-A.-Heim«, in: *Der Angriff*, Nr. 72, 25.3.1933, S. 4), der die Plünderung des Anti-Kriegs-Museums und seine Umwandlung in einen Treffpunkt für die SA schildert, aber nicht das Revolutionsmuseum an diesen Ort verlegt. Martin Roth, *Heimatmuseum. Zur Geschichte einer deutschen Institution,* Berlin 1990, S. 159, erklärt ebenfalls, dass das Anti-Kriegs-Museum angegriffen und 1932 in »Erstes Revolutions-Museum der SA-Standarte 6 Berlin« umbenannt worden sei, eine Behauptung, für die ich keine erhärtenden Belege finden kann. Zu Hinweisen auf das Museum als nationalsozialistisches Touristenziel siehe: *Berlin und Umgebung. Kleine Ausgabe mit Angaben für Automobilisten*, Berlin 1936, S. 60; und Julek Karl von Engelbrechten und Hans Volz, *Wir wandern durch das nationalsozialistische Berlin. Ein Führer durch die Gedenkstätten des Kampfes um die Reichshauptstadt,* München 1937, S. 59. Eine gute aktuelle Analyse des Museums ist enthalten in: Hans-Georg Hiller von Gaertringen und Katrin Hiller von Gaertringen, »NS-Revolutionsmuseum statt Anti-Kriegsmuseum? Zur Entwicklung der Berliner Museumslandschaft in der NS-Zeit«, in: Tanja Baensch, Kristina Kratz-Kessemeier und Dorothee Wimmer (Hg.), *Museen im Nationalsozialismus. Akteure – Orte – Politik,* Wien 2016, S. 99–112.

7 Die »Ehrenhalle« bei Buchholz in der Nordheide etwa war das Werk des Gauleiters für Osthannover Otto Telschow, in Zusammenarbeit mit der lokalen SA; siehe Thomas Clausen, »Otto Telschow – Hitlers Gauleiter in Osthannover«, unveröffentlichtes Manuskript; ich danke Thomas Clausen dafür, dass er mir Einblick in dieses Dokument gewährt hat.

8 Über Ernst Friedrich als »Erneuerer des Museums« und Kritiker der herkömmlichen Praxis in Museen siehe Zwach, *Militärmuseen*, S. 113; zur Beteiligung der SA an der »Machtergreifung« siehe Martin Schuster, *Die SA in der nationalsozialistischen ›Machtergreifung‹ in Berlin und Brandenburg 1926–1934*, Diss., Technische Universität Berlin, Berlin 2004, S. 237 (http://edocs.tu-berlin.de/diss/2004/schuster_martin.pdf); zur Zerstörung des Museums durch die gleichen SA-Männer, die anschließend das Revolutionsmuseum einrichteten, siehe Hiller von Gaertringen und Hiller von Gaetringen, »NS-Revolutionsmuseum statt Anti-Kriegsmuseum?«, S. 102.

9 Dietz Bering, *Der Name als Stigma. Antisemitismus im deutschen Alltag, 1812–1933*, Stuttgart 1988; Foto der Ausstellung: Crawford Photographs Collection, Institute of Archaeology, Oxford.

10 Goebbels, »Spiegel des Grauens«; zum »Sarkasmus« als Merkmal der Ausstellungsobjekte siehe Hiller von Gaertringen und Hiller von Gaertringen, »NS-Revolutionsmuseum statt Anti-Kriegsmuseum?«, S. 104.

11 Siehe beispielsweise »Revolutionsausstellung in Karlsruhe«, in: *Völkischer Beobachter*, norddeutsche Ausgabe, 14. September 1933, Zweites Beiblatt, in dem von einem »hoch aufgeschichteten Waffenlager von Revolvern, Pistolen, Karabinern, Dolchen, Schlagringen, Maschinengewehren, Sprengpatronen, Handgranaten, usw.« die Rede ist.

12 Siehe beispielsweise: »Hochverratsprozeß gegen 111 Kommunisten in Breslau«, in: *Völkischer Beobachter*, 31. Mai 1934, S. 1; »Geständnisse und Lügen der Mörder vom Bülowplatz«, in: *Völkischer Beobachter*, 6. Juni 1934, S. 2; »Kommunistische Bom-

benanfertiger vor dem Volksgericht«, in: *Völkischer Beobachter*, 4. September 1934, S. 4; »Gift als politisches Kampfmittel in den Händen der Kommunisten« (es wurde berichtet, dass in den Händen einer kommunistischen Gruppe Zyanid in so großer Menge gefunden worden sei, dass man damit 100 bis 150 Menschen hätte töten können), in: *Völkischer Beobachter*, 14. September 1934, S. 2; »Kommunistische Enthüllungen vor dem Dortmunder Gericht. Zechen, Eisenbahn und Brücken sollten gesprengt werden«, in: *Völkischer Beobachter*, 22. September 1934, S. 8.

13 Stein, »Im Revolutionsmuseum«, in: *Rumpelstilzchen: Nee aber sowas!* (= *Rumpelstilzchen*, 15 [1934/35]), Berlin 1935, Eintrag datiert auf 11. Juli 1935, S. 273; online verfügbar unter http://www.karlheinz-everts.de/rmp34-40.htm#t40-6.

14 Zu diesem Merkmal moderner Museen siehe Jennifer Anne Walklate, »Timescapes. The Production of Temporality in Literature and Museums«, Diss., School of Museum Studies, University of Leeds 2012, insb. S. 6–9, 135–161.

15 Martin Roth, *Heimatmuseum. Zur Geschichte einer deutschen Institution*, Berlin 1990, S. 35, 64, 157, 162.

16 Goebbels, »Spiegel des Grauens«.

17 Vgl. »ffh«, »Erstes NS-Revolutionsmuseum der Standarte 6 neu eröffnet«, in: *Märkische SA*, 10. April 1937, S. 1 (Beilage zu *Der SA-Mann* vom selben Tag).

18 Karsten Fischer, »›Systemzeit‹ und Weltgeschichte. Zum Motiv der Epochenwende in der NS-Ideologie«, in: ders. (Hg.), *Neustart des Weltlaufs? Fiktion und Faszination der Zeitwende*, Frankfurt am Main 1999, S. 184–202.

19 Hitler, Rede vom 13. Juli 1934, zitiert in: *Völkischer Beobachter*, norddeutsche Ausgabe, 15./16. Juli 1934, S. 1.

20 Zum »Antireligiösen Museum« als sowjetischer Institution siehe den ausgezeichneten Artikel von Crispin Paine, »Militant Atheist Objects: Anti-Religion Museums in the Soviet Union«, in: *Present Pasts* 1(1), online verfügbar unter: http://doi.org/10.5334/pp.13; Mark Elliott, »The Leningrad Museum of the History of Religion and Atheism«, in: *Religion in Communist Lands* 11 (1983), S. 124–129; Catriona Kelly, »Socialist Churches, Heritage Preservation and ›Cultic Buildings‹ in Leningrad, 1924–1940«, in: *Slavic Review* 71 (2012), S. 792–823, insb. S. 816, 821.

21 »Das erste nationalsozialistische Museum in Halle eröffnet«, in: *Völkischer Beobachter*, norddeutsche Ausgabe, 15. Juni 1934, S. 4.

22 *Führer durch das NS-Museum des Gaues Halle-Merseburg der NSDAP. Ehrenhalle der nationalsozialistischen Erhebung. Revolutionsmuseum. NS-Archiv*, Halle 1934, S. 33.

23 »Aufruf des Gauleiters Staatsrats Jordan«, in: ebenda, S. 4; nachgedruckt in: Irene Ziehe, *Hans Hahne (1875–1935). Biographie eines völkischen Wissenschaftlers*, Diss., Berlin 1993, S. 350ff.

24 Vorspruch vom Leiter des Museums Universitäts-Professor Dr. Dr. Hahne, *Führer durch das NS-Museum des Gaues Halle-Merseburg der NSDAP*, S. 9ff.; in Auszügen abgedruckt in Ziehe, *Hans Hahne*, S. 352.

25 Jeffrey T. Schnapp, »Fascism's Museum in Motion«, in: *Journal of Architectural Education* 45 (Februar 1992), S. 87–97, insb. S. 88, 93; zur »Mostra« siehe auch Susanne von Falkenhausen, *Der zweite Futurismus und die Kunstpolitik des Faschismus in Italien von 1922–1943*, Frankfurt am Main 1979; sowie Marla Stone, »Staging Fascism: The Exhibition of the Fascist Revolution«, in: *Journal of Contemporary History* 28 (1993), S. 215–243.

26 Stone, »Staging Fascism«, S. 223.
27 Zu Saal O als dramatischer Inszenierung des »momento« der Transformation siehe Falkenhausen, *Der zweite Futurismus*, S. 206.
28 Schnapp, »Fascism's Museum in Motion«, S. 94; Gigliola Fioravanti, *La Mostra della Rivoluzione Fascista*, Rom 1992, S. 32; Claudio Fogu, »The Fascist Stylisation of Time«, in: *Journal of Modern European History* 13/2 (2015), S. 98–114, hier S. 109.
29 Ottavio Dinale, »La Mostra della Rivoluzione – Visioni d'Arte«, in: *Rivista Illustrata del Popolo d'Italia*, 11. Juni 1933, zitiert in Stone, *Staging Fascism*, S. 220.
30 Louis Gillet, »Rome Nouvelle«, in: *Revue des deux Mondes*, 15. Dezember 1932, S. 792–826, hier S. 810.
31 Hanson, *Time and Revolution*, S. viii f., S. 180–199.
32 Francine Hirsch, *Empire of Nations. Ethnographic Knowledge and the Making of the Soviet Union*, Ithaca, NY 2005, S. 264–272. Es stimmt, dass die frühe offizielle Zeitlichkeit der Bolschewiki noch insofern eine millenaristische Dimension enthielt, als sie den apokalyptischen Glauben an eine künftige Gesellschaft nährte, die von der »völligen Abschaffung jeglicher Macht« geprägt war. Doch als sich das Regime etabliert hatte, trat diese Vision in eine immer fernere Zukunft zurück. Die Beschwörung heiliger Zeit durch die Sprache der Apokalypse diente vor allem dazu, historisches Handeln in der Gegenwart zu motivieren. Die Assoziation der Revolution selbst und des Stalinismus mit Apokalypse oder mit tausendjährigen Zyklen der Gewalt und Erneuerung war ein Merkmal vor allem der antibolschewistischen, utopischen Diskurse der Emigranten; siehe Williams, »The Russian Revolution and the End of Time«, insb. S. 369–387, 393 ff.
33 Auguste Sartory und E. Bailly, *Visions Rouges. Souvenirs de voyages en U.R.S.S., Allemagne, Provinces Baltiques et Pologne*, Paris 1935, S. 187.
34 Stefan Plaggenborgs interessante Überlegungen zur »Geschichtslosigkeit« des sowjetischen Regimes (siehe *Experiment Moderne*, S. 105–119) widersprechen dieser Beobachtung keineswegs, weil Plaggenborg diesen Begriff verwendet, um eine zeitliche Ordnung zu bezeichnen, in der das Momentum der Geschichte untrennbar mit dem Regime selbst verbunden war. Das »Verschwinden« der Geschichte bezeichnet somit nicht die Ablehnung einer linearen Geschichte als zeitlicher Logik, sondern läuft auf eine Absorbierung der Geschichte in die Gegenwart hinaus.
35 Carl Maria Holzapfel, »Vom Rhythmus der Zeit«, in: *Völkischer Beobachter*, norddeutsche Ausgabe, 10.–11. Mai 1934, Beiblatt: *Volkstum, Kunst, Wissenschaft, Unterhaltung*.
36 Mircea Eliade, *Kosmos und Geschichte. Der Mythos der ewigen Wiederkehr, Reinbek bei Hamburg 1966*, S. 80.
37 Adolf Hitler, *Mein Kampf. Eine kritische Edition*, hg. von Christian Hartmann, Thomas Vordermayer, Othmar Plöckinger und Roman Töppel, 2 Bde., München 2016, Bd. 2, S. 1007. Die Bezeichnung des Staates als »Monstrum von menschlichem Mechanismus« findet sich in Bd. 2, S. 991.
38 Hitler, *Mein Kampf*, Bd. 2, S. 1001.
39 Ebenda, Bd. 1, S. 821–825.
40 Ebenda, Bd. 2, S. 1071.
41 Ebenda, Bd. 1, S. 115.
42 Ebenda, Bd. 1, S. 855.

43 Kristina Kratz-Kessemeier, »Für die ›Erkämpfung einer neuen Museumskultur‹. Zur Rolle des deutschen Museumsbundes im Nationalsozialismus«, in: Baensch, Kratz-Kessemeier und Wimmer (Hg.), *Museen im Nationalsozialismus*, S. 23–43, hier S. 35; Petra Winter, »›Das hören wir uns nicht weiter an!‹ Die vom Reichserziehungsministerium veranstaltete ›Erste Tagung deutscher Museumsdirektoren‹ im November 1937 in Berlin«, in: ebenda, S. 45–59, hier S. 57.

44 Ulfert Tschirner, »Museumsgestalter mit eigener Position. Handlungsspielräume von Wissenschaftlern am Museum Lüneburg im Nationalsozialismus«, in: Baensch, Kratz-Kessemeier und Wimmer (Hg.), *Museen im Nationalsozialismus*, S. 115–128, hier S. 123.

45 Alfred Rosenberg, »Vorwort«, in: Reichsstelle zur Förderung des deutschen Schrifttums und Preußische Staatsbibliothek (Hg.), *Ewiges Deutschland. Deutsches Schrifttum aus fünfzehn Jahrhunderten*, Berlin 1934. Eine ausgezeichnete Analyse der Mega-Ausstellungen des »Dritten Reichs« bietet Hans-Ulrich Thamer, »Geschichte und Propaganda. Kulturhistorische Ausstellungen in der NS-Zeit«, in: *Geschichte und Gesellschaft* 24 (1998), S. 349–381.

46 *Das deutsche Antlitz im Spiegel der Jahrhunderte. Große Ausstellung der Stadt Frankfurt am Main unter Mitwirkung des Rassenpolitischen Amtes der NSDAP*, Frankfurt am Main 1937, S. vi.

47 Brigitte Zuber, »Großmachttraum im Andachtsraum. Welche Ausstellungen Münchner Schülerinnen und Schüler 1933–1943 klassenweise besuchten«, in: *Einsichten und Perspektiven. Bayerische Zeitschrift für Politik und Geschichte*, 02/2009; online verfügbar unter: http://www.blz.bayern.de/blz/eup/02_09/6.asp.

48 Hans Georg Otto (Hg.), *Deutsche Größe*, Vorwort von Alfred Rosenberg, Einführung von Karl Alexander von Müller, München 1940, S. 12.

49 Anon., »Deutsche Größe im Schritt von zwei Jahrtausenden. Heute Eröffnung der eindrucksvollen Ausstellung im Bibliotheksbau des Deutschen Museums«, in: *Münchner Neueste Nachrichten*, 8. November 1940, zitiert in: Christoph Kivelitz, *Die Propagandaausstellung in europäischen Diktaturen. Konfrontation und Vergleich. Nationalsozialismus in Deutschland, Faschismus in Italien und die UdSSR der Stalinzeit*, Bochum 1999, S. 205.

50 Zitiert in Gianluca Falanga, *Berlin 1937. Die Ruhe vor dem Sturm*, Berlin 2007, S. 122.

51 Kivelitz, *Propagandaausstellung*, S. 67.

52 Michael Tymkiw, »Engaged Spectatorship. On the Relationship between Non-Museum Exhibitions and Museums in National Socialist Germany«, in: Baensch, Kratz-Kessemeier und Wimmer (Hg.), *Museen im Nationalsozialismus*, S. 161–176, hier S. 164.

53 Reinhard Bollmus, »Das ›Amt Rosenberg‹, das ›Ahnenerbe‹ und die Prähistoriker«, in: Achim Leube (Hg.), *Prähistorie und Nationalsozialismus. Die mittel- und osteuropäische Ur- und Frühgeschichtsforschung in den Jahren 1933–1945*, Heidelberg 2002, S. 21–48; siehe auch ders., *Das Amt Rosenberg und seine Gegner. Studien zum Machtkampf im nationalsozialistischen Herrschaftssystem*, Stuttgart 1970, S. 69f., 161f., 226f.

54 Siehe beispielsweise Max Wegner, »Museen für die Volksgemeinschaft!«, in: *Völkischer Beobachter*, norddeutsche Ausgabe, 13. April 1934, Beiblatt: *Volkstum, Kunst,*

Wissenschaft, Unterhaltung; »Deutsche Vorgeschichte ist Ehrensache des ganzen deutschen Volkes«, in: ebenda, 16. Oktober 1934, S. 1.

55 Wolfgang Pape, »Zur Entwicklung des Faches Ur- und Frühgeschichte bis 1945«, in: Leube (Hg.), *Prähistorie und Nationalsozialismus,* S. 163–226, insb. 167, 188, 206, 215 f.; Uta Halle, »Wichtige Ausgrabungen der NS-Zeit«, in: Focke-Museum, Bremen (Hg.), *Graben für Germanien – Archäologie unterm Hakenkreuz,* Darmstadt 2013, S. 65–73; Marion Bertram, »Zur Situation der deutschen Ur- und Frühgeschichtsforschung während der Zeit der faschistischen Diktatur«, in: *Staatliche Museen zu Berlin. Forschungen und Berichte* 31 (1991), S. 23–42.

56 Hanning Hassmann, »Archäologie und Jugend im ›Dritten Reich‹. Ur- und Frühgeschichte als Mittel der politisch-ideologischen Indoktrination von Kindern und Jugendlichen«, in: Leube (Hg.), *Prähistorie und Nationalsozialismus*, S. 107–146; zur Aufwertung der Vorgeschichte und ihrem Einfluss auf die Museumsausstellungen im Rheinland siehe Christina Kott, »Museums on Display. Die Selbstinszenierung deutscher Museen auf der Pariser Weltausstellung«, in: Baensch, Kratz-Kessemeier und Wimmer (Hg.), *Museen im Nationalsozialismus*, S. 61-81.

57 Albert Speer, *Erinnerungen,* Frankfurt am Main und Berlin 1969, S. 108; auch Goebbels teilte diese Skepsis, siehe Helmut Heiber, *Walter Frank und sein Reichsinstitut für Geschichte des Neuen Deutschland*, Stuttgart 1966, S. 256.

58 Das Standardwerk dazu ist Michael Kater, *Das »Ahnenerbe« der SS 1935–1945. Ein Beitrag zur Kulturpolitik des Dritten Reiches*, München 1997.

59 Zitiert in Tschirner, »Museumsgestalter mit eigener Position«, S. 122.

60 Zitiert in Ziehe, *Hans Hahne*, S. 28 f.

61 Vgl. Johannes Weigelt, Hans Hahne und die Wissenschaft, in: Walter Schulz (Hg.), *Hans Hahne zum Gedächtnis*, Halle 1937, S. 7.

62 Vgl. Gerhard Heberer, »Hans Hahne und die rassenkundliche Forschung«, in: ebenda, S. 11.

63 Hans Hahne an seine Mutter, 23. Mai 1919, zitiert in: Ziehe, *Hans Hahne*, S. 36.

64 Hans Rothfels, *Bismarck und der Staat. Ausgewählte Dokumente*, 2. Aufl., Stuttgart 1953, S. ix.

65 Eliade, *Kosmos und Geschichte*, S. 36. Zur Bedeutung von Eliades Diagnose »archaischer« Zeitlichkeiten für das Verständnis des Faschismus siehe Raul Carstocea, »Breaking the Teeth of Time: Mythical Time and the ›Terror of History‹ in the Rhetoric of the Legionary Movement in Interwar Romania«, in: *Journal of Modern European History* 13/2 (2015), S. 79–97, insb. S. 80–83.

66 Adolf Helbok, »Volk und Staat der Germanen«, in: *Historische Zeitschrift* 154 (1936), S. 229–240.

67 Hitler, *Mein Kampf*, Bd. 1, S. 821, 835.

68 Ebenda, Bd. 1, S. 391.

69 Frank-Lothar Kroll, »Der Faktor ›Zukunft‹ in Hitlers Geschichtsbild«, in: ders. (Hg.), *Neue Wege der Ideengeschichte. Festschrift für Kurt Kluxen zum 85. Geburtstag*, Paderborn 1996, S. 391–410; hier S. 394.

70 Hitler, *Mein Kampf*, Bd. 2, S. 1289 f.

71 Adam Tooze, *The Wages of Destruction. The Making and Breaking of the Nazi Economy*, London 2006, S. 3–21 (deutsch: *Ökonomie der Zerstörung. Die Geschichte der Wirtschaft im Nationalsozialismus*, München 2007, S. 21–32).

72 Gustav Stresemann, *Die Entwicklung des Berliner Flaschenbiergeschäfts,* Leipzig 2010.

73 Hermann Wirth, *Der Aufgang der Menschheit. Untersuchungen zur Geschichte der Religion, Symbolik und Schrift der atlantisch-nordischen Rasse,* Jena 1928, S. 22.

74 Zu einigen interessanten Überlegungen zum Verhältnis zwischen nationalsozialistischer Räumlichkeit und der Zeitlichkeit des Regimes siehe Confino, »Why Did the Nazis Burn the Hebrew Bible?«, S. 381f.

75 Hitler, *Mein Kampf,* Bd. 1, S. 705. Man beachte, dass Hitler zwischen zwei Lesarten des Axioms unterschied: Bismarck hatte es (laut Hitler) in dem Sinn angewandt, dass jedes denkbare Mittel gerechtfertigt sei, um ein legitimes Ziel zu erreichen – eine These, gegen die Hitler nicht das Geringste einzuwenden hatte. Doch die Mehrheit der Politiker habe es, behauptete Hitler, in einem anderen Sinn angewandt: nämlich dass Politik die Kunst des pragmatischen Kompromisses sei, und diese Sichtweise lehnte Hitler vehement ab.

76 Zu Prognose und Prophetie und dem Unterschied zwischen ihren impliziten Zeitlichkeiten siehe beispielsweise Reinhart Koselleck, »Vergangene Zukunft der frühen Neuzeit«, in: ders., *Vergangene Zukunft. Zur Semantik geschichtlicher Zeiten,* Frankfurt am Main 1979, S. 17–37.

77 Zur Bedeutung dieser Prophezeiung für Hitlers Entscheidung, mit der Vernichtung der europäischen Juden zu beginnen, siehe Tobias Jersak, »Kriegsverlauf und Judenvernichtung. Ein Blick auf Hitlers Strategie im Spätsommer 1941«, in: *Historische Zeitschrift* 268 (1999), S. 311–374, insb. S. 339, 340, 373; ders., »Blitzkrieg Revisited: A New Look at Nazi War and Extermination Planning«, in: *Historical Journal* 43 (2000), S. 565-582, insb. S. 574f.; vgl. Hans Mommsen, »Hitler's Reichstag Speech of 30 January 1939«, in: *History and Memory* 9 (1997), S. 147–161.

78 Verhandlungen des Reichstages, 4. Wahlperiode 1939: Stenographische Berichte, 1939–1942, S. 16; zitiert nach: Max Domarus (Hg.), *Hitler. Reden und Proklamationen 1932–1945.* Bd. II: *Untergang,* 1. Halbband: *1939–1940,* Wiesbaden 1973, S. 1058.

79 Die Wendung wurde geprägt von Saul Friedländer, *The Years of Persecution. Nazi Germany and the Jews, 1933–1939,* New York 1998 (deutsch: *Das Dritte Reich und die Juden. Die Jahre der Verfolgung,* München 1998); eine hilfreiche Diskussion bietet A. Dirk Moses, »Redemptive Antisemitism and the Imperialist Imaginary«, in: Christian Wiese und Paul Betts (Hg.), *Years of Persecution, Years of Extermination. Saul Friedländer and the Future of Holocaust Studies,* London 2010, S. 233–254. Zum Antisemitismus als Umkehrung der paulinischen Prophezeiung siehe Christopher Clark, »›The Hope of Better Times‹: Pietism and the Jews«, in: Jonathan Strom, Hartmut Lehman und James Van Horn Melton (Hg.), *Pietism in Germany and North America, 1680–1820,* Farnham 2009, S. 251–270, insb. S. 269f.; zu »heilsgeschichtlichen« Motiven im theologischen Antisemitismus siehe Anders Gerdmar, *Roots of Theological Anti-Semitism. German Biblical Interpretation and the Jews, from Herder and Semler to Kittel and Bultmann,* Leiden 2009, insb. S. 189–317.

80 Jan Björn Potthast, *Das jüdische Zentralmuseum der SS in Prag. Gegnerforschung und Völkermord im Nationalsozialismus,* Frankfurt am Main 2002; Dirk Rupnow, *Täter, Gedächtnis, Opfer. Das Jüdische Zentralmuseum in Prag 1942–1945,* Wien 2000.

81 Jochen Thies, »Hitler's European Building Programme«, in: *Journal of Contemporary History* 13 (1978), S. 413–431, S. 414.

82 Hitler, *Mein Kampf*, Bd. 1, S. 693.
83 Ebenda, Bd. 1, S. 695.
84 Speer, *Erinnerungen*, S. 69.
85 Zitiert in Zentralverlag der NSDAP (Hg.), *Die Reden Hitlers am Parteitag der Freiheit 1935*, München 1936, S. 28–42, hier S. 31.
86 Henry Picker, *Hitlers Tischgespräche im Führerhauptquartier, 1941–42*, Stuttgart 1963, S. 143 f., 190.
87 Eric Michaud, »National Socialist Architecture as an Acceleration of Time«, in: *Critical Inquiry* 19 (1993), S. 220–233, hier S. 227.
88 Es ist ein interessantes Merkmal der Schriften Reinhart Kosellecks über historische Zeitlichkeiten, dass er sehr selten das Werk der Historiker selbst befragte und sich stattdessen lieber auf Kronzeugen stützte, die im öffentlichen intellektuellen, literarischen und politischen Leben aktiv waren, Personen wie Friedrich Julius Stahl, Chateaubriand, Alexis de Tocqueville, Friedrich II., Karl Marx, Germaine de Staël und so weiter. Er interessierte sich weniger für die Geschichtsschreibung als solche, sondern für das »historische Denken« (in Ernst Troeltschs Sinn) der Zeitgenossen, die nicht Berufshistoriker waren.
89 Willi Oberkrome, *Volksgeschichte. Methodische Innovation und völkische Ideologisierung in der deutschen Geschichtswissenschaft 1918–1945*, Göttingen 1993; Stefan Schweizer, *»Unserer Weltanschauung sichtbaren Ausdruck geben«. Nationalsozialistische Geschichtsbilder in historischen Festzügen*, Göttingen 2007, S. 47; zur Durchdringung der Volksgeschichte mit biologischer und rassistischer Sprache und Argumentation siehe Ingo Haar, »Ostforschung im Nationalsozialismus. Die Genesis der Endlösung aus dem Geiste der Wissenschaften«, in: Rainer Mackensen (Hg.), *Bevölkerungslehre und Bevölkerungspolitik im Dritten Reich*, Opladen 2004, S. 219–240; zur aufkommenden »Matrix« des rassistischen »Bevölkerungsdiskurses« siehe Thomas Etzemüller, *Ein ewigwährender Untergang. Der apokalyptische Bevölkerungsdiskurs im 20. Jahrhundert*, Bielefeld 2007, insb. S. 37–40; zur Kombination von »Tradition« und »Innovation« bei einem prominenten Mann der Praxis siehe Jan Eike Dunkhase, *Werner Conze. Ein deutscher Historiker im 20. Jahrhundert*, Göttingen 2010.
90 Auf dem 19. Historikertag in Erfurt im Jahr 1937 wurde vereinbart, dass sich die Historiographie des »neuen« Deutschlands auf Rasse und Volkstum konzentrieren solle, siehe Jürgen Elvert, »Geschichtswissenschaft«, in: Franz-Rutger Hausmann (Hg.), *Die Rolle der Geisteswissenschaften im Dritten Reich, 1933–1945*, München 2002, S. 87–135, hier S. 123.
91 Heiber, *Walter Frank und sein Reichsinstitut*, S. 636–937.
92 Zur Geschichtsforschung unter der Diktatur siehe Michael Salewski, »Geschichte als Waffe. Der nationalsozialistische Missbrauch«, in: *Jahrbuch des Instituts für deutsche Geschichte* 15 (1985), S. 289–310; Adam Wandruszka, »Nationalsozialistische und ›Gesamtdeutsche‹ Geschichtsauffassung«, in: Karl Dietrich Bracher und Leo Valiani (Hg.), *Faschismus und Nationalsozialismus*, Berlin 1991, S. 137–150; Winfried Schulze und Otto Gerhard Oexle (Hg.), *Deutsche Historiker im Nationalsozialismus*, Frankfurt am Main 1999; Ursula Wiggershaus-Müller, *Nationalsozialismus und Geschichtswissenschaft. Die Geschichte der Historischen Zeitschrift und des Historischen Jahrbuchs von 1933–1945*, Hamburg 1998.

93 Joseph Goebbels, Rundfunkansprache zum Boykott jüdischer Geschäfte, 1. April 1933, transkribiert in: Wolfgang von Hippel (Hg.), *Freiheit, Gleichheit, Brüderlichkeit? Die Französische Revolution im deutschen Urteil von 1789 bis 1945*, München 1989, S. 344f. Goebbels stellte die gleiche Behauptung noch einmal am 2. September auf dem Nürnberger Reichsparteitag auf, siehe K.D. Bracher, Wolfgang Sauer und Gerhard Schulz, *Die nationalsozialistische Machtergreifung. Studien zur Errichtung des totalitären Herrschaftssystems in Deutschland 1933/34*, Köln 1960, S. 7.

94 Goebbels, »Spiegel des Grauens«.

95 Peter Fritzsche, *Stranded in the Present. Modern Time and the Melancholy of History*, Cambridge, MA 2004, insb. S. 201, 212.

96 Paul Glennie und Nigel Thrift, »Reworking E. P. Thompson's ›Time, Work Discipline and Industrial Capitalism‹«, in: *Time & Society* 5 (1996), S. 275–299; Dieter Langewiesche, »›Postmoderne‹ als Ende der Moderne?«, in: Wolfram Pyta und Ludwig Richter (Hg.), *Gestaltungskraft des Politischen. Festschrift für Eberhard Kolb*, Berlin 1998, S. 331–347, hier S. 336; Ernst Wolfgang Becker, *Zeit der Revolution! – Revolution der Zeit? Zeiterfahrungen in Deutschland in der Ära der Revolution 1789–1848/49*, Göttingen 1999.

97 Frank-Lothar Kroll, *Utopie als Ideologie. Geschichtsdenken und politisches Handeln im Dritten Reich*, Paderborn 1991, insb. S. 19f.

98 Zur Vielgestaltigkeit, Diffusheit und sogar Inkohärenz des nationalsozialistischen Rassendenkens und dessen unklarem Verhältnis zur Praxis des Regimes siehe Mark Roseman, »Racial Discourse, Nazi Violence and the Limits of the Racial State Model«, sowie Devin O. Pendas, »Eugenics, Racial Science and Nazi Biopolitics. Was There a Genesis of the ›Final Solution‹ from the Spirit of Science?«, in: Devin O. Pendas, Mark Roseman und Richard F. Wetzell (Hg.), *Beyond the Racial State. Rethinking Nazi Germany*, Cambridge 2017, S. 31–57 und S. 147–175.

99 Siehe Kroll, *Utopie als Ideologie*, S. 126, 223, 231 und passim. Zu Darré siehe auch Klaus Bergmann, *Agrarromantik und Großstadtfeindschaft*, Meisenheim 1970, insb. S. 297–360; und Mathias Eidenbenz, *»Blut und Boden«. Zu Funktion und Genese der Metaphern des Agrarismus und Biologismus in der nationalsozialistischen Bauernpropaganda R. W. Darrés*, Bern 1993; zu Himmler: Joseph Ackermann, *Heinrich Himmler als Ideologe*, Göttingen 1970, insb. S. 171–177; und Peter Longerich, *Heinrich Himmler. Biographie*, München 2008, insb. S. 265–308. Zum Stellenwert der Prophezeiung im »apokalyptisch-chiliastischen« Denken von Joseph Goebbels, siehe Claus-Ekkehard Bärsch, »Die Geschichtsprophetie des Joseph Goebbels«, in: Joachim H. Knoll und Julius H. Schoeps (Hg.), *Von kommenden Zeiten. Geschichtsprophetien im 19. und 20. Jahrhundert*, Stuttgart, Bonn 1984, S. 169–179.

100 Charles S. Maier, »The Politics of Time. Changing Paradigms of Collective Time and Private Time in the Modern Era«, in: ders. (Hg.), *Changing Boundaries of the Political. Essays on the Evolving Balance between the State and Society, Public and Private in Europe*, Cambridge 1987, S. 151–175, hier S. 162; zum komplexen Thema des Verhältnisses zwischen Nationalsozialismus und Moderne liegt inzwischen eine Fülle von Literatur vor, aber siehe vor allem Riccardo Bavaj, *Die Ambivalenz der Moderne im Nationalsozialismus. Eine Bilanz der Forschung*, München 2004; siehe auch die anregenden Ausführungen von Paul Betts, »The New Fascination with Fascism: The Case of Nazi Modernism«, in: *Journal of Contemporary History* 37 (2002), S. 541–558.

101 Vgl. die von Alon Confino gestellte Frage: »What was the imagination of time and history that gave meaning and legitimacy to this radical spatial policy?«, in: ders., »Why did the Nazis Burn the Hebrew Bible?«, S. 381.

102 Zu einer hervorragenden Diskussion des Stellenwerts der römischen Antike in der faschistischen Zeitpolitik siehe Joshua Arthurs, »The Excavatory Intervention: Archaeology and the Chronopolitics of Roman Antiquity in Fascist Italy«, in: *Journal of Modern European History* 13/2 (2015), S. 44–58.

103 Zu den möglichen Gründen zählen divergierende Haltungen zur Ära der nationalen Wiedergeburt: Während die italienischen Faschisten anscheinend zögerten, die historistische Romantik des *Risorgimento* aufzugeben, verunglimpften die Nazis das 19. Jahrhundert als eine liberale »Epoche des Verfalls« – zu diesem Gegensatz siehe Esposito und Reichardt, »Revolution and Eternity«, S. 40. Die Niederlage, der Zusammenbruch des Staates und die politischen Unruhen in Deutschland 1918/19 haben möglicherweise die traditionellen historistischen Annahmen in einem weit größeren Ausmaß als in Italien ins Wanken gebracht, wo die Monarchie und die Kirche starke Anker der Kontinuität blieben. Die Sonderstellung der katholischen Kirche im faschistischen Italien (und vor allem in Rom) mag ebenfalls dazu beigetragen haben: Zu aufschlussreichen Überlegungen über die Rivalität zwischen katholischen liturgischen und faschistischen öffentlichen Veranstaltungen im Rom der 1930er Jahre siehe Richard J. B. Bosworth, »L'Anno Santo (Holy Year) in Fascist Italy 1933–1934«, in: *European History Quarterly* 40 (2010), S. 436–457. Die faschistische Chronopolitik war nicht statisch, und die »rassische Wende« von 1938 könnte eine teilweise Annäherung an den Nationalsozialismus bewirkt haben, siehe Joshua Arthurs, *Excavating Modernity. The Roman Past in Fascist Italy*, Ithaca, NY 2012, S. 125–150.

Schluss und Epilog

1 Hugo Lerchenfeld-Köfering, *Erinnerungen und Denkwürdigkeiten: 1843–1925*, Berlin 1935, S. 193 f.

2 Helmut Koenigsberger, »Europäisches Ständewesen im 16. und 17. Jahrhundert«, in: Peter Baumgart und Jürgen Schmädeke (eds.), *Ständetum und Staatsbildung in Brandenburg-Preußen. Ergebnisse einer internationalen Tagung*, Berlin 1983, S. 18–31, hier S. 21–24.

3 Siehe Norman Saadi Nikro, »Situating Postcolonial Trauma Studies«, in: *Postcolonial Text* 9/2 (2014), S. 1–21, hier S. 8; Ogaga Ifowodo, *History, Trauma and Healing in Postcolonial Narratives*, New York 2013.

4 Diese Reflexionen zu Braudel stützen sich auf den wichtigen Artikel von Olivia Harris, »Braudel, Historical Time and the Horror of Discontinuity«, in: *History Workshop Journal* 57 (2004), S. 161–174.

5 Fernand Braudel, »Georges Gurvitch ou la discontinuité du social«, in: *Annales ESC* 9 (1953), S. 347–361; Harris, »Braudel, Historical Time and the Horror of Discontinuity«, S. 173.

6 Fernand Braudel, »Histoire et Sciences sociales: La longue durée«, in: *Annales ESC* 13 (1958), S. 725–753, hier S. 748; deutsch: »Geschichte und Sozialwissenschaften. Die lange Dauer«, in: ders., *Schriften zur Geschichte*, Bd. 1: *Gesellschaften und Zeitstrukturen*, Stuttgart 1992, S. 49–87, hier S. 81.

7 M. K. Gandhi, *Hind Swaraj and Other Writings*, Cambridge 1997, S. 89, 90, 56; deutsch: Mahatma Gandhi, *Wege und Mittel*, dt. Bearbeitung von Sarma Marla, Baden-Baden und Zürich 1996, S. 108 f.

8 Zu Gandhi und Benjamin siehe Aditya Nigam, »Gandhi – the ›Angel of History‹: Reading ›Hind Swaraj‹ Today«, in: *Economic and Political Weekly* 44/11 (14.–20. März 2009), S. 41–47, hier S. 47.

9 Diese Linie wird in einem nicht datierten (frühe 1960er Jahre) Memorandum des bundesdeutschen Außenministeriums mit dem Titel: »Die Bundesrepublik Deutschland ist der einzig rechtmäßige deutsche Staat« dargelegt; siehe Kristina Spohr, *Germany and the Baltic Problem After the Cold War: The Development of a New Ostpolitik, 1989–2000*, London 2004, S. 64 und 80, Anm. 56.

10 Heinrich August Winkler, *Der lange Weg nach Westen*, Bd. 2: *Deutsche Geschichte vom »Dritten Reich« bis zur Wiedervereinigung*, München 2000, S. 154.

11 Walter Ulbricht, Generalsekretär des Zentralkomitees der Sozialistischen Einheitspartei, gab die lange verschobene Entscheidung, mit dem »geplanten Aufbau des Sozialismus« in der DDR zu beginnen, im Jahr 1952 bekannt, nachdem der Westen Stalins umstrittenes »Vereinigungsangebot« im Frühjahr des gleichen Jahres abgelehnt hatte. Edgar Wolfrum, *Geschichte als Waffe. Vom Kaiserreich bis zur Wiedervereinigung*, Göttingen 2001, S. 72.

12 Zur Bedeutung der Kontinuitäten mit der Vergangenheit vor 1933 für führende Kommunisten in der DDR siehe Catherine Epstein, *The Last Revolutionaries. The German Communists and their Century*, Cambridge, MA 2003.

13 Lucian Hölscher, *Die Entdeckung der Zukunft*, Frankfurt am Main 1999, insb. S. 219–223.

14 Elke Seefried, *Zukünfte. Aufstieg und Krise der Zukunftsforschung, 1945–1980*, Berlin 2015.

15 Alexander Schmidt-Gernig, »Das Jahrzehnt der Zukunft: Leitbilder und Visionen der Zukunftsforschung in den 60er Jahren in Westeuropa und den USA«, in: Uta Gerhardt (Hg.), *Zeitperspektiven. Studien zu Kultur und Gesellschaft*, Stuttgart 2003, S. 305–345.

16 Vgl. Peter Grieder, *The East German Leadership 1946–73. Conflict and Crisis*, New York 1999, insb. S. 160–169.

17 Jenny Andersson, »The Great Future Debate and the Struggle for the World«, in: *American Historical Review* 117 (2012/5), S. 1411–1430, hier S. 1426.

18 Zur Zukunftswelle der 1960er Jahre, samt einem Überblick über die Literatur, siehe Lucian Hölscher, »Mysteries of Historical Order: Ruptures, Simultaneity and the Relationship of the Past, the Present and the Future«, in: Chris Lorenz und Berber Bevernage (Hg.), *Breaking Up Time. Negotiating the Borders between Present, Past and Future*, Göttingen 2013, S. 134–151, hier S. 149 f. Auf dem 26. Historikerkongress im Jahr 1964 stellten Reinhart Koselleck und Reinhard Wittram die Idee verborgener künftiger Entwicklungen der vergangenen Epochen als bislang vernachlässigtes Forschungsfeld vor; Koselleck führte seine Ideen in seiner Antrittsvorlesung in Heidelberg im Jahr 1969 weiter aus; siehe dazu Lucian Hölscher, »Von leeren und gefüllten Zeiten. Zum Wandel historischer Zeitkonzepte seit dem 18. Jahrhundert«, in: Alexander Geppert und Till Kössler (Hg.), *Obsession der Gegenwart. Zeit im 20. Jahrhundert* (= *Geschichte und Gesellschaft*, Sonderheft 25), Göttingen 2015,

S. 37–70, hier S. 64f. Zum Text seiner Antrittsrede siehe Reinhart Koselleck, »Vergangene Zukunft der frühen Neuzeit«, in: ders., *Vergangene Zukunft. Zur Semantik geschichtlicher Zeiten, Frankfurt am Main 1979*, S. 17–27.

19 Andersson, »Great Future Debate«, S. 1415.

20 Donella H. Meadows, Dennis L. Meadows, Erich Zahn und Peter Milling, *Die Grenzen des Wachstums. Bericht des Club of Rome zur Lage der Menschheit*, Reinbek bei Hamburg 1973, S. 17.

21 Siehe beispielsweise Ossip K. Flechtheim, *Futurologie. Der Kampf um die Zukunft*, Köln 1970.

22 Marcus Colla, »Time, Politics and Legitimacy in the German Democratic Republic«, Vortrag, German History Society Annual Conference, Newcastle, 8.–10. September 2016.

23 Rainer Gries, »Zum ›Geburtstag der Republik‹«, in: *Universitas* 54 (1999), S. 307–311; zum Problem der Zukunft in der DDR allgemein siehe Martin Sabrow, »Zukunftspathos als Legitimationsressource. Zu Charakter und Wandel des Fortschrittsparadigmas in der DDR«, in: Heinz-Gerhard Haupt, Jörg Requate und Maria Köhler-Baur (Hg.), *Aufbruch in die Zukunft. Die 1960er Jahre zwischen Planungseuphorie und kulturellem Wandel. DDR, CSSR und Bundesrepublik Deutschland im Vergleich*, Weilerswist 2004, S. 165–184; über die Zukunft als Problem in kommunistischen Diskursen siehe Martin Sabrow, »Chronos als Fortschrittsheld: Zeitvorstellungen und Zeitverständnis im kommunistischen Zukunftsdiskurs«, in: Igor Polianski und Matthias Schwartz (Hg.), *Die Spur des Sputnik. Kulturhistorische Expeditionen ins kosmische Zeitalter*, Frankfurt am Main 2009, S. 117–134.

24 André Keil, »The *Preußenrenaissance* Revisited: German–German Entanglements, the Media and the Politics of History in the late German Democratic Republic«, in: *German History* 34/2 (2016), S. 258–278; ähnliche Übergänge fanden in anderen Staaten des Warschauer Pakts statt; siehe Roman Krakovsky, *Réinventer le monde. L'espace et le temps en Tchécoslovaquie communiste*, Paris 2015; sowie die Aufsätze in Haupt, Requate und Köhler-Baur (Hg.), *Aufbruch in die Zukunft*. Meine Sichtweise dieses Wandels in der DDR verdanke ich den Gesprächen mit Marcus Colla an der University of Cambridge, dessen Dissertation über die DDR und die preußische Vergangenheit diese Themen tiefschürfend auslotet.

25 Andersson, »Great Future Debate«, S. 1415.

26 Heinrich August Winkler, *Der lange Weg nach Westen*, 2 Bde., München 2000; siehe auch ders., *Geschichte des Westens*, 4 Bde., München 2009–2015.

27 Bruno Latour, *Wir sind nie modern gewesen*, Berlin 1995, S. 174.

28 Zum Ende des »modernen« Zeitregimes siehe Aleida Assmann, *Ist die Zeit aus den Fugen? Aufstieg und Fall des Zeitregimes der Moderne*, München 2013.

29 Perry Anderson, »Introduction«, in: ders. und Patrick Camiller (Hg.), *Mapping the West European Left*, London und New York 1994, S. 1–22, hier S. 11.

30 Zur »deaktivierten Politik« siehe Sergei Prozorov, »Russian Postcommunism and the End of History«, in: *Studies in East European Thought* 60/3: *Reviewing Perestrojka* (2008), S. 207–230, hier S. 214, 218, 220, 224; zum »plebiszitären Patrimonialismus« eines Regimes, das sich an den »nationalen Willen« anpasst, aber die Entstehung abweichender Gruppierungen in der öffentlichen Sphäre verhindert, siehe Stephen E. Hanson, »Plebiscitarian patrimonialism in Putin's Russia: Legitimating Authoritari-

anism in a Postideological Era«, in: *Annals of the American Academy of Political and Social Science* 636 (2011), S. 32–48.

31 Ryszard Legutko, *Der Dämon der Demokratie. Totalitäre Strömungen in liberalen Gesellschaften,* Wien 2017, S. 7ff., 13, 19.

32 Präsident Bill Clinton sprach während seiner Amtszeit 21 Mal von der »richtigen Seite der Geschichte«; bis Dezember 2015 verwendete Barack Obama den Begriff 15 Mal; Obama hat außerdem das Gegenstück, »die falsche Seite der Geschichte«, 13 Mal benutzt, und bei weiteren 16 Gelegenheiten tauchte es in Stellungnahmen seiner Mitarbeiter auf, siehe David A. Graham, »The Wrong Side of the ›Right Side of History‹«, in: *The Atlantic*, 21. Dezember 2015, online verfügbar unter: https://www.theatlantic.com/politics/archive/2015/12/obama-right-side-of-history/420462/.

33 Eine eindrucksvolle aktuelle Beschreibung dieser Malaise aus der Feder eines Historikers, der zuvor noch leidenschaftlich für »den Westen« als Ziel und Fluchtpunkt der modernen deutschen Geschichte plädiert hat, bietet Heinrich August Winkler, *Zerbricht der Westen? Über die gegenwärtige Krise in Europa und Amerika,* München 2017; dazu auch John Comaroff, »The End of Neoliberalism? What is left of the Left?«, in: *The Annals of the American Academy of Political and Social* Science 637 (2011), S. 141–147.

34 Thomas B. Edsall, »The End of the Left and the Right as We Knew Them«, in: *The New York Times*, 22. Juni 2017, online verfügbar unter: https://www.nytimes.com/2017/06/22/opinion/nationalism-globalism-edsall.html; Damon Linker, »The Stunning End of the Left and the Right«, in: *The Week*, 5. Januar 2017, online verfügbar unter: http://theweek.com/articles/670870/stunning-end-left-right; Christian Caryl, »The End of Politics as We Know it«, in: *Foreign Policy*, 3. Mai 2016, online unter: http://foreignpolicy.com/2016/05/03/the-end-of-politics-as-we-know-it-left-right-sanders-trump-corbyn/; John Comaroff, »The End of Neoliberalism? What is Left of the Left?«, in: *Annals of the American Academy of Political and Social Sciences* 637 (1. September 2011), S. 141–147.

35 Wolfgang Streeck, »How Will Capitalism End?«, in: *New Left Review* 87 (Mai–Juni 2014), online verfügbar unter: https://newleftreview.org/II/87/wolfgang-streeck-how-will-capitalism-end.

36 David Runciman, »Is this how democracy ends?«, in: *London Review of Books* 38, Nr. 23 (1. Dezember 2016). Runcimans in Kürze erscheinendes Buch mit dem Titel *How Democracy Ends* wird diese Frage noch tiefer ausloten.

37 Francis Fukuyama, »The End of History?«, in: *The National Interest*, Sommer 1989, online verfügbar unter: https://www.embl.de/aboutus/science_society/discussion/discussion_2006/ref1-22june06.pdf; deutsch: »Das Ende der Geschichte?«, in: *Europäische Rundschau* 17/4 (1989), S. 3–25, das Zitat S. 4; in Buchform drei Jahre später erschienen als *Das Ende der Geschichte*, München 1992.

38 Prozorov, »Russian Postcommunism and the End of History«, S. 229.

39 Amitav Ghosh, *The Great Derangement. Climate Change and the Unthinkable,* Chicago 2016, S. 115; deutsch: *Die große Verblendung. Der Klimawandel als das Undenkbare,* München 2017, S. 159.

40 Präambel der römischen Verträge, EWG-Vertrag, deutscher Wortlaut online verfügbar unter: http://www.europaeische-wirtschaftsgemeinschaft.de/seite-18.html.

41 Emmanuel Macron, Rede von Staatspräsident Macron an der Sorbonne, »Initiative für Europa«, Paris, 28. September 2017, deutscher Wortlaut online verfügbar unter: https://de.ambafrance.org/Initiative-fur-Europa-Die-Rede-von-Staatsprasident-Macron-im-Wortlaut.

42 Zu den Zeitdiskursen als Symptomen kultureller und politischer Veränderungen seit den 1960er Jahren siehe Fernando Esposito, »Einführung«, in: ders. (Hg.), *Zeitenwandel. Transformationen geschichtlicher Zeitlichkeit nach dem Boom,* Göttingen 2017, S. 7–62.

43 Cas Mudde, »Can we stop the politics of nostalgia that have dominated 2016?«, in: *Newsweek*, 15. Dezember 2016, online verfügbar unter: http://www.newsweek.com/1950s-1930s-racism-us-europe-nostalgia-cas-mudde-531546; Zoe Williams, »An obsession with nostalgia offers us only political poison«, in: *The Guardian,* 20. November 2016, online verfügbar unter: https://www.theguardian.com/commentisfree/2016/nov/20/nostalgia-political-poison-strictly-bake-off; Diego Rubio, »The Politics of Nostalgia«, in: *Social Europe*, 21. April 2017, online verfügbar unter: https://www.socialeurope.eu/the-politics-of-nostalgia; zu Deutschland siehe Dirk Schümer, »Politische Nostalgie. Retrogrusel-Deutschland gehört auf den Müllhaufen«, in: *Die Welt*, 24. März 2016, online verfügbar unter: https://www.welt.de/politik/deutschland/article155639167/Retrogrusel-Deutschland-gehoert-auf-den-Muellhaufen.html; für Beispiele einer rückwärtsgewandten Politik siehe etwa die Bemühungen der Alternative für Deutschland, zentrale Begriffe des Nationalsozialismus wie »völkisch« zu rehabilitieren und eine Entwicklung rückgängig zu machen, die sie als die Auslöschung des deutschen »Volkstums« bezeichnet; siehe https://www.welt.de/politik/deutschland/article158348687/Die-Begrifflichkeit-voelkisch-ist-kontaminiert.html; http://www.tagesspiegel.de/politik/brandrede-in-dresden-der-totale-hoecke/19267154.html. Allgemeiner zum »Präsentismus« als Phänomen in der historischen Forschung und in der Politik siehe den letzten Teil von François Hartog, *François Hartog, Régimes d'historicité: présentisme et expériences du temps,* Paris 2003; sowie die Essays von Alexandra Walsham, Robin Osborne, Peter Coss, Miri Rubin, Evelyn Welch, Catherine Hall, Rana Mitter und S. A. Smith in *Past & Present* 234 (2017), S. 213–289; und Hans Ulrich Gumbrecht, *Unsere breite Gegenwart,* Berlin 2010.

44 Ich denke hier insbesondere an Amitav Ghosh, *In an Antique Land,* London 1994 (deutsch: *In einem alten Land. Eine Reise in die Vergangenheit des Orients,* Reinbek bei Hamburg 1995); Arundhati Roy, *The Ministry of Utmost Happiness,* London 2017 (deutsch: *Das Ministerium des äußersten Glücks,* Frankfurt am Main 2017); Don DeLillo, *The Body Artist,* New York 2001 (deutsch: *Körperzeit,* Köln 2001); David Mitchell, *Slade House,* London 2015 (deutsch: *Slade House,* Reinbek bei Hamburg 2018); Colson Whitehead, *Zone One,* London 2011 (deutsch: *Zone One,* München 2014), Maja Lunde, *The History of Bees*, New York 2017 (deutsch: *Die Geschichte der Bienen*, München 2017), doch die Liste ließe sich endlos fortsetzen.

45 Siehe Matthew Biro, *Anselm Kiefer and the Philosophy of Martin Heidegger,* Cambridge 1998, S. 137.

46 Zum jüngsten Werk Voigts siehe Jorinde Voigt, *Now,* München 2015; dies., *Pieces for Words and Views*, hg. von John Yau, Berlin 2012.

BILDNACHWEIS

S. 29: Martin Meyer, *Theatri Europaei Achter Theil* [...] (Frankfurt/Main, 1693), S. 591. Im Besitz des Autors.

S. 65: Anon., *Theatri Europaei Eilffter Theil Oder: Außführlich fortgeführte Friedens und KriegsBeschreibung* [...] (Frankfurt/Main, 1682), S. 1466. Im Besitz des Autors.

S. 118: © The Trustees of the British Museum

S. 138: Wilhelm Scholz, Bismarck-Album des Kladderadatsch. Mit dreihundert Zeichnungen von W. Scholz (Berlin, 1890), S. 86. Mit freundlicher Genehmigung der Cambridge University Library.

S. 163: Mit freundlicher Genehmigung The Walters Art Museum, Baltimore.

S. 192 und S. 196: Fotoarchiv von O.G.S. Crawford. Mit freundlicher Genehmigung des Institute of Archaeology, Oxford University.

S. 198, S. 199 und S. 201: Das Foto ist dem offiziellen Museumsführer entnommen. Kreisleitung der NSDAP Halle (Hg.), Führer durch das NS-Museum des Gaues Halle-Merseburg der NSDAP. Ehrenhalle der Nationalsozialistischen Erhebung, Revolutionsmuseum, NS-Archiv, Halle 1934.

S. 203: Dino Alfieri and Luigi Freddi, Mostra della Rivoluzione Fascista (Rom 1933), S. 189.

S. 247: Mit freundlicher Genehmigung von Sonja Gangl.

REGISTER